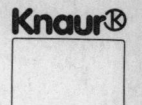

Vollständige Taschenbuchausgabe 1988
© 1986 by Droemersche Verlagsanstalt Th. Knaur Nachf., München
Das Werk einschließlich aller seiner Teile ist urheberrechtlich geschützt.
Jede Verwertung außerhalb der engen Grenzen des Urheberrechts-
gesetzes ist ohne Zustimmung des Verlages unzulässig und strafbar.
Das gilt insbesondere für Vervielfältigungen, Übersetzungen,
Mikroverfilmungen und die Einspeicherung und Verarbeitung
in elektronischen Systemen.
Titel der Originalausgabe »The Cult of Information«
© 1986 by Theodore Roszak
Umschlaggestaltung Adolf Bachmann
Umschlagillustration Christian Dekelver
Druck und Bindung Ebner Ulm
Printed in Germany   5 4 3 2 1
ISBN 3-426-03915-X

Theodore Roszak:
Der Verlust des Denkens

Über die Mythen des Computer-Zeitalters

Aus dem Amerikanischen von Christa Broermann

Inhalt

Einleitung

Als der kleine Junge im Märchen die peinliche Wahrheit heraustrompetete, daß der Kaiser ja gar keine Kleider anhabe, wollte er damit nicht auch unbedingt sagen, daß der Kaiser nun keinen Respekt mehr verdiene. Vielleicht besaß der arme Mann sogar eine Menge guter Eigenschaften. Nur war er eben in seiner Verblendung einfach der Verlockung unerreichbarer Größe erlegen. Sein größtes Vergehen aber bestand darin, daß er ein paar opportunistischen Gaunern erlaubt hatte, seine und seiner Untertanen Leichtgläubigkeit auszunützen.

Für die hier unternommene kritische Betrachtung der Computer in unserem Leben, und besonders in unseren Schulen, gilt eine ähnliche Einschränkung. Es ist durchaus nicht mein Anliegen, den Computer als nutzloses Gerät oder gar als Teufelswerk abzutun. Ich könnte ein solches Urteil schwerlich rechtfertigen. Das Manuskript dieses Buches wurde auf einem Textcomputer geschrieben, und häufig habe ich für die notwendigen Recherchen ausgiebig von elektronischen Datenbanken Gebrauch gemacht. Ich beginne diese Untersuchung mit beträchtlichem Respekt vor den vielen nützlichen Dingen, die Computer leisten können, und nicht von einer Position doktrinärer Technophobie aus. Doch bin ich der Ansicht, daß der Computer, wie der allzu leicht verführbare Kaiser, mit den phantastischsten Ansprüchen ausstaffiert worden ist. Ferner glaube ich, daß diese Ansprüche ganz bewußt von Kreisen in unserer Gesellschaft aufgestellt wurden, die die Macht der Computer für moralisch höchst fragwürdige Zwecke einsetzen. Die glorreichen Versprechungen, die sie an diese Macht geknüpft haben, müssen in Frage gestellt werden, wenn der Computer nicht in die falschen Hände geraten soll.

Damit ist bereits deutlich geworden, daß mein Interesse in diesem Buch nicht der Technologie der Computer gilt, sondern vielmehr dem Mythos, der sie umgibt: den Machtvisionen, den Wohlfahrtsillusionen, den Phantasien und Wunschträumen, die sich um diese Maschinen ranken. In erster Linie ziele ich ab auf den Begriff, mit dem die Technologie im öffentlichen Bewußtsein inzwischen untrennbar verschmolzen ist: *Information*. Der Information sind die Eigenschaften der kaum fühlbaren, unsichtbaren, aber ehrfürchtig bewunderten Seide zugewachsen, aus der die ätherischen Kleider des Kaisers angeblich gesponnen waren. Man hat dem Wort anspruchsvolle, umfassende Definitionen gegeben, die es zum Inbegriff alles Guten für die Menschheit machen. Worte aber, die so weit ausufern, daß sie alles bedeuten können, bedeuten schließlich gar nichts mehr, doch gerade ihre Leere erlaubt es, sie mit faszinierendem Glanz auszustatten. Das oberflächliche, aber üppig wuchernde Gerede, das heutzutage allerorten über die »Informationswirtschaft« und die »Informationsgesellschaft« zu hören ist, übernimmt genau diese Funktion. Die ständig wiederholten Phrasen und Klischees sind der Popanz eines weitverbreiteten öffentlichen Kultes. Wie alle Kulte ist auch dieser darauf gerichtet, gedankenlose Gefolgschaft und Fügsamkeit zu bewirken. Menschen, die keinerlei klare Vorstellung davon besitzen, was sie mit Information eigentlich meinen oder warum sie angeblich so viel davon wollen, sind dennoch jederzeit bereit zu glauben, daß wir in einem Informationszeitalter leben, in dem alle Computer um uns her zu dem werden, was einst im Zeitalter des Glaubens die Splitter des Heiligen Kreuzes waren: Symbole der Erlösung.

Die Information hat in den letzten vierzig Jahren im allgemeinen Sprachgebrauch die erstaunliche Wandlung vom Aschenputtel zur Prinzessin erfahren. Der Begriff war ganz gewiß kein aussichtsreicher Kandidat für den glanzvollen Status eines Kultwortes, aber eben ein solches ist aus ihm geworden und dies keineswegs durch Zufall. Die Wandlung begann mit seiner esoterischen Neudefinition durch die Informationstheoretiker während des Zweiten Weltkrieges und brachte ihn schließlich mit einem historischen Wandel in unserem Wirtschaftsleben in Verbindung; mit einem Wandel, der die Interessen größerer Konzerne, der Regierung und der wissenschaftlichen Institutionen miteinander vereint, um schließlich in die verführerische Rhetorik der Werbung und der Geschäftswelt einzumünden. Schon allein als ein einheitsstiftendes Thema, das so viele mächtige soziale Kräfte zusammenhält, wäre der Begriff Information kritischer Aufmerksamkeit wert. Aber das Informationszeitalter hat sich nun auch noch in das Erziehungswesen hineingedrängt, und zwar in einer so aggressiven und heimtückischen Weise, daß die Bedeutung des Denkens selbst Gefahr läuft, entstellt zu werden. Das ist die eigentliche Sorge, der diese Untersuchung gilt.

Zwei unterschiedliche Elemente vereinen sich im Computer: die Möglichkeit, Informationen in unvorstellbaren Mengen zu speichern, und die Möglichkeit, diese Informationen nach strikt logischen Verfahren zu verarbeiten. Beide Elemente werden gesondert in Kapitel V und VI behandelt und in ihrer Beziehung zum Denken untersucht. Dort werden wir sehen, wie der Informationskult sich jeweils an das eine oder das andere dieser Elemente anhängt (manchmal auch an beide) und seinen intellektuellen Wert konstituiert. Da die Fähigkeit, Daten zu speichern, irgendwie dem Vermögen entspricht, das wir bei Menschen Gedächtnis nennen, und weil die Fähigkeit, logischen Verfahren zu folgen, irgendwie dem Vermögen entspricht, das wir bei menschlichen Wesen logisches Folgern nennen, sind viele Anhänger des Kultes zu dem Schluß gekommen, daß die Tätigkeit der Computer irgendwie dem entspricht, was wir Denken nennen. Es ist nicht besonders schwierig, die breite Öffentlichkeit von dieser Schlußfolgerung zu überzeugen, da Computer Daten sehr schnell auf kleinstem Raum verarbeiten, der weit unterhalb der Schwelle des Sichtbaren liegt. Sie sehen nicht aus wie andere Maschinen, wenn sie arbeiten. Sie scheinen so reibungs- und so lautlos zu funktionieren wie das Gehirn, wenn es sich erinnert und folgert und denkt.

Andererseits wissen alle, die Computer entwerfen und bauen, ganz genau, wie diese Maschinen in den verborgenen Tiefen ihrer Halbleiter arbeiten. Man kann Computer auseinandernehmen, genauestens prüfen und wieder zusammensetzen. Ihre Tätigkeiten können verfolgt, analysiert, gemessen und daher klar verstanden werden – was beim Gehirn keineswegs möglich ist. Darum ließen sich die Konstrukteure und Produzenten zu der verlockenden Annahme verleiten, Computer könnten uns etwas über Gehirne sagen, ja der Computer könne sogar als Modell für den Geist dienen, der dann als eine Art Maschine zur Verarbeitung von Informationen betrachtet werden müsse, die ihre Aufgabe vielleicht nicht einmal so gut erfüllt wie die Maschine selbst.

Der Schwerpunkt meiner Argumentation besteht in der Behauptung, daß es einen fundamentalen Unterschied gibt zwischen dem, was Maschinen tun, wenn sie Informationen verarbeiten, und dem, was Gehirne tun, wenn sie denken. Zu einer Zeit, da Computer den Schulen massiv aufgedrängt werden, muß man diesen Unterschied deutlich im Blick behalten, und zwar die Lehrer ebenso wie die Schüler. Aber auf Grund des kultähnlichen Mystizismus, der den Computer mittlerweile umgibt, wird die Trennlinie, die den Geist von der Maschine scheidet, immer mehr verwischt. Entsprechend sind die Kräfte der Vernunft und der Phantasie, die in den Schulen eigentlich gepflegt und gefördert werden sollen, in Gefahr, mit drittklassigen mechanischen Fälschungen abgespeist zu werden.

Wenn wir die wahre Kunst des Denkens von dieser lähmenden Verwirrung befreien wollen, müssen wir uns zuerst einen Weg durch das Dickicht des Werberummels, der Medienfiktionen und der kommerziellen Propaganda bahnen. Haben wir das Gelände so weit gesäubert, gelangen wir erst an den eigentlichen philosophischen Kern des Informationskultes, der ebensosehr den Universitäten und Labors wie dem Marktplatz seine Entstehung verdankt. Begabte Köpfe auf dem Gebiet der Computerwissenschaft haben sich dem Kult aus Gründen der Macht und des Profits verschrieben. Weil die Propagandisten so viele Wissenschaftler für ihr Unternehmen gewonnen haben, müssen schwerwiegende intellektuelle Fragen ebenso wie politische Interessen untersucht werden, wenn wir den ganzen Einfluß der Computer auf unsere Gesellschaft verstehen wollen. In einem sehr wörtlichen Sinn stehen die Fähigkeiten und Zwecke des menschlichen Geistes auf dem Spiel. Wenn auch die Lehrer schließlich von dem Kult mitgerissen werden, müssen wir eines Tages vielleicht feststellen, daß die heranwachsende Studentengeneration ernstlich beeinträchtigt ist in ihrer Fähigkeit, die sozialen und ethischen Fragen zu durchdenken, die uns die letzten Stadien der noch andauernden industriellen Revolution aufgeben.

Die sogenannte Informationswirtschaft ist vielleicht gar nicht das, was uns ihre Großpropagandisten glauben machen möchten. Nicht das futuristische Utopia, das die Science Fiction so lange vorausgesagt hat. Allerdings stellt sie eine wichtige und aufregende Übergangsphase in unserer industriellen Geschichte dar. Keine Technologie hat ihre Potenzen jemals so rasch entfaltet, wie es die Computer und die Telekommunikation heute tun. Es ist verständlich, daß wir angesichts solch stürmischer Veränderungen verwirrt sind von den ständig auf uns einstürzenden Neuerungen, dem plötzlichen Einbruch der neuen technischen Mächte. Aber wir konnten in der Vergangenheit zu viele Technologien in die Irre streben sehen, um unsere Aufmerksamkeit nun von den Computerenthusiasten einfach in die falsche Richtung lenken zu lassen. Die Informationstechnologie birgt offensichtlich die Möglichkeit in sich, politische Macht zu konzentrieren und neue Formen sozialer Benachteiligung und Herrschaft hervorzubringen. Je weniger wir geneigt sind, die Zwecke in Frage zu stellen, zu denen sie benutzt wird, desto sicherer werden wir diesen Tendenzen zum Opfer fallen.

Letzten Endes handelt dieses Buch ebensosehr von der Kunst des Denkens wie von der Politik und Technologie der Information. Ein offensichtlich humanistisches Anliegen durchzieht diese Kritik. Ich gehe von der Annahme aus, daß der Geist – und nicht nur in der Form menschlicher Intelligenz – ebensosehr an ein Naturwunder grenzt wie jedes andere Wunder, das die Religionen der Welt verehren. Über die Kräfte des Geistes nachzudenken und in seine Geheimnisse einzudringen gehört zu den altehrwürdigen Aufgaben der Philosophie. Es ist aber etwas ganz anderes, Kinder zu lehren und der Öffentlichkeit zu verkünden, daß alle Geheimnisse bereits gelüftet und alle Kräfte nutzbar gemacht seien – und als Beweis eine Sammlung von Halbleitern in einem Metallkasten anzubieten. Gemessen an diesem Anspruch muß selbst der genialste Computer in den Augen nachdenklicher Menschen geradezu lächerlich unzulänglich wirken – eher ein Witz als eine Errungenschaft. So kritisch dieses Buch sich auch in manchen Passagen mit der Stellung des Computers in unserer Gesellschaft auseinandersetzen wird, so will es doch zugleich diese bemerkenswerte Erfindung vor den überzogenen Behauptungen retten, die ihre begeisterten Befürworter in die Welt setzen. Unbelastet von großspurigen Ansprüchen, gekleidet in bescheidenere, aber solide Arbeitskleidung, kann der Computer, wie der Kaiser im Märchen, noch immer ein recht nützlicher Diener der Allgemeinheit werden.

I

»Information please«

Information im alten Sinn

In den Jahren meiner Kindheit, kurz vor Ausbruch des Zweiten Weltkrieges, war Information kein aufregendes Thema. Als intellektuelle Kategorie besaß der Begriff einen bescheidenen und nebensächlichen Status. Nur wenige Menschen hätten in ihr den Gegenstand einer »Theorie« oder einer »Wissenschaft« erblickt. Sie war noch mit keiner fortgeschrittenen Technologie verbunden, die ihr Glanz und zugleich einen besonderen ökonomischen Wert verlieh. Im anglo-amerikanischen Sprachraum gebrauchte man das Wort wohl am häufigsten in der Bitte »Information please«, mit der man damals beim Fräulein vom Amt die gewünschte Telefonnummer verlangen mußte, weil man noch nicht direkt die Auskunft anrufen konnte. Es gab in jener Zeit, in den dreißiger und vierziger Jahren, auch eine beliebte Radiosendung dieses Namens. Sie bot den Zuhörern die reizvolle Chance, ein Team von sechs Experten durch die Einsendung ausgefallener Fragen über alle möglichen Sachgebiete an den Rand seiner Weisheit zu bringen. Welcher amerikanische Präsident hatte die kürzeste Amtszeit? In welcher großen Oper kommt das längste Duett vor? Welches Säugetier legt Eier?

So stellten sich die meisten Menschen damals Informationen vor: unverbundene Fakten, die als einzelne kleine Pakete erschienen. Manchmal war der Inhalt dieser Pakete überraschend, manchmal amüsant oder auch nützlich. Meistens hatte er die Form einer Zahl, eines Namens, eines Datums, eines Ortes, eines Ereignisses oder eines Maßes und gab Antwort auf eine konkrete Frage, die mit wer, was, wann, wo oder wieviel anfing. Über solche Dinge sprach man in der Alltagssprache; sie verlangten keine geheimnisvollen mathematischen Formeln oder ein spezielles technisches Vokabular. Gelegentlich konnten Informationen von vitaler Bedeutung sein – wenn man etwa wissen mußte, wie eine Blutung abzubinden war –, aber man glaubte nicht, daß nach ihnen ein unersättliches allgemeines Bedürfnis bestände. Gewiß hätte ihnen niemand den Rang zugebilligt, den

sie heutzutage erlangt haben: den einer industriellen Gebrauchs-
ware, die Milliardenumsätze einbringt und die wir in unbegrenz-
ten Mengen produziert haben wollen.

Natürlich wußte jeder, daß es bestimmte Berufsgruppen gab, die
ganze Türme von Aktenordnern brauchten, angefüllt mit Informationen, so etwa Buchhalter, Rechtsanwälte und Ingenieure.
Wer im Dienstleistungsbereich arbeitete – in Banken, Versiche-
rungen, Maklerbüros oder Immobilienfirmen –, dem waren die
Räume wohlvertraut, die mit olivgrünen Aktenschränken gefüllt
waren und durch die Heerscharen von Aktenboten eilten. Vor
allem aber gab es die Regierung, die Volkszählungen abhielt,
Steuern einzog und das Gesetz hütete und stets der Aktenaufbe-
wahrer par excellence gewesen war, schon seit den ersten Anfängen der Zivilisation. Seit Beginn des 19. Jahrhunderts fielen den
Regierungen der aufblühenden Industriegesellschaften ständig
wachsende administrative Aufgaben zu, bis ihre Funktion, sich
um offizielle Daten zu kümmern, zum Selbstzweck zu werden
drohte. Pflichten wie die Überwachung der Wirtschaft, die
Aufzeichnung des Angebots an Arbeitskräften, die Auszahlung
der Arbeitslosenunterstützung, die Zuteilung von Arbeitsplätzen, öffentlichen Geldern und Subventionen beanspruchten in
stetig steigendem Maße die Aufmerksamkeit der politischen
Führungskräfte in den städtisch strukturierten Industrienatio-
nen. Für manche der frühen Sozialwissenschaftler, etwa Max
Weber, stellte diese wildwuchernde Papierwirklichkeit der Sozialstatistiken eines der Hauptübel der modernen Gesellschaft
dar: Die Bürokratisierung des Lebens, die Verwandlung der
Erfahrung in numerische Abstraktionen.

Im großen und ganzen wurde die Zuständigkeit für die Verarbeitung von Daten in all diesen öffentlichen oder privaten Berufs-
zweigen eher bedauert als begrüßt. Man sah in ihr eine geisttö-
tende Notwendigkeit, die man kleinen Bürodienern mit niedri-
gem Ansehen und gewöhnlich schlechter Ausbildung überlassen
konnte. Das vertraute Bild der Büroarbeiter, das wir aus den
Erzählungen von Dickens und Gogol kennen, ist das der blassen,
abgehärmten Schreiber, die in überquellenden Hauptbüchern
blättern, der seelenlosen Statistiker und Kalkulatoren, die end-

lose Zahlenreihen zusammenzählen, der unterernährten Büro-angestellten, die in staubigen Akten wühlen, um eine flüchtige Notiz aufzuspüren. Das waren die Leute am Boden des bürokratischen Ameisenhaufens. Herman Melville hat etwas von der allgemeinen Einschätzung dieser Unglücklichen in seiner berühmten Erzählung »Bartleby der Schreiber« eingefangen. Prototyp des ordentlichen und tüchtigen Angestellten, wird er von seiner gnadenlos geisttötenden Mühsal schließlich in einen Zombie verwandelt.

Das Ansehen der Datenhüter besserte sich nicht einmal, als ihre Tätigkeit über das Papier- und Bleistiftstadium hinauswuchs und endlich in das Maschinenzeitalter eintrat. Man wollte der Regierung und den Dienstleistungsbetrieben lediglich Zeit und Platz sparen, als man in den ersten Jahren unseres Jahrhunderts Büromaschinen zu entwickeln begann. Der Tastenlocher, die Rechenmaschine, der Kollator und die Adressiermaschine – all diese Geräte verarbeiteten Informationen. Aber niemand hätte in ihnen mehr gesehen als raffinierte Sortier- und Zählapparate, die intellektuell etwa ebenso interessant waren wie die Druckluftbremse oder die Anodentrockenbatterie. Ihre Erfinder sind fast vergessen, die Firmen, die sie herstellten, hatten in der industrieorientierten Wirtschaft keine große Bedeutung, und die mit ihnen umgingen, blieben niederrangige Bürohilfen. Im großen und ganzen waren die Datenverwalter in der Wirtschaft »Büromädchen«, die vielleicht eine Realschule oder eine Handelsschule besucht hatten und ihr langweiliges Tagwerk ohne Aussicht auf Beförderung verrichteten. Wenn ihre Arbeit überhaupt Beachtung fand, dann wurde sie von menschlich denkenden Zeitgenossen eher als bedauerliches Beispiel für die fortschreitende Vermassung des modernen Lebens angesehen.

In der bissigen Broadwaysatire *Die Rechenmaschine* (1923) von Elmer Rice ist die Hauptfigur ein Büroangestellter, der passenderweise Mr. Zero heißt. Er ist ein mitleiderregendes Nichts, ein »armer, rückgratloser, hirnloser Dummkopf«, der in einem Labyrinth von Aktenschränken herumirrt. Am Ende des Stückes bietet man ihm eine »phantastische Superrechenmaschine« an; das ist die spektakulärste Büromaschine, die man sich nur vorstellen kann. Aber selbst so weist das Stück Mr. Zeros Dasein am Ende als eine Lebensform aus, die niedriger und weniger nützlich ist als die eines Leibeigenen. Er ist »Sklave eines Apparates aus Stahl und Eisen«, und die Arbeit, die er verrichtet, wird als der Inbegriff der Entmenschlichung dargestellt. Unter den Händen von Mr. Zero und seinesgleichen werden Menschen auf rein statistische Phantome reduziert, und selbst die solches tun, besitzen weder Macht noch Ansehen. Sie sind selbst nur Ziffern im System.

In meiner Jugend bekam ich eine Kostprobe dieser demütigenden Wirklichkeit am eigenen Leibe zu spüren. Ende der vierziger Jahre arbeitete ich als Aktenbote für eine größere Versicherungsanstalt, deren fensterloses Kellergeschoß eine vielzellige Höhle voller sargschwarzer Aktenschränke und gebundener Dokumente war, die sich auf den Regalen bis unter die Decke stapelten. Zusammen mit einer Schar Burschen, die frisch von der High-School kamen, rannte ich mit der Hauspost und dicken Aktenbündeln im ganzen Gebäude herum, von einer Abteilung zur andern. Wir wurden wie Sklaven behandelt. Um unsere erlahmende Arbeitsmoral aufzufrischen, mahnte unser Vorgesetzter uns von Zeit zu Zeit, wir seien das Herzblut der Gesellschaft. Ohne uns könnten selbst die Direktoren keinen Schritt tun. Aber wir wußten, daß wir die Niedrigsten der Niedrigen waren. Die Arbeit war eine ermüdende Schufterei, und wir wurden nach dem schlechtesten Tarif bezahlt. Keiner von uns machte den Job länger als unbedingt nötig.

Auftritt UNIVAC

Das bekannteste Überbleibsel aus der Ära Mr. Zeros, der Steinzeit der frühen Büromaschinen, war die Hollerith-Lochkarte, die aus den neunziger Jahren des letzten Jahrhunderts stammt. Mit der Zeit sollte sie zu einem Sinnbild menschlicher Entfremdung in einer zunehmend bürokratisierten Welt werden. Irgendwann zu Beginn der sechziger Jahre wurde ihre bekannte Aufschrift in einen populären Spruch für ein humaneres Miteinander umgewandelt: »Ich bin ein menschliches Wesen. Bitte nicht knicken, verdrehen oder verstümmeln.«

Aber zu der Zeit, als diese Bitte ausgesprochen wurde, war die Hollerith-Lochkarte fast schon überholt und durch deutlich verbesserte Methoden der Datenspeicherung ersetzt worden. In den Forschungsabteilungen innovationsfreudiger Firmen wie Sperry-Rand, Control Data und Digital Equipment Corporation (die IBM hinkte auf diesem Gebiet bis in die frühen sechziger Jahre ziemlich hinterher) erfuhr die Büromaschine eine unerwartete und rasche Weiterentwicklung. Angespornt durch die Bedürfnisse des Militärs während des Zweiten Weltkrieges und später durch die Interessen des Volkszählungsbüros, reifte sie hin zu einer Art elektrischen Datenspeicherungsanlage, die den gespeicherten Daten eine numerische Adresse zuteilte, um sodann eine Reihe von raschen Kalkulationen und Transformationen mit diesen Daten vornehmen zu können. Und das war, in rudimentärer Form, bereits ein Computer: Ein Gerät, das sich an das erinnert, was es zählt, das zählt, woran es sich erinnert, und das alles, was es gespeichert hat, auf Knopfdruck wieder hervorholt. Die vielgeplagten jungen Frauen, die damals die schwerfälligen Tastenlocher in den Hinterzimmern der Büros bedienten, hätten gewiß gestaunt, wenn sie erfahren hätten, daß es eines Tages »Informationswissenschaftler« geben würde, die ihre klappernden und ratternden Maschinen als die entfernten Urahnen einer Art mechanisierter Intelligenz betrachteten, die vermeintlich sogar dem menschlichen Geist überlegen sein sollte.

Das Wort *Computer* fand um 1950 Eingang in den Sprachschatz der Öffentlichkeit, als die fortschrittlichsten Modelle des Gerätes noch immer mechanische Dinosaurier waren, die einen ganzen Raum füllten und so viel Strom verbrauchten, daß sie schwerwiegende Kühlprobleme aufwarfen. Der erste Computer, der sich eines bedeutenden Rufes erfreute, war UNIVAC, dessen geistige Väter John Mauchly und J. P. Eckery waren und zu dem auch der berühmte Mathematiker John von Neumann einen wichtigen Beitrag geleistet hatte.[1] UNIVAC war der erste

Computer mit einem gespeicherten Programm und aus militärischen Forschungsarbeiten an der Universität von Pennsylvania während des Krieges hervorgegangen. Seine weitere Entwicklung wurde durch Aufträge vom National Bureau of Standards und der Prudential-Versicherung gefördert. Schließlich kaufte ihn in den fünfziger Jahren Remington Rand für eine Reihe unterschiedlicher Datendienste. Aber der erste öffentliche Auftritt von UNIVAC war kaum mehr als ein Mediengag. Die Maschine wurde an die Fernsehgesellschaft CBS verliehen, weil sie bei den Wahlen von 1952 Vorhersagen über den Wahlausgang machen wollte. Dieses zahlenzermalmende Ungetüm (es enthielt 5000 Vakuumröhren, benützte aber ein neues, kompaktes Magnetbandsystem anstatt Lochkarten, um die Daten zu speichern) war so programmiert, daß es Wahlstatistiken in den Schlüsselbezirken für die CBS analysierte und sie mit den ersten Auszählungsergebnissen am Abend des Wahltages verglich. Dadurch konnte UNIVAC in einer Hochrechnung voraussagen, welcher Kandidat die besten Gewinnchancen hatte.

Es gibt eine amüsante Anekdote von diesem ersten Auftritt des UNIVAC vor der amerikanischen Öffentlichkeit an jenem Abend. Im zentralen Wahlstudio der CBS wurde die geheimnisvolle Maschine, die besorgte Ingenieure umhätschelten wie ein verwöhntes Kind, eher als eine Attraktion am Rande des Geschehens betrachtet. Als daher UNIVAC auf der Grundlage von ungefähr 5 bis 7 Prozent der Wahlergebnisse einen überwältigenden Wahlsieg für Dwight Eisenhower zu errechnen begann, weigerten sich die CBS-Experten, diese Vorhersage der Öffentlichkeit mitzuteilen. Die verunsicherten Techniker ließen sich darauf ein, die Maschine in der Weise zu korrigieren, daß sie mit den Wahlexperten der Sendestation übereinstimmte. Aber UNIVAC bestand noch immer auf einem triumphalen Sieg Eisenhowers, selbst im Süden, der Hochburg der Demokraten. Als die Vorhersagen der Maschine sich als richtig herausstellten, gaben die Experten nach und gestanden öffentlich ein, daß UNIVAC tatsächlich eine bessere Prognose geliefert hatte als sie und daß an den scheinbaren Unstimmigkeiten der Maschine an jenem Abend menschliches Eingreifen schuld war. UNIVAC hatte für Eisenhower ein Wahlergebnis von 438 Stimmen vorausgesagt, und er bekam 442, so daß das Ergebnis nur weniger als ein Prozent über der verblüffenden Hochrechnung von UNIVAC lag. Das war ein eindrucksvolles Beispiel dafür, was eine hochentwickelte Datenverarbeitungsmaschine leisten konnte, ein so eindrucksvolles Beispiel, daß für kurze Zeit der Markenname UNIVAC sogar gute Aussichten hatte, sich im allgemeinen Sprachgebrauch anstelle des Gattungsbegriffs *Computer* durchzusetzen.

Die Dienstleistungsbetriebe gehörten mit zu jenen Wirtschaftszweigen, die als letzte in das Maschinenzeitalter eintraten. Nachdem die Bergwerke, die Fabriken, die Landwirtschaft schon längst mechanisiert worden waren, kritzelten die Büroarbeiter noch immer mit Feder und Stift und legten ihre Akten von Hand in Schnellheftern und Schränken ab. Sogar die Schreibmaschine, die um 1880 erfunden worden war und so viel dazu beitrug, eine neue Generation weiblicher Arbeitskräfte in die Büros zu holen, war ein mechanisches Werkzeug von niederem Rang, das technologische Äquivalent des längst überholten Handwebstuhls. Bis weit in das zwanzigste Jahrhundert hinein sucht man in Zeitschriften vergeblich nach Werbung für irgendeine Art von Datenverarbeitung, ganz zu schweigen von Büchern oder Artikeln, die etwa deren Erfinder und Hersteller priesen. Wenn wir das mit der heutigen Situation vergleichen, wo die raffiniertesten und futuristischsten Anzeigen in Presse und Fernsehen eben diejenigen sind, die aufdringlich Bürocomputer anpreisen, dann haben wir einen eindrucksvollen Maßstab dafür, wie sehr die Information im Ansehen gestiegen ist. Die Technologie der bescheidenen Datenverwalter hat endlich die Walzwerke, die Dynamomaschinen, die Eisenbahnen übertrumpft.

»Heute«, so verkündet eine führende Telekommunikationsfirma in einer eindrucksvollen, ganzseitigen Anzeige, »ist Information der wertvollste Gebrauchsartikel für das Geschäft. Für *jedes* Geschäft.« In der Vergangenheit habe man Information mehr für das Gleitmittel gehalten, das bei der Produktion von Gebrauchsartikeln half, oder vielleicht für das Ergebnis einer Dienstleistung wie etwa der Diagnose eines Arztes oder der rechtlichen Auskunft eines Anwalts. Und man maß ihr keinen gleichbleibenden Wert bei (ganz zu schweigen von einem universellen oder eminent bedeutenden), sondern relativierte ihn je nach Richtigkeit oder Anwendbarkeit der Information. Doch heute setzt man Information freizügig mit einem Produkt gleich, mit Reichtum, Kapital und Währung. Dem Höhenflug der Rhetorik sind keine Grenzen gesetzt. In einem Fernsehwerbespot aus dem Jahre 1984 stimmt Frank Herbert, der Autor von *Der Wüstenplanet*, einem Werk, das die Kunst der Werbung in die Vision der Science Fiction einbindet, für die Pacific Telephone's Infosysteme eine kleine Hymne auf den technologischen Fortschritt an: »Die wahre Revolution des Informationszeitalters«, so verkündet er, »wird nicht auf dem Gebiet der Hardware, sondern im menschlichen Geist stattfinden. Sie wird uns die Chance bieten, über das Menschsein hinauszuwachsen.« Das klingt nach einem Versprechen gottgleicher Möglichkeiten in unmittelbarer Zukunft. Doch tatsächlich ist dies nichts weiter als Reklame. Das Produkt, für das Herbert wirbt, ist ganz einfach ein weiteres elektronisches Bürosystem, eines von vielen auf dem Markt. Und doch wird, wie die übertriebene Sprache enthüllt, in der Umstellung auf den Computer weit mehr gesehen als die Ersetzung alter Maschinen durch neue. Die neuen Maschinen sind von einer Aura umgeben, die an einen evolutionären Sprung nach vorn in der Geschichte des Industrialismus gemahnt. Sie sind eine neue Spezies von Technologie, einer Technologie, die schon seit ihrem ersten Auftreten mit den Mysterien des Geistes selbst zu kokettieren scheint.

Die Kybernetik und die Geheimnisse des Lebens

Bei mir selbst war es ein Buch, das mehr als UNIVAC dazu beitrug, mein Verständnis von Information und der dahinterstehenden Maschinerie zu revidieren. 1950 schrieb der Mathematiker Norbert Wiener ein bahnbrechendes und vielgelesenes Werk mit dem Titel *The Human Use of Human Beings* (dt.

Mensch und Menschmaschine). Es war eine popularisierte Fassung seines 1948 erschienenen Klassikers *Cybernetics* (dt.Kybernetik).[2] Für eine breite Leserschaft verbanden sich mit diesem engagierten und provozierenden schmalen Bändchen die Heraufkunft und die Versprechungen der Kybernetisierung. Diesen Begriff hatte Wiener zur Kennzeichnung der neuen, automativen Technologie geprägt, in der er die Grundzüge einer zweiten industriellen Revolution zu erkennen glaubte. In seiner Studie erscheint der Computer noch immer als ein exotisches Gerät ohne festen Namen und klares Image; er nennt ihn umständlich »eine ultraschnelle Rechenmaschine«. Aber selbst in ihrem damaligen primitiven Zustand verfügte diese Maschine in einem bedeutenden Maße über eine Möglichkeit, in der Wiener einen der Schlüsselaspekte der Kybernetisierung sah: das »feedback« oder die Rückkoppelung – die Fähigkeit einer Maschine, die Ergebnisse ihrer eigenen Leistung als selbstregulierende Information zu gebrauchen und sich dadurch als Bestandteil in einen laufenden Prozeß zu integrieren.

Wiener hielt die Rückkoppelung für viel mehr als nur einen raffinierten mechanischen Trick; er betrachtete sie als einen wesentlichen Bestandteil des Geistes und des Lebens überhaupt. Alle Lebewesen praktizieren irgendeine Form der Rückkoppelung, wenn sie sich an ihre Umgebung anpassen. Hier also gab es eine neue Generation von Maschinen, die sich dem Status eines fühlenden Wesens annäherten und somit versprachen, auch solche Formen von Arbeit übernehmen zu können, die bisher nur die menschliche Intelligenz hatte bewältigen können. Und nicht nur Arbeit, sondern sogar bestimmte Formen des Spiels. Wiener war sehr beeindruckt von den damals aktuellen Forschungsarbeiten, die es möglich machen sollten, Schachautomaten zu bauen. Das war für ihn ein weiterer Hinweis darauf, daß Maschinen bald in der Lage sein würden, Daten auf Wegen zu verarbeiten, die sich der Komplexität menschlicher Intelligenz annäherten.»Effektiv zu leben«, so schloß er, »heißt, mit adäquater Information zu leben. So gehören Kommunikation und Kontrolle zum Wesen des inneren Lebens des Menschen, gerade so, wie sie zu seinem Leben in der Gesellschaft gehören.«

Wiener behauptete nicht weniger, als daß durch die Perfektionierung der Rückkoppelung und der Möglichkeiten rascher Datenmanipulation die Wissenschaft der Kybernetik ein tieferes Verständnis des Lebens selbst gewann, für dessen Wesenskern er die Verarbeitung von Information hielt. »Meine These lautet«, schrieb er, »daß das physische Funktionieren des lebenden Individuums und die Funktionsweise von einigen der neuen Kommunikationsmaschinen exakt parallel laufen in ihrem analogen Bestreben, die Entropie durch Rückkoppelung zu kontrollieren.«

Etwa fünf Jahre nach der Veröffentlichung von Wieners Buch tauchte ein neues Forschungsgebiet an den Universitäten auf, das auf seinen Thesen beruhte und ein geistiger Mischling aus Philosophie, Linguistik, Mathematik und Elektrotechnik war. Man nannte es »künstliche Intelligenz« oder KI in Analogie zu der englischen Abkürzung AI (Artificial Intelligence). Die Schlüsselthese der KI war von Anfang an klar. Nach den Worten zweier Begründer der Disziplin, Alan Newell und Herbert Simon, sind »der programmierte Computer und der Mensch als Problemlöser beide Arten der Gattung ›informationsverarbeitendes System‹«.[3]

Ein paar Jahre später (1958) ragten Newells und Simons Hoffnungen bis in den Himmel:

> Es gibt nunmehr in der Welt Maschinen, die denken, lernen und schöpferisch tätig sind. Darüber hinaus wächst ihre Fähigkeit auf diesen Gebieten zunehmend, bis – in absehbarer Zukunft – der Bereich von Problemen, die sie bearbeiten können, sich mit dem Bereich deckt, der bis jetzt dem menschlichen Denken allein vorbehalten war.[4]

Zu der Zeit, als die beiden Forscher ihre Vorhersage wagten, kämpften die Computer noch immer darum, eine halbwegs rühmliche Schachpartie zustandezubringen. Aber Simon war sicher, daß »innerhalb von zehn Jahren ein digitaler Computer Schachweltmeister sein wird«.[5]

Wiener selbst hätte den kühnen Prophezeiungen, die aus dem

neuen Forschungsbereich der künstlichen Intelligenz zu vernehmen waren, zustimmen können oder nicht; ihren Optimismus teilte er gewiß nicht. Ganz im Gegenteil betrachtete er die Informationstechnologie als eine Bedrohung der sozialen Stabilität schon für die nahe Zukunft wie auch als ein mögliches dauerhaftes Unheil. Nachdem er die Kybernetik erfunden hatte, ging er nun dazu über, als ihr Gewissen zu fungieren. Das Werk *The Human Use of Human Beings* wurde, wie schon der Titel nahelegt, geschrieben, um die öffentliche Diskussion der neuen Technologie auf ein höheres Niveau ethischen Bewußtseins zu heben. Automatisierte Maschinen, so meinte Wiener, würden nicht nur die Routine der Fließbandarbeit übernehmen, sondern auch die Routine der Büroarbeit. Kybernetische Maschinerie »unterscheidet nicht zwischen Handarbeit und Kopfarbeit«. Wenn man sie ganz der Kontrolle kurzsichtiger, profitorientierter Industrieller überließe, könnte sie ohne weiteres »eine Situation der Arbeitslosigkeit hervorrufen, im Vergleich zu der ... selbst die Depression der dreißiger Jahre wie ein harmloser Scherz wirken wird«.

Zwei Jahre, nachdem Wiener diese Warnung ausgesprochen hatte, wurde das erste kybernetische Anti-Utopia geschrieben. In *Player Piano* entwirft Kurt Vonnegut, der in der Public-Relations-Abteilung von General Electric gearbeitet hatte – einer Firma, die ein äußerst aggressives Interesse an der Automatisierung hat –, eine Welt intelligenter Maschinen, in der die »Produktion fast ohne menschliche Arbeitskraft stattfindet«. Selbst die Friseure werden durch Haarschneidemaschinen ersetzt. Das Ergebnis ist ein technokratischer Despotismus, der vollkommen von den Informationstechnikern und den Konzernmanagern kontrolliert wird. Das Buch wirft die Frage auf, ob wir der Technologie erlauben sollen, alles zu tun, was sie leisten kann, besonders dann, wenn ihre Macht sich auf das handwerkliche Können und andere Fertigkeiten ausdehnt, die dem Leben des Menschen einen Sinn geben. Die Maschinen sind Sklaven, wie der rebellische Held und Ingenieur in Vonneguts Buch steif und fest behauptet. Es ist wahr, sie machen das Leben in vielerlei Hinsicht leichter, aber zugleich stehen sie in Konkurrenz zum

Menschen. Und »jeder, der mit Sklaven konkurriert, wird selbst ein Sklave«. Doch wie Vonnegut feststellt, hat »Norbert Wiener, ein Mathematiker, all das bereits in den vierziger Jahren gesagt«.

Botschaften ohne Bedeutung

Im selben Jahr, in dem Wiener sein Buch *Cybernetics* vorlegte, veröffentlichte Claude Shannon von den Bell Laboratories sein bahnbrechendes Werk *Mathematical Theory of Communication* (dt. Mathematische Grundlagen der Informationstheorie), das die Disziplin der Informationstheorie etablierte, die Wissenschaft von den Botschaften. Shannons Arbeit wird weltweit als eine der großen intellektuellen Leistungen unseres Jahrhunderts gewürdigt. Sie ist auch in erster Linie verantwortlich für die Revolutionierung von Art und Weise, in der Wissenschaftler und Techniker in unserer Zeit das Wort *Information* gebrauchen. In der Vergangenheit hatte das Wort stets eine vernünftige Aussage bezeichnet, die eine erkennbare, sprachliche Bedeutung vermittelte, im allgmeinen das, was wir eine Tatsache nennen. Aber nun gab Shannon dem Wort eine technische Bedeutung, die es von seiner alltagssprachlichen Verwendung absonderte. In seiner Theorie ist Information nicht mehr mit dem semantischen Gehalt von Aussagen verknüpft. Statt dessen wird Information nun als ein rein quantitatives Maß von kommunikativen Interaktionen verstanden, besonders dann, wenn diese auf einem mechanischen Weg kanalisiert werden, der es verlangt, daß die Nachrichten encodiert und decodiert werden, etwa als elektronische Impulse. Die meisten Menschen nehmen wohl an, daß Information etwas mit dem zu tun hat, was bei der Verständigung zwischen einem Sprecher und einem Hörer im Laufe eines Gespräches geschieht. Shannon hingegen, geprägt von seiner Arbeit in den Bell Laboratories, war viel mehr daran interessiert, was wohl in der Telephonleitung zwischen dem Sprecher und dem Hörer vor sich geht. In seinem Werk sind die Grundbegriffe der Informationstheorie – Rauschen, Redundanz, Entropie – zu einer systematischen, mathematischen Präsentationsform verknappt. Hier scheint auch zum ersten Mal das »bit«, die für alle Datenverarbeitung grundlegende Binärziffer, seinen Platz als Informationsmenge einzunehmen, eine exakt meßbare Einheit, mit der man die Transmitterkapazität aller Kommunikationstechnologien bewerten kann.

Es liegt auf der Hand, wie nützlich eine solche Berechnung des kommunikativen Austausches für Elektroingenieure ist, die vor der Aufgabe stehen, Signale über Telephonleitungen oder Satelliten im Weltraum zu leiten, und das so ökonomisch und klar wie möglich. Aber Shannnon war von Anfang an der verständlichen Verwirrung ausgeliefert, die aus seinem eingeschränkten Gebrauch des Begriffs »Information« und der konventionellen Bedeutung des Wortes erwuchs. Von seinem Standpunkt aus kann selbst sinnloses Kauderwelsch »Information« sein; es muß sich nur jemand die Mühe machen, es zu übermitteln. Schließlich müsse ja auch eine Botschaft, die in einen Geheimcode verschlüsselt wurde, jedermann, der den Code nicht kennt, als ein Kauderwelsch anmuten. Für den aber, der sie sendet, sei sie es sehr wohl wert, daß er es tut. Die frühen Informationswissenschaftler eigneten sich diese Denkweise über Botschaften und ihre Vermittlung mühelos an; viele von ihnen hatten während des Krieges als Kryptographen gearbeitet. Und doch war dies eine merkwürdige und einschränkende Art, das Wort zu gebrauchen; das mußte selbst Shannon zugeben. Einmal, als er seine Arbeit einer Gruppe von prominenten Wissenschaftlern erläuterte, die seine exzentrische Definition des Wortes in Frage stellten, antwortete er: »Ich glaube, daß das Wort ›Information‹ vielleicht mehr Schwierigkeiten bereitet ... als es wert ist, aber es ist schwierig, ein anderes Wort zu finden, das auch nur annähernd zufriedenstellend ist. Man muß stets im Kopf behalten, daß [Information] nur ein Maß ist, das die Schwierigkeiten bei der Übermittlung einer Sequenz beschreibt, die irgendeine Informationsquelle produziert.«[6]

Eine Zeitlang zog Shannon in Betracht, das Wort fallenzulassen und ein anderes zu nehmen – wie etwa Kommunikationstheorie. Mit einem solchen Namen hätte sich das neue Forschungsgebiet deutlicher abgehoben von dem Bedürfnis nach einem bedeutungsvollen Gehalt, den wir mit Information assoziieren. Zum Beispiel kann eine Krankheit »kommuniziert« werden – eine Vermittlung mit beträchtlichen Folgen, aber ohne intelligenten Inhalt. Einmal schlug John von Neumann – nicht eben besonders hilfreich – vor, Shannon möge das Wort *Entropie* benutzen. Doch sollte sich der Begriff *Information* durchsetzen, was Fritz Machlup einmal als »unglücklich, irreführend und wenig zweckdienlich« bezeichnete, als den Anfang seiner Geschichte als eines »Wald-und-Wiesen-Wortes«.[7]

Wir können hier ein Beispiel für einen Vorgang beobachten, den es in der Geschichte der Wissenschaft schon viele Male gab. Ein Wort, das eine altgediente Bedeutung hat, wird aus dem Vokabular der Allgemeinheit herausgenommen und dann verwandelt durch eine neue, vielleicht höchst esoterische Definition seitens der Wissenschaftler. Das Ergebnis kann eine Menge unglückseliger Verwirrung sein, sogar bei den Wissenschaftlern selbst, die dann vielleicht vergessen, was das Wort bedeutet hat, ehe sie es sich aneigneten. Die Art und Weise, in der Physiker die Begriffe *Bewegung, Zeit, Schwerkraft, Gleichzeitigkeit* benutzen, hat nur noch eine schwache Verbindung zur gewöhnlichen, alltäglichen Erfahrung. Das Wort *Ordnung* findet in der Thermodynamik eine spezielle Verwendung, die an bestimmten Stellen erheblich von seiner normalen Bedeutung abweicht. Vielleicht ist das offenkundigste Beispiel für eine solche Verwirrung das Wort *Intelligenz*, wie es die Psychologen umgeformt haben. Für einen Wissenschaftler, der Intelligenz-Quotienten mißt, ist »Intelligenz« einfach das, was bestimmte, höchst exzentrische akademische Tests messen. Das Ergebnis sind säuberliche Punktzahlen: hohe Zahlen bedeuten hohe Intelligenz, niedere Zahlen bedeuten niedere Intelligenz. Aber weder die Tests, noch die Punktzahlen haben möglicherweise irgend etwas mit dem zu tun, was wir als wirkliche Intelligenz (oder deren Fehlen) betrachten, wenn wir die Dinge von der Mitte des Lebens her beurteilen.

In ganz ähnlicher Weise bezeichnet *Information* in seiner neuen technischen Bedeutung alles das, was codiert werden kann für die Übermittlung durch einen Kanal, der einen Sender mit einem Empfänger verbindet, ungeachtet des semantischen Gehalts. In Shannons Sinn ist alles Folgende einfach »Information«:

E = MC
Jesus der Erlöser.
Du sollst nicht töten.
Ich denke, also bin ich.
Bayern München 4, Werder Bremen 3
Es brillig war. Die schlichte Toven wirrten und wimmelten in Waben ...

All dies ist in der Tat nicht mehr und nicht weniger bedeutungsvoll als jede Reihung zufällig zusammengestückelter Bits (x!44jGH?566MRK), die ich per Telex quer über den Kontinent schicken lassen kann.

Der Mathematiker Warren Weaver drückte diesen Sachverhalt einmal sehr treffend aus, als er erklärte, auf wie »seltsame Art in dieser Theorie das Wort ›Information‹ gebraucht wird ... Es ist überraschend, aber wahr, daß von diesem Standpunkt aus zwei Botschaften, von denen eine schwer befrachtet ist mit Information und die andere purer Unsinn, als äquivalent betrachtet werden können hinsichtlich ihres Informationswertes.«[8]

Man sollte erwarten, daß jeder, der die oben angeführte Liste von Aussagen durchliest, sofort erkennen wird, daß jede von ihnen auf einem deutlich zu unterscheidenden intellektuellen Niveau angesiedelt ist. Die eine Äußerung ist ein moralisches Gebot, eine andere ist eine mathematische Formel, eine dritte ist eine eher unbedeutende Tatsache, eine andere ist eine theologische Lehrformel, und die letzte ist absichtlicher Nonsens. Aber wenn man sie erst einmal alle in elektrische Bits verwandelt hat, und wenn uns die Techniker erst einmal zu der Gewohnheit bekehrt haben, sie alle als Information zu etikettieren, können diese entscheidenden Unterschiede – die man etwa Kindern als Teil ihrer Erziehung unbedingt beibringen sollte – nur noch hinter Schleiern verschwinden.

Obwohl Shannon seine Arbeit in einer komplizierten Fachsprache abgefaßt hatte und sie daher für die breite Öffentlichkeit weitgehend unzugänglich bleiben mußte, übte sie dennoch einen enormen Einfluß aus. Die Informationstheorie fand in unserer hochtechnisierten Wirtschaft inzwischen vielfältigen Eingang und konnte so eine zweifache Wirkung auf unsere Alltagskultur entfalten.

Zum einen war das Wort »Information«, nachdem es erst einmal seiner konventionellen Bedeutung beraubt war, offen für weitere Zugriffe. Im Gefolge der Informationstheoretiker fühlten sich Wissenschaftler und Techniker berechtigt, das Wort in immer weiterem und verschwommenerem Sinn zu gebrauchen. Man konnte es schon bald auf jedes übermittelte Signal anwenden, das man metaphorisch als »Botschaft« einordnen konnte – etwa die Aussendung eines Nervenimpulses. Verwendet man den Begriff so großzügig, dann läßt man damit jede Sorge um die Qualität oder den Charakter dessen außer acht, was kommuniziert wird. Das Ergebnis war eine fortschreitende Verwischung intellektueller Unterscheidungen. In der gleichen Weise, wie es für einen Physiker gleichgültig ist, ob wir (vom Standpunkt eines rein physikalischen Phänomens aus) den freien Fall eines Steins oder den freien Fall eines menschlichen Körpers messen, so ist es für den Informationstheoretiker unerheblich, ob wir eine Tatsache, ein Urteil, ein oberflächliches Klischee, eine tiefe Lehre, eine erhabene Wahrheit oder eine häßliche Obszönität übermitteln. All dies sind »Informationen«. Das Wort hat eine ungeheure Allgemeinheit gewonnen, doch die hat einen hohen Preis: Die Bedeutung der kommunizierten Inhalte wird eingeebnet und ebenso ihr Wert.

Die Wirkung ähnelt derjenigen, die die mathematische Spieltheorie auf das Denken der Menschen in den fünfziger und sechziger Jahren hatte. Vom Standpunkt der Spieltheoretiker aus können Schach, Poker, geschäftliche Investitionen, Auseinandersetzungen zwischen Eltern und Kindern, kollektives Feilschen und ein Atomkrieg als »Spiel« betrachtet werden – in dem Sinne, daß bestimmte allgemeine Strategien auf alle gleichermaßen anwendbar sind. Das war eine wertvolle Einsicht in viele Formen von Wettbewerb und Verhandlungen, aber man gewann sie um einen hohen Preis. Im Gefolge der Spieltheorie entstand eine Literatur und ein Diskurs über militärische Strategien, deren Urheber sich berechtigt fühlten, die Vernichtung der Menschheit so beiläufig zu diskutieren wie etwa eine Partie Karten. Denn schließlich war das eine wie das andere nur eine besondere Art von »Spiel«. Alles in allem war das Ergebnis dieses intellektuellen Taschenspielertricks eine bedauerliche Irreführung der Öffentlichkeit, die schließlich Argumenten, die in dieser esoterischen Terminologie präsentiert (und mit vielen Zahlen ausgeschmückt) wurden, einschüchternde Autorität beimaß.

Zum zweiten funktionierte die Informationstheorie auch in der Praxis. In ihrem eigenen Anwendungsgebiet war sie in den Händen der Elektroingenieure ein mächtiges Werkzeug, das wesentlich zu raschen Neuerungen beitrug. Mit UNIVAC hatte der ursprüngliche Computer mit Vakuumröhren die Grenze seiner Entwicklungsmöglichkeiten erreicht, und die Maschinen waren noch immer zu groß und zu langsam, um wirklich raffinierte Programme ausführen zu können. Im Laufe der fünfziger und sechziger Jahre wurden diese Schwierigkeiten aber durch die Entwicklung von Transistoren und integrierten Schaltkreisen überwunden. Diese sehr viel kleineren Leiter machten es möglich, daß der Computer kompakter wurde und seine Verarbeitungsprozesse stark beschleunigt werden konnten. Zur selben Zeit fand, wiederum dank der Arbeit Shannons, der Computer Eingang in das rasch wachsende Telekommunikationsnetz auf der ganzen Welt, so daß er seine Macht über den lokalen Gebrauch an Ort und Stelle ausdehnen konnte. Nun konnten Computer über große Entfernungen hinweg miteinander kommunizieren und schließlich sogar, mit der Einrichtung von Satelliten im All, um die ganze Welt herum in ständigem Kontakt bleiben. Während die äußere Gestalt des Computers so weit schrumpfte, daß man ihn heute auf den Schreibtisch stellen kann, gewann er eine neue, unkörperliche, elektronische »Größe«, die alle vorhergehende Technologie vergleichsweise zwergenhaft erscheinen läßt angesichts der Reichweite ihrer Macht. In unseren Tagen haben diese beiden Entwicklungen, die Verkleinerung des Geräts und die Ausweitung seiner Reichweite in der Telekommunikation, dazu geführt, daß selbst der bescheidenste Personalcomputer an Informationsnetze angeschlossen werden kann, die um den ganzen Erdball reichen, und verleihen ihm dadurch, in den Augen mancher Enthusiasten, die Dimensionen eines globalen Gehirns.

Errungenschaften dieser erstaunlichen Größenordnung mußten notwendigerweise unseren Begriff von Information von den Menschen (als Sendern oder Empfängern) entfernen und in die Richtung der aufregenden neuen Kommunikationstechniken lenken. Dies liegt daran, daß das Hauptanliegen der Forscher und Ingenieure, die die Informationstheorie umzusetzen suchen, die Apparate und nicht die Menschen sind. Die Theorie erfordert noch nicht einmal einen menschlichen Sender oder Empfänger an beiden Seiten des Gerätes. Der Sender könnte genausogut eine ferngesteuerte Rakete sein, die ihre Flugbahn auf einem Radarschirm aufzeichnet, und der Empfänger ebensogut ein Computer, der so programmiert ist, daß er einen Vergeltungsschlag auslöst. Eine solche Situation erfüllt alle mathematischen Erfordernisse der Theorie.

Dank des großen Erfolges der Informationstheorie leben wir in einer Zeit, in der die Technologie menschlicher Kommunikation mit atemberaubender Geschwindigkeit fortschreitet. Doch was die Menschen mit Hilfe dieser Technologie einander zu sagen haben, weist keine vergleichbare Entwicklung auf. Und dennoch gelangt manch einer angesichts einer so genialen Technologie leicht zu dem Schluß, daß wir, nur weil wir die Möglichkeit haben, mehr elektronische Bits schneller an mehr Menschen zu übermitteln als jemals zuvor, einen echten kulturellen Fortschritt verzeichnen dürfen – und daß der Inbegriff dieses Fortschritts die Informationstechnologie sei.

Der Biocomputer

Gemeinsam revolutionierten Wiener und Shannon die Bedeutung des Begriffs Information und verliehen dem Wort eine neue, mathematische Präzision, ohne die der Computer vielleicht kaum über die Leistungsfähigkeit des UNIVAC hinausgelangt wäre. Aber ihre Arbeit war viel zu spezialisiert, um außerhalb der Welt der Logiker und Techniker überhaupt bekannt zu werden. Für die breite Öffentlichkeit erlangte das faszinierende Bild von der Information als der Grundlage des Lebens, das Wiener in *The Human Use of Human Beings* entworfen hatte, seine eindrucksvollste Unterstützung von einer anderen, unerwarteten Disziplin: von der Biologie, besser gesagt, von der *neuen* Biologie, die für die in der Öffentlichkeit bestdokumentierte wissenschaftliche Revolution seit Darwin sorgte.

1952 meldeten die Mikrobiologen James Watson und Francis Crick, daß sie das größte Rätsel der modernen Biologie gelöst hätten. Sie hatten den »genetischen Code« entschlüsselt, der tief in den molekularen Strukturen der DNS verborgen ist. Schon allein der Gebrauch des Wortes *Code* in diesem Zusammenhang war bedeutsam. Zum einen schien es die Entdeckungen der Biologen unmittelbar mit denen der neuen Informationstheoretiker zu verknüpfen, deren Arbeit viel mit der »Encodierung« von Information zu tun hatte. Zugleich klang in dem Wort die Spannung einer Spionagegeschichte an. Und in der Tat ging es auf den ersten Einsatz des Computers in England zurück: er sollte den deutschen Geheimcode im Zweiten Weltkrieg knakken. Kaum hatten Watson und Crick ihre bahnbrechende Entdeckung veröffentlicht, als man das DNS-Molekül weltweit als eine Art winzigen kybernetischen Apparat zu betrachten begann, der mikroskopisch kleine Bits chemisch encodierter Daten speichere und verarbeite. Man nahm an, daß diese verschlüsselten Botschaften jeweils einzelne physikalische Prozesse bei der Reduplikation lebender Organismen kontrollierten. Bald glaubte man, den ganzen Code der Doppelhelix enträtseln und ihre Botschaft Stück für Stück ablesen zu können, wie den Speicher eines Computers. John Pfeiffer vom MIT (Massachusetts Institute of Technology) erläuterte die Funktion der DNS in einer Fernsehdokumentation der CBS im Jahre 1960 mit den Worten: »Die Muster der chemischen Basen des Programms können mit den Mustern der Löcher oder magnetisierten Punkte auf den Bändern verglichen werden, die in elektronische Computer eingegeben werden ...«[9] Das DNS-»Programm« ist, wie sich inzwischen herausgestellt hat, nicht ganz so einfach zu enträtseln, aber im ersten Rausch der Entdeckung sah es so aus, als hätte sich Wieners Behauptung bestätigt: die Kybernetik und die Biologie hatten einen gemeinsamen Boden gefunden.

Von allem Anfang an war die neue Biologie so eng mit der Sprache und den Bildern der Informationswissenschaft verknüpft, daß man sich fast nicht vorstellen kann, wie sich diese Disziplin überhaupt ohne die Hilfe des Computerparadigmas hätte entwickeln können. Ein Biologe beschreibt das »theoretische Werkzeug«, das die Chemie des Lebens erschlossen hat, als

> die neuen Wissenschaften, die mit der Entwicklung des Computers assoziiert sind. Theorien über »Kontrolle«, »Feedback« und »Informationstransfer« wurden 1948 von dem amerikanischen Ingenieur und Mathematiker Norbert Wiener unter dem Namen »Kybernetik« erstellt ... Die Biochemiker stürzten sich auf diese neuen Begriffe, um die Wege zu erforschen, auf denen die Zelle ihren eigenen Stoffwechsel kontrolliert und reguliert.

Die Aufgabe der Kybernetiker, so erklärt er, sei es,

> die Untersuchung des *Informationstransfers*: die Umwandlung von Information aus einer Form in eine andere – der menschlichen Stimme in Funkwellen und wieder zurück in Laute, oder einer komplexen mathematischen Gleichung in ein Muster von gestanzten Löchern in einem Band, das in einen Computer eingegeben wird und dann in ein Muster von Spuren auf Rollen von Magnetbändern

im »Speicher« des Computers ... Für ihn ist die Proteinsynthese genau der entsprechende Fall. Der Mechanismus, der die identische Reduplikation einer Proteinkette in einer neuen Zelle sicherstellt, ist so beschaffen, daß er die *Information* über die Proteinstruktur von der Mutter- zur Tochterzelle überträgt.[10]

Man muß sich fragen, ob die Revolution in der Biologie hätte stattfinden können, wenn das Modell der Computer nicht bereits zur Verfügung gestanden und nur darauf gewartet hätte, übernommen zu werden. Es wäre nicht das erste Mal, daß eine technische Metapher dazu diente, einen wissenschaftlichen Durchbruch zu erzielen. Im 17. Jahrhundert, ganz zu Anfang der modernen Wissenschaft, verwendeten Astronomen und Physiker das Modell der Uhr, um die Funktionsweise des Sonnensystems zu erklären, und lehrten ihre Zeitgenossen bald, das ganze Universum als ein Instrument nach Art eines Uhrwerks zu betrachten.

Wieviel jedoch die neue Biologie auch immer von dem bereits existierenden Modell der Kybernetik entliehen haben mag, sie zahlte die Schuld vielfach zurück. Sie verlieh der Information eine neue mystische Aura, die sie auf keinem anderen Wege hätte gewinnen können. Die Information wurde zum Geheimnis des Lebens selbst. Aus einem datenverarbeitenden Mechanismus, dem winzigen DNS-Molekül, hatte sich das Leben auf der Erde in all seiner hochkomplexen Vielfältigkeit entwickelt. John Pfeiffer sprach voller Zuversicht von der »Automation auf molekularer Ebene«. Man glaubte hierin eine beeindruckende Demonstration dafür zu erkennen, wieviel man aus reinen Datenpartikeln zusammenstückeln konnte, gleichsam als wäre Gottvater selbst, einst der große Uhrmacher im Himmel, auf modernen Stand gebracht und zum kosmischen Computerprogrammierer umfunktioniert worden. Nur knapp zehn Jahre später, in den frühen sechziger Jahren, sprachen schon ganz normale Leute mit größter Selbstverständlichkeit davon, daß nicht nur ihre Gene, sondern auch ihr Geist und ihre Psyche »programmiert« seien. Es war noch nicht der Fall eingetreten, den Wiener vorhergesagt hatte, daß kybernetische Maschinen menschenähnlicher geworden wären, aber die Menschen betrachteten sich mehr und mehr als eine Art Maschine: als Biocomputer.

Ironischerweise hat die neue Biologie, als sie ein wenig älter wurde, in manchen Fragen eine veränderte Position bezogen, die das einfache kybernetische Modell nicht mehr ganz so überzeugend erscheinen läßt. In den frühen Tagen sah es so aus, als sei der genetische Code viel leichter zu knacken, als man inzwischen erfahren mußte. Ursprünglich hatte man angenommen, daß die Botschaft der Gene abgelesen werden könnte als eine Menge bestimmter linearer Nukleotidketten, ganz ähnlich wie die digitale Bitkette eines Computers. In jüngster Zeit, als die Probleme entwicklungsmäßiger Regulierung innerhalb dieser Disziplin in den Vordergrund traten, hat sich gezeigt, daß die Gene sich nur mit wesentlich intelligenteren Erkenntnisverfahren interpretieren lassen. Der rätselhafte Prozeß der »Transposition« begann die Aufmerksamkeit auf sich zu ziehen. Die Arbeit von Barbara McClintock und anderen legt die Vermutung nahe, daß Gene sich möglicherweise tatsächlich loslösen, im Genom herumwandern und dabei fast willentlich ihre Bedeutung ändern können, indem sie ihre Positionen ändern als Antwort auf einen größeren Kontext.[11] Bisher besitzen die Biologen noch kein Modell, das sie für diesen Kontext gebrauchen können, aber anscheinend sind hier weder Computer noch kybernetische Systeme von Nutzen. Vielleicht ist der Kontext so etwas wie eine »Idee« vom gesamten Organismus und seiner Beziehung zur Umwelt. Wenn das zutrifft, dann könnte das kybernetische Modell, das so viel dazu beigetragen hat, die neue Biologie voranzutreiben, vollkommen irreführend sein. Denn es gibt keine Computerprogramme, die sich so verhalten. Wenn sie es täten, wären wir zu der Annahme gezwungen, daß sie einen eigenen Geist besitzen – doch eine solche Annahme gehört in den Bereich der Science Fiction und nicht in den der nutzbaren Technologie. Dennoch lebt in Ermangelung einer besseren Alternative das Bild der Informationsverarbeitung noch weiterhin fort und läßt so die Biologie am Ende des zwanzigsten Jahrhunderts mechanistischer erscheinen als die Physik.

Jede geschichtliche Periode hat ihr Kultwort. Es gab ein Zeitalter des Glaubens und ein Zeitalter der Vernunft. Unser Zeitalter ist das der Information getauft worden. Wenn sich diese Kennzeichnung durchsetzen sollte, dann hat die Information einen Großteil des Ansehens, dessen sie sich erfreut, der zufälligen Verbindung der Kybernetik mit der neuen Biologie zu verdanken. Vielleicht gibt es noch einen weiteren Grund für die wachsende Beliebtheit und allgemeine Verbreitung des Wortes, einen Grund, der eine wichtige Aussage über ein Zeitalter beinhaltet, das offenbar bereit ist, eine so seelenlose Bezeichnung hinzunehmen. Im Gegensatz zu »Glaube«, »Vernunft« oder »Entdeckung« schwingt in dem Begriff Information ein Anklang von behaglicher Sicherheit und Unverbindlichkeit mit. Er beschwört weder Dramatik noch hochgesteckte Ziele herauf. Es ist weich in seinem Kern und aus eben diesem Grunde so schwer anzugreifen. »Information« hat den Anstrich sicherer Neutralität; sie bedeutet das einfache, nützliche Ansammeln unbestreitbarer Fakten. In dieser unschuldigen Verkleidung liefert sie die denkbar beste Voraussetzung für eine technokratische Politik, die sich so wenig wie möglich in die Karten schauen lassen will. Was kann man schließlich gegen Informationen einzuwenden haben? Aber im gegenwärtigen Amerika kann nicht einmal ein Kultwort entscheidend ins öffentliche Bewußtsein eindringen, bevor es sich nicht auf dem Marktplatz kaufen und verkaufen läßt. Erst dann kann es als ein Besitz begehrt, bezahlt und mit nach Hause genommen werden. Und noch wichtiger: Erst dann hat es sich dafür qualifiziert, die Aufmerksamkeit der Werbefachleute auf sich zu lenken, die die Macht haben, es von einem Interesse in ein Bedürfnis zu verwandeln und von einem Bedürfnis in eine Notwendigkeit. Im Laufe der fünfziger Jahre war die Information in den Ruf gelangt, in sich das Geheimnis des Lebens zu bergen. In den siebziger Jahren hat sie einen noch höheren Status erreicht. Sie ist ein Gebrauchsartikel geworden – und sogar, wie wir gesehen haben, »der wertvollste Gebrauchsartikel für das Geschäft. Für *jedes* Geschäft«.

II

Die Datenhändler

Die Hochtechnologie und die konservativen Opportunisten

Der Massenverkauf von Informationen ist eines der letzten Kapitel in der großen Wirtschaftsgeschichte unserer Zeit. Im Laufe der vergangenen Jahre hat die amerikanische Wirtschaft ihren finanziellen und demographischen Schwerpunkt fortschreitend verlagert. Die Bewegung geht weg von den alten städtischen Zentren im Nordosten und Mittleren Westen, hin zum *Sunbelt*, den südlichen und südwestlichen Staaten der USA, weg von den Schornsteinindustrien hin zu den hochgezüchteten neuen Elektronik- und Raumfahrttechnologien, die man als Hochtechnologie bezeichnet. Dieser geschichtliche Übergang ließ sich schon seit mindestens Mitte der sechziger Jahre beobachten, etwa seit dem Bau der Raketenabschußbasis in Cape Canaveral in Florida und des Johnson Raumfahrtzentrums in Houston. Doch drang er erst ins öffentliche Bewußtsein ein, als zwei Bestseller zu Beginn der achtziger Jahre – *Megatrends* von John Naisbitt und *The Third Wave* von Alvin Toffler – ihn in leicht verdaulicher Form verpackten und als den Aufstieg der »Informationswirtschaft« etikettierten, als die Ankunft des Informationszeitalters.[1]

Bücher wie diese gehören zu der ungemein beliebten Sparte zeitgenössischer Literatur, die man Futurologie nennt, eine beliebige Mixtur aus Sozialwissenschaften, Sonntagsbeilagenjournalismus und Wahrsagerei in einem Topf verrührt. Sie zeichnen die Zukunft in den leuchtendsten Farben, auf einem intellektuellen Niveau, das etwa dem von Werbebroschüren entspricht. Sensationelle Splitter aus der Wissenschaft und abenteuerliche Schlagworte füllen jede Seite mit atemberaubenden Wundern; glitzernde Versprechungen locken allerorten. Bei der Lektüre von Naisbitt und Toffler ist einem zumute, als eile man im Laufschritt durch den Hauptgang einer Weltausstellung. Schenkt man ihren vereinfachenden Darstellungen von der Informationswirtschaft Glauben, so ist eigentlich damit zu rechnen, daß wir uns bald von Disketten ernähren und auf Straßen gehen werden, die mit Mikrochips gepflastert sind. Allem Anschein nach gibt es keine Felder mehr zu pflügen, keine Erze abzubauen, keine Produkte der Schwerindustrie mehr herzustellen. Diese fortbestehenden Notwendigkeiten des Lebens werden höchstens im Vorbeigehen gestreift und verlieren sich dann im Zischen reiner elektronischer Energie, die es irgendwie fertigbringt, alle menschlichen Bedürfnisse mühelos und augenblicklich zu befriedigen.

So beschreibt Naisbitt, der den »Megatrend« von der »Industriegesellschaft zur Informationsgesellschaft« skizziert, die neue Wirtschaftsordnung als ein Gefüge, in dem

> wir nun Information in Massenproduktion herstellen, wie wir früher Autos in Massenproduktion gebaut haben. In der Informationsgesellschaft haben wir die Produktion von Wissen systematisiert und die Leistungsfähigkeit unseres Gehirns erweitert. Um eine Metapher aus der Industrie zu gebrauchen, stellen wir jetzt Wissen in Massenproduktion her, und dieses Wissen ist die Triebkraft unserer Wirtschaft.

Hier ist an nur drei Sätzen zu beobachten, wie »Information« zum Synonym von »Wissen« wird, als gebe es keinen bedeutsamen Unterschied zwischen den zwei Begriffen, und am Ende gelangen wir zu der Vorstellung, daß *Wissen* in »Massenproduktion« hergestellt wird. Wissen aber ist (ebenso wie die Leistungsfähigkeit unseres Gehirns, sofern damit so etwas wie Intelligenz gemeint ist) die Schöpfung des individuellen Geistes und hängt entscheidend von der Qualität des Denkens ab. Welche Art von Beziehung – selbst metaphorischer Art – kann daher zur Fließbandfertigung eines Autos aus austauschbaren Teilen bestehen? Tiefe, Originalität, Scharfsinn, die immer Faktoren bei der Bewertung von Wissen waren, sind irgendwo in der schnellen, futurologischen Verschiebung verlorengegangen. Wie wir noch sehen werden, ist dies eine Schwäche, die jede Anstrengung zum Scheitern verurteilt, den kulturellen Wert der Information zu erhöhen.

Naisbitt ist jedoch nicht der Mann, der sich mit feinsinnigen Unterscheidungen aufhält. Unbekümmert stürmt er voran und ruft nach »einer Wissenstheorie der Werte, die die überholte Marxsche Arbeitstheorie der Werte ersetzt«, weil »in einer Informationsgesellschaft der Wert durch Wissen erhöht wird«. Das führt ihn zu dem Schluß, daß Wissen (oder meint er Information?) dazu bestimmt sei, schon in naher Zukunft zum vorrangigen Produkt (oder Dienstleistung?) unseres Wirtschaftslebens zu werden. Zustimmend zitiert er einen Experten, der die Beobachtung verkündet: »Wir arbeiten uns aus dem Produktionsgeschäft heraus und in das Geschäft mit dem Denken hinein.«

Man kann nur mit Mühe verstehen, wie solche Bücher (und die Passage ist typisch) zu irgendeiner Bedeutung gelangen können, so tief ist die Verwirrung, die ihnen zugrunde liegt. Eine industrielle Wirtschaft ist in erster Linie eine Produktionswirtschaft, die Hochtechnologie selbst muß produziert werden. Diese Wirtschaft bleibt auch dann eine Produktionswirtschaft, wenn die Fabriken automatisiert werden und die Zahl der Dienstleistungsberufe drastisch steigt. Selbst wenn gewaltiges Industriekapital ins Ausland abfließt (Taiwan, Hongkong, Südkorea), ist die Produktion immer noch nicht aus der Wirtschaft eliminiert; derselbe Kapitalgeber hat sie lediglich internationalisiert. Man könnte nun die interessante Frage stellen, warum solche Verlagerungen vorgenommen werden und wer eigentlich beschlossen hat, sie vorzunehmen. Dabei ließe sich entdecken, daß die Bewegung von multinationalen Firmen in Gang gebracht wurde, die billige, nichtorganisierte Arbeitskräfte suchen und die Unterstützung durch bedürftige, kooperationsbereite Regierungen. Es könnte auch wichtig sein, im Hinblick auf solche Entwicklungen zu fragen, welche Auswirkungen sie auf unsere eigene Wirtschaft haben. Ist es beispielsweise notwendig, eine Art gesundes Gleichgewicht zwischen der Produktion von Gütern und Dienstleistungen aufrechtzuerhalten, und darf man es allein den Kräften des Marktes überlassen, diese Balance zu wahren?

Doch solche Probleme bewegen die Futurologen nicht besonders. Denn läßt man sich auf sie ein, dann führt das die Diskussion zu vielen verworrenen und unangenehmen Streitfragen, die sich auf Investitionsentscheidungen, die Kosten und Bedingungen der Arbeit im In- und Ausland und die soziale Kontrolle des Kapitals beziehen. Futurologen bevorzugen da griffigere Themen: Lebensart, neue Annehmlichkeiten, Verbraucherwünsche. Vor allem stellen sie die Güter, Dienstleistungen, Karrieren und Vergnügungen vor, die im Informationszeitalter den wohlhabenden Akademikern und den Familien der höheren Mittelschicht zur Verfügung stehen werden. Sie schreiben, um die herrlichen Zeiten, die auf uns zukommen, für eben diejenigen auszumalen, die sich ihre Vorteile leisten können.

Mag es Naisbitt, Toffler und Freunden auch an Substanz fehlen, so quellen sie dafür über von einer konfliktfreien Zukunftsgläubigkeit, die leicht verfängt bei Geschäftsleuten und Repräsentanten der Verwaltung, die stets auf der Suche nach attraktiv verpacktem und leichtverdaulichem Gedankenfutter sind. So war das Office of Technology Assessment schnell damit bei der Hand, das Thema aufzugreifen und in einer größeren Erklärung feierlich zu verkünden, daß »sich die Gesellschaft der Vereinigten Staaten in eine Informationsgesellschaft verwandelt hat, deren wirtschaftliches und soziales Wohlergehen von der kreativen Verwendung und Kommunikation von Informationen abhängt«. Das National Committee on Excellence in Education pflichtet dem bei und stellt die Information in einem weiteren Schlüsseldokument für die Öffentlichkeit als die wichtigste einzelne Quelle der Nation für wirtschaftliches Wachstum dar und beeilt sich zu empfehlen, daß alle Studenten zumindest ein halbes Jahr lang Computerwissenschaften studieren sollten.[2]

Noch bedeutsamer ist es, daß eine wachsende Zahl von Politikern, die schon immer dankbare Abnehmer für Modewörter und schnelle Trendbestimmungen waren, sich den leuchtenden Zukunftsversprechen der Futurologen anschließt. Bei den Vorwahlen zur Nominierung des Präsidentschaftskandidaten von 1984 versuchte Gary Hart seiner Kandidatur der »Neuen Ideen« dadurch Glanz zu verleihen, daß er die Hochtechnologie vage mit der Lösung der wirtschaftlichen Probleme Amerikas verknüpfte. Damit richtete er seine Wahlkampagne auf eine Wählerschaft aus, die die alte Garde der Demokratischen Partei übersehen hatte: die Wähler in den aufblühenden Städten des Sunbelt und die hervorragend ausgebildeten Jungakademiker im ganzen Land. Dieser Schachzug brachte ihm zwar nicht die Nominierung durch seine Partei ein, doch hob er sich auf vielsagende Weise ab von Walter Mondales offenkundig rückständiger Loyalität gegenüber den im Niedergang begriffenen Industriestädten Amerikas und ihren schwerfälligen Gewerkschaftsführern. Diese steckten noch immer im Sumpf so langweiliger Probleme wie der Sicherung von Arbeitsplätzen und einem Einkommen, das gerade für den Lebensunterhalt reicht. (Unfreundlicherweise wurde der Mondale-Flügel der Partei »reaktionär-liberal« genannt, hauptsächlich auf Grund seiner Einstellung zur Hochtechnologie.)

Mondale wurde nominiert, distanzierte sich von Harts trendgerechter Rhetorik ... und verlor haushoch. Diese folgenschwere Entscheidung der Führung der Demokratischen Partei, bei der Wahl hauptsächlich auf die Unterstützung der traditionellen Wählerschaft von Fabrikarbeitern und bestimmten ethnischen Gruppen zu setzen, hat in der amerikanischen Politik eine bemerkenswerte Möglichkeit eröffnet. Die Front der Hochtechnologie könnte jetzt dem radikalen rechten Flügel statt dem liberalen Zentrum zugeteilt werden. Konservative aus dem Sunbelt, die die Werbetrommel rühren, wie der Kongreßabgeordnete Newt Gingrich aus Georgia, waren überraschend schnell dabei, sich den Glanz des Informationszeitalters für die eigenen Zwecke anzueignen. Ihr Ziel war es, eine schillernde, modernisierte Form von Konservatismus zu entwerfen, die große Anleihen bei den Futurologen machte, um ein Gefühl von vorwärtsschauendem, energieerfülltem Vertrauen zu schaffen. »Die mächtigste Kraft, die unsere Gesellschaft verändert, ist die Revolutionierung der Information«, verkündet Gingrich in einem Buch (*Window of Opportunity*), das auf dem Rückseitentext von Präsident Reagan, dem Kongreßabgeordneten Jack Kemp und Alvin Toffler unterstützt wird. »Sie ist genauso mächtig, wie das Wort ›Revolution‹ es nahelegt.«[3] Gingrichs Buch stellt eine Blitzreise entlang der Front der Hochtechnologie dar: Computer, Raumfahrt, Telekommunikation. Selbst die Worte von Carl Sagan werden in Dienst genommen, um die Wichtigkeit des »Sprunges des Menschen über die Erde hinaus« zu bekräftigen, den Gingrich, Vorsitzender des Raumfahrtausschusses im Kongreß, als eine finanzielle Chance ersten Ranges betrachtet. In der Tat, wenn die Raumfähre erst einmal so ausgestattet ist, daß sie Touristen an Bord nehmen kann, werden wir »Populismus im Weltraum« treiben.

Zusammen mit Jack Kemp und anderen Mitgliedern des rechten Flügels im Kongreß hat Gingrich die Conservative Opportunity Society (Konservative Opportunitätsgesellschaft) ins Leben gerufen, als eine bedeutende politische Stimme des Informationszeitalters.[4] Die Absicht der COS ist es, das Image der übervorsichtigen, oft sogar sturen Haltung zu verabschieden, das so lange für den Konservatismus charakteristisch war. Statt dessen wollen die konservativen Opportunisten einen scharfen, ermutigenden Kontrast zu der, wie Gingrich sich ausdrückt, »Düsterkeit und Verzweiflung« der Liberalen herstellen, die sich um die umweltbedingten Grenzen des Wachstums sorgen. Die COS bekennt sich zu einer »strahlenden, optimistischen Zukunft«, die wacker Schritt hält mit dem technologischen Fortschritt. In den verworrenen sechziger Jahren, so bemerkt Gingrich, »überschatteten unsere Hippies unsere Astronauten und die antitechnologischen Vorurteile der Linken überschatteten die Möglichkeiten des Computerzeitalters«. Es gab eine »Epidemie des Abscheus vor der Technologie« überall im Land, die zu »der negativen Mentalität der Bürokraten des Wohlfahrtsstaates« führte. Sie brachte zudem ausufernde Unmoral, sexuelle Freizügigkeit und einen allgemeinen Zerfall vaterländischer und traditionsgeheiligter Werte mit sich: »ein Leben ohne Gott«. All dies will die COS wieder ins rechte Lot bringen. Sie hofft, daß sie durch massive Steuerzugeständnisse auf der Unternehmerseite den Firmen im Bereich der Hochtechnologie den notwendigen Anreiz für eine neue Wachstumsperiode bieten kann. Wachstum, darauf bestehen die konservativen Opportunisten, ist das Allheilmittel für alle wirtschaftlichen Übel der Nation: Arbeitslosigkeit, Inflation, unausgeglichene Handelsbilanzen. Es gibt sogar einige wagemutige Mitglieder der Bewegung, die bereit sind, den alten steuerlichen Konservatismus als ein düsteres Überbleibsel der Vergangenheit an den Nagel zu hängen. Der Wirtschaftswissenschaftler Paul C. Roberts, der einmal Jack Kemp unterstützt hat, ist fest davon überzeugt, daß sogar die bisher beispiellosen Defizite, die sich unter der Reagan-Administration angehäuft haben, als »vorübergehend oder temporär« betrachtet werden müssen und unbekümmert ausgeglichen werden sollen durch all die Anleihen, zu denen sich das Finanzministerium genötigt sieht.[5] In den sonnigen Höhen der Hochtechnologie sind Defizite nur vorüberziehende Wolken. Früher oder später wird die Informationswirtschaft aus ihren Schuldenbergen herauswachsen, ganz gleich, wie hoch sie auch sein mögen.

Wenn die COS Erfolg hat mit ihrem aggressiven Versuch, in der republikanischen Partei die Oberhand zu gewinnen, wird das Ergebnis eine seltsame Mischung aus überkommener Frömmigkeit, sozialdarwinistischer Ethik, antikommunistischem Chauvinismus und Flash- Gordon-Technologie sein. Dieser einflußreiche Zusammenschluß von Sunbelt und Raumfahrtzeitalter zu einem rechten Flügel wurde scharfsinnig vorausgesehen von dem konservativen Analytiker Kevin Phillips, und zwar bereits im Jahre 1968. Er nannte diese Fusion »die heraufziehende republikanische Mehrheit« und erkannte in Ronald Reagan einen ihrer vielversprechenden Führer.[6] Einige Jahre später, 1982, sollte Herman Kahn, ein ebenso konservativer Futurologe, diese Mehrheit als das Geheimnis »des kommenden Booms« der Präsidentschaft Reagans anpreisen.[7] Er stellte sie dar als eine Koalition sozialer, ökonomischer und verteidigungspolitischer Konservativer, verankert im Geld und im Ethos des Sunbelt. Alles, so argumentierte Kahn, was diese Allianz brauche, wenn sie das Äquivalent des rechten Flügels zum New Deal von Roosevelt werden wolle, sei »eine Ideologie des Fortschritts«, um die Wirtschaftsphilosophie des Null-Wachstums, die in den siebziger Jahren in aller Munde gewesen war, bis in die Wurzeln zu vernichten. Und die, so meinte Kahn, habe sie im futuristischen Dynamismus der Informationswirtschaft entdeckt, den Weg vorwärts, in »eine Welt der Möglichkeiten, der Größe, der offenen Optionen.«

Sunbelt-Politik und Waffenwohlfahrt

Schenken wir den Futurologen und ihren konservativen Schülern Glauben, dann ist der Aufstieg der Informationswirtschaft in Amerika das zwangsläufige Schicksal der Industrie. In ihren Darstellungen erscheint er als eine so weitreichende und unvermeidliche Veränderung, daß er beinahe wie ein natürlicher Prozeß anmutet, der sich jeder menschlichen Kontrolle entzieht. Dem ist aber keineswegs so. Die Bekehrung zur Hochtechnologie ist das Ergebnis bewußter und willentlicher Entscheidungen von seiten unserer politischen und unternehmerischen Führung. Sie ist eng verbunden mit der stetig fortschreitenden Militarisierung unseres Wirtschaftslebens seit Beginn des Zweiten Weltkrieges, ohne die unsere Raumfahrt- und Elektroniktechnologie nur in Ansätzen existieren würde. In ihrer Forschung und Entwicklung sehen sich die Produzenten von Hochtechnologien in entscheidender Weise an das Budget des Pentagon gebunden. Im Fall der NASA und im Bereich der Atomenergie ist dies schon seit langem offenkundig, doch auch unsere beiden bedeutendsten Investitionsgesellschaften für die Computerentwicklung werden aus militärischen Geldquellen gespeist und von dort kontrolliert. Von größter Bedeutung ist hierbei, daß hierin auch das Information Processing Techniques Office des Verteidigungsministeriums und das vor kurzem aus zwölf Gesellschaften gebildete Konsortium, die Microelectronics and Computer Corporation in Austin, Texas, das unter dem Vorsitz eines Mitglieds des Nationalen Sicherheitsrates und des CIA begründet wurde, eingeschlossen sind.[8] 1985 gab das Pentagon volle 40 Milliarden Dollar für Elektronik aus. Und diese Verbindung mit militärischen Einrichtungen wird sogar noch enger werden, wenn die Vereinigten Staaten jemals das unerhört aufwendige Projekt SDI (das auch »Krieg der Sterne« genannte Raketenabwehrsystem) in Angriff nehmen, das sich unter der Reagan-Administration einer entschlossenen politischen und unternehmerischen Unterstützung erfreut.

Es ist aufschlußreich, daß Mitglieder der COS wie Gingrich und Kemp sorgfältig darauf achten, die Forderung nach immensen Rüstungsausgaben zum Teil ihres Programms zu erheben, ungeachtet der Defizite, die sich daraus ergeben können. Wie heftig die konservativen Opportunisten auch darauf drängen mögen, die bundesstaatliche Regierung auf eine Blitzabmagerungskur zu setzen, um ihre Größe und ihre Kosten zu verringern, so ist doch das Pentagon stets von dieser Verordnung ausgenommen. Das ist besonders verständlich im Falle der Sunbelt-Konservativen. Der neuerworbene Wohlstand von Staaten wie Gingrichs Georgia ist in hohem Maße der Freigebigkeit des Militärs zu danken. 1985 flossen 60 Prozent der 260 Milliarden Dollar Ausgaben des Verteidigungsministeriums in Aufträge in die Sunbelt-Staaten. Das ist mehr als das Doppelte des Anteils, den sie Mitte der fünfziger Jahre erhielten. Allein Kalifornien – und vor allem Südkalifornien, wo die ultrarechten Konservativen wie Barry Goldwater und Ronald Reagan immer ihre zuverlässigste Unterstützung gefunden haben – erhält über das Zweieinhalbfache mehr an Verteidigungsausgaben als andere Staaten, ein ganzes Viertel des Pentagon-Haushalts von 1985. Die »Rostschüssel« des Mittleren Westens hat im Lauf der letzten dreißig Jahre hinnehmen müssen, daß ihr Anteil an militärischen Aufträgen von einem Drittel auf ganze zehn Prozent geschwunden ist. Der einzige Weg, auf dem viele Firmen in dieser Region des Landes in den Genuß eines Anteils an den Verteidigungsausgaben kommen können, ist der Abschluß von Unterverträgen mit den Sunbelt-Firmen.[9] Die eher konservative Stimmung in Amerika während der siebziger und achtziger Jahre hat sicher viel mit dem gestiegenen Reichtum des Sunbelt und seinem Einfluß auf die Wahlen zu tun; er ist die traditionelle Hochburg von Ruheständlern, protestantischen Sekten und den uramerikanischen Werten. Andererseits aber resultiert dieser politische Rechtsdrall in hohem Maße auch aus der stetigen West- und Süd-Kanalisierung von militärischen Geldern während der vergangenen Jahrzehnte. Der sich abzeichnenden Informationsgesellschaft scheint nicht nur ein Hang zum Militärischen eigen, sondern auch eine eingebaute konservative Bevölkerungsstruktur.

Wenn die Gemeinschaft der Unternehmer in der Lage war, den schmerzhaften Bruch mit der industriellen Vergangenheit Amerikas zu bewerkstelligen, dem wir uns nun gegenüber sehen, so hat sie dies dem finanziellen Aufschwung zu verdanken, den die eindeutige Verschreibung an den Rüstungsstaat mit sich bringt. Zu großen Teilen bedeutet die Ankunft der Informationswirtschaft, daß unsere größten Unternehmen zwei Generationen alten Kapitals rasch aus dem Verkehr ziehen oder es ins Ausland fließen lassen. Dadurch befreien sie sich, mit großzügiger Unterstützung durch militärische Aufträge, von den gewerkschaftlich außerordentlich gut organisierten Arbeitskräften des Inlandes, so daß Investitionen in rentablere Bereiche gelenkt werden können. Hochtechnologie ist nicht nur glanzvolle Zukunft; sie bringt auch stattliche Beträge ein, besonders dann, wenn diejenigen, die die Profite einstreichen, davon verschont werden, die sozialen Kosten zu tragen, die aus dem Zerfall alter Industriezentren entstehen, sowie daraus, daß die dortigen Arbeitskräfte arbeitslos werden und umgesiedelt werden müssen in die (gewerkschaftslosen) Staaten des Sunbelt, in denen sie »ein Recht auf Arbeit« haben. Diese Kosten der Verlagerung werden von den Hochtechnologiefirmen meistens »externalisiert«, das heißt, sie werden unter den Teppich gekehrt und ignoriert. Aber sie bleiben eine Belastung für die Gesamtwirtschaft, die eines Tages ihren Preis dafür fordern wird. So sind etwa zwei Drittel der »neuen Jobs«, die in unserer Wirtschaft in den späten siebziger und den achtziger Jahren geschaffen wurden und die die Reagan-Administration so lauthals anpries, Teilzeitbeschäftigungen im Dienstleistungsbereich, die von angelernten Kräften erledigt werden. Wenn ursprünglich hochqualifizierte Fabrikarbeiter zu solchen Arbeiten gezwungen werden – etwa als Hausmeister, Sicherheitswächter, oder Schnellimbißverkäufer –, dann haben sie einen wirtschaftlichen Abstieg erlitten. Mit ihnen rutschen ganze Bereiche der Wirtschaft auf einen niedereren Standard und verringertes Zukunftspotential ab. Die Arbeiterbewegung sieht diese Unterminierung der mittleren Industriearbeitsplätze als den Anfang einer permanenten »Zwei-Klassen-Gesellschaft«, mit immer weniger hochbezahlten Arbeitsplätzen in der hochspezialisierten, nicht gewerkschaftlich erfaßten oberen Klasse.[10]

Selbst diejenigen, die in der Hochtechnologie Arbeit finden, können also für langweilige, schlecht bezahlte, nicht gewerkschaftlich erfaßte Stellungen angeheuert werden. Es spricht sich allmählich herum, daß die neuen Mikrochipfirmen, so verlockend die Arbeit dort für die Welt jenseits der Fabrikmauern erscheinen mag, mehr oder weniger reine Ausbeutungsbetriebe sind für die schlecht ausgebildeten, vorwiegend weiblichen Arbeitskräfte, die sie anstellen. Die Hochtechnologie ist, in der Tat, schon jetzt ein Beispiel für eine Zwei-Klassen-Gesellschaft, die praktisch keine Mobilität über die tiefe Trennlinie hinweg erlaubt. Oben sind die Unternehmer, die Erfinder, die Ingenieure, die auf der Sonnenseite der Industrie leben und sich dort tummeln. Unten sind die Produktionsarbeiter. Für sie bedeutet, mit den Worten Everett Rogers' und Judith Larsens, » ... Silicon Valley nur schlechtbezahlte Jobs ohne Aufstiegschancen, nerventötende und stupide Arbeit und einige der gesundheitsschädlichsten Arbeitsplätze der USA. Das ist die dunkle Seite der blitzenden Labors, die weder Grillpartys noch Luftballons, noch bezahlter Urlaub verbergen können.«[11]

Für die Besitzenden innerhalb der Informationswirtschaft zählt zu den wichtigsten »Informationen« das Know-how der Union busters, professioneller Gewerkschaftsbekämpfer, die einen ihrer besten Märkte in der Hochtechnologie gefunden haben. Die Informationsindustrie in den Vereinigten Staaten kennt bisher fast keine gewerkschaftliche Organisierung. Doch selbst unter diesen günstigen Produktionsbedingungen hat sich, im ständigen Kampf um die Kostendämpfung, Fließband-Hochtechnologie als bestens exportabel erwiesen. Sie kann leicht nach Asien oder Lateinamerika verlagert werden, wo die Arbeitskräfte in der Regel jünger und weiblich sind, das heißt, billiger und williger.[12] Weiter gesteigert wird die Unsicherheit derjenigen, die in der

Informationswirtschaft arbeiten, durch die branchenüblichen riskanten und spekulativen Investitionen innerhalb der Hochtechnologieindustrien, wo wir, seit den Anfängen der achtziger Jahren, ganze Märkte – wie den für Videospiele, Heimcomputer und Autotelephone für den Nahbereich – rasch den ganzen Zyklus vom Aufblühen bis zum Konkurs haben durchlaufen sehen.

Leider haben die Jünger der Informationsgesellschaft immer wieder die Tatsache übersehen, daß die Hochtechnologie, wenn sie einen wirklichen und langfristigen Beitrag zur Wohlfahrt der *ganzen* Nation leisten will, an das System der bereits existierenden Industrie angepaßt werden muß, unter Ausnutzung ihrer besonderen Technik, ihres Arbeitspotentials und ihrer Möglichkeiten. Sie kann nicht abrupt dieses System verdrängen und hoffen, allein bestehen zu können. Und doch legen Futurologen wie Naisbitt uns eben dieses nahe, wenn sie die »Informationswirtschaft« als ein ökonomisches System beschreiben, das in krassem Gegensatz zur »Industriewirtschaft« stehe und diese nun ersetzen müsse – nicht nur mit einer neuen Technologie, sondern auch mit einer undurchsichtigen neuen »Wissenstheorie der Werte«. Ein solcher historischer Entwurf ist unsinnig. Die Informationstechnologie ist ein Sprößling des gegenwärtigen industriellen Systems, das immer von dem »Wissen« abhängig war, das Erfindungen, Management und Marketing untermauert. Wie die elektrischen, kraftfahrtechnischen oder chemischen Technologien, die vor ihr kamen, ist die Hochtechnologie als ein weiteres Stadium im laufenden industriellen Prozeß entstanden. Und diese Technologien heben einander nicht auf, sie überschneiden sich, verbinden sich und müssen koordiniert werden. Selbst Computerenthusiasten im Amerika der Hochtechnologie brauchen fürs Überleben dringender den Landarbeiter, der die Ernte einbringt, und den Bauarbeiter, der die Häuser errichtet, als den Programmierer oder den Investitionsberater, der mit computergestützten Kalkulationsprogrammen arbeitet.

Die Hochtechnologie ist eingebettet in das Gefüge der Industriegeschichte; sie muß sich geplant entfalten. Überläßt man sie den Launen und Impulsen des Marktes, wie es die Konservativen

Opportunisten gern täten, wird sie in eben jenen harten, Menschen verschleißenden wirtschaftlichen Fortschritt ausarten, der schon das namenlose Elend der ersten industriellen Revolution hervorbrachte. Keine humane Gesellschaft kann sich für eine zweite industrielle Revolution entscheiden, die jene alten Fehler wiederholt.

Werden aber, wie es in unserem Land geschieht, die wirtschaftlichen Reserven fast ausschließlich in die Hochtechnologie gesteckt, so ist es natürlich auch unvermeidlich, daß die Folgeprodukte dieser Investitionen verkauft werden müssen. Einige dieser Produkte – Raketen, Raumfähren, Laserwaffen – finden seit jeher hauptsächlich militärische Abnehmer. Doch selbst wenn die Computerindustrie einerseits stark von militärischen Aufträgen abhängt, hat sie andererseits zugleich auch Zugang zu einem großen zivilen Markt gefunden, zumindest für ihre teureren Ausrüstungen, und zwar in der Geschäftswelt und in der öffentlichen Verwaltung. Es ergeben sich zwingend folgende Fragen: Kann die jüngste Generation von Mikro- und Minicomputern in großem Stil als Massenkonsumgut vermarktet werden? Kann die breite Öffentlichkeit dazu gebracht werden, die Information als eine Notwendigkeit des modernen Lebens anzusehen, etwa in derselben Weise, wie sie inzwischen den Kühlschrank, das Auto und den Fernsehapparat als Notwendigkeiten ansieht? Die Computerhersteller verwetten Milliarden darauf, daß sie dies schaffen. Ihr risikoreiches Spiel hat sich bis jetzt ansehnlich bezahlt gemacht – und verheerende Verluste gebracht mit jeder Wende des Wirtschaftszyklus. Und wenn es ihr dennoch gelungen ist, daß die Information eine kultgleiche Gefolgschaft in unserer Gesellschaft gewonnen hat, geht das weitgehend auf ihre Werbe- und Vermarktungsbemühungen zurück.

Megahyper

In den frühen achtziger Jahren arbeitete ich an einem Science-Fiction-Roman, der von Computern und Computerwissenschaftlern handelte.[13] Während der Vorbereitung des Buches konsultierte ich mehrere Experten auf diesem Gebiet, um den aktuellen Stand dieser Wissenschaft zu erfassen und ihre absehbare Zukunft besser einschätzen zu können. Da sich die Informationstechnologie schnell entwickelte, hatte ich das Gefühl, eine solide Basis für den Roman zu benötigen. Ich wollte mir eine halbwegs zuverlässige Vorstellung davon verschaffen, was Computer, zu dem Zeitpunkt, an dem mein Buch in Druck gehen sollte, und auch in den vier oder fünf Jahren danach wohl können würden (und was nicht) – um sicherer zu sein, wo die Fakten aufhörten und die Phantasie begann.

Nachdem ich mit mehreren Experten und Enthusiasten gesprochen hatte – manche von ihnen Akademiker, manche in der Industrie zu Hause –, merkte ich, daß ich vor einem Problem stand. Wenn es um die künftige Macht der Computer ging, neigte praktisch jeder, den ich sprach, zu einer überschwenglich optimistischen Sichtweise. Maschinelle Übersetzungen ... Dialog in Normalsprache ... perfekte Beherrschung des Schachspiels ... Wiedererkennen von Gesichtern und Stimmen ... kreatives Schreiben ... gerichtliche Entscheidungen – es gab nichts, was diese Maschinen nicht können sollten oder nicht bald können würden. Ich pflegte zu fragen, wie »bald«. Die Antwort darauf war nie besonders eindeutig. Vielleicht schon nächstes Jahr, fast sicher in weiteren zwei oder drei Jahren, mit absoluter Sicherheit bis zum Ende des Jahrzehnts. Auf jeden Fall *früher* als allgemein erwartet. Bei einer Diskussion, der ich beiwohnte, gab eine der führenden Autoritäten der Welt auf dem Gebiet der Künstlichen Intelligenz seiner festen Überzeugung Ausdruck, daß ein Computer, der fähig sei, alle menschliche Intelligenz auf allen Gebieten zu überrunden, mit Sicherheit schon bald gebaut werden würde ... innerhalb der nächsten fünf bis fünfhundert Jahre. Denn *im Prinzip* (dieser Ausdruck wird allenthalben wie eine liturgische Formel wiederholt) sei nichts unmöglich.

Ich fand bald heraus, aus welcher Quelle dieser Optimismus gespeist wurde und warum ich so viel Mühe damit hatte, die Leute auf realistische Vorhersagen über die Zukunft der Computer festzunageln. Sie waren allesamt, die Akademiker ebenso wie die Industrieexperten, Mitglieder der Informationsgesellschaft. Sie arbeiteten in den Firmen, die bereits mit dieser Wirtschaft verknüpft waren, berieten sie oder hatten mit akademischen Programmen zu tun, die teilweise von diesen Firmen oder deren Kunden aus militärischen Kreisen finanziert wurden. Vom Standpunkt dieser Firmen aus war es von ungemeiner Wichtigkeit, ohne Wenn und Aber zum Computer zu stehen, denn schließlich war er ihr Handelsgut. Die Experten übernahmen diese Sichtweise bereitwillig, denn das Gedeihen der Computerindustrie war zugleich die Voraussetzung ihres Berufes. Und damit nicht genug, auch die Medien, von denen sie gern und häufig interviewt werden, sind stets gierig nach verblüffenden Vorhersagen; die Journalisten wollen Berichte von Autoritäten des Gebietes, die die Futurologen bestätigen. Diese Berichte wirken ihrerseits wieder zurück auf die Projektionen der Industrie vom künftigen Wachstum und tragen dazu bei, die Ware zu verkaufen und Spekulationskapital zu mobilisieren.

Kurz gesagt, die Experten *verkauften*. Sie waren schon daran gewöhnt, für die Presse, die Öffentlichkeit und die Forschungsstiftungen die erstaunlichsten »Megatrends« zu entwickeln. Erst als ich hartnäckig auf meiner Skepsis bestand – etwa bezüglich maschineller Übersetzungen oder der Fähigkeit von Computern, zu »lesen« oder ein Buch, eine Geschichte oder einen Vortrag »zusammenzufassen« –, erreichte ich gelegentlich ein ehrliches Eingeständnis, wie verteufelt schwierig diese Probleme in Wahrheit zu beherrschen sind und in wie weiter Ferne ihre Lösung noch liegen kann.

Aber auf dem Markt fehlt eine solche Skepsis, und daher steht dem Optimismus nichts im Wege, bis in den himmelblauen Zenit emporzusteigen – und in dieser Höhe läßt er sich nicht mehr von herkömmlichen Werbeübertreibungen unterscheiden. Wenn man den PR-Veröffentlichungen der Computerindustrie Glauben schenken dürfte, dann wäre die elektronische Datenverarbeitung bereits das Herz der Wirtschaft. Ohne sie stünde unser Leben still. Das mag für einen beträchtlichen Teil der Geschäftswelt sogar fast schon Wirklichkeit sein. Wenn die Computer nicht funktionieren, können die Banken nicht arbeiten, es können keine Investitionen getätigt werden, Flugzeuge können nicht starten und keine Tickets mehr für sie verkauft werden, man kann keine Zeitungen drucken, Verzeichnisse können nicht eingesehen werden, man kann Rechnungen weder verschicken noch bezahlen, und immer mehr Fließbänder müßten stillstehen. Höchstwahrscheinlich könnte sich unser Land nicht einmal gegen einen Blitzangriff seiner Feinde verteidigen.

Ist es klug, eine Gesellschaft so weitreichend an eine Technologie zu binden, die so anfällig ist für Störungen, Fehler, Sabotage und kriminellen Mißbrauch im großen Stil? Die Computerhersteller und die Computerwissenschaftler hegen keinerlei Zweifel daran. Und da sie die Kommandohügel der Wirtschaft bereits erklommen haben, arbeiten sie rasch weiter, um neue Fronten für die Investition zu eröffnen. Die derzeitigen Bemühungen zielen darauf ab, den Mikrocomputer in so viele Bereiche des Alltagslebens wie irgend möglich einzuschleusen, damit unsere Wohnungen, Arbeitsplätze und Schulen bald ebenso abhängig werden vom Fluß der elektronischen Information. Ohne eine ausreichende Versorgung damit werden Kinder nicht lernen können, Scheckbücher werden nicht mehr auf dem aktuellen Stand sein, Verabredungen nicht sorgfältig geplant, Steuern nicht bezahlt werden können … vielleicht kommt auch das Essen nicht mehr rechtzeitig auf den Tisch.

Die Arbeitskräfte in den Büros gehören derzeit zu den Hauptzielgruppen der Datenhändler. Als Schreibgerät und elektronischer Datenspeicher hat der Computer bereits einen sicheren Platz in der Bürowelt. Ausgehend von dieser Startbasis bei den Berufsgruppen, die viel mit Papier zu tun haben, hat die Computerindustrie die Aussicht auf ein vollautomatisches Büro heraufbeschworen, in dem für Papier kein Platz mehr sein wird. Auf dem Bildschirm des elektronischen Schreibtisches, so hören wir, werden bald simulierte Notizen und Berichte flimmern. Alle Akten einer Gesellschaft sind ständig verfügbar, Datenbanken für jeden denkbaren Zweck sind augenblicklich zugänglich über riesige, integrierte Programme, die gleichzeitig organisieren, buchführen und verwalten. Computergeschriebene Dokumente können nah und fern verteilt werden, von Terminal zu Terminal, und gleichzeitig gespeichert und sortiert, zusammen mit ausführlichen Stichwortverzeichnissen. Elektronischer Postverkehr wird die Regel sein. Spracherkennende Maschinen übernehmen Diktate, alles wird über mündliche Kommandos laufen, selbst die Tastatur des Computers wird überflüssig. Wenn es nötig ist, eine Konferenz abzuhalten, wird dies über Telekontakte zwischen den Mitarbeitern, über Kontaktstationen an allen Ecken des Gebäudes oder sogar der ganzen Welt geschehen.

Das voll computerisierte Büro wird den dort Angestellten dasselbe bescheren, was das automatische Fließband den Fabriken gebracht hat: Es wird Arbeitskräfte »sparen«, indem es sie wegrationalisiert, angefangen bei den Aktenboten und den Sekretärinnen, denen dann bald der Nachwuchs in der Chefetage und die Verkaufskräfte folgen werden. Vielleicht werden diese Opfer des Fortschritts bei MacDonald's an der nächsten Ecke Arbeit finden, wo die Registrierkassen mit Bildern statt Zahlen versehen sind, oder als Hausmeister, die am Ende des Tages aufräumen, was immer es aufzuräumen gibt – zumindest so lange, bis für ihre Tätigkeit Roboter eingesetzt werden können. Es ist gut möglich, daß in den himmelwärts ragenden Turmbauten unserer Städte bald niemand mehr übrigbleibt außer einer kleinen Elite von Entscheidungsträgern auf höchster Ebene, die von elektronischen Geräten umgeben sind. Sie werden rund um die Welt mit ihresgleichen in Verbindung stehen, als einzige Arbeitskräfte, die in der Informationswirtschaft noch übriggeblieben sind, und sie werden Tabellenkalkulationen manipulieren, Übernahmeangebote austüfteln, Gelder mit Lichtgeschwindigkeit von Bank zu Bank überweisen, »Mittagessen der Mächtigen« arrangieren. Und nach und nach wird selbst ihnen immer weniger zu tun übrigbleiben, denn es können sogar Entscheidungsstrategien programmiert werden. Ein Team von Managementwissenschaftlern hat bereits geäußert:

Es gibt keinen Grund, Computer nicht auch so zu programmieren, daß sie selbst Entscheidungen treffen und, durch das Generieren eines entsprechenden Dokumentes oder eines anderen Outputs, ihre Entscheidungen dadurch ergänzen, daß sie eine Aktionskette einleiten. Es gibt keinen wesentlichen Unterschied zwischen einer geschäftlichen Entscheidung und den Entscheidungen, um die es sich bei Kontrollsystemen von Produktionsprozessen handelt – einem Bereich, dessen Computerisierung als völlig selbstverständlich angesehen wird.[14]

Wenn es erst so weit ist, wird nicht einmal mehr die Unternehmensleitung im Büro erscheinen müssen. Sofern der Mensch überhaupt noch eingreifen muß, wird er dies außerhalb des Hauses erledigen. Eine gespenstische Vision von der hochtechnisierten Zukunft erscheint vor dem inneren Auge: eine Landschaft von Glastürmen, die leer in entvölkerten Geschäftsvierteln stehen, in denen lediglich Maschinen an der Arbeit sind, vernetzt mit anderen Maschinen.

Auch für das private Heim halten die Futurologen ein computerisiertes Bühnenkonzept bereit. Es wird sich in ein »Informationszentrum« verwandeln, das sich rund um einen Computer gruppiert, der über ein Modem an eine weltweite Auswahl an Datenbanken gekoppelt ist. Die neue, elektronische Familie wird ihre Post und die stündlichen Nachrichten vom Bildschirm ablesen; sie wird an einem interaktiven Terminal Bankgeschäfte abwickeln, einkaufen, investieren, lernen und spielen. Niemand braucht je das Haus zu verlassen, das gleichzeitig, mittels der weltumspannenden Informationsnetze, zu Schule und Arbeitsplatz wird. Die Japaner verkaufen bereits in aggressivem Stil automatisierte, computergerechte Häuser. Eine Reihe von integrierten Heim-Automatisierungssystemen ist auch schon an den wohlhabenderen Randbezirken des amerikanischen Marktes aufgetaucht. Sie haben verlockende Namen: Hominder, Tomorrowhouse, Smart House. Hat man sich erst einmal den richtigen Umgang mit der Hauptschalttafel antrainiert, kann das Haus so eingestellt werden, daß es automatisch heizt, kühlt und für Lüftung sorgt, alles ohne menschliches Eingreifen; es ist nicht länger nötig, den Thermostat zu berühren oder ein Fenster aufzumachen. Das Haus wird jederzeit von allen erforderlichen Sicherheits- und Notfalleinrichtungen überwacht. Geht man nachts von einem Zimmer ins andere, muß man nicht einmal mehr die Lichtschalter an- und ausknipsen; der energieoptimierende Computer wird jede Bewegung spüren und auf sie reagieren. Sprechende Geräte werden Ratschläge und Warnungen bezüglich ihrer eigenen, sachgemäßen Verwendung erteilen. Alvin Toffler freut sich auf ein zukünftiges Haus, das mit seiner Elektronik so sensibel reagiert, daß es, sollte es eine ständig laufende Toilettenspülung entdecken, automatisch alle anderen Computer im Haus zu Rate zieht, um die Adresse eines guten Klempners herauszufinden – und umgehend einen Reparaturtermin vereinbart. Er nennt dies in einer »intelligenten Umgebung« leben.[15]

Selbst Freundschaft und menschliche Wärme sollen elektronisch vermittelt werden: der Heimterminal wird an vielerlei computerisierte »schwarze Bretter« angeschlossen sein, die Gespräche, Ratschläge, Klatsch, Witze und Verabredungspartner anbieten – wird all den sozialen Austausch abwickeln, um dessentwillen die Leute früher auf die Suche nach menschlichen Kontakten gehen mußten, in Klubs, Cafés, Parkanlagen und Kneipen. Toffler sagt uns »elektronisch erweiterte Familien« voraus, eine Art computerisierter Kommunen, die Brücken über Kontinente schlagen könnten. Ein anderer Elektronikenthusiast, Myron Krueger, rechnet damit, daß der Computer zu einer »intimen Technologie« heranreifen und für »elektronischen Sex« programmiert werden kann. Er meint zum Beispiel:

> Eine Reihe von Aktivitäten, für die man normalerweise zwei Hände benötigen würde, könnten automatisch ausgeführt werden, so daß der Liebhaber seine ganze Aufmerksamkeit anderen Bereichen schenken kann, gerade so, wie man Rhythmen auf einer elektronischen Orgel festlegt. Es ist sogar denkbar, daß Sexkonzerte die Massen der Zukunft erheben werden ... Es ist durchaus möglich, sich

Umstände vorzustellen, die zu einer solchen Entwicklung führen und viele Menschen dazu bringen könnten, sie zu akzeptieren.[16]

Ein Artikel in der Zeitschrift *The Futurist* führt diese Möglichkeiten mehrere spekulative Schritte weiter zu Vorhersagen, von denen man hofft, sie als den Gipfel der Absurdität verstehen zu dürfen. Aber sie werden nicht in diesem Geist dargeboten, sondern sind todernst gemeint:

> Das Haus der Zukunft ist vielleicht ein Gebilde, dessen Computergehirn, das mit Sensoren ausgestattet und durch Fernverbindungsnetze mit Computerdatenbanken und den Gehirnen anderer Häuser verbunden ist, ein Bewußtsein von seiner eigenen Existenz und eine intime Kenntnis seiner Bewohner entwickelt hat ... Diese Entwicklung wird erheblich dazu beitragen, daß wir an den Computer als ein bewußtes Wesen »glauben« können. Wenn Ihr Haus erst einmal mit Ihnen sprechen kann, brauchen Sie sich nie mehr einsam zu fühlen.[17]

So weit hergeholt und vielleicht beunruhigend diese Vorstellung von bewußten und aufmerksamen Mikroprozessoren auch klingen mögen, Steven Jobs, der Begründer der Computerfirma Apple, erwartet etwas in dieser Art lange vor dem Ende des Jahrhunderts. Er nennt diese Entwicklung den Übergang vom Computer als Dienendem zum Computer als »Führendem oder Handelndem«.

> Er wird mehr in dem Sinne arbeiten, daß er vorab errät, was wir wollen, und es für uns erledigen. Er wird Verbindungen und Muster in unserem Handeln feststellen, wird uns fragen, ob es etwas ist, das wir regelmäßig tun möchten, so daß uns nur noch ... die Rolle von Auslösern zufällt. Wir werden unsere Computer bitten können, Dinge für uns zu überwachen, und wenn bestimmte Bedingungen eintreten, dann werden die Computer bestimmte Ak-

tionen durchführen und uns im nachhinein davon unterrichten.[18]

Bleibt nur zu hoffen, daß sie sich auch entschuldigen, wenn sie den unvermeidlichen großen Fehler machen.

Manchmal weiß man nicht recht, ob man lachen oder weinen soll über das, was das Informationszeitalter angeblich für uns bereithält. Pamela McCorduck hofft, das Heim der Zukunft mit einem »Altenroboter« ausgestattet zu sehen, der »die Probleme des Alterns« lösen soll:

> Der Altenroboter ist eine wunderbare Sache. Er hält sich nicht deshalb im Haus auf, weil er hofft, einmal Ihr Geld zu erben – natürlich schüttet er Ihnen auch nicht eine Kleinigkeit ins Glas, um das Unausweichliche zu beschleunigen ... Er ist da, weil er Ihnen gehört. Er badet Sie nicht nur, füttert Sie und rollt Sie hinaus in die Sonne, wenn Sie Sehnsucht nach frischer Luft haben und einmal etwas anderes sehen wollen, obwohl er dies natürlich auch alles kann. Das Allerbeste am Altenroboter ist, daß er *zuhört*. »Erzählen Sie mir noch einmal«, sagt er, »wie wundervoll/ schrecklich Ihre Kinder sind. Erzählen Sie mir noch einmal, wie Sie '63 den tollen Erfolg hatten ...« Und er meint es ernst. Er wird nie müde, die Geschichten zu hören, so, wie Sie nie müde werden, sie zu erzählen. Er kennt Ihre Lieblingsgeschichten, und es sind auch die seinen.[19]

Fast klingt es wie ein Stück von Beckett ...

Hacker und Propagandisten

Wie weit hergeholt diese futuristischen Phantasiegespinste auch sein mögen, sie verraten immerhin, was die Datenhändler für die Wünsche der Allgemeinheit halten. Wenn sie recht haben, liefern sie uns ein düsteres Bild von unserem kulturellen Niveau.

Es schaudert einen, wenn man glauben soll, daß es tatsächlich ein Publikum gibt, das so alberne und kindische Verwendungen des Computers ernst nimmt. Wie viele Menschen mag es geben, die es nötig haben, jede noch so geringfügige Handlung durch einen Computer vermittelt – und womöglich bestätigt – zu sehen? Ironischerweise kann das tragischste Opfer solcher Megahyperillusionen der Computer selbst sein. Er ist eine bedeutende Erfindung, die für eine große Anzahl von Einsatzmöglichkeiten unsere Bewunderung verdient. Aber in den Händen solcher Enthusiasten verkommt diese geniale Maschine zu einem läppischen Spielzeug, zum Träger dummer und genußsüchtiger Wertvorstellungen.

Es gibt aber eine Stelle, an der das Spektakel der Werbung um den Computer in eine zwielichtige Grauzone übergeht, in der Metaphysik und Science Fiction in einen Topf geworfen werden und sich ungehindert vermischen. Dort schließen sich die Hacker und die Propagandisten als passende Verbündete zusammen, um dem Informationskult einen weit bedrohlicheren Charakter zu verleihen. Wir hören bereits hartnäckige Vorhersagen von gutinformierten Leuten, daß Computer eines Tages klüger sein werden als wir. Wie klug? Ein Computerwissenschaftler der Universität von Kalifornien wagt unbekümmert die folgende Prognose: »Ich glaube, es wird eines Tages eine allwissende Maschine geben. Das ist es, was uns vorschwebt.«[20]

In Gedanken wie diesen scheint ein langes, beharrliches Bemühen auf, den Computer zu anthropomorphisieren, ihn zu einem Surrogat menschlicher Intelligenz zu machen. Solange der Computer einfach nur Zahlen verschlang, hielt man ihn selten für mehr als eine hervorragende Rechenmaschine. Der erste bedeutsame Schritt in diesem Prozeß der Vermenschlichung der Maschine wurde kurz nach dem Zweiten Weltkrieg getan, als das Wort *memory* (Gedächtnis) für ihre Speicherkapazität eingeführt wurde. Niemand hatte dieses Wort je im Zusammenhang mit den alten Hollerith-Büromaschinen verwendet. Deren Möglichkeit, Daten aufzuzeichnen und zu verarbeiten, war noch zu deutlich sichtbar und zu mühselig. Diese Maschinen taten ja offenkundig nichts anderes, als Lochkarten schnell hin und her zu schieben, die von Menschen eingefüttert und herausgenommen werden mußten.

Aber mit der Erfindung von Maschinen mit eingespeichertem Programm wie der UNIVAC und anderen Systemen mit magnetischem Kern wurde es für die Allgemeinheit erheblich weniger augenfällig, wie Computer sich ihre Daten erarbeiteten. Wo versteckte sich all die Information in den immer handlicher werdenden Maschinen? Die Ingenieure sprachen davon, daß der Computer ein »Gedächtnis« habe, eine mentale Fähigkeit. Die Maschinen »erinnerten« sich an Dinge, an wesentlich mehr Dinge als Menschen, und waren auf geheimnisvolle Weise in der Lage, auf Knopfdruck alles wieder aus ihrem »Gedächtnis« hervorzuholen. Wenn es dagegen um menschliche Gehirne ging, so erschien, was Computerwissenschaftler wie Robert Jastrow behaupteten, sofort einleuchtend: »Die Menge an Informationen und Verschaltungen, die in einen Schädel von festgelegter Größe hineingepreßt werden kann, ist begrenzt.«[21]

Nun gibt es aber keinerlei Beweis dafür, daß das menschliche Gehirn seine Fähigkeiten auch nur annähernd bis an seine möglichen Grenzen ausschöpft, und wir haben auch keinen Grund zu der Annahme, daß die Größe des Hirns überhaupt in irgendeinem Verhältnis zur Funktion des Denkens steht, geschweige denn zum Gedächtnis. Ist es aber nicht vielleicht so, daß das, was wir bei den menschlichen Hirnfunktionen umgangssprachlich als »Vergessen« bezeichnen, exakt die geeignetste Form der Speicherung und Verarbeitung von Informationen für intelligentes Denken ist? Könnte es nicht zutreffen, daß die Aufbewahrung zu vieler Einzeldaten – mehr als ein einzelner Geist auf sinnvolle Weise verarbeiten kann – die Qualität des Denkens beeinträchtigt? Mir sind jedenfalls – persönlich oder aus ihren Schriften – viele Menschen bekannt, die ihren intellektuellen Pfad in einem Wald von Fakten verloren haben. »Daten, Daten überall, aber kein Gedanke zum Denken.«[22] Immerhin ist im Laufe der Jahrtausende ein ganz beachtlicher Bestand an wichtigen Kulturgütern von Gesellschaften geschaffen worden, die, vielleicht aus guten Gründen, wenig Wert auf die Ansammlung von Rohdaten gelegt haben. Ansichten dieser Art kann man natürlich nicht von Datenhändlern erwarten. Sie berufen sich vielmehr auf die Autorität der Computerwissenschaftler, die es Unternehmen wie Sony ermöglichen, für ein computerisiertes Cassetten-Deck zu werben, das so »genial ist, daß es sogar die Mängel Ihres Gedächtnisses kompensiert«.

Als man den Maschinen metaphorisch erst einmal die Fähigkeit der Erinnerung zugestanden hatte, stand ihrer Geistesähnlichkeit nichts mehr im Wege, sich in übermenschliche Höhen emporzuschwingen. Wenn Denken im wesentlichen Datenverarbeitung ist, wie die Kybernetiker behaupten, dann ist der Geist, der die meisten Daten festhält, potentiell der überlegene Geist, besonders in der komplexen modernen Welt, wo viel zuviel Information anfällt, als daß ein menschliches Gehirn sie verkraften könnte.

> Das menschliche Gehirn [so der Wissenschaftler Avron Barr von der Stanford University] ist nicht nur in seiner Speicherkapazität und Verarbeitungskraft beschränkt, sondern hat auch noch andere wohlbekannte Fehler; es läßt sich leicht in die Irre führen, ist eigensinnig und sogar blind für die Wahrheit ... Intelligente Systeme, die für die Computer- und Kommunikationstechnologie entwickelt werden, werden eines Tages mehr als jeder Mensch darüber wissen, was bei komplexen Unternehmungen vor sich geht, in die Millionen von Menschen verwickelt sind.[23]

Die Futurologen waren schnell dabei, sich dieses Themas zu bemächtigen: Die Komplexität der modernen sozialen Welt führe zwangsläufig zur Überlegenheit der Computer. »Eine Informationsbombe explodiert mitten unter uns«, verkündet Alvin Toffler. »Menschen und Organisationen verlangen ständig nach mehr Information, und das gesamte System beginnt zu pulsieren mit immer breiteren Datenströmen.« Wir haben bereits den Punkt erreicht, an dem »niemand mehr die vielfältigen Komplexitäten im Kopf behalten kann, während er versucht, die Lösung eines Problems durchzudenken«. Doch schon naht die Rettung.

Da der Computer große Mengen an kausalen Wirkungs-
faktoren erinnern und in Zusammenhang bringen kann,
kann er uns dabei helfen, solche Probleme [z.B.Kriminali-
tät, Wohnungsbau, urbaner Zerfall] auf einer grundlegen-
deren Ebene als bisher zu behandeln. Er kann riesige
Massen von Daten durchkämmen, um subtile Muster herauszufinden ... Er kann sogar phantasievolle Lösungen für
bestimmte Probleme vorschlagen, da er neue oder bislang
übersehene Beziehungen zwischen Menschen und den
ihnen verfügbaren Mitteln aufzeigen kann.[24]

An einer Passage wie dieser läßt sich beobachten, wie der
Computer personifiziert und in ein mentales Wesen verwandelt
wird, das aus eigener Initiative heraus handelt. Sein Vermögen,
Daten zu speichern, ist auf mysteriöse Weise herangereift zu
dem Vermögen, »subtile Muster« in der Gesellschaft sowie
»phantasievolle Lösungen« für politische Schwierigkeiten zu
entdecken.
Eine außerordentliche Maschine, in der Tat. Gibt es sie? Wird es
sie je geben? Darüber schweigt sich der Autor aus. Warum sollte
ein Populärsoziologe sich dafür zuständig fühlen, einen höheren
Standard der Glaubwürdigkeit aufrechtzuerhalten als die Wissenschaftler und Techniker, die für die Technologie verantwortlich sind? Die Computerwissenschaftler I. G. Good und Christopher Evans haben wohlgemut die Erfindung einer ultra-intelli-
genten Maschine (UIM) für die neunziger Jahre vorausgesagt,
eine Maschine, die viel klüger sein werde als jede menschliche
Intelligenz und dazu ohne weiteres in der Lage, alle größeren
politischen Entscheidungen zu fällen, einschließlich derjenigen,
die Krieg und Frieden betreffen.[25] Good freut sich auf eine Zeit,
wenn die UIMs selbständig ihre Tätigkeit aufnehmen werden,
um »eine Intelligenzexplosion« zu produzieren.

Die UIMs werden uns in die Lage versetzen, alle praktisch
lösbaren Probleme zu lösen, und wir werden vielleicht den
Weltfrieden erreichen, das Elixier des Lebens, die allmäh-

liche Verwandlung der Menschen in UIPs (ultra-intelligente Personen) oder die Verwandlung der Weltbevölkerung in ein *einziges* UIP.

In einem Buch mit dem Titel *Machines Who Think* (Denkende Maschinen) treibt Pamela McCorduck, die an der Universität Stanford am Projekt für künstliche Intelligenz mitarbeitet, diese Aussicht noch einen Schritt weiter. Sie sagt voraus, daß die UIMs »das ganze Universum in ein einziges, großes, denkendes Wesen verwandeln werden«.

Wes Geistes Kind sind Computerenthusiasten, die solche hanebüchenen Prognosen anbieten? Das ist schwer zu sagen. Manchmal, wie im Falle von Good, spürt man eine ausgeprägte Fürsorge hinter den überschwenglichen Parolen. In einer solchen Übersteigerung der »Verbraucherfreundlichkeit« wird der Computer in die illusionäre Rolle eines wohlwollenden, engelsgleichen Beschützers gedrängt, der uns von unseren Verantwortlichkeiten des Erwachsenenlebens, die uns zu sehr belasten, befreien wird. Auf der anderen Seite scheinen einige Computerwissenschaftler das großspurige Heldentum zu genießen, das ihnen bei der Entlarvung dessen zuwächst, was sie für den Wahn menschlicher Einzigartigkeit halten. Marvin Minsky vom MIT gehört in diese Kategorie. Über die Jahre hinweg hat er sich in den Medien dadurch hervorgetan, daß er boshaft alles attackiert, was irgend jemand als eine besondere, vielleicht sogar recht komplizierte Qualität des menschlichen Geistes ansehen könnte: gesunden Menschenverstand, Urteilsfähigkeit, Intuition, Kreativität. Oder auch Emotionen. Sie sind weiter nichts besonderes, so Minsky: »Ich glaube, wir werden in der Lage sein, Emotionen in eine Maschine hineinzuprogrammieren, wenn wir erst einmal mit den Gedanken fertig sind ... Ich bin sicher ..., wenn wir erst einmal beschlossen haben, welche Emotionen wir in einer Maschine haben wollen, dann wird das auch nicht mehr allzu schwierig umzusetzen sein.«[26] Von einer solchen Minimalvorstellung der menschlichen Persönlichkeit ausgehend, kann Minsky ohne Mühe schließen: »Ich glaube, wir haben begriffen, daß wir wahrscheinlich Computer sind.« Solche leicht hingeworfenen Bemerkungen bleiben nicht ohne Wirkung. Sherry Turkle, die Kinder in hoch computerisierten Schulen untersucht hat (darunter eine Schule, die enge Beziehungen hatte zu Minskys Labor für künstliche Intelligenz am MIT), fand sich mit Schülern konfrontiert, die sich bereitwillig als »fühlende Computer« und als »emotionale Maschinen« charakterisierten.[27]

Welche Intentionen auch immer hinter diesen Spekulationen stecken mögen, es spiegelt sich in ihnen ein deutliches Leitmotiv der westlichen Technologiegeschichte. Man könnte die Maschinen, die wir erfunden haben, in zwei Hauptkategorien einteilen: *starke Maschinen* und *intelligente Maschinen*. Die starken Maschinen (die Dampfmaschine, die Dynamomaschine, das Flugzeug) haben eine gewisse allgemeine Wertschätzung erfahren. Die intelligenten Maschinen haben hingegen eine ganz andere Reaktion hervorgerufen, eine Art unterwürfige Ehrfurcht, die mehr als nur im Keim pathologisch ist. Die ersten intelligenten Maschinen waren verschiedene Arten von Uhren, Reglern und mechanisch beweglichen Apparaturen vom Typ elektrischer Klaviere. Wir sind vielleicht nicht mehr besonders beeindruckt von den kuriosen alten Zähl- und Zeitmeßinstrumenten, die wir heute im Museum betrachten können, aber über mehrere Jahrhunderte unserer Vergangenheit hinweg übten Uhren und Uhrwerke einen merkwürdigen Zauber auf das westliche Denken aus. Die Uhr war schließlich ein Instrument, das fähig schien, aufzuzählen und zu regulieren; sie schien einen Sinn für intelligente, mathematisch präzise Ordnung zu besitzen, den man lange als eine speziell menschliche Begabung angesehen hatte. Die Verbindung mit der Mathematik – selbst wenn sie sich auf regelmäßiges Zählen beschränkte – war besonders faszinierend für die Wissenschaftler, denn sie war ein Echo ihrer eigenen Vorliebe für exakte, objektive Messungen. Mechanische Uhrwerke wie Spieldosen und verschiedene Spielzeuge konnten durch Aufziehen »programmiert« werden (wie wir heute sagen würden), intelligente Handlungsweisen nachzuahmen. Ja sie waren sogar in der Lage, Musikinstrumente zu spielen, mit Federn auf Papier zu schreiben und Spiele zu spielen.

Im Gegensatz zu starken Maschinen, deren Status immer der

von Lasttieren war (daher messen wir ihre Kraft in »Pferdestärken«), wurde die intelligente Maschine gemeinhin mit wesentlich mehr Respekt behandelt. Sie übt und übte eine verführerische Wirkung auf die wissenschaftliche Phantasie aus, die sie sich zu allen Zeiten freimütig als Modell für das Universum im großen ausborgte, wobei sie häufig unsere Erfahrung der Welt ummodelte, damit sie dem jeweiligen Modell entsprach. Und eben darin liegt eine ernstzunehmende Gefahr: daß wir einer technologischen Götzendienerei zum Opfer fallen, bei der wir einer Erfindung unserer eigenen Köpfe erlauben, zu einem Urbild zu werden, das unser Verständnis von uns selbst und der gesamten uns umgebenden Natur beherrscht.

Der Computer ist das jüngste Ergebnis dieser wissenschaftlichen Vernarrtheit in mechanistische Metaphern, die intelligenten Maschinen entlehnt wurden. Wie im Zeitalter Newtons müssen die Wissenschaftler auch heute daran erinnert werden, daß die Organismen (menschlichen Wesen), die schließlich bereits vor den Mechanismen auf Erden waren, sehr viel beachtlichere Meisterstücke sind als jene Werkzeuge, die sich diese Wesen gelegentlich erfinden – wenn sie ihre Zeit nicht gerade damit verbringen, Lieder zu singen, Witze zu machen, Geschichten zu erzählen oder Gott zu loben.

Silizium und natürliche Selektion

Anfang der zwanziger Jahre schrieb Karel Capek ein Theaterstück mit dem Titel R.U.R., in dem der Begriff (und das Wort) *Roboter* zum ersten Mal auftauchte. Der Roboter war ein fühlender Uhrwerkmechanismus, eine Maschine mit einem menschlichen Gesicht. Er war nicht nur ein abstraktes Modell von Intelligenz, sondern man konnte sich auch vorstellen, daß er ein eigenes Leben habe. In Capeks Stück verwandeln sich die Roboter zum Beispiel in rastlose metallene Marxisten, die gegen ihre menschlichen Ausbeuter rebellieren und die Herrschaft an sich reißen. Dieses Bild von der menschenähnlichen Maschine hat eine Denkweise entstehen lassen, die jetzt bei den Computerenthusiasten weit verbreitet ist als der vollkommene Ausdruck des mechanistischen Triumphs. Der Computer hat eine evolutionäre Interpretation erfahren, die ihn scheinbar für ein besonderes Schicksal auszeichnet. Er wird vielleicht sogar seinen Schöpfer überleben und die beherrschende Art des »Lebens« auf Erden werden.

Das ist ein neuer Ton in der Technologiegeschichte der westlichen Welt. Das Thema kennen wir schon aus einer ganzen Anzahl von Science-Fiction-Geschichten, aber seit den frühen sechziger Jahren gibt es Computerwissenschaftler, die begonnen haben, einige ihrer eigenen Metaphern ernst zu nehmen und wörtlich zu verstehen. Wenn der Computer ein »Gehirn« ist, das »Intelligenz« besitzt, kann man ihn dann nicht mit einer biologischen »Art« vergleichen? Und wenn diese Art »Generationen« durchläuft in ihrer Entwicklung, kann man dann nicht auch sagen, daß sie »evolutionäre Sprünge« macht?

Natürlich werden auch viele andere Maschinen – Kühlschränke, Autos, Staubsauger – fortschreitend verbessert von Modell zu Modell. Wir bezeichnen das gewöhnlich nicht als Evolution. Aber wenn es um den Computer geht, dann entspringt seinem Status als einer intelligenten Maschine, daß für ihn eine besondere Kategorie gilt. Er erfährt nicht einfach fortlaufende Verbesserungen, er wird sensibler, geistig kompetenter, autonomer.

John Pfeiffer vom MIT vertrat als einer der ersten die Ansicht, daß die Entwicklung des Computers es verdiene, als Evolution im engen, buchstäblichen Sinn des Wortes aufgefaßt zu werden. In seinem 1962 erschienenen Buch *The Thinking Machine* (dt. Maschinen denken schneller) behauptete er, daß der Computer eine Technologie repräsentiere, deren Grenzen man im Unterschied zu allen anderen nicht umreißen könne. Das gebe ihm eine gewisse Unvorhersagbarkeit, eine fast eigenwillige Freiheit gegenüber seinem menschlichen Schöpfer. »In dieser Beziehung ist ihm die Maschine immer voraus und wird es auch bis auf weiteres bleiben.« Besonders unter dem Druck der »Informationsexplosion, die uns bereits zu überwältigen droht«, werden die Menschen der ungehinderten Weiterentwicklung des Com-

puters zustimmen müssen. »Die Evolution von Computern ist ein bedeutsamer Bestandteil des menschlichen Fortschritts.«[28]
Ähnlich dachte zehn Jahre später (1972) John Kemeny von der Universität Dartmouth, der Erfinder der Programmiersprache BASIC, und sagte eine »symbiotische Evolution« der »Arten« Mensch und Computer voraus.[29] Da die menschliche Rasse von so vielen lebensvernichtenden Gefahren bedroht sei, sah er in dieser »bedeutenden evolutionären Veränderung« unsere beste Chance, angemessenen Gebrauch von der »informationsreichen« Welt zu machen, die wir um uns herum geschaffen haben. Das waren optimistische Prognosen, die noch immer eine für den Menschen zuträgliche Koevolution von Menschen und Computern in Aussicht stellten. Aber einige Experten der Künstlichen Intelligenz sind keineswegs davon überzeugt, daß die Evolution des Computers angeglichen werden muß an das offensichtlich mangelhafte menschliche Gehirn. »Das Maß an Intelligenz, das wir Menschen besitzen, ist rein zufällig«, sagt Marvin Minsky. »Es ist eben die Menge, die wir an diesem Punkt der Evolution haben. Es gibt Leute, die glauben, daß die Evolution abgeschlossen sei und daß es niemals irgend etwas geben werde, das klüger ist als wir.« Minsky ist nicht dieser Meinung; für ihn käme das der Behauptung gleich, »daß ein Mensch kein Haus bauen kann, dessen Höhe die Reichweite seiner Arme übersteigt«.[30]
Evolutionäre Spekulationen dieser Art passen gut zu der Auffassung, daß die hochkomplexe Verflechtung unserer Gesellschaft die Herrschaft von Computern verlange. Die Bedingungen des modernen Lebens werden dabei zu einer selektiven Kraft, die eine neue Art begünstigt, eine Art, die besser an den Maßstab und das Tempo der industriellen Zukunft angepaßt ist. Dr. Gordon Pask nennt dieses neue Wesen »Mikromensch«:

> Die rasche Vermehrung von Computern, Kommunikations- und Kontrollmaschinen wird bald das bilden, was wir die »Informationsumwelt« nennen. Wir glauben jedoch, daß die Veränderung nicht nur quantitativ ist. Ihr liegen viel tiefergehende qualitative Veränderungen im Verhältnis zwischen Maschinen und Menschen zu Grunde.

Diese Veränderungen ... führen zur Evolution einer neuen Art, einer Art, die wir »Mikromensch« genannt haben.[31]

Ist der Mikromensch ein menschliches oder ein mechanisches Wesen? Pask glaubt, daß die Frage so falsch gestellt ist. »Die Unterscheidung zwischen menschlichem Denken und Maschinendenken wird nicht länger haltbar sein. Wir stellen uns eine revolutionäre Ausweitung des Geistes vor, sei sie nun individuell, sozial, oder eingebunden in nicht-gehirnsubstanzartiges Material.«

Es ist von größter Wichtigkeit, die Annahmen hervorzuheben, die solche Visionen von der Überflüssigkeit des Menschen inspirieren. Wenn Denken einfach ein Vorgang der Datenverarbeitung ist, dann kann man tatsächlich keine wesentliche Unterscheidung treffen zwischen der Denkweise von Menschen und der von Maschinen. Ja man muß dann anerkennen, daß Maschinen diese Aufgabe besser erfüllen. Und wenn Datenverarbeitung das vorherrschende Bedürfnis unserer Zeit ist, dann muß man den Maschinen offensichtlich einen selektiven Vorteil einräumen. Aber was für eine Art von »Selektion« diskutieren wir hier? Doch nicht natürliche, sondern kulturelle Selektion. Die »Informationsumwelt« ist ja schließlich das Ergebnis unseres eigenen Tuns. Es sollte daher in unserer Macht stehen, sie so umzugestalten, daß sie unseren eigenen Werten entspricht. Es ist eine trostlose Vorstellung vom Leben, wenn wir glauben, eingeschüchterte Opfer einer Kultur werden zu müssen, die wir selbst geschaffen haben.

Wie weit kann man diese fatalistische Phantasie treiben? Robert Jastrow sieht im Computer die Ankunft einer »Intelligenz, die jenseits der des Menschen liegt«. Die Maschine sei »ein Kind des menschlichen Gehirns statt seiner Lenden« und werde einst »die Rettung des Menschen sein in einer Welt erdrückender Komplexität«. Aber dieses Bündnis zwischen Mensch und Maschine werde nicht stabil sein. Der Computer werde seine unaufhaltsame Evolution fortsetzen. Während die menschliche Evolution ein beinahe abgeschlossenes Kapitel in der Geschichte des Lebens ist ... können wir damit rechnen, daß eine neue Art aus dem Menschen entstehen wird, die dessen Errungenschaften übertreffen wird, wie der Mensch diejenigen seines Vorgängers, des *Homo erectus* überwunden hat ... Diese neue Art von Intelligenz besteht vermutlich aus Silizium.[32]

Ist das Spekulationsfieber erst einmal auf diese Höhe gelangt, debattieren wir nicht mehr allein über die Geschicklichkeit von Maschinen. Vielmehr werden nun die moralische Kraft und die biologische Tauglichkeit unserer eignen Spezies auf den Waagschalen des evolutionären Überlebens gewogen ... und für zu leicht befunden.

Hier ist ein faszinierendes, ringförmiges Zusammenspiel von Ideen am Werk. Zuerst haben die Biologen bei den Kybernetikern Anleihen gemacht, um die Genetik als einen Mechanismus der Informationsübertragung erklären zu können. Jetzt sehen wir, wie die Computerwissenschaftler bei der Biologie Anleihen machen, um die evolutionäre Natur der datenverarbeitenden Technologie hervorzuheben. Kultur entwickelt sich auf diese Weise; sie wächst oft durch metaphorische Ausweitung, bei der ein Gebiet vom anderen borgt, wenn anschauliche Bilder erforderlich sind. Aber ab einem bestimmten Punkt verwandelt sich metaphorische Verfremdung schlicht in falsches Denken. Und zwar an dem Punkt, an dem Metaphern nicht mehr als Veranschaulichungen, sondern im wörtlichen Sinne verstanden werden.

Schludriges Denken dieser Art, das von Experten verkündet wurde, hat sich inzwischen mit den Mythen, die sich um den Computer ranken, verwoben. Es verknüpft die Technologie mit einem quälenden Gefühl menschlicher Unzulänglichkeit und existentiellen Versagens. Oberflächlich betrachtet, bieten die Futurologen und die Datenhändler verlockende Versprechen von Komfort, Reichtum, Vergnügen und Spielen an, aber unter ihrem forschen Optimismus lauern finstere Spekulationen, ob der Mensch nicht ein überholtes Wesen sei. Dieses triste Leitmotiv ist untrennbar mit den Maschinen verbunden und prägt zwangsläufig unsere Reaktion auf die neue Technologie, selbst bei ihren trivialsten Verwendungen. Haben wir etwa eine Art seelenvollen Geist erschaffen, einen Geist, der den entfremdeten Bedingungen der modernen Gesellschaft besser gewachsen ist, der besser in der Lage ist, mit all dem Druck, der Angst, den moralischen Spannungen fertigzuwerden? Wenn das zuträfe, dann könnte man das Ganze als ein vernichtendes Urteil über die Unmenschlichkeit der sozialen Ordnung werten, für die wir selbst verantwortlich sind. Doch einige Computerwissenschaftler betrachten es eindeutig als eine Anklage gegen die menschliche Natur selbst; in ihren Augen taugt der menschliche Geist nicht zum Überleben. Diese Folgerung könnte man nun eigentlich auf sich beruhen lassen und das Ergebnis der nächsten tausend oder Millionen Jahre der evolutionären Selektion abwarten. Nur, in der Zwischenzeit kann sie beträchtlichen politischen Einfluß gewinnen. Sie kann sogar zu dem nicht ganz uneigennützigen Argument führen, daß man den Maschinen mehr Macht anvertrauen sollte; den Maschinen, die die Computerwissenschaftler erfunden haben und deren Kontrolle in ihren Händen liegt.

Technophilie

In mancherlei Hinsicht sind die Ideen, die wir hier besprochen haben, so närrisch und ausgefallen sie auch sein mögen, Teil einer Tradition, die so alt ist wie die Industriegesellschaft selbst. Man könnte sie als extreme Ausdrucksformen der Technophilie betrachten, der Liebe zu den Maschinen in unserem Leben. Es ist nicht das erste Mal, daß Menschen ihre Hoffnungen auf Glück und ihre Vorstellung von der Vollkommenheit auf das neueste magische Wunderwerk projizieren, das gerade auftaucht. Die Dampfmaschine, die elektrische Dynamomaschine, das Auto, das Flugzeug – sie alle waren zu einer bestimmten Zeit ähnlich herrschende Symbole des Fortschritts. Solche technologischen

Schwärmereien kommen und gehen mit jeder neuen Welle von Erfindungen und Entdeckungen, die sich einen Platz in unserer dynamischen industriellen Wirtschaft erobern. So reichte vor einhundertfünfzig Jahren ein viktorianischer Futurologe das folgende Gedicht bei der Zeitung *Illustrated London News* ein:

> Legt eure Schienen, ihr Völker nah und fern –
> Spannt eure vollen Züge an den Triumphwagen des Dampfes.
> Verbindet Stadt mit Stadt; vereint durch Eisenbänder
> Die lang entfremdeten und oft bekämpften Länder.
> Friede, sanftäugiger Seraph – Wissen, göttliches Licht,
> Sollen ihre Botschaften schicken auf jeder Bahn …
> Segenswünsche der Wissenschaft und ihrer Magd, des Dampfs!
> Sie machen, daß Utopia nur halb ein Traum noch ist.

Und was war der Gegenstand dieses utopischen Sehnens? Die Eisenbahn. Aus der vorteilhaften Perspektive der Rückschau kann man ohne weiteres ersehen, wie naiv und überspannt solche Erwartungen sein können. Doch sind die meisten von uns nur allzugern bereit, die Erlösungssehnsüchte, die sich um neue Technologien ranken, zu teilen. Ich glaube aber, daß die gegenwärtige Faszination, die vom Computer und seinem Hauptprodukt, der Information, ausgeht, einer kritischeren »Antwort« bedarf. Und zwar deshalb, weil der Computer auf so geniale Weise die menschliche Intelligenz nachahmt, daß er unser Vertrauen in den eigenen Gebrauch des Geistes zutiefst erschüttern kann. Jenes Geistes, der alles und jedes überdenken sollte, auch den Computer.

In unserer heutigen Alltagskultur ist die Diskussion über Computer und Information durchsetzt von kommerziell motivierten Übertreibungen und den opportunistischen Mystifizierungen seitens der Computerwissenschaften. Die Propagandisten und Enthusiasten haben unsere Auffassung von der Informationstechnologie durch schiefe Metaphern, leichtfertige Vergleiche und eine Menge gezielter Vernebelung verdorben. Milliardengewinne und ein unverhoffter Zuwachs an sozialer Macht sind die Gründe, die sie dazu verleiten. Schon heute gibt es genügend Menschen, die nicht nur glauben, sie könnten sich kein Urteil über Computer erlauben, sondern darüber hinaus noch meinen, sie hätten dazu auch überhaupt kein *Recht*, weil Computer ihrer eigenen Intelligenz überlegen seien – eine Haltung so vollständiger Ehrerbietung, wie sie bisher keiner technischen Erfindung erwiesen worden ist.

Immer weiter dringt der Computer in unseren Alltag ein, auf Schritt und Tritt von den überschwenglichen Huldigungen seiner Anhänger und Förderer begleitet, und mit jedem Schritt wachsen seine Möglichkeiten, unsere Gedanken, oder besser unsere Auffassung vom Denken selbst, nach seiner Maßgabe zu formen. Daß dies in nächster Zukunft tatsächlich geschieht, ist um so wahrscheinlicher, als der Computer auf breitester Front Einzug in die Schulen aller Stufen hält und dort eine ganze Generation von Schülern prägen wird.

III

Der heimliche Lehrplan

Der Wahn von der Computerkompetenz

In dem Bestreben, die Verkaufszahlen ihrer Produkte künftig noch schneller in die Höhe zu treiben, bietet die Computerindustrie gegenwärtig ihre Ware in enormem Umfang Universitäten und Schulen zu stark reduzierten Preisen oder sogar ganz umsonst an. In Kalifornien, dem amerikanischen Bundesstaat, von dem man annehmen darf, daß er den nationalen Standard für Technologie im Erziehungswesen bestimmen wird und in dem schon heute (Mitte der achtziger Jahre) 80 Prozent der Schulen mit Computern ausgestattet sind, hat die Computerfirma Apple je eines ihrer Geräte als Geschenk in alle Schulen des Landes stellen lassen. Das sind insgesamt etwa 10 000 Computer im Wert von 20 Millionen Dollar (die Apple von der Steuer abschreiben kann). Atari, IBM und Hewlett-Packard haben sich beeilt, mit ähnlichen Angeboten nachzuziehen, was Apple wiederum dazu angespornt hat, jeder Schule in den ganzen Vereinigten Staaten einen Computer zum Geschenk anzubieten – das wären etwa 100 000 Geräte. Der Kongreß hat jedoch abgelehnt, Apple für diese Stiftung die erbetene Steuergutschrift über 64 Millionen Dollars einzuräumen.[1]

Seit sich der Markt für Heimcomputer drastisch verschlechtert hat, sind die Bemühungen der Firmen, Mikrocomputer in die Klassenzimmer der Nation zu stellen, intensiver geworden. Aber selbst ohne die Vorteile eines solchen Entgegenkommens der Unternehmen betrug die Anzahl der Computer in den staatlichen Schulen des Landes bereits 1983 etwa 350 000; das ist mehr als eine Verdoppelung der Vorjahreszahl. 1984 hat sich die Anzahl noch einmal auf 630 000 verdoppelt, was einen Durchschnitt von etwas über sechs Geräten für jede staatliche Schule und etwa ein Gerät für je 72 Schüler ergibt. Man nimmt an, daß der Zuwachs an Schulcomputern sich während der achtziger Jahre auch weiterhin jährlich verdoppelt, so daß bis 1990 ein Schüler/Computer-Verhältnis von 14 zu 1 erreicht sein wird. Einige Pädagogen glauben sogar, daß bis Mitte der neunziger

Jahre ein Verhältnis von eins zu eins erzielt sein wird: ein Computer auf jedem Pult. Amerika steht nicht allein in diesem Bemühen; auch die Briten, Franzosen und Japaner drängen mit kräftiger Unterstützung ihrer Regierungen darauf, ihre Klassenzimmer mit Computern auszustatten. In Japan sollen nach Plänen des Erziehungsministeriums noch vor dem Ende dieses Jahrzehnts 70 Prozent der Oberschulen Computer besitzen; die Franzosen haben eine staatliche Kampagne unter dem Motto »100 000 Computer in unsere Schulen« gestartet, die bis 1995 ihr Ziel erreicht haben soll. Die Briten führen, mit großzügiger Unterstützung aus Regierungsgeldern, die Meute an und haben bereits in über 98 Prozent der Schulen Mikrocomputer stehen.[2] In den Vereinigten Staaten sind die Geräte keineswegs gleichmäßig verteilt. Wie nicht anders zu erwarten, häufen sie sich in den eher wohlhabenden Schulbezirken. In dem Bestreben, dieses Ungleichgewicht wettzumachen, hat die Mehrheit im kalifornischen Bundesparlament dafür plädiert, für den Rest der achtziger Jahre etwa 30 Millionen Dollar jährlich einzig zu dem Zweck auszugeben, jedem Schüler des Landes, ob reich oder arm, mindestens eine Stunde in der Woche vor dem Bildschirm eines Computerterminals garantieren zu können. Auch der Kongreß hat mehrere Gesetzesvorlagen diskutiert (und zurückgestellt), die darauf abzielten, das Computer-»Mißverhältnis« zwischen den einzelnen Regionen auszugleichen. Einer der Vorschläge wollte jährlich bis zu 700 Millionen Dollars aus Haushaltmitteln dazu bereitgestellt wissen, die Computerkompetenz in der gesamten Nation zu verbreiten.[3] Das National Committee on Industrial Innovation – eine Bürgerinitiative, die der frühere Gouverneur von Kalifornien, Jerry Brown, gegründet hat – will einen etwas anderen Weg eingeschlagen sehen. Dieses Komitee verlangt die Einrichtung einer Modellschule in jedem Staat, die einen vollcomputerisierten Unterricht abhalten soll, eine Empfehlung, die etwa eine halbe Milliarde Dollars kosten würde.[4] Das sind ehrgeizige und kostspielige Pläne. Deshalb haben, um die Kostenrelation ins richtige Maß zu bringen, einige ihrer Befürworter wie Gouverneur Brown darauf hingewiesen, daß keines der zur Debatte stehenden Programme so viel kosten würde wie ein einziges Trident Unterseeboot. Das ist zwar richtig, aber es ist auch eine Tatsache, daß diese Millionen für die Erziehung zu einer Zeit für Maschinen ausgegeben werden sollen, da der durchschnittliche Anfangsverdienst der Lehrer in Amerika bei 13 000 Dollar Jahresgehalt liegt – das ist nur knapp über der offiziellen Armutsgrenze. Vor diesem Hintergrund beweisen alle diese Vorschläge mit ihrem verspäteten Ruf nach vernünftiger Planung nur, daß der Computer einen chaotischen, ja zerstörerischen Einzug in die Schulen im ganzen Land gehalten hat. Im großen und ganzen haben die Schulen (oder hauptsächlich trendbewußte Verwaltungen und eifrige Eltern, weniger die Lehrer) mit der Promptheit und Leichtgläubigkeit geübter Verbraucher auf den kommerziellen Druck der Computerindustrie reagiert. Der Mythos, den die Datenhändler blitzschnell aus dem Nichts hervorgezaubert haben, behauptet, daß Kinder eine »natürliche Aufgeschlossenheit« für Computer besäßen, die »ihnen in idealer Weise hilft, am Computer die Fähigkeiten für das Leben in der Informationsgesellschaft zu erwerben«.[5] Die instinktive Liebe und die Begabung, die die Kinder mit dem Computer verbinden, sind anscheinend sogar so groß, daß ihre vorsintflutlichen Eltern und Lehrer wie eine Spezies, die kurz vor dem Aussterben steht, nicht im geringsten die Leidenschaft begreifen, die ihre Sprößlinge erfüllt, geschweige denn, daß sie imstande wären, ihnen Anleitung zu geben. »Die Mütter und Väter von heute müssen sich ähnlich fühlen wie die Eltern im Europa des neunzehnten Jahrhunderts, als ihre Kinder in die Neue Welt auswanderten«, schreibt die Pädagogin Barbara Deane. »Da stehen wir und winken unseren Kindern ein Lebewohl zu, während sie in eine schöne neue Welt aufbrechen, die wir uns kaum noch vorstellen können, und dabei wird von uns doch eigentlich erwartet, daß wir sie irgendwie in den Gebrauch von Computern einführen – ihnen sozusagen Karten von einem Land in die Hand geben, das uns selbst unbekannt ist.« Ähnlich meint der Urheber eines britischen Programms für Computerkompetenz, daß »unsere Kinder in Zukunft über Denkweisen verfügen werden, die wir uns im Moment noch nicht einmal vorstellen können. Der Computer wird für sie zu einem intellektuellen Werkzeug, das sie steuern und kontrollieren können, um intellektuelle Meisterleistungen zu erbringen, die wir wahrscheinlich für absurd halten würden – wenn wir sie uns überhaupt nur vorstellen könnten.«[6] In den sechziger Jahren war viel von einer Kluft zwischen den Generationen die Rede, aber darunter verstand man eine moralische und politische Entfremdung. Im Zeitalter der Information ist die Kluft rein technologischer Art, eine Frage des Programmiertalents und der Tastenvirtuosität. »Kinder verstehen sich auf Computer«, und nach Möglichkeit derart, daß ihren Eltern nichts anderes übrigbleibt, als daneben zu stehen und staunend zuzuschauen – aber erst, nachdem sie sich aufgemacht und den Apparat gekauft haben.

Es ist gar nicht zu leugnen, daß einige Kinder sich wirklich auf Computer verstehen. Die Betonung liegt jedoch auf *einige*, wie in der Feststellung: *einige* Kinder verstehen sich aufs Geigenspiel, oder, *einige* Kinder verstehen sich aufs Malen. Aber niemand gibt Millionen dafür aus, Geigen und Malpinsel in die Schulen zu tragen. Anfangs gab es eine einfache Rechtfertigung dafür, Computer gegenüber Geigen in den Anschaffungsplänen der Schulen zu bevorzugen. Sie drückte sich aus in dem Schlagwort *Computer literacy*: Computerkompetenz – eine anscheinend unbestreitbare Notwendigkeit im Informationszeitalter. Ohne diese Kompetenz müssen die Kinder anscheinend später, im Erwachsenenalter, fast zwangsläufig mit Arbeitslosigkeit rechnen. In England zog Apple für die Computerisierung der Schulen mit dem Slogan ins Feld: »Unsere Kinder können nicht warten.«

Aber was ist Computerkompetenz eigentlich? Die ursprüngliche Forderung, die sich mit diesem Wort verband, verlangte den gezielten Unterricht von Programmiersprachen – vornehmlich von BASIC, der einfachsten und meistbenutzten unter den höheren Computersprachen. Aber zum Ende der siebziger Jahre waren Zweifel an dieser Forderung aufgekommen. Einerseits betrachteten damals viele Computerwissenschaftler BASIC bereits als eine begrenzte und rückständige Sprache im Vergleich zu den übrigen. Noch wichtiger allerdings wurde die Frage, ob Programmieren überhaupt unterrichtet werden sollte, wo doch immer mehr fertige Software den Markt zu überfluten begann? Für die meisten Anwendungen eignet sich fertige Software ohnehin besser als ein plumpes Amateurprogramm. Ein allgemeines Bedürfnis für diese Kompetenz schien es nicht mehr zu geben, einmal abgesehen von der Vorbereitung auf eine Berufslaufbahn im Bereich des Programmierens, die eine viel umfangreichere Ausbildung verlangt, als eine Schule sie bieten kann. Natürlich nimmt es dem Computer ein wenig von seinem mystischen Glanz, wenn man einige Grundzüge des Programmierens erlernt – sofern sie korrekt unterrichtet werden. (Gleiches gilt, wenn man lernt, ein Auto, eine Stereoanlage oder einen Kühlschrank auseinanderzunehmen – das alles sind Kompetenzen, die einem helfen, in die Geheimnisse der modernen Technik einzudringen.) Aber lohnt es sich überhaupt, Kindern eine praktische Ausbildung im Gebrauch einer Maschine zu geben, die sich Jahr für Jahr so sehr verändert? Lohnt es sich, Textverarbeitung anhand des Programms WordStar zu erlernen, wenn ihm überlegene Programme wie WordStar 2000 oder das noch bessere MacWrite sich schon den Markt erobern? Es ist eine Tatsache, daß jede neue Generation von Computern weniger spezielle Fertigkeiten verlangt und damit weniger Kompetenz von seinen Benutzern, ganz ähnlich, wie die Fortschritte in der Kraftfahrzeugtechnik das Autofahren erleichtert haben.

Als das Programmieren aus dem Lehrplan herausfiel, wurde Computerkompetenz immer mehr zu einem pädagogischen Hirngespinst. Den Lehrern blieb oft keine bessere Nutzung ihrer Computer übrig, als sie als elektronische Lernkarte oder für einfache Drill- und Übungsaufgaben in grundlegenden Fächern zu verwenden – kein großer Fortschritt gegenüber den ganz und gar nicht begeisternden computergestützten Lehrmaterialien und Lehrmaschinen der sechziger Jahre. Einige Staaten (Kalifornien, New York, Virginia, Minnesota) haben großzügig Gelder zur Verfügung gestellt, um ihre Lehrer in verschiedenen Computerfertigkeiten auszubilden, aber das macht so lange keinen Sinn, wie man keine klare Vorstellung davon hat, ob die Schulen etwas *über* Computer, *durch* Computer oder mit Hilfe von Computern unterrichten sollen.

Ein weiteres Problem: Allgemein haben die Lehrer nur sehr wenig geeignetes programmiertes Material gefunden, das sich in die gültigen Lehrpläne und in ihre eigenen, erprobten Lehrmethoden eingliedern ließ. Sollten sie sich also vollkommen umstellen, um den Anforderungen der Maschine zu entsprechen? Waren das »effektiv« eingesetzte Kosten? Und selbst wenn sie dazu bereit waren, welche Software sollten sie auswählen? Es gibt einen weiten Konsens unter den Pädagogen, daß die meisten angebotenen Lehr- und Lernprogramme einfach schlecht sind, gewöhnlich kaum mehr als notdürftig aufgebesserte Videospiele, die einen gewissen optischen Reiz bieten, aber wenig intellektuelle Substanz. Aus einer gründlichen Übersicht der Minnesota Educational Computing Corporation geht hervor, daß, bezogen auf den Stand von 1984, nur etwa 200 der über 10 000 angebotenen pädagogischen Softwareprogramme halbwegs brauchbar waren.[7] Und genau an diesem Punkt hat die bundesstaatliche Regierung eingegriffen, um dem Einzug der Computer in das Klassenzimmer den Weg zu bahnen. Das Erziehungsministerium hat der Harvard University 7,7 Millionen Dollars zur Verfügung gestellt für die Einrichtung eines Educational Technology Centers, das allein dem Zweck dienen soll, Programme zu testen und anspruchsvollere Software zu entwickeln. Dabei wird das Zentrum die Schulen voraussichtlich vor mindestens ein Dilemma stellen: gute Software ist teuer im Gebrauch. Das Potential zweitrangiger Software schöpfen die Schüler wahrscheinlich rasch aus; ein paar Minuten an der Maschine, und schon ist jeder fertig mit dem Drill, hat er die Aufgabe gelöst, die ihm ein triviales Spiel gestellt hat. Auf der anderen Seite ist Software, die eine wirkliche Herausforderung darstellt, die Aufmerksamkeit erfordert und hoch interaktiv ist – und solche gibt es hier und da immerhin auch schon – maschinen- und zeitintensiv. Jeder Schüler muß eine angemessene Chance haben, die Aufgaben zu lösen. Bestenfalls kann das Material in kleinen Gruppen abgearbeitet werden, in jedem Fall aber braucht man dafür mehr Geräte. Es wird niemanden verwundern, daß die Computerindustrie ein wohlbegründetes Interesse an anspruchsvoller Software dieser Art hat, wenn auch nur als Mittel, um noch mehr Hardware verkaufen zu können.

Eine Lösung auf der Suche nach Aufgaben

Joseph Weizenbaum vom MIT hat den Computer einmal als »Lösung auf der Suche nach Aufgaben« bezeichnet. Man könnte dafür kein besseres Beispiel finden als die Art und Weise, in der Elementarschulen und Höhere Schulen mit der Maschine umgehen. Wie die Dinge derzeit stehen, gibt es eine Atmosphäre dringlicher nationaler und lokaler Sorge, diese wundervolle Lösung *irgendwie* dazu zu bringen, in den Schulen zu funktionieren – wenn man nur die rechte Aufgabe für sie finden könnte. Diese Sorge versteht man als eine Pflicht, die wir unseren Kindern schuldig sind und von der zugleich das Ansehen und die Leistungskraft der gesamten Nation abhängt. Es ist viel die Rede davon, »aufzuholen« oder »an der Spitze zu bleiben«, die zu erwartenden Arbeitslosen auszubilden und die Begabten für eine rasche Förderung herauszupicken. Aber wenn es dann um tatsächliche Aufgaben im Klassenzimmer geht, soll dann der Computer *Gegenstand* oder *Vehikel* des Unterrichts sein? Wenn er ein Vehikel ist, welches Material soll er dann transportieren? Welchen Anteil am Lehrplan sollte man ihm zubilligen? Muß sich der Lehrplan dem Computer anpassen oder der Computer dem Lehrplan?

Diese Fragen sollten natürlich eigentlich beantwortet sein, bevor Einkaufs- und Umschulungsprogramme finanziert werden. Aber wenn die Computer erst einmal da sind, entweder gekauft oder geschenkt, fällt es schwer, nicht wenigstens *irgend etwas* mit ihnen anzustellen. So mühen sich die Lehrer, etwas pädagogisch Vertretbares mit ihnen anzufangen, und manchmal gelingt es ihnen sogar.

Hinter dem nebulösen Begriff Computerkompetenz steckt die futurologische Standardvorstellung, daß die Maschine eines Tages die Schüler an ein Meer von Daten anschließen und sie zu wohlsituierten Bürgern des Informationszeitalters machen werde. Tatsächlich unterweisen aber nur wenige Schulen ihre Schüler darin, wie man Datenbanken anwählt und Informationen in ihnen sucht. Das ist sehr weise, denn diese komplexe Fertigkeit zu vermitteln wäre gewiß verfrüht (und sehr kostspielig), zumindest bis zum Eintritt in ein College. So lange bekommen die Kinder vom Computer nur solcherart Information, mit der die eingesetzte Lehr- und Lern-Software zur Umsetzung des aktuellen Lehrplans beiträgt. In dieser Hinsicht hat die Maschine weniger zu bieten als jedes Schulbuch. Ihre Anwendungsmöglichkeiten sind bewußt darauf reduziert, Text oder anderes Arbeitsmaterial zu ergänzen: zu illustrieren, zu beleben, zu prüfen und zu drillen. Einige Computerenthusiasten betrachten dies als einen unangemessenen Einsatz des Computers – »Zeit-, Energie- und Geldverschwendung«, kommentiert Robert Scarola. Solche Software »befördert die Auffassung, daß Computer nur zu Routinearbeiten tauglich sind«.[8]

Wer hingegen die Ansicht vertritt, daß der Computer solche Aufgaben gut erledigt, führt zumeist an, daß die Maschine den Schülern anreizend gestaltete Bildschirmmasken anbiete, Simulationen in bewegten Bildern sowie die Möglichkeit zu individuellem Unterricht im persönlichen Arbeitstempo. Vor allem sei der Computer in der Lage, sofort zu reagieren. Das heißt, die Schüler müssen nicht mehr auf die Benotung einer schriftlichen Arbeit warten, was häufig zu Motivationsverlusten führt. Statt dessen werden ihre Antworten, sobald sie sie eingegeben haben, direkt vor ihren Augen ausgewertet und korrigiert. Oft gibt ihnen die Maschine auch eine gutgemeinte elektronische Streicheleinheit für gute Arbeit. Sie pfeift eine fröhliche Melodie, piepst, läßt den Bildschirm aufleuchten, ein lächelndes Gesicht zeigen oder zaubert einen kleinen Frosch herbei, der einen Freudentanz aufführt

Was meinen Geschmack angeht, so finde ich die meisten Trickzeichnungen und Graphiken, die der Computer ins Klassenzimmer bringt, ästhetisch fragwürdig, ja sogar häßlich. Die Bilder mögen sich bewegen, aber sie sind trotzdem eine Beleidigung für das Auge. Computerkunst auf dem Niveau der teuersten, dreidimensionalen Graphik-Software kann wahrhaft kreativ sein. Aber nichts, was dem auch nur entfernt entspräche, wird wohl in unseren Schulen auftauchen. Erstens sind die zur Umsetzung notwendigen Maschinen sündhaft teuer, weil es einer Menge mathematischer Abläufe bedarf, ein feinkörniges Farbbild zustande zu bringen. (Die Graphik-Hardware, die die Lucasfilm Industrial Light and Magic auf den Markt gebracht hat, kostet über 125 000 Dollar.) Zweitens können nur ausgebildete Profis diese Maschinen vernünftig bedienen. Zeichentrickbilder, wie sie die meiste erschwingliche Teachware erzeugt, mögen geschickt gemacht sein, gemessen an dem eingesetzten technischen Standard; es sind sicher Tausende von Codezeilen erforderlich, all die abgehackten, tolpatschigen Kreiselbewegungen zu programmieren. Hacker werden darin ihre Befriedigung finden, aber ihr künstlerisches Niveau ist wohl kaum ein zuverlässiger Maßstab. Vieles von dem, was sie in den höchsten Tönen preisen, ist scheußlich anzusehen; es kommt nicht einmal an das mittelmäßige Niveau von Walt-Disney-Comics heran. Haben Computerenthusiasten jemals ernsthaft darüber nachgedacht, wie es sich auf die Geschmacksbildung bei Kindern auswirkt, wenn sie über längere Zeit solchem visuellen Schund ausgesetzt werden? Schlimmer noch, manche Lehrer versuchen sogar, die rudimentären graphischen Möglichkeiten des Computers dazu zu nutzen, »Kunst« zu unterrichten, wobei sie das Niveau des Gegenstandes auf das Niveau der Maschine herabsetzen. Eine Ausnahme mag hier das bemerkenswert vielseitige Macpaint-Programm von Apple bilden, das in frappierender Weise die Eigenschaften von Stift und Pinsel simuliert. Dennoch: Warum soll dies der Übung der Hand im Umgang mit einem echten Stift und einem echten Pinsel auf echtem Papier vorzuziehen sein? Immerhin sind die bewegten Bilder (so gut sie eben sind) und die ständige Interaktion die pädagogisch wertvollsten Aspekte des Computers. Wo es um Drill und die schnelle Lösung von Aufgaben geht, ist es immer das beste, auch eine schnelle Rückmeldung zu bekommen. Aber diese könnte natürlich auch von Lehrern kommen – wenn es genug Lehrer gäbe. Die Computerhersteller bauen darauf, daß dies nie der Fall sein wird. Im Gegenteil, sie hoffen darauf, daß angesichts der Wahl zwischen der Anstellung von Lehrern und dem Ankauf von Maschinen die Öffentlichkeit nicht bereit sein wird, den Preis für einen von Menschen erteilten Individualunterricht und interpersonelle Kommunikation im Klassenzimmer zu zahlen. Die Computerfirmen tragen sogar dazu bei, diesen Gang der Dinge voranzutreiben, indem sie verbreiten, daß, erstens, Lehrer Drill und Übungen hassen und lieber für andere, kreativere Zwecke freigestellt würden, daß, zweitens, Lehrer sich für Drillübungen schlecht eigneten, weil sie leicht ungeduldig und rechthaberisch würden, während, drittens, der Computer der »geduldigste aller Lehrer« sei.

Fragt man dagegen arbeitslose Lehrer, ob sie es wirklich ablehnen, sich für Drillübungen anstellen zu lassen, kann man eher eine andere Ansicht hören. Manche werden vielleicht sogar der Meinung sein, diese Aufgabe auf Grund ihres beruflichen Interesses an Kindern mit größerer Sorgfalt, Anpassungsfähigkeit und Phantasie bewältigen zu können. Das, wozu der Computer die meisten Lehrer freistellen wird, könnte die Arbeitslosigkeit sein. Und das ist jammerschade. Denn selbst bei der wenig anspruchsvollen Aufgabe des Drills ist es förderlich, wenn menschliche Intelligenz im Spiel ist, eine Person, die hier ein ermutigendes Lächeln, dort einen Seitenhieb, ein Zwinkern, ein Nicken anbringt, vielleicht ein Erröten oder ein Stottern bemerkt, das über die Art der Schwierigkeit eines Schülers Aufschluß gibt. Sollte all das nicht selbstverständlich sein? Warum aber verschwindet es dann sofort aus dem Blickfeld, sobald der Computer zur Diskussion steht? Ich selbst hatte Lehrer, die recht geschickt darin waren, Übungen mit Geduld und einfühlsamer Aufmerksamkeit durchzuführen; ich kann nicht der einzige sein, der diese Erfahrung gemacht hat. Wie wirkt es sich außerdem auf den Arbeitseifer der Schüler aus, wenn man ihnen sagt, daß der Drill, den sie brauchen, um eine Fremdsprache zu lernen, todlangweilig sei oder vielleicht sogar ein Hemmschuh für die »Produktivität« des Lehrers?

Gegenwärtig ist die allerneuste Software auf dem Gebiet der pädagogischen Anwendungen der »intelligente Tutor«, der unter anderem bei IBM, Xerox und Apple in der Entwicklung ist. Hewlett-Packard hat mehreren Universitäten insgesamt etwa 50 Millionen Dollars zur Verfügung gestellt, damit sie eine Kombination von künstlicher Intelligenz und Laser-Disk-Videographik erarbeiten, die als »Computertutor« einsetzbar und in der Lage sein sollte, abstrakte Inhalte zu lehren und dabei mit dem Schüler verbal zu kommunizieren. Für Computerwissenschaftler ist dies zweifellos eine faszinierende Frage: »Können wir eine Maschine erfinden, die all das kann, was ein Lehrer kann?« Aber man könnte noch eine ganz andere Frage stellen: »Warum sollten wir überhaupt eine Maschine erfinden, die das kann?« Es war niemals schwierig, diese Frage zu beantworten, wo die Maschine schmutzige, gefährliche oder körperlich schwere Arbeit übernehmen sollte. Kinder zu unterrichten weist keines dieser Merkmale auf. Vielmehr scheint diese Tätigkeit zu jenen »menschenwürdigen Verwendungsweisen menschlicher Wesen« zu gehören, denen sich Menschen wohl zuwenden dürften, wenn die Roboter ihnen die Arbeit am Fließband »ersparen« würden. Es führt kein Weg an der Tatsache vorbei, daß die Computerhersteller ein handfestes Interesse an der technologisch bedingten Arbeitslosigkeit williger und einsatzbereiter Lehrer haben. Sie verkaufen eine Arbeit einsparende Maschine in einer Wirtschaft, in der die entsprechenden Arbeitskräfte im Übermaß vorhanden und gegen eine angemessene Bezahlung jederzeit zu bekommen sind. Wann immer der kleine Belohnungsfrosch seinen Tanz aufführt, gibt es irgendwo einen, der gerne Lehrer wäre, aber keinen Gehaltsscheck bekommt.

Bietet der Computer, abgesehen von seiner Funktion als mechanische Lehrerhilfe – oder Lehrerersatz – noch irgendeine Einsatzmöglichkeit als pädagogisches Mittel, einen Erziehungsbeitrag, den ein Lehrer nicht auch leisten könnte? Es gibt Pädagogen, die der Ansicht sind, daß er das tue. (Im nächsten Kapitel werden wir einen der eindrucksvollsten Vorschläge in dieser Richtung kennenlernen: das Logo-Programm von Seymour Papert.) Hier wollen wir nur festhalten, daß die besten Produkte interaktiver Software zum Erlernen von Lösungsstrategien in der Tat einzigartige Möglichkeiten ins Klassenzimmer bringen. Es handelt sich hierbei, basierend auf Trickanimationen, vorwiegend um spielerische Übungen in symbolischer Logik. Die Zeichnungen sind zwar nicht weniger scheußlich wie andere auch, aber hinter den Spielen steckt ein sehr ausgeklügeltes Konzept, das auf so fesselnde Weise eben nur auf einer interaktiven Maschine verwirklicht werden kann. Software dieses Niveaus ist eine Seltenheit; sie ist, wie schon einmal gesagt, außerdem auch sehr teuer im Gebrauch, weil sie für jedes Kind viel Zeit am Computer verlangt. Je besser die Software, desto mehr Hardware muß eine Schule kaufen, um allen Schülern die gleichen Arbeitschancen bieten zu können.

Hat es einen Sinn, symbolische Logik zu unterrichten? Nun, warum nicht? Sie besitzt intellektuelle Substanz und bildet ein eigenständiges Sachgebiet. Manche behaupten auch, daß sie einen allgemeineren Nutzen mit sich bringt: sie könne den Geist dazu erziehen, klar zu denken. Das ist eine eher veraltete und zweifelhafte Annahme. Sie stammt aus der Rumpelkammer der institutionellen Psychologie, die meint, es gebe gewisse geistige Muskeln, etwa für logisches Denken, die für ihren allgemeinen Gebrauch im Leben trainiert werden müßten. Jahrhundertelang wurde in den Schulen verbissen Latein gelehrt, eben auf Grund derselben irrigen Annahme, daß es zu klaren Denkgewohnheiten beitrage. Wie früher die Lateinlehrer, so hegen heute die Computerwissenschaftler verständlicherweise dieselben Empfindungen im Hinblick auf ihre Lieblingsfächer: Mathematik und Logik.

Wahrscheinlich lehrt symbolische Logik nichts anderes als eben symbolische Logik; und manche Schüler besitzen ein ausgesprochenes Talent dafür, sind mit Begeisterung bei der Sache und haben es deshalb auch verdient, diese Erfahrung gleich all den anderen zu machen, die ihnen die Schule bietet. Sie kann nicht schaden; ob sie die Kosten der eingesetzten Technik rechtfertigt, ist eine andere Frage. Aber in einem Punkt können sich die Pädagogen absolut sicher sein, und sie schulden ihren Schülern hierin absolute Aufrichtigkeit: Auch die raffinierteste pädagogische Software wird zu den späteren Chancen der Schüler auf dem Arbeitsmarkt nicht mehr beitragen als ein Elementarkurs in einer veralteten Programmiersprache. Auf dem Arbeitsmarkt, dem sich die Schüler nach ihrem Schulabgang konfrontiert sehen, setzen die begehrten Karrieren im Bereich der Hochtechnologie noch viele Jahre beruflicher und hochspezialisierter Weiterbildung voraus. Und selbst dann werden diese Karrieren den wenigen Hochbegabten vorbehalten sein. Für die Masse werden die meistangebotenen Arbeitsplätze in der Informationswirtschaft die folgenden fünf sein: Hausmeister(in), Schwesternhelferin, Verkäufer(in), Kassierer(in) und Kellner(in).[9]

Man könnte hieraus beinahe den Schluß ziehen, daß die Jugendlichen, wenn sie später im Leben ihre Interessen angemessen verteidigen können wollen, am allernötigsten eine Erziehung brauchen, die sie mit dem geistigen Rüstzeug versieht, das ihnen ermöglicht, präzise und kritische Fragen zu stellen, gerade angesichts dieser wenig erfreulichen Perspektive. Warum ist die Welt so? Wer hat sie so gemacht? Wie könnte sie sonst aussehen? Es gibt Fächer, die, wenn sie vernünftig unterrichtet werden, dem Menschen dabei helfen, diese Fragen zu beantworten. Es sind die Sozialwissenschaften, das Fach Geschichte und die Philosophie. Und sie alle beruhen auf jener einfachen, altmodischen *Lese- und Schreibkompetenz*, die dem Menschen den Zugang zu Büchern, Ideen, ethischen Einsichten und sozialen Visionen eröffnet.

Der computerisierte Campus

Der Computer hat sehr viel leichter und zugleich entschiedener Eingang in die Welt der Hochschulen gefunden als in die Grund- und weiterführenden Schulen. Universitäten haben schließlich größere interne Kontrolle über ihre Entscheidungen als bürokratisch überwucherte Schulämter. In ihr sind gelehrte Männer und Frauen zu Hause, Wissenschaftler und Experten, die vermeintlich imstande sind, abgewogene Urteile zu fällen, Entscheidungen, die über die Moden des Marktes erhaben sind. Und doch sind auch die Universitäten Ziel einer massiven Verkaufskampagne der Computerhersteller geworden, und ihren Anstrengungen scheint kein Widerstand gewachsen zu sein.

Viele angesehene Universitäten erwarben ihren ersten Computer Mitte bis Ende der sechziger Jahre, und zwar einen jener schwerfälligen Giganten von IBM. Er wurde *der* Campuscomputer, ein stolzes und teures Prunkstück, das häufig als Statussymbol herhalten mußte. Meistens stand er in einem Computerzentrum mit Klimaanlage und wurde vorwiegend für Verwaltungsaufgaben eingesetzt. In kürzester Zeit verwandelten sich Diplome in Computerausdrucke; Notenverteilung und Stundenplan liefen über Lochkarten. Die bessergestellten Hochschulen, vor allem diejenigen, an denen die Naturwissenschaften eine große Rolle spielten, beeilten sich, weitere dieser Großrechner für ihre Techniker zu erwerben; und sie wurden so intensiv wie möglich genutzt durch festgelegte Benutzungszeiten, die oft zu scharfer Konkurrenz und zu Rangeleien unter den verschiedenen Fachbereichen führten.

In den frühen siebziger Jahren begannen die Universitäten, Computerlabors mit mehreren Terminals einzurichten, in denen Studenten ebenso wie Fakultätsmitglieder die Möglichkeit hatten, die neue Technologie persönlich zu erproben. Auch hier pflegten prestigebedachte Fachbereiche darauf zu drängen, daß sie – ein wichtiges Statussymbol – ihre eigenen, unabhängigen Labors für ihre Hauptfachstudenten bekamen. Etwa zur selben Zeit wurden erstmals freiwillige Kurse in Computerprogrammierung angeboten, vor allem für Studenten der Naturwissenschaften, der Ingenieurwissenschaften und der Wirtschaftswissenschaften. Die Gesellschaft wurde damals bereits in weiten Bereichen von der Computerwelle erfaßt, aber es gab erst wenige Pädagogen, die schon daran dachten, daß Computerkompetenz, wie immer man den Begriff auch künftig auslegen würde, ein Schwerpunkt der Hochschulausbildung werden könnte. Bezeichnenderweise änderten sich die Dinge an der Universität, als sich der Markt veränderte. Als in den achtziger Jahren der Mikrocomputer, ein leicht verkäufliches Produkt, aufkam, stürzte sich die Computerindustrie mit einem Aufwand, der in der Wirtschaftsgeschichte bislang vielleicht einmalig war, auf den riesigen Markt der akademischen Welt. Das Ziel war kein geringeres, als jedem Dozenten und jedem Studenten einen Computer an die Hand zu geben. Mit Hilfe von Stipendien, Stiftungen und unglaublichen Rabatten bis zu 80 Prozent ist es den Unternehmen auch gelungen, eine Vielzahl von Verträgen mit großen und kleinen Hochschulen abzuschließen, in der Hoffnung, daß diese Verträge auf andere Institute eine Vorbildfunktion ausüben werden. Die Universitäten wußten diesen schmeichelhaften Angeboten nur geringen Widerstand entgegenzusetzen.

Die Hochschulen stellen einen üppigen Markt dar. Insgesamt gaben sie 1984 etwa 1,3 Milliarden Dollar für Computer aus, und bis zum Ende des Jahrzehnts sollen es laut Plan acht Milliarden werden. Selbst kleinere Hochschulen wie Carnegie-Mellon (5 500 Studenten) können im Jahr 10 bis 15 Millionen Dollars in die neue Technologie investieren. Eine große Hochschule, wie die Universität von Michigan, deren 45 000 Studenten auf drei Hochschulkomplexe verteilt sind, sieht für solche Anschaffungen bis zu 50 Millionen Dollars pro Jahr in ihrem Haushalt vor.[10] Eine Studie der nationalen Wissenschaftsstiftung (National Science Foundation) aus dem Jahr 1981 schätzt, daß es etwa 30 Millionen Dollars kosten würde, einen Campus mit 5 000 Studenten vollständig mit Computern auszustatten; das ist ungefähr der Preis für die Errichtung eines neuen Gebäudes. Die Ausgaben einer großen Universität dürften irgendwo zwischen 100 und 200 Millionen angesiedelt sein. Und das sind keine einmaligen Kosten. Sie ziehen Wartungs- und Nutzungskosten nach sich; hinzu kommt die unausweichliche Notwendigkeit, die Geräte immer wieder auf den jeweils neuen Stand zu bringen. Oft sind sie sogar schon veraltet, wenn sie in Gebrauch genommen werden.[11] Noch wichtiger ist dabei, daß die Hochschulen einen riesigen Studentenmarkt kontrollieren, der aus zukünftig gut verdienenden Akademikern und Geistesarbeitern besteht, den idealen Computerkäufern. Für die Industrie wird sich ein Schlaraffenland auftun, wenn die Dozenten davon zu überzeugen sind, daß Computerkompetenz eine Grundbedingung des Studiums darstellt. So einflußreiche Hochschulen wie Harvard und Yale wie auch die Universität von Kalifornien in Berkeley haben diesen Gedanken ernsthaft in Erwägung gezogen, konnten sich aber noch zu keinem Entschluß irgendeiner Art durchringen; vielleicht auch deshalb nicht, weil sie ebensowenig wie die Schulen wissen, was mit diesem Begriff eigentlich gemeint sein könnte. (Aber zumindest ein kleines College – Dallas Baptist, wo jeder neu eintretende Student ein Radio Shack Model 100 kaufen muß – ging so weit, darauf zu bestehen, daß mindestens drei Kurse pro Trimester in jedem Studiengebiet des ersten Jahres die Benutzung eines Computers verlangen.)[12]

Noch willkommener als die Voraussetzung der Computerkompetenz zum Studium ist den Datenhändlern, wenn der Erwerb eines Computers als Zulassungsbedingung verlangt wird. Das kommt, wie gesagt, bereits vor. In Dartmouth müssen Studenten des ersten Studienjahrs inzwischen einen Macintosh besitzen; im Clarkson College in New York werden Zenith-Computer verlangt. Carnegie-Mellon, Drexel, Stevens Institute und Drew zählen zu den fast schon ein Dutzend Hochschulen, die den (gewöhnlich stark reduzierten) Preis für einen Computer zu den Studiengebühren hinzurechnen. Man kann nicht wissen, wie weit sich diese Mode bei der Zulassungspolitik ausbreiten wird, aber sie ist in jedem Fall eine dreiste Neuerung. Gab es jemals einen anderen Fall, in dem Universitäten den Besitz einer Maschine als obligatorische Voraussetzung für das Studium vorgeschrieben haben?

Mit der rasch wachsenden Anzahl von Mikrocomputern bei Fakultätsmitgliedern und Studenten an den Universitäten entstehen neue Schwierigkeiten und Möglichkeiten. Vor allem die Koordinierung stellt eine Herausforderung dar: Es muß sichergestellt werden, daß alle Maschinen untereinander kompatibel sind. Eine neue Figur mit beträchtlicher Macht ist im Campus aufgetaucht, um diese Aufgabe zu erfüllen: der »Computerzar«. Die Hauptaufgabe der meisten Computerzare ist die Vernetzung: die Verbindung aller Computer auf dem Campus zu einem eleganten System. Das kann mit ein paar Arbeitsstationen beginnen, einer kleinen Anzahl von Computern, die vielleicht in der Bibliothek oder in den Wohnheimen stehen. Aber jeder noch so kleine Anfang kann sich rasch zu größeren Vernetzungen ausdehnen. Dies ist stets eine folgenreiche Entscheidung, die straffe Planung verlangt, möglicherweise auch enorme Ausgaben für umfangreiche neue Leitungsnetze. Eine Hochschule, die sich für eine Vernetzung entscheidet, hat ihre Wurzeln tief in die Technologie gesenkt. Die Computer sind da, um zu bleiben, und werden immer mehr. Aus diesem Grunde sind die Computerhersteller eifrig darauf bedacht, den Universitäten dazu zu verhelfen, auf das Niveau der vollständigen Computerisierung zu gelangen. In der Carnegie-Mellon Universität ist IBM gerade dabei, ein Netzwerk von 7500 Arbeitsstationen einzurichten. Wenn es fertiggestellt ist, wird die CMU die erste Hochschule sein, die mehr Computer als Studenten hat. Mit der Universität von Houston (44000 Studenten in vier Hochschulkomplexen) hat die Digital Equipment Corporation ein Geschäft im Wert von 70 Millionen Dollar abgeschlossen. Sie soll ein Netzwerk mit 4500 Terminals aufbauen und trägt dabei selbst die Hälfte der Kosten.[13]

Es gibt noch eine weitere verlockende Aussicht, die den Universitäten den Übergang zur vollständigen Computerausstattung erleichtern könnte. Die Hochschulen und die Hersteller könnten Geschäfte zu beiderseitigem Vorteil machen. Mehrere Universitäten haben Verträge über »gemeinsame Forschungs- und Entwicklungsprojekte« mit großen Firmen unterschrieben. Nachdem die Vertreter der Fakultät großzügig mit Computern zu ermäßigtem Preis versorgt wurden (oder sie ganz umsonst bekommen haben, wie etwa 150 Professoren der geisteswissenschaftlichen Fachbereiche in Stanford, denen man je einen IBM-Personalcomputer als Geschenk mit nach Hause gab), dürften sie auch leichter bereit sein, sich neue Software oder »Course ware« (Kursprogramme) einfallen zu lassen, die das Computerunternehmen sodann vermarktet, und zwar zu Bedingungen, die beiden Seiten etwas einbringen. Es mag als eine allzu zynische Prophezeiung erscheinen, doch viel von dieser Software, wenn sie erst einmal ihren Zweck als Köder erfüllt hat, wird wohl in den bereits überfüllten Lagern der Firmen vermodern. Es wird aber interessant zu beobachten sein, wieviel von dem, was die Professoren sich einfallen lassen, tatsächlich das kommerzielle Licht der Welt erblickt. In einigen Fällen ist solch ein gemeinsamer Entwicklungsvertrag zweifellos sinnvoll. Das MIT etwa ist die Wiege der amerikanischen Computertechnologie. Seine Professoren haben gewiß mancherlei zu bieten und auch durch ihre beratende Tätigkeit wie durch ihre laufenden Forschungsprogramme schon einiges bewirkt. Beim MIT steuern IBM und DEC gemeinsam 50 Millionen Dollar für Geräte, Mitarbeiter und Wartung bei, als Teil eines gemeinsamen Projektes namens *Athena*. Außerdem unterhält die IBM ein 50-Millionen-Dollar-Projekt an der Brown-Universität; ferner ist ein Vertrag über 10 Millionen Dollar mit der Universität von Kalifornien in Berkeley in Kraft. DEC hat zusätzliche 24 Millionen auf weitere fünfzehn Hochschulen verteilt. IBM hat Princeton eine bescheidenere Schenkung von nur 6 Millionen Dollar für Geräte gewährt. Diese Spende, die 1 000 Mikrocomputer auf den Campus bringen wird, einschließlich der Vernetzung der einzelnen Arbeitsbereiche, soll dem interessanten Zweck dienen, Computerprogramme für die geisteswissenschaftlichen Fächer zu entwickeln, angefangen mit der theologischen Fakultät. Und die hat auch sofort eifrig zugegriffen.[14]

Das ehrgeizigste und bisher fruchtbarste »Arrangement« dieser Art wurde von dem Computerhersteller Apple initiiert, als das Unternehmen mit 24 Hochschulen (alle Ivy-League-Universitäten, darunter Michigan und Stanford) Kooperationsvereinbarungen für die Entwicklung des Macintosh-Computers schloß. Diese Hochschulen zahlten jeweils mindestens zwei Millionen Dollar bei der Apple Education Foundation ein und bekamen dafür 1984 50 000 Macintosh zu so großzügig ermäßigten Preisen angeboten, daß viele Apple-Einzelhändler sich unterboten fühlten und verärgert reagierten.[15]

Wenn alles so läuft, wie die Computerhersteller es gerne hätten, dann wird es eines Tages tatsächlich voll vernetzte Hochschulen geben, in denen alle Studenten und Lehrer ihren eigenen Mikrocomputer haben. Persönlich treffen werden sie sich dann nur noch selten müssen. Aufgaben und Noten werden einfach elektronisch ausgetauscht. Die Netze könnten sogar über die Hochschulen hinauswachsen, in denen sie geschaffen wurden – wie an der Universität Houston, wo Lehrer und Studenten von ihren eigenen Wohnungen aus miteinander in Verbindung treten können. Die Professoren werden dann nicht mehr nur die Noten elektronisch verteilen, sie werden auch zu jeder Tages- und

Nachtzeit über das Netzwerk mit ihren Studenten arbeiten können. Sie werden »online« zusehen, wie Aufgaben am Bildschirm verarbeitet werden, und dabei, wenn sie wollen, hilfreiche Vorschläge machen können. (Natürlich wäre diese Art von permanenter Kommunikationsbereitschaft, vor der man nie mehr sicher sein könnte, auch jetzt schon auf telephonischem Wege möglich. Aus diesem Grund geben sich Professoren, wie ich selber erfahren habe, oft alle erdenkliche Mühe, ihre Telephonnummer geheimzuhalten. Ich weiß nicht, warum der Computerterminal, der stets eingeschaltet ist und Aufmerksamkeit verlangt, die uneingeschränkte Kommunikation zwischen Lehrern und Schülern irgendwie verlockender machen soll.) Letztendliches Ziel der Vernetzung im ganz großen Stil aber ist die »verdrahtete Stadt«, die die gesamte Gemeinde erfaßt. Zusammen mit Bell Telephone und der Firma Warner Communication, die die Konzession für das lokale Kabelfernsehen hat, plant die Carnegie-Mellon Universität eben ein solches Projekt für den Großraum von Pittsburgh.

Man gerät in Verlegenheit, will man ein anderes Beispiel dafür finden, daß ein einziger Industriezweig seine Interessen den Hochschulen des Landes so massiv aufzudrängen versuchte – und dafür so begeisterte Aufgeschlossenheit (oder ängstliche Ergebung) auf seiten der Dozenten vorfand. Dies ist um so erstaunlicher, wenn man bedenkt, daß wahrscheinlich nicht einmal zwei Lehrer oder Computerwissenschaftler eine übereinstimmende Definition des Begriffs Computerkompetenz geben könnten. Desjenigen Begriffs immerhin, der die ganze Kampagne in Gang gebracht hat. Was die allgemein intellektuell bereichernde Wirkung dieser Kompetenz betrifft, so finden sich dafür keine sichtbaren Anzeichen, abgesehen von den Behauptungen der sich selbst beweihräuchernden Literatur der Computerindustrie, die von verschwommenen futuristischen Anspielungen auf das Leben im Informationszeitalter strotzt. Wenn aber die Computerfirmen mit ihrer harten Verkaufspolitik Erfolg haben, dann werden wir bald Studenten akademische Grade verleihen, die (unterstützt von ihren Lehrern) der Meinung sind, daß Denken tatsächlich eine Frage der Informationsverarbeitung sei und daher ohne einen Computer überhaupt nicht gedacht werden könne.

»Die große Universität der Zukunft wird die mit einem großen Computersystem sein«, hat Richard Cyert, Präsident der Carnegie-Mellon Universität, verkündet.[16] Ein eindrucksvolles Bekenntnis. Zweifellos ist es der Wunsch vieler Dozenten, daß auch ihre Hochschulen über die Quellen verfügte, auf die diese Universität zurückgreifen konnte, um Anspruch auf solche Größe erheben zu können, auch wenn es noch im Dunkeln liegt, wie die Quantität an Computern sich in der Qualität des Studiums niederschlägt. Zweifellos können Computer etwa bei technischen Berechnungen eine wertvolle Rolle spielen, oder als elektronische Datenspeicherungsanlagen oder bei der Textverarbeitung. Alles in allem ist dies ein beachtlicher Beitrag zur Erleichterung der täglichen Arbeit von Studenten und Lehrern. Aber die Computerenthusiasten haben versprochen, daß die neue Technologie mehr tun wird, als einfach den Rechenschieber, die Schreibmaschine und die Aktenschränke zu ersetzen. Die Vorzüge der neuen Maschinen reichen angeblich bis in die höchsten intellektuellen Gefilde und verlangen nicht weniger als die radikale Umgestaltung der pädagogischen Methoden und Ziele. Der Computer ist schließlich der freigebige Spender der Information, die sogar von vielen Pädagogen als die Substanz des Denkens angesehen wird. Selbst Dr. Ernest Boyer, Präsident der Carnegie Foundation for the Advancement of Teaching, der viel herbe Kritik an der Verschwendung und am Mißbrauch von Computern in den Schulen geübt hat, vertritt die Meinung, daß »langfristig elektronische Lehrer den Austausch von Informationen, Ideen und Erfahrungen effektiver (auf alle Fälle anders) vermitteln können als der traditionelle Lehrer im herkömmlichen Klassenzimmer. Die neue Technologie verspricht, das Studium der Literatur, der Naturwissenschaften, der Mathematik und der bildenden Künste durch Worte, Bilder und auditive Botschaften zu bereichern.«[17]

Wie enttäuschend ist es daher, so viele von diesen großartigen Verheißungen als bloße Propaganda entlarvt zu sehen. Nehmen wir etwa die Vision vom voll vernetzten Campus, die derzeit an den Universitäten als das höchste Ziel der Computerisierung gilt. Ohne daß sie ihr Wohnheim verlassen müssen, wird den Studenten der Katalog der Bibliothek zugänglich sein, sie werden ein schwarzes Brett anzapfen können, um Tips und Klatsch auszutauschen, sich zu verabreden, eine Mitfahrgelegenheit zu organisieren oder gebrauchte Bücher zu kaufen. Ihre Hausarbeiten werden sie elektronisch an ihre Lehrer übermitteln können. Ja, all diese Dinge und noch ein Dutzend mehr *können* computerisiert werden, aber warum *sollten* sie es? Sie alle werden schon jetzt auf die einleuchtendste und billigste Weise erledigt: Studenten gehen in die Bibliothek, in das Gebäude des Studentenausschusses, in die Buchhandlung, in ein nahegelegenes Café oder in eine Cafeteria, wo sie mit anderen Menschen zusammentreffen. Sie sprechen, sie hören zu, sie organisieren Dinge. Wer hat denn, abgesehen von behinderten Studenten (für die Computer ein Segen sein können), jemals diese alltäglichen körperlichen Tätigkeiten als so belastend empfunden, daß es den Preis einer aufwendigen Technologie wert ist, sie zu vermeiden? Meine Auffassung war immer, daß ein intellektuell lebendiger Campus gerade dadurch entsteht, daß er auf Grund seiner Architektur, seines Geländes und seiner Atmosphäre diesen alltäglichen menschlichen Austausch möglichst häufig und auf angenehme Weise herbeiführt – aber nicht dadurch, daß Millionen dafür aufgewendet werden, den Studenten die Mühe zu ersparen, ihre Wohnheime zu verlassen.

Wenn Enthusiasten mit derartigen Verwendungsweisen des Computers aufwarten, erteilen sie uns im Grunde nur eine weitere Lektion darin, wie weit man sich von der Technologie abhängig machen kann, ein Laster, das in unserer Kultur schon feste Wurzeln geschlagen hat. Aus durchsichtigen kommerziellen Gründen versuchen sie, eine Maschine in Funktionen hineinzudrängen, für die man sie nie gebraucht hat. Ganz ähnlich vergrößert auch die Aussicht, Studenten ihre Hausarbeiten mittels einer elektronischen Post einreichen zu lassen, nur gewisse Pseudoprobleme (wie die Gefahr »statischer Aufladung«), die allein deswegen existieren, weil die Werbung sie überhaupt erst erfunden hat, um ein Zusatzprodukt zu verkaufen. Ich habe

Computerwerbung gesehen, die mich offenbar vergessen lassen will, daß der Rotstift – mit dem ich unterstreichen, einkreisen, an den Rand oder zwischen die Zeilen eines Textes schreiben kann (was mit keinem Computer möglich ist) – eines der praktischsten Werkzeuge ist, das je für Lehrer erfunden wurde. Jeder erfahrene Lehrer weiß das auch. Aber die Anzeigen sind darauf angelegt, mich zu verunsichern, damit auch ich bekenne, daß ich als flügge gewordenes Mitglied des Informationszeitalters ausschließlich Disketten, Lichtgriffel und Bildschirm benutzen sollte.

Ich gebe gern zu, daß die Maßstäbe für pädagogische Größe, die man jeweils anlegt, zum Großteil vom eigenen Geschmack beeinflußt sind. Manche Leute ergötzen sich an der Vorstellung von Schulen, in denen Reihen einsamer Studenten in Einzelkabinen reglos vor ihren Computerterminals sitzen, wobei ihr Repertoire an Tätigkeiten auf ein gebanntes Starren und das wiederholte Drücken einer Taste reduziert ist. Ich halte dieses Bild für unannehmbar, selbst wenn es gelegentlich begründet sein mag: bei einer Drillübung, einer Berechnung oder bei der Erstellung eines graphischen Entwurfs. Das Bild wird auch dann nicht verlockender, wenn man mir versichert, die Arbeit mit dem Computer sei eine hervorragende Gelegenheit, gemeinsames Handeln zu lernen: Die Studenten scharen sich um die Geräte, bekommen von ihm ihre Arbeitsanweisungen und erörtern die Feinheiten dieser oder jener Antwort auf seine Forderungen. Im Lichte meines pädagogischen Ethos erscheinen mir solche Situationen lediglich als weitere Formen der technologischen Austrocknung unseres Lebens, die gerade an dem Ort erfolgt, wo wir uns am meisten gegen ihren Pesthauch schützen wollen.

Mein persönlicher Geschmack läßt ein anderes Bild entstehen: Studenten und Lehrer, gemeinsam in einem Raum, die vielleicht gemeinsam über ein Buch, ein Kunstwerk oder sogar etwas schnell an die Tafel Gekritzeltes nachdenken. Zu allermindest erinnert uns dieses Bild daran, wie verblüffend einfach, sogar primitiv, Bildung ist. Sie ist die unmittelbare Begegnung zweier Geister, von denen einer lernen muß, der andere zu lehren wünscht. Die biologische Spontaneität einer solchen Begegnung ist eine gegebene Tatsache des Lebens; im Idealfall sollte sie so konkret, so unverstellt und offen wie möglich gehalten werden. Zu viele Geräte behindern, wie zu viel Bürokratie, nur den lebendigen Fluß. Freier menschlicher Dialog, der sich hinwendet, wohin immer es die Beweglichkeit des Geistes erlaubt, ist der Wesenskern der Bildung. Wenn Lehrer weder die Zeit noch die Lust, noch den Esprit haben, diesen Dialog anzubieten, wenn Studenten zu demoralisiert, gelangweilt oder zerstreut sind, um die Aufmerksamkeit aufzubringen, die ihre Lehrer von ihnen brauchen, dann ist *dies* das pädagogische Problem, das gelöst werden muß – und zwar aus der Erfahrung der Lehrer und der Studenten heraus. Es auf den Computer abzuschieben ist keine Lösung, sondern ein Offenbarungseid.

Aber es gibt dabei noch andere Gesichtspunkte zu berücksichtigen, die über Fragen des Geschmacks, der pädagogischen Theorie, der Sozialpolitik und der beruflichen Ethik hinausgehen. Es ist einfach falsch, wenn irgendwelche Prioritäten an unseren Schulen von solchen Leuten gesetzt werden, für die dabei ein kommerzielles Interesse mit im Spiel ist. Dieses Laster hat staatliche Schulen in der Vergangenheit geplagt. Es könnte sich jetzt weiter ausbreiten als jemals zuvor, da die Schulen in verführerische Maschinen investieren, ohne eine klare Vorstellung von ihrer Verwendung zu haben. Sie tun dies, weil sie unsinnige Klischees über »Information«, ihre intellektuelle Bedeutung und ihre berufliche Dringlichkeit übernommen haben, die kaum über dem Niveau von Werbebroschüren liegen. Deshalb ist schließlich auch allerorten übersehen worden, in welch hohem Maße pädagogische Probleme politische und philosophische Fragen sind, die nicht technisch gelöst werden können.

Hier seien nur die augenfälligsten Punkte genannt, in denen die Ethik des Lehrberufes ernsthaftes und aufrichtiges Nachdenken verlangt:

   – Störende oder auffällige Schüler an den Schulen spiegeln vielleicht eine Angst oder sogar eine Verzweiflung wider, die von ihrem benachteiligten sozialen Hintergrund oder von den Zwängen des Schulsystems selbst herrühren; wie gleichmäßig man Computer auch immer auf die Klassenzimmer verteilen mag, diese Schüler werden wahrscheinlich dennoch nicht den Willen zum Lernen aufbringen.

– Schülern, denen man Computerkompetenz als billige Antwort auf ihr Bedürfnis nach einem Arbeitsplatz verkauft, werden getäuscht; was sie bei einigen wenigen Experimenten im Computerlabor an Erfahrungen sammeln können, wird ihre späteren Chancen auf dem Arbeitsmarkt um kein Jota verbessern.

– Lehrer, die anreißerische Software als bequeme Unterhaltung im Klassenzimmer einsetzen, verschwenden nur die Zeit ihrer Schüler und mindern das Ansehen ihres eigenen Berufsstandes.

Wenn die Pädagogen nicht mehr nur die Produkte, sondern auch die Sprache und die Bilder des industriellen Marktes übernehmen, spürt man, welchen Verzerrungen die Diskussion um die Pädagogik im Informationszeitalter unterliegt. »Produktivität« ist das Wort, das Dr. Arthur S. Melmed vom Erziehungsministerium benutzt, um »das zentrale Problem der Erziehung« zu definieren: »Den Schlüssel zur Produktivitätssteigerung auf jedem anderen wirtschaftlichen Sektor lieferten die technischen Innovationen. Anwendungsweisen moderner Informations- und Kommunikationstechniken, ausgereift und angemessen eingesetzt, bieten den Gestaltern der Bildungspolitik vielleicht bald ... eine einmalige Gelegenheit für ein produktivitätsbezogenes Management.«

Im selben Tenor verkündet Richard Cyert von der Carnegie-Mellon-Universität, daß das Computernetzwerk seiner Hochschule »für das Studium der Studenten dieselbe Rolle spielen wird wie in den zwanziger Jahren die Entwicklung des Fließbandes für die Herstellung von Autos. Das Fließband machte es möglich, daß eine Produktion im großen Stil entstehen konnte. Ebenso wird das Netzwerksystem von Personalcomputern Studenten in die Lage versetzen, das Quantum an Wissen, das sie an der Universität erwerben, entscheidend zu steigern«.[18]

Computer, so erinnern uns die Experten ständig, sind nicht mehr als das, wozu ihre Programme sie machen. Aber wie die soeben angeführten Standpunkte wohl deutlich werden lassen, ist in den Programmen womöglich ein weiteres Programm versteckt, eine Wertehierarchie, die mehr zählt als all die interaktiven Tugenden und graphischen Tricks der Technologie. Die Essenz der Maschine ist ihre Software, die Essenz der Software aber ist die Philosophie, die in ihr versteckt ist.

Macht und Abhängigkeit

Jeder, der einmal beobachtet hat, wie Kinder zutiefst in das faszinierende Bildschirmgeschehen eines Videospiels versunken sind, muß notgedrungen die besondere Macht des Computers anerkennen, den Benutzer in seinen Bann zu ziehen. Glücklicherweise scheint die exzessivste Form dieser elektronischen Verzauberung ihren Reiz für die jugendliche Phantasie verloren zu haben; die Beliebtheit der Videohallen sinkt rapide. Aber was wir dort in Extremform sehen konnten, ist eine Anziehungskraft, die dem Computer eigen ist, seit die ersten Maschinen mit eingespeichertem Programm in den Universitäten auftauchten. Sie reicht zurück bis in die erste Generation junger Hacker, die Zugang zu einigen wenigen, ausgewählten Computerlaboratorien wie dem des MIT hatten. Hacker waren immer eine verrückte Minderheit, hochbegabte Köpfe, für die die kniffligen Computerprobleme zur Obsession, wenn nicht gar zur Droge werden können; sie spielen jedoch eine entscheidende Rolle in der Geschichte der Technologie. Sie waren die ersten, die sich mit Leib und Seele dem merkwürdigen Zusammenspiel zwischen dem menschlichen Geist und seinem geschickten mechanischen Gegenspieler widmeten. Dieses Zusammenspiel verdient die sorgfältige Aufmerksamkeit der Pädagogen, denn es birgt in sich einen heimlichen Lehrplan, der mit dem Computer in das Klassenzimmer eindringt.
Für die Hacker bestand eine wesentliche Anziehungskraft der

Maschine in dem fesselnden Gefühl der Macht, das sie ihrem Benutzer, oder besser, ihrem Meister, vermittelt. Denn man benutzte nicht einfach einen Computer, sondern mußte die intellektuelle Kontrolle über ihn gewinnen. Er war eine komplexe Maschine, eine »Verkörperung des Geistes«, wie Warren McCulloch es einmal genannt hat, und er konnte sich leicht einer effektiven Handhabung entziehen. Aber selbst wenn das der Fall war, leitete sich sein Mißverhalten aus einer höchst logischen Folge seiner Programmierung ab, die Verständnis erforderte. Es war nicht wie bei einem Auto, das einfach gelegentlich deswegen schlecht funktioniert, weil ein Teil abgenutzt ist; seine Probleme waren nicht einfach physikalischer Art. Sie konnten nur korrigiert werden, wenn man den »bug«, die Fehlerquelle, durch die zwingende Logik des maschinengesteuerten Programms hindurch aufspürte. Aber wenn der Hacker diese Logik beherrschte, konnte er den Computer nach seinem Willen formen. (»Seinem« ist hier historisch korrekt; bezeichnenderweise waren fast alle frühen Hacker, und heute ist es nicht viel anders, männlichen Geschlechts; und viele von ihnen führen ein »Junggesellenleben«.) Ein Computergenie berichtete Steven Levy, der die Anfänge des Hackerwesens bisher am besten beschrieben hat, daß er eines Tages zu der »plötzlichen Erkenntnis« gekommen sei, »daß der Computer ganz und gar nicht so klug war. Er war einfach eine dumme Kreatur, die Befehlen gehorchte, die tat, was man ihr sagte, in genau der Reihenfolge, die man selbst festlegte. Man konnte ihn kontrollieren. Man konnte wie Gott sein.«[19]

Aber die Befriedigung, zum Gott über die Maschine werden zu können, sie auf die Stufe einer »dummen Kreatur« herunterzuholen, steht nicht jedermann offen, sondern nur dem, der die kluge Maschine zu überwinden vermag. Zunächst muß man sie als eine Art unheimliches Gehirn respektieren, dem viele mentale Tricks ungleich besser gelingen als seinem Benutzer. Die Beziehung zwischen dem Menschen und der Maschine ist daher ambivalent, eine komplexe Mischung von einer empfundenen Unterlegenheit und dem Bedürfnis zu dominieren, von Abhängigkeit und Beherrschung. »Man konnte sie, wie Aladins Wunderlampe, dazu bringen, das zu tun, was man ihr befahl.« So beschreibt Levy jenen beglückenden Moment der Wahrheit, den die frühen Hacker in der Begegnung mit dem Computer erfahren haben. Aber wie Aladins Wunderlampe beherbergt die Maschine scheinbar einen mächtigeren Genius als das menschliche Wesen, das sich zeitweilig zu ihrem Beherrscher aufschwingt.

Das Wort *Macht* taucht in der Computerliteratur wieder und wieder auf: Der Computer ist ein »mächtiges Werkzeug«, wird vorangetrieben von »machtvollen Theorien« und »machtvollen Ideen«. »Computer sind nicht gut oder schlecht«, stellt Sherry Turkle in ihrer Untersuchung der Psyche junger Computerbenutzer fest. »Sie sind mächtig.«[20] Wie wir gesehen haben, waren Computerwissenschaftler durchaus geneigt, dieser Macht übermenschliche, ja gottgleiche Dimensionen zu verleihen. Vielleicht wird sie schon bald eine »Intelligenz jenseits der des Menschen« sein. Diese berauschenden Spekulationen seitens angesehener Autoritäten sind nicht einfach merkwürdige Schrullen; es sind Bilder und Hoffnungen, die in den Mythos vom Computer verwoben und in den Prioritäten verankert sind, die seine Entwicklung leiten. Sie sind untrennbar verbunden mit dem Gefühl der Macht, das die Maschine umgibt, und selbst dann zugegen, wenn Kinder beim Erlernen elementarster Anfänge von Computerkompetenz in spielerischer Weise an die Maschine herangeführt werden.

Das könnte ein sehr erhellender erzieherischer Moment für die Kinder sein – wenn sie auf die rechte Weise angesprochen würden. Es ist ihr erstes Kennenlernen jener Form der Macht, die ihre Welt am meisten von der der Erwachsenen unterscheidet: der Macht des Geistes. Denn einmal müssen sie lernen, daß List und Einfallsreichtum, die gespenstischen Eigenschaften des Geistes, einen größeren biologischen Vorteil darstellen als Größe und Stärke, daß Intelligenz mehr zählt als die rohe Kraft von Muskeln oder Maschinen, die Muskeln ersetzen. Im alten Griechenland lernten die Kinder den Wert der List anhand der Abenteuer des »listenreichen« Odysseus. Die Kinder amerikanischer Indianer ahmten die Schläue des mythischen »Coyote the

Trickster« nach. In allen volkstümlichen Erzählungen tauchen diese Meister der List auf, die lehren, daß ein guter Trick den stärksten Muskeln überlegen sein kann in den gefährlichen Abenteuern des Lebens.

In der modernen westlichen Welt hat sich inzwischen die Überlebenskraft des Geistes in unserer »listenreichen« Technologie konzentriert und jetzt vor allem in einer klugen Maschine, die die Krönung dieser Technologie darstellt. Wie einfach und spielerisch Computerübungen für Kinder auch immer sein mögen, sie lernen gleichzeitig, daß der Computer das besitzt, was Erwachsene als die höchste Form der Macht einstufen, eine Macht, die dem Tun menschlicher Wesen ähnelt, wenn sie Pläne schmieden, Informationen verarbeiten, Aufgaben lösen: etwas Geistähnliches.

Wegen dieser Geistähnlichkeit ist dieser kleine Kasten mit seinem Bildschirm, der ganz und gar nicht wie ein Mensch aussieht, auf alle nur erdenklichen Weisen »vermenschlicht« worden. Man »spricht« mit dem Computer. Er »versteht« – oder versteht nicht. Er »stellt« und »beantwortet« Fragen. Er »erinnert« sich an Dinge. Er sagt »bitte« und »danke«. Vor allem »lehrt« und »korrigiert« er, weil er Dinge »weiß«, und er weiß sie besser. Wenn sich Computerkompetenz in unseren Schulen durchsetzt, dann lernen die Schüler diese geistähnlichen Dinge vielleicht nicht von einem anderen Menschen, sondern von einer Maschine. Selbst wenn sie zusätzlich bei einem Lehrer lernen, wird der Lehrer kein »mächtiges« Instrument sein. Niemand – und schon gar kein Computerwissenschaftler – hat je den Geist eines Lehrers als »mächtiges Werkzeug« beschrieben. Warum nicht? Weil Lehrer nicht so viel wissen können wie dieser Kasten. Der Kasten kann viel mehr Information behalten. Selbst wenn der kleine Computer im Klassenzimmer nur eine begrenzte Kapazität hat, wissen die Kinder, daß es andere, größere Computer gibt, die die Welt regieren, in der sie leben. Sie stehen in den Banken, den Geschäften und beim Arzt. Und wenn man alle Computer zusammennimmt, dann haben sie eine Macht, die kein Lehrer je haben kann. Sie machen niemals Fehler. Das ist die Macht, die Erwachsene respektieren und von der sie möchten, daß ihre Kinder sie anstreben: die Macht, immer recht zu haben, schnell und unumstößlich. Aber das ist eine Macht, die nur durch die Maschinen kommen kann. Ein Kinderbuch stellt das so dar: »Computer machen niemals Fehler. Wenn ein Fehler vorkommt, dann liegt es an den Leuten, die den Computer benutzen, oder daran, daß der Computer kaputt ist.«[21] Die Mischung aus leichtfertigen, anthropomorphen Metaphern, interaktiver Software und kommerziellen Bildern, die den Computer in das Klassenzimmer begleiten, vermittelt eine eindeutige Lehre, auch wenn sie unterhalb der bewußten Wahrnehmung liegt. Es ist die Lehre, die die Erfinder und hauptsächlichen Benutzer des Computers in die Technologie eingepflanzt haben: eine bestimmte Konzeption des Denkens, der Ordnung, der intellektuellen Prioritäten. Man könnte es etwa so beschreiben: Hier ist eine Form der Macht. Es ist eine Macht des Geistes. Es ist die größte Macht des Geistes – die Macht, unbegrenzte Information mit absoluter Korrektheit zu verarbeiten. Wir leben in einem Informationszeitalter, das diese Macht braucht. Einen Arbeitsplatz zu bekommen und erfolgreich zu sein, setzt den Erwerb dieser Macht voraus. Die Maschine hat sie, du nicht. Mit der Zeit wird die Maschine immer mehr davon haben. Sie wird diese Macht verdienen, weil sie besser für die Welt gerüstet ist als das menschliche Gehirn. Die einzigen menschlichen Gehirne, denen man vertrauen kann, sind diejenigen, die die Maschine als Hilfe zum Denken benützen.

Diese Lehre kann in einer harmlosen, sogar einladenden Weise erteilt werden. Das ist der Stil aller Computerunterweisung. Fang ganz einfach an. Mach ein Vergnügen daraus. Bau Vertrauen auf. Im Idealfall sollte die Maschine »benutzerfreundlich« sein – ein merkwürdig herablassender Ausdruck, der den Eindruck erweckt, als sei die Maschine so freundlich, für weniger begabte Benutzer, die wie Kleinkinder behandelt werden müssen, die Dinge zu vereinfachen und das Tempo zu verringern. Am meisten ermutigt einen, daß die Maschine ihre Macht mit den Benutzern zu teilen bereit ist. Man kann sie zähmen und als mentalen Diener mit nach Hause nehmen. Man muß sich lediglich der Denkweise der Maschine anpassen. Computerkompetent zu werden, so meint Paul Kalaghan, Dekan der Computerwissenschaften an der Northeastern University, »bietet einem die Chance, sein Leben mit Geräten zuzubringen, die klüger sind als man selbst, und sie doch kontrollieren zu können. So muß es gewesen sein, als man in früheren Zeiten mit einem Trommelrevolver an der Grenze zur weiten Wildnis stand.«[22]

Ein privates Universum

Denjenigen, die Zugang zur Macht des Computers gewinnen, bietet er eine verführerische Belohnung an. Ein Hacker hat dies so ausgedrückt: »Man kann sein eigenes Universum erschaffen, und man kann innerhalb dieses Universums tun, was immer man will. Man muß sich nicht mit Menschen auseinandersetzen.«[23] Auch das ist ein Reiz, dem in extremem Maße die Videospiel-Süchtigen erliegen. Aber er ist auch bei Finanz- und Geschäftsleuten zu beobachten, wenn sie fasziniert vor ihren computergestützten Tabellenkalkulationen sitzen. Am Computer kann man sich eine hermetisch geschlossene Phantasiewelt erschaffen, die strikt logisch ist, vorhersagbare Parameter enthält und ausgewählte Daten. Wenn der Zeitpunkt kommt, an dem man sein Talent, mit der Maschine umzugehen, ausreichend entwickelt hat, geht diese Welt in eine der beeindruckendsten technischen Möglichkeiten des Computers über: die Simulation. Für Ingenieure und Naturwissenschaftler (vielleicht sogar für Verhaltensforscher) kann das ein unschätzbares Mittel sein. Es bietet die Möglichkeit, ausgedachte Entwürfe auf die Probe zu stellen und dabei eine ganze Kette von »Was ist, wenn«-Fragen zu durchlaufen. Aber die graphische Präzision und eindrucksvolle Klarheit, mit der eine Simulation auf dem Bildschirm abläuft, kann zu einer schwerwiegenden Verwirrung führen, besonders für Kinder. Das Modell – ein geordnetes, vorausberechenbares privates Universum – kann dann schnell wie eine bessere »Realität« erscheinen.

Simulationen lassen sich, das muß man im Auge behalten, *nur* für Modelle durchführen. Der Computer manipuliert auf Befehl eine Menge hypothetischer Annahmen über die Wirklichkeit, nicht die Wirklichkeit selbst. Er tut das, um die langfristigen oder extremen Konsequenzen dieser Annahmen zu untersuchen oder um Hypothesen einander gegenüberzustellen. Bei all dem, was der Computer auf diese Weise tut, kann er sich niemals »irren«. Seine Simulationen werden stets kohärent und logisch konsistent sein. Aber natürlich hat das, was er tut, unter Umständen keinerlei Beziehung zu der Welt außerhalb seines Programms. Da er jedoch eine handhabbare eigene kleine »Welt« anbietet, lockt er die Aufmerksamkeit des Benutzers vielleicht von den nicht überschaubaren, frustrierenden Unvollkommenheiten des täglichen Lebens weg. Das geschieht besonders leicht dann, wenn hypothetische »Fakten« um der Simulation willen an die Stelle von echten Daten treten.

Da gibt es zum Beispiel ein »System zur Lehre von Forschungsentwürfen durch Computersimulation«, wie es eine der größeren Softwarefirmen im pädagogischen Bereich in ihrem Instruktionsmaterial nennt. Das System heißt Exper Sim (für experimentelle Simulation), ein Programm, das als Teil des von Control Data Corporation stark propagierten Unterrichtsprogramms PLATO angeboten wird. Exper Sim ist ein Weg, die »wissenschaftliche Methode« durch Simulationen zu lehren, die die »zeitlich begrenzten Möglichkeiten« des Lehrsaals sprengen. Wie Control Data in seinem Programm erklärt, versetzt es »Studenten in die Lage, Experimente auf einem Computer durchzuspielen, der so programmiert wurde, daß er die benötigten Daten selbst erzeugt«. Der Computer dient als Ersatz für tatsächliches, eigenes Datensammeln, so daß er Zeit spart und letztendlich dafür sorgt, daß kostspieliger Laborraum, Geräte und Beaufsichtigung überflüssig werden.

Es fällt sofort ins Auge, wie hier im Namen der Wirtschaftlichkeit und der Effizienz die Erfahrung der Studenten auf den Computer eingeschränkt wird, der angeblich alle benötigten Daten enthält. Für das Experiment erhält der Student eine Liste von Variablen von seinem Dozenten, er formuliert eine Hypothese und »überlegt, welche Daten er sammeln möchte, um seine

Hypothese zu überprüfen«. Dann wird das Experiment in den Computer eingegeben, der dem Studenten daraufhin jene »Rohdaten« liefert, die der Lernende angeblich gesammelt hätte, wäre das Experiment tatsächlich durchgeführt worden. Nachdem er diese Daten analysiert hat, plant der Student ein weiteres Experiment, das dazu dienen soll, seine Forschungsstrategie zu verbessern und seine Schlüsse zu erweitern.

Was sich hier zeigt, ist die sehr naheliegende Möglichkeit, daß der Student und der Computer zu einem geschlossenen System werden, das »Schlüsse« zieht, die auf nichts anderem als Simulationen basieren. Die Maschine ist »ein Ersatz für tatsächliches Datensammeln« geworden. Aber wie ist das möglich? Computer verarbeiten Informationen, aber sie »sammeln« sie nicht und sie »erzeugen« sie nicht.

Die Gefahren dieser Verwirrung werden drastisch sichtbar, wenn der Computer dafür eingesetzt wird, klassische Experimente der Naturwissenschaft zu wiederholen. Ein solches Beispiel sind die berühmten Mendelschen Kreuzungsversuche, die die grundlegenden Gesetze genetischer Vererbung aufgedeckt haben.[24] Man kann eine Simulation durchlaufen lassen, die sehr schnell das vorhergesagte Ergebnis der Theorie über viele Generationen hinweg anzeigt. Das spart offensichtlich viel Zeit. Aber es führt auch ein gutes Stück weiter auf dem Weg zu einer Falsifizierung echter Wissenschaft. Denn das ist ja *gar kein* Experiment, was hier stattgefunden hat; es ist die Simulation eines Experiments und somit eine einschneidende Reduktion der Wirklichkeit. Schließlich filtert bereits das Experiment die Wirklichkeit zum Zweck der genauen Kontrollmöglichkeiten; und jetzt filtert die Simulation das Experiment so weit, daß es die echte wissenschaftliche Arbeit, die mit ihm verbunden ist, verschwinden läßt: die sorgfältige Vorbereitung der Geräte, die Handhabung der Materialien, die falschen Anfänge und die Fußangeln, das aufmerksame, oft langweilige Warten, die gewissenhafte Auswertung der Ergebnisse. Und noch schlimmer: Die Simulation eliminiert säuberlich das Risiko, das doch den ganzen Witz des Experimentierens ausmacht. Echte Experimente müssen dem Beweis ihrer Hypothese zuliebe auch der Möglichkeit des Scheiterns einen Platz einräumen. Bei der Simulation indessen kommt immer alles richtig heraus, weil zum Beispiel Mendels Theorie und alle seine Gesetze einprogrammiert worden sind. Und dabei hatten doch Wissenschaftler, die sich die Mühe machten, Mendels Arbeit zu wiederholen, immer mit der Tatsache zu kämpfen, daß sich echte, von der Natur erzeugte Erbsen (oder Obstfliegen) niemals folgsam in scharf zu trennende Kategorien sortieren lassen. Es bilden sich immer wieder auch unscharfe, verschwommene Zwischenstufen oder Grenzfälle, die schwer zu beurteilen und über die sich mehrere Beobachter oft uneinig sind. Vielleicht, so der Verdacht einiger Wisenschaftler, hat selbst Mendel seine Daten ein bißchen auf seine Theorie hin zurechtgebogen: gerade auch dieser Aspekt von Wissenschaft sollte Studenten gelehrt werden. Wie wissenschaftlich sind Simulationen tatsächlich, die die Wirklichkeit »theoriegetreuer« ordnen, als sie sich jemals erweist?[25]

Simulationen sind ein Schritt weg von der ungeordneten Wirklichkeit, die uns umgibt – ein Schritt hin zu den geordneten Fiktionen des Computers. Wo die nicht selten eindrucksvollen graphischen Leistungen des Computers, seine Rechenkünste und seine vielgepriesenen Fähigkeiten, Information zu verwalten, zusammenkommen, kann leicht der Eindruck entstehen, daß der Lernende es mit einer höheren, sich selbst genügenden Wirklichkeit innerhalb der Maschine zu tun hat, deren Kontrolle ganz in seiner Macht steht. Darüber hinaus braucht er nichts. Darin läge vielleicht nicht einmal eine ernste Gefahr, würde der Computer nicht so maßlos verherrlicht. Würden unsere Kinder nur, und auch jeder andere, nur wissen, daß dieses »Universum«, das wir auf einem Computerbildschirm erschaffen können, nur eine kleine, stark gefilterte Simulation der Wirklichkeit ist. Mehr noch, es ist ein Universum, das auf einer äußerst begrenzten, extrem gefilterten Simulation von *uns selbst* basiert. Nur ein einziger schmaler Ausschnitt unserer Erfahrung ist in die Computertechnik eingegangen: die Erfahrung des logischen Verstandes. Sinnlicher Kontakt, Intuition, die spontane, kaum in Worte zu fassende Urteilsfähigkeit des »gesunden Menschenverstandes« sowie unser ästhetisches Empfinden sind weitgehend, wenn nicht gänzlich unberücksichtigt geblieben. Weil wir unser ganzes Ich gar nicht in den Computer einbringen können. Doch wir leben in einer Welt, in der elektronische Bilder und Simulationen die wichtigeren, widerspenstigeren Tatsachen des Lebens aus dem Bewußtsein der Menschen verdrängen. In unserem Streben nach Ordnung in einer unüberschaubaren Welt nehmen wir Zuflucht zu Tabellenkalkulationen, Kriegsspielen, Wirtschaftsprognosen, globalen Modellierungen und Wahlvoraussagen – den vielen Computerabstraktionen, die uns angeblich helfen sollen, einer chaotischen Wirklichkeit Herr zu werden. Schon vom ersten Moment an, da die Kinder noch im Spiel damit beginnen, sich ihren Weg durch die trügerisch logische Landschaft des Computers zu bahnen, verspricht er ihnen die Macht, zu verstehen, alles unter Kontrolle und immer recht zu haben. Aber diese Macht verwandelt sich in eine Illusion, wenn wir vergessen, daß sie doch nur über eine pure Erfindung herrscht, eine Erfindung aus *erdachten* logischen Strukturen, *hypothetischen* Annahmen und *ausgewähltem* Datenmaterial – alles von uns selbst geschaffen und vorbestimmt. Und die Illusion verwandelt sich schließlich in tiefstes Elend, wenn wir auch noch vergessen, welch kleiner Teil unserer menschlichen Natur in die Erschaffung dieser Fiktion eingeflossen ist.

Ein Lehrer könnte eine solche Verwirrung auf seiten seiner Schüler natürlich korrigieren. Aber wird es im elektronischen Klassenzimmer noch Lehrer geben? Und wird es genügend Lehrer geben, die, in den Augen ihrer Schüler, ausreichende Autorität dafür besitzen? Werden sie, die sie selbst das Produkt des Informationszeitalters sind, noch eine andere Realität kennen als die des Computers? Und vor allem: Werden sie an das Recht glauben, eine Maschine zu korrigieren, von der man ihnen gesagt hat, sie werde in allernächster Zukunft »eine Intelligenz jenseits der des Menschen« besitzen?

IV

Das Programm im Programm

Der Fall Logo

Der Computer hielt seinen Einzug in die Schulen auf einer Welle des kommerziellen Opportunismus. Wie nicht anders zu erwarten, hat das dazu geführt, daß die Pädagogen in oft exzessiver Weise nach dem Prinzip von Versuch und Irrtum gearbeitet haben. Die Computerindustrie, die das Blaue vom Himmel herunter versprach, war stets bereit, jedem Anwender ihrer Produkte den Rücken zu stärken, ganz gleich wie oberflächlich oder falsch verstanden der Einsatz auch sein mochte. Man hat es einfach den Lehrern selbst überlassen, ihren Weg durch all die verschiedenen Behauptungen zu finden, so gut sie eben konnten. Manche mochten dabei vielleicht sogar auf sinnvolle Anwendungsmöglichkeiten stoßen, aber eine übergreifende pädagogische Philosophie, die ihren Improvisationsversuchen die Richtung gewiesen hätte, gab es nicht.

Doch eine Person ragte aus all der Verwirrung heraus. Seymour Papert, Mitbegründer des Forschungsprojekts Künstliche Intelligenz am MIT, zählt zu den wenigen Computerwissenschaftlern, die sich bemüht haben, eine konsistente pädagogische Theorie für den Einsatz von Computern zu entwickeln. Diese Theorie ist ihrem Wesen nach in den komplexen Lerntheorien des Schweizer Psychologen Jean Piaget verwurzelt, mit dem Papert mehrere Jahre zusammengearbeitet hat. Das Ergebnis dieser Verschmelzung von Piagets Psychologie und künstlicher Intelligenz ist die Programmiersprache Logo, die Papert zu einem umfassenden Lernprogramm auszubauen suchte. Logo ist mehr als eine geschickt gestrickte Software oder eine raffinierte Stoffsammlung für irgendeinen Kurslehrgang. Logo ist Ausdruck einer radikal neuen Betrachtungsweise der Erziehung und der bisher systematischste Ansatz, die Rolle des Computers in den Schulen zu durchdenken. Zumindest in den Augen von Marvin Minsky, Paperts Partner im Labor für Künstliche Intelligenz am MIT, der in ihm den »größten aller lebenden Pädagogen« sieht.

Papert hat seit Mitte der sechziger Jahre an Logo und seinen Anwendungsmöglichkeiten gearbeitet. In dieser Zeit hat er ein weitverbreitetes Erziehungsprogramm namens Turtle Graphics entworfen und das Buch *Mindstorms* (dt. Mindstorms, Kinder, Computer und neues Lernen) geschrieben, das 1980 erschien. Er war auch vorübergehend in ein lehrreiches Abenteuer der Computerpolitik verwickelt. Zu Anfang der achtziger Jahre ließ sich die französische Regierung von dem Politiker und Journalisten Jean-Jacques Servan-Schreiber dazu anregen, eine größere Einrichtung für Computerforschung zu schaffen, das Centre Mondial Informatique et Ressources Humaines in Paris. Das besondere Anliegen Servan-Schreibers war es, den Ländern der Dritten Welt beim »Sprung in die neue Informationsgesellschaft« zu helfen. Auf seine Einladung hin verfaßte Papert das Grundsatzpapier mit dem Programm des Zentrums und wurde, zusammen mit Nicholas Negroponte vom MIT, zum Kodirektor ernannt. Paperts Vision von der Arbeit dieses Zentrums fußte auf einem idealistischen Plan für den Einsatz von Logo als Teil einer internationalen Kampagne für Computerkompetenz. Das Zentrum erhielt großzügige finanzielle Unterstützung, aber seine ursprünglich akademische Ausrichtung verwandelte sich rasch in eine wirtschaftliche, deren Hauptziel es wurde, französische Computersysteme in die ehemaligen französischen Kolonien in Afrika zu verkaufen. Schon nach weniger als einem Jahr war Papert, und mit ihm Negroponte, aus dem Zentrum ausgeschieden. Als selbsternannter »Bildungsutopist« konnte er keinen Geschmack finden an dieser neoimperialistischen Kommerzialisierung seines Projekts.[1]

Bei all seinem Bemühen, die Bedeutung des Computers für die Pädagogik herauszustellen, ist Papert sich voll bewußt, wie oft die Maschine in den Schulen falsch verwendet wird. Er ist kein leichtgläubiger Optimist. Aber der häufige Mißbrauch hat ihn auch nicht von der Überzeugung abgebracht, daß der Computer die Welt der Erziehung drastisch verändern könne, wobei er eine Revolution »der Ideen, nicht der Technologie« entzünden soll. Für Papert kann der Computer »ein Instrument sein, mit dem man jeden beliebigen Inhalt lehren kann«.[2]

Logo ist so angelegt, daß sich die Kinder bereits sehr früh damit beschäftigen können – sogar schon im Kindergartenalter –, denn es ist eine genial leicht zugängliche Programmiersprache. Papert hat aber auch immer wieder darauf hingewiesen, daß Logo nicht nur für Kinder gedacht ist; es ist eine Allzwecksprache, die ebensogut auf hohem Niveau einsetzbar ist. Aber seine hervorstechendste Eigenschaft ist, daß Kinder gut damit umgehen können, und in ihnen hat es seine Hauptzielgruppe und seinen Hauptmarkt gefunden. Nur sehr wenig Software für den allgemeinen Gebrauch wurde in Logo geschrieben. Bei seinen pädagogischen Einsatzmöglichkeiten ist Logo voll interaktiv, die Schüler können sofort das Ergebnis der Befehle, die sie erteilen, auf dem Bildschirm sehen. Normalerweise beginnen sie mit einfachen geometrischen Graphiken, wobei sie mit Tastaturbefehlen einen Marker bewegen, der Schildkröte heißt. (Ursprünglich war eine richtige, mechanische Schildkröte mit dem Computer verbunden, die sich je nach Befehl über den Boden bewegte. Die meisten Schulen verwenden Logo inzwischen allerdings ohne dieses Spielzeugtier, aber der kleine Pfeil auf dem Bildschirm wird weiterhin Schildkröte genannt.) Die geometrischen Figuren, die die Schüler auswählen, gestalten sich nach dem Prinzip von Versuch und Irrtum zu kleinen Programmen, mit deren Hilfe man Vierecke, Kreise, Fünfecke usw. zeichnen kann. Die Sprache, mit der das Programm ausgeführt wird, ist äußerst einfach: das Wort *to* (wie in »to circle«, »to square«), im Englischen Hinweis auf ein folgendes Verb, markiert einen Befehl. Die Schüler wählen selbst einen Namen für ihr Programm, das wiederum Unterprogramm in einem größeren, komplizierteren Programm werden kann.

Da der Computer sofort auf jeden Logo-Befehl reagiert, können die Schüler ihre eigenen Programme überwachen und korrigieren, während sie arbeiten. Dieser Prozeß der »Korrektur-während-der-Arbeit« ist der Kern des Lehransatzes von Logo. Die Kinder sehen ihre Fehler; und diese *bugs* oder Programmierfehler werden dadurch *debugged*, sozusagen entfehlert, daß man rückwärts durch das Programm geht, um Strategien aufzuspüren, mit denen man die Folgeprobleme ausräumen kann. Papert betont die erzieherische Bedeutung der »mächtigen Idee« des *Debugging*. Sie ist seine Alternative zur Tyrannei der richtigen Antworten, die so oft dem Computer angelastet wird. Er sagt:

> Ein Programm beurteilt man nicht danach, ob es richtig oder falsch ist, sondern ob es sich korrigieren läßt. Wenn diese Art der Beurteilung intellektueller Produkte generalisiert und auch auf die Betrachtungsweise von Wissen und Wissenserwerb übertragen würde, hätten wir alle vielleicht weniger unter der Furcht zu leiden, »etwas falsch zu machen«.

Papert betrachtet dies als einen der wichtigsten Vorzüge des Computers; er ist für ihn ein »Gegenstand, mit dem man denken kann«. Weil Logo die Schüler ermutigt, einfach etwas auszuprobieren und zu schauen, was dabei herauskommt, und es anschließend zu korrigieren und abzustimmen, gilt es als ein Schritt hin zum »entdeckenden Lernen«.

Bei diesem Prozeß des selbstkorrigierenden Programmierens sollen die Schüler dazu angehalten werden, »über das Denken nachzudenken«. Sie werden »Psychologen und Epistemologen«. Papert schreibt: »Dieses faszinierende Bild vom Kind als Erkenntnistheoretiker entflammte meine Vorstellungskraft, während ich mit Piaget zusammenarbeitete ... Ich verließ ihn, beeindruckt von der Art, wie Piaget Kinder als aktive Baumeister ihrer eigenen intellektuellen Strukturen betrachtete.« Es wurde Paperts Ziel, den Computer als Hilfsmittel verwendbar zu machen, das Kindern dabei helfen soll, ganz bewußt solche Strukturen zu errichten. Piaget unterteilte die geistige Entwicklung des Kindes in »konkrete« und »formale« Stadien. Letztere (etwa die Herausbildung des mathematischen Denkens) erfordern eine größere Reife und erfolgen daher später im Leben. Nach Paperts Ansicht kann nun die konkrete, handgreifliche Erfahrung mit dem Computer dem Kind eine wesentlich frühere Einführung in das formale Stadium der Entwicklung geben.

Hier allerdings liegt ein Problempunkt in Paperts Vorstellungen. Es ist nämlich ganz und gar nicht klar, daß die Schüler tatsächlich in einer so allumfassenden Weise »über das Denken nachdenken«, daß sie etwa auch damit vertraut gemacht würden, wie ein Künstler über ein räumliches Problem nachzudenken, und nicht nur wie ein Geometer. Viel eher scheinen sie nur eine bestimmte Art des Denkens kritisch unter die Lupe zu nehmen, nämlich das »prozedurale Denken«, wie Papert es nennt. Das Debugging bedeutet schließlich, den falschen Schritt in einer schrittweise angeordneten, logischen Sequenz zu finden. Gilt die Methode des Debugging in diesem eingeschränkten Sinn auch für irgendeine andere Art des Denkens? Ist eine Methode denkbar, ein Märchen oder das Versteckspielen zu debuggen? Wie würde man eine Zeichnung von einem Dinosaurier debuggen?

Papert behauptet immer wieder gerne, daß Logo, weil es bei jedem Schritt zur Interaktion auffordere, das Kind dazu anhalte, den Computer selbst zu programmieren, statt daß die Maschine das Kind programmiert wie bei vielen anderen Computerübungen. Er spricht davon, daß das Kind »die Maschine lehrt«. Es ist aber nicht deutlich, wie sich Logo in diesem Punkt von anderen Programmiersprachen unterscheidet. Zwar stimmt es, daß die Schüler die Programme schreiben, aber sie müssen sich im Rahmen der Sprache und Logik der Maschine bewegen – sonst sagt ihnen die Maschine »Ich weiß nicht, wie man...«. Es steht den Schülern frei, einen viereckigen Kasten abzurufen, und sie können die Maschine anweisen, den Kasten um soundso viele Grade nach der einen oder anderen Richtung zu drehen. Aber sie können dem Computer nicht befehlen, einen Hobbit in den Kasten zu tun oder dem Kasten Flügel wachsen zu lassen und ihn nach Mittelerde fliegen zu lassen. Logo gewährt den Kindern Kontrolle über eine experimentelle Mikrowelt, in der sie ihre Programmierung vornehmen, aber die Mikrowelt ist nicht der ganze Entfaltungsbereich der menschlichen Einbildungskraft. Sie ist nichts weiter als ein zweidimensionaler Computerbildschirm und beschränkt auf die Möglichkeiten des Programms. Logo hat ein bestimmtes Repertoire an Farben und Formen (ein Flugzeug, einen Lastwagen, eine Rakete, einen Ball, einen Kasten etc.). Es ist gut geeignet für geometrische Spiele, aber nicht für die Phantasie, die diese engen Grenzen überschreitet.

Bei der Lektüre von Paperts Ausführungen verfolgte mich das Bild eines Gefangenen, dem man die uneingeschränkte Freiheit eingeräumt hat, sich in einer Mikrowelt namens Gefängnis ungehindert zu bewegen: »Bleib innerhalb der Mauer, halte dich an die Regeln und du kannst tun, was immer du willst.«

Durch Logo, so glaubt Papert, »erwirbt das Kind ein Gefühl der Meisterschaft über ein Stück der modernsten und mächtigsten Technologie«. Wie viele Computerenthusiasten beschäftigt ihn die Macht. Das Wort *mächtig* erscheint auffallend häufig in *Mindstorms*. In einem der besten Arbeitsbücher für Logo (*Learning with Logo* von Daniel Watt) erscheint der Ausdruck »mächtige Idee« – der von Papert übernommen ist – als eine kleine Flagge, die jedes neue Kapitel signalisiert. Aber wie bei allen Computerübungen entsteht die Meisterschaft dadurch, daß man sich an die Art der Maschine, mit den Dingen umzugehen anpaßt. Es ist dieselbe ambivalente Beziehung zwischen Macht und Abhängigkeit wie in den übrigen Lernprogrammen, die auch in Logo fortwirkt; dieselbe Illusion von Beherrschbarkeit, die über Paperts Mikrowelten schwebt.

Die meisten Übungsprogramme mit Logo beginnen mit der Schildkröten-Geometrie und kommen zu einem baldigen Ende, nachdem ein kleines, aber nützliches Repertoire an grundlegenden Programmen erlernt wurde. Das könnte schon ausreichen, um dem Kind eine praktische Kostprobe vom Programmieren zu geben. Aber Paperts Vision von Logo im Klassenzimmer ist weitaus ehrgeiziger. Er glaubt, es könne für den gesamten Lehrplan verwendet werden. Aber genau an dieser Stelle zeigen sich die Schwächen von Logo, dem umfassendsten aller pädagogischen Computerprogramme, die von den Enthusiasten gern übersehen werden.

Betrachten wir etwa, in welcher Weise der Logo-Lehrplan Kunst zu erfassen versucht.* Man sagt den Kindern, daß sie »alles« zeichnen können. Dementsprechend beginnt die Übung mit

---

* Bis zum Ende dieses Kapitels werde ich den Unterrichtsplänen folgen, die Daniel Watt in *Learning with Logo* (New York:McGraw-Hill, 1983) entwickelt hat. Watt hat lange Zeit mit Papert und dem MIT-Logo-Team zusammengearbeitet und seine Unterrichtsentwürfe an Schulen erprobt und anschließend

einer frei gezeichneten Skizze. Nun würde eine solche Skizze, wenn sie mit Sorgfalt und Phantasie angefertigt wäre, bei den meisten Lehrern schon für sich allein als Produkt des Kunstunterrichtes gelten. Aber bei Logo ist sie nicht mehr als eine Vorstufe. Das Kind wird als nächstes angewiesen, die Skizze zu *vereinfachen* und sie in mehrere geometrische Teilformen zu zerlegen. Ein Lastwagen etwa wird zu einem großen Kasten und einem kleinen Kasten, die auf zwei Kreisen sitzen, den Rädern. Der konstruktivistische Künstler Piet Mondrian hätte solche Übungen in geometrischer Abstraktion vielleicht geschätzt, aber selbst sie sind noch vorläufig. Logo bemächtigt sich aktiv des nächsten Schrittes, der darin besteht, ein Programm zu schreiben, das den Computer so lenken wird, daß er diese Kästen und Kreise in der Weise auf den Bildschirm zeichnet, daß alles an der richtigen Stelle sitzt. Das ist verzwickt und verlangt gewiß eine Menge Versuche und Irrtümer. Wenn schließlich alle Bestandteile programmiert sind, kann die ganze Kombination mit einem einzigen Befehl abgespeichert werden. Wenn man nun den Befehl TO TRUCK (einen Lastwagen zeichnen) eingibt, zeichnet der Cursor rasch einen Lastwagen. Wenn alles gutgeht, sieht er ungefähr so aus:

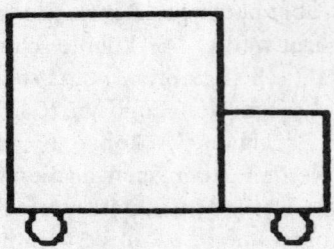

Und hier das Programm, das den Lastwagen gezeichnet hat, samt allen Unterprogrammen, von denen jedes als separate Übung erarbeitet und dann in das Gesamtprogramm eingefügt wurde:

überarbeitet. Das hier zitierte Material über Kunst und Dichtung stammt aus dem Kapiteln 6 und 13 seines Buches.

```
TO TRUCK
BIGBOX
     SUBPROGRAM: REPEAT 4 [FORWARD 60 RIGHT 90]
     END
MOVEOVER
     SUBPROGRAM: RIGHT 90 FORWARD 60 LEFT 90
     END
SMALLBOX
     SUBPROGRAM: REPEAT 4 [FORWARD 30 RIGHT 90]
     END
MOVEBACK
     SUBPROGRAM: LEFT 90 FORWARD 60 RIGHT 90
     END
WHEELS SUBPROGRAM: RIGHT 90
     RCIRCLE 5
     FORWARD 90
     RCIRCLE 5
     BACK 90
     LEFT 90
     END
```

Ähnlich wird eine Logo-Zeichnung von einer Blume zu einer
Reihe von Bögen, die so programmiert werden, daß sie sich über
360° hinweg mehrfach wiederholen, und eine Logo-Zeichnung
von einem Menschen gleicht einem Strichmännchen.

Ohne Zweifel haben Kinder, die lernen, Programme für diese
Zeichnungen zu entwerfen, sich ihren Weg durch eine anspruchsvolle Übung gebahnt. Sie sind vielleicht auf dem besten
Weg, erstklassige Computerprogrammierer zu werden. Nicht
gelernt haben sie jedoch irgend etwas über Kunst; sie wurden

119

viemehr gezielt von der Fähigkeit abgehalten, ein künstlerisches Mittel handhaben zu lernen (Kreide, Bleistift, Pinsel) und ebenso von der Freude am freien Gestalten eines Bildes. Wenn ihr Interesse durch die Übung lebendig gehalten wurde, dann nicht auf Grund des ästhetischen Vergnügens an der Aufgabe oder ihrem Ergebnis. Es kann nur an der Herausforderung des Programmierens liegen, auf das sich einige Schüler hervorragend verstehen mögen.

Kann also Logo Kunst lehren? Nur, wenn man Kunst als das definiert, was Logo in diesem Bereich leisten kann, und das ist nicht eben viel. Logo erlaubt der künstlerischen Phantasie nicht, sich frei zu entfalten. Das Kind, das gerne ein Pferd oder ein Monster aus dem Weltall oder einen Clown zeichnen möchte, der nicht wie eine Konstruktion aus Kästen und Kreisen aussehen soll, wird Pech haben. Und Logo erlaubt der Hand auch nicht, einen Stift zu gebrauchen und damit frei über ein Blatt zu gleiten, um hier einen Strich tanzen zu lassen und dort vielleicht einen Schatten anzudeuten. Kunst reduziert sich – wie alles, was Logo lehrt – letztlich darauf, daß Finger Tasten drücken, daß ein Gehirn ein Programm ausarbeitet. In einem perversen Sinn kann das eine ausgezeichnete Lektion in Computerwissenschaft sein, besonders in der Erforschung jener künstlichen Intelligenz, die Logo zugrunde liegt. Was die Kinder lernen, ist das zentrale reduktive Prinzip: Wenn sich der Computer nicht auf das Niveau des Gegenstandes hinaufschwingen kann, dann schraube den Gegenstand auf das Niveau des Computers herunter. Vielleicht werden sich die Kinder im Informationszeitalter in einer Gesellschaft wiederfinden, in der dieses Prinzip auf allen Gebieten, die vom Computer berührt sind, zur Regel geworden ist. Unter dem Gesichtspunkt mag Logo in der Tat als nützliche Vorbereitung auf das »wirkliche Leben« betrachtet werden.

Logo wird gerade dadurch so umfassend im Klassenzimmer verwendbar, daß es immer wieder ähnliche Wege findet, um etwas, nein, um *alles*, was der Computer kann, mit einem möglichen Interesse des Kindes zu verknüpfen. Angenommen, die Kinder wollen tanzen. Was hat ein Computer damit zu tun? In einer auf Videoband aufgenommenen Unterrichtsstunde, die ich sah, wurden die Schüler dazu ermutigt, ihr Tanzen in eine choreographische Übung zu verwandeln, aber nicht etwa in ihren Köpfen oder Muskeln. Statt dessen rannten sie nach jeweils ein paar Schritten zum Computer, um die Tasten zu drücken, als würde erst dadurch das Tanzen wirklich und wichtig. Das hatte ganz und gar nichts mehr mit dem freien Bewegungsspiel des Körpers zu tun, mit dem Wirbeln, dem Taumeln, dem gestischen Ausdruck. Im Logo-Klassenzimmer wird Tanzen zu dem, was der Computer bewerkstelligen kann: geometrische Muster, Winkel, Zählen … so viele Schritte in diese Richtung, eine halbe Drehung, so viele Schritte in jene Richtung. Der Übung fehlt zwar die Ausdruckskraft des Körpers, die Qualität der Musik, die emotionale Färbung. Sie bringt jedoch ein Programm hervor, und dafür werden die Kinder gelobt. Die Unterrichtsstunde war ein Erfolg.

Oder nehmen wir die Poesie. Hier wird der Schüler angewiesen, Wortlisten für alle Redeteile zusammenzustellen: Artikel, Substantiv, Verb usw. Jede Liste wird dann einer Verteilung nach dem Zufallsprinzip unterzogen, als Teil eines Programms, das Wörter in einer bestimmten Ordnung aneinanderreiht. Solche Auflistungsverfahren gehören zu den speziellen Charakteristika einer bestimmten Programmiersprache im Bereich der künstlichen Intelligenz; sie heißt LISP und ist mit Logo eng verwandt. Zunächst kommt beim Arbeiten mit solchen Listen eher Unsinn heraus: »Ein Computer schwimmt«, »ein Kühlschrank fliegt«. Also weist man die Schüler an, die Wörter in Gruppen einzuteilen, die »zusammenpassen«. Diese Anweisung wird ziemlich beiläufig erteilt, ist aber ein Auftrag, bei dem man sich das Hirn zermartern kann, wenn man ihn ernst nimmt. Welche Wörter »passen« stets »zusammen«? Der Unterrichtsplan schlägt vor, Gruppen für Wörter aus der Welt des Sports, der Natur, der Tiere zu bilden. »Naturwörter« sind, wie sich dann herausstellt, etwa »Schlangen«, »Verwehungen«, »versteckt«, »schläft«, »kriecht«, »murmelt«.

Der Lehrer wird natürlich nicht dazu ermutigt, an dieser Stelle ein paar warnende Hinweise auf die Begrenztheit derartiger Computerprozeduren zu geben. Wenn er das aber nicht tut, wird ein bedeutendes Element der schwer faßbaren, ihrem Wesen nach wandelhaften Natur der Sprache verschleiert. Denn was die Logo-Lektion verlangt, ist eine sprachliche Absurdität. Sprache zerfällt dank ihres metaphorisch spielerischen Ursprungs einfach nicht in solche Kategorien. In welche Gruppe – Sport, Tiere oder Natur – gehören solche Wörter wie »Schwalbe« und »Boxer«? Ist ein Boxer nun ein plattgesichtiger Hund oder ein zu Tätlichkeiten neigender Athlet? Und ist eine Schwalbe ein Vogel oder der Versuch, einen Elfmeter zu schinden?

Es ist genau dieses Problem, Wörter einem exakt definierten Bedeutungsfeld zuzuordnen, das maschinelle Übersetzungen so gut wie unmöglich macht. Hinter diesem Problem scheint die interessante Spekulation auf, daß die Sprache, mit deren Unschärfe und Widerspenstigkeit die Programmierer solche Schwierigkeiten haben, aus der poetischen Begabung des Geistes erwachsen sei und noch immer den Stempel ihrer Herkunft trägt. Diese Möglichkeit mag den Bemühungen junger Dichter sehr zuträglich sein. Wenn die Art von Gruppenbildung, wie sie die Logo-Lektion nun erfordert, ein wirkliches Merkmal der Sprache wäre (und nicht nur eine zeitweilige Fiktion im Klassenzimmer), wäre die Kunst der Metaphorik und des Vergleichs unmöglich. Wann passen schon Wörter wie »Tor« und »klug« zusammen? Vielleicht nur in Goethes Faust: »Hier steh' ich nun, ich armer Tor, und bin so klug als wie zuvor …«

Auf jeden Fall behauptet das Arbeitsbuch *Learning with Logo*, daß die Schüler dann, wenn sie dieser Anweisung folgen, schließlich Ergebnisse auf dem Computer erzielen werden, die sich einer Art von Kohärenz annähern. »Laut schläft die wirbelnde neblige See.« Oder manchmal kann das Resultat verblüffend einem japanischen Haiku ähneln:

> Jeder klare Weiher
> Ein Vogel schaut über die frostige Föhre
> Wilder blauer Mond

Das führt dann sofort zu der Spekulation: »Weil die Wörter gut zusammenpassen, sieht es fast wie Dichtung aus. Und wenn wir

unser Satzmuster sorgfältig auswählen, dann *wird* es vielleicht
›Dichtung‹.«

Nun kann der Zeitpunkt kommen, an dem aufgeweckte Kinder
zu fragen beginnen, wie es denn möglich sei, von einem elektrischen Kasten zu erwarten, daß er irgend etwas schreiben könne,
das die Bezeichnung »Gedicht« verdiene – wie groß die zufällige
Kohärenz auch immer sei. Handeln Gedichte nicht von *etwas*?
Haben sie nicht eine *Bedeutung*, die dem Leben eines Menschen
entspringt? Wenn Kinder selbst Gedichte erfinden, scheint ihr
Geist ganz und gar nichts zu tun, was dem Gedicht-Programm
irgendwie ähnelt. Sie wollen etwas *ausdrücken*, und dieses Etwas
liegt den Worten als ein umfassender Gedanke voraus. Sie
mischen nicht einfach Redeteile mit Hilfe von willkürlichen
Mustern.

Der Logo-Lehrplan rechnet mit dieser Frage. Und hier wird nun
die wahre Lektion erteilt. In seinem Handbuch *Learning with
Logo* erklärt Daniel Watt den Sachverhalt wie folgt:

> Wenn ich sehe, daß ein Computer ein Gedicht hervorbrin-
> gen kann, dann läßt mich das stutzen und ein wenig
> nachdenken … Du und ich, wir wissen, daß der Computer
> nur einem bestimmten Verfahren gefolgt ist. Dieses Ver-
> fahren befiehlt ihm, bestimmte Arten von Wörtern nach
> einem festgelegten Muster auszusuchen. Er wählt die
> Wörter aus mehreren langen Listen unterschiedlicher
> Wortarten aus: Hauptwörter, Zeitwörter, Eigenschafts-
> wörter usw … Aber habe ich nicht dasselbe getan, als ich
> mein Gedicht geschrieben habe? Auch ich bin einem
> Verfahren gefolgt. Der einzige Unterschied liegt darin,
> daß ich eine viel größere Auswahl an Mustern zur Verfü-
> gung habe und eine längere Wortliste in meinem Kopf, aus
> der ich auswählen kann … Worin unterscheidet sich das
> von dem, was der Computer gemacht hat?

An dieser Stelle fragt das Kind vielleicht nach dem poetischen
Gehalt von Gefühlen und Bedeutungen und will wissen, ob der
Computer ein richtiges Gedicht allein aus sprachlichen Rohma-

terialien basteln kann. »Kann er das?« fragt der Logo-Lehrer. »Ich glaube, daß ein sehr geschickter Programmierer ein Computerprogramm schreiben könnte, das kompliziert genug ist, um Gedichte entstehen zu lassen, die so ›menschlich‹ aussehen, daß selbst ein Experte für Dichtung Schwierigkeiten hätte, den Unterschied festzustellen.«

Die Unterrichtseinheit führt dann noch weitere Beispiele für Gedicht-Simulationen an. Aber an keiner Stelle findet sich ein Hinweis darauf, was es denn heißt, wenn wir »unsere Satzmuster sorgfältig auswählen« – worin ja letztlich das ganze verwirrende Geheimnis der Sprache selbst liegt. Statt dessen wird stillschweigend angenommen, daß »poetische Verfahren« ja gar nicht so schwer auszuarbeiten sind; man braucht nicht einmal lange zu suchen, um sie zu finden.

> Einige Computerwissenschaftler, die große Computer haben, programmieren sie darauf, Gedichte, Kriminalgeschichten und andere »literarische Werke« zu produzieren. Wird einmal die Zeit kommen, in der man nicht mehr in der Lage sein wird, den Unterschied festzustellen zwischen einem Text, den ein Computer geschrieben hat, und einem Text, den ein Mensch geschrieben hat? Eines Tages hast du vielleicht Gelegenheit, selbst eine Antwort auf diese Frage zu versuchen.

Die Worte klingen einfach, aber hinter ihnen verbirgt sich eine Theorie, die unmittelbar der Lehre der künstlichen Intelligenz entspringt. In diesem Fall lernen Kinder, daß literarisches Schaffen nichts weiter sei, als Wortlisten durch linguistische Formeln zu schleusen. Anstatt eine Zeitlang bei der Gestaltungskraft und dem Verständnis von ein oder zwei Dichtern zu verweilen, um den Kindern eine andere Art von Sensibilität nahezubringen, beeilt sich die Lektion, das Denkmodell der Datenverarbeitung zu vermitteln. Dies führt zwangsläufig zu dem Schluß, daß der menschliche Geist und der Computer funktional äquivalent sind, wobei der Computer – zumindest die »großen Computer«, die den Wissenschaftlern gehören – schon ein gutes Stück vorangekommen ist auf dem Weg, auch in der tatsächlichen Leistung aufzuholen. Wenn man sich daher mit der Maschine verbündet und zu ihren Bedingungen mit merkwürdigen Vorstellungen von Kunst und Dichtung arbeitet, kann man sich vielleicht ein wenig von ihrer Macht aneignen.

Wie bei aller Forschung zur künstlichen Intelligenz kann man nicht ganz sicher sein, aus welcher Geisteshaltung heraus dieses Programm im Programm verkündet wird. Zeigt sich darin erneut der schon hinlänglich bekannte erzieherische Chauvinismus der Techniker und Logiker, die entschlossen sind, die Überlegenheit ihrer Methoden in der Welt des Intellekts zu demonstrieren? Oder ist es ein unabsichtliches Mißverständnis der menschlichen Kreativität? In beiden Fällen werden die Kinder einer Auffassung von Kunst ausgesetzt, die gleichzeitig lächerlich und falsch ist. Und sie bezahlen ihre Computerkompetenz mit der Gefahr, kulturell zu degenerieren.

Papert selbst war darauf bedacht, den Zusammenhang von Logo und der Lehre der künstlichen Intelligenz eher lose zu halten. Er verteidigt sein Lernprogramm als eine ausgedehnte Lektion in prozeduralem Denken. Doch er betont auch, daß Schüler, wenn sie lernen »wie Computer zu denken«, dabei vor allem auf die Art und Weise aufmerksam werden sollen, in der ihr Geist im allgemeinen arbeitet.

> Ich habe Methoden erfunden, durch die wir pädagogische Vorteile aus den Gelegenheiten ziehen können, die Kunst des *bewußten* computerartigen Denkens zu beherrschen, z. B. entsprechend dem Stereotyp eines Computerprogramms, das Schritt für Schritt, buchstabengetreu und mechanisch abläuft, zu denken … Indem er bewußt lernt, mechanisches Denken zu imitieren, wird der Lernende befähigt, klar auszudrücken, was mechanisches Denken ist und was nicht. Die Übung kann zu einem größeren Vertrauen bei der Wahl eines dem Problem angemessenen kognitiven Stils führen.

Später ergänzt Papert:

> Ich habe deutlich den Standpunkt vertreten, daß prozedu-
> rales Denken ein leistungsfähiges geistiges Werkzeug ist,
> und als Strategie dafür sogar vorgeschlagen, uns selbst in
> Analogie zum Computer zu setzen ... Der Rat, »denk wie
> ein Computer«, könnte so verstanden werden, daß man
> *immer* über alles wie ein Computer denken soll. Das wäre
> restriktiv und einengend. Aber der Rat kann auch ganz
> anders verstanden werden, und zwar so, daß er nichts
> ausschließt, sondern einen wertvollen Beitrag zum geisti-
> gen Werkzeug eines Menschen liefert ... Aber die wahre
> Fähigkeit, mit Computern umzugehen, bedeutet nicht nur
> einfach, daß man weiß, wie man Computer und computer-
> technische Ideen benutzen kann. Es bedeutet, daß man
> weiß, wann der Gebrauch angemessen ist.

Das klingt sehr vernünftig. Aber das Problem ist, daß Logo ein
umfassendes pädagogisches Instrument sein will, das mit allem
verknüpft werden kann. Und das geht nur, wenn alles, was das
Kind lernt, mit prozeduralem Denken verbunden wird, selbst
dort, wo es sinnlos ist. Wenn außerdem die anderen kognitiven
Stile, auf die Papert anspielt, überhaupt ins Klassenzimmer
gelangen, dann einfach als Gedanken in jemandes Kopf. Prozedurales Denken erscheint in Begleitung eines teuren Gerätes,
das man den Schulen in aggressiver Weise als Allheilmittel
angepriesen hat. Obendrein haben die Lehrer, die Computerun-
terricht anbieten, eine teure Schulung durchlaufen. Schon allein
die finanzielle Investition stellt sicher, daß der Computerkompetenz großes Gewicht in so vielen pädagogischen Bereichen wie
möglich eingeräumt wird. Außerdem ist die Maschine von einer
Atmosphäre der Dringlichkeit umgeben; die Öffentlichkeit
glaubt, daß das Arbeiten mit dem Computer mit einer Fertigkeit
verknüpft ist, die den Kindern beigebracht werden muß, damit
sie später eine Anstellung finden. Im ganzen gesehen führen
diese Faktoren mit Sicherheit zu einem beträchtlichen Überge-
wicht des Computereinsatzes innerhalb des Lehrplans.

Wenn sich der Logo-Lehrplan unter diesen Umständen durchsetzt, tragen die Schulen wohl in der Tat sehr viel dazu bei, daß die Schüler wie Computer zu denken lernen. Wer aber wird ihnen helfen, in irgendeiner anderen Weise zu denken? Wo etwa wird der kognitive Stil namens Kunst seinen Platz haben? Der Kunstunterricht war auch bisher schon notorisch unterentwickelt. Werden die Schulen jetzt mehr oder weniger Zeit und Geld zur Verfügung haben, dem Computermodell des Denkens ein Gegengewicht gegenüberzustellen? Wie werden sich diese ausgleichenden intellektuellen Einflüsse bemerkbar machen? Die Gefahr ist, daß auch sie im Computer gesucht werden könnten, damit die Maschine auch wirklich ihr Geld wert ist. Kunst wird zu Logo-Kunst, die ja schließlich in Paperts Repertoire vorgesehen ist. Wenn das eintritt, ist das schlimmer, als würde man auf den Kunstunterricht überhaupt verzichten.

Diese Gefahr mag Computerenthusiasten als das Problem anderer erscheinen, nicht als ihres. Sie mögen glauben, ihre Mission beschränke sich darauf, die Schulen für ein wunderbares pädagogisches Hilfsmittel zu öffnen. Es kann aber sein, daß sie dabei ihre eigenen Interessen als Mathematiker und Logiker ironischweise mißverstehen. Papert betont, Logo sei dafür gedacht, prozedurales Denken zu lehren. Nun gibt es keinerlei Zweifel daran, daß der Geist erbarmungslos dazu erzogen werden kann, in dieser Weise zu denken, und daß diese Fähigkeit für vielerlei Zwecke von Nutzen ist – wenn der jeweilige Zweck erst einmal als Ganzes intuitiv entworfen und dann als lohnendes Ziel eingestuft wurde. Diese beiden Aufgaben – Dinge als sinnvolle Ganzheit zu entwerfen und zu entscheiden, was der Mühe lohnt – sind eben die Funktionen, die der Geist hauptsächlich und seinem Wesen nach erfüllt. An Zeit und Bedeutung haben sie Vorrang vor dem Austüfteln verschiedener Prozeduren: Zwecke gehen den Mitteln voran. Experten für künstliche Intelligenz haben das inzwischen zu einem Teil begriffen. Immerhin bemühen sie sich darum, mit den Phänomenen der sinnvollen Tätigkeit und des gesunden Menschenverstandes in unserem Leben ein Auskommen zu finden. Sie haben gelernt, diese Phänomene als bedeutsame, ganzheitliche Einheiten zu betrachten, die sich irgendwie, intuitiv, in unzählige untergeordnete Tätigkeiten aufzusplittern scheinen, beinahe als würde eher etwas Musikalisches als Mathematisches dahinterstecken: eine Orchestrierung von Teilen, die zum thematischen Ganzen beiträgt. Dementsprechend haben Forscher im Bereich der künstlichen Intelligenz versucht, Programmiersprachen zu entwickeln, die der »hierarchischen Selbstverschachtelung« von Unterprogrammen innerhalb größerer Muster oder Strukturentwürfe einen Platz einräumen. Selbst so alltägliche Zwecke wie die Planung einer Mahlzeit oder das Backen eines Kuchens sind mittlerweile als enorm komplex erkannt worden, als integrierte Strukturen von Programmen innerhalb von Programmen, als Schleifen innerhalb von Schleifen.[3] Aber alle diese Programme gewinnen nur dadurch einen Sinn, daß sie in den Kontext eines bestimmten Zwecks eingebettet sind. Die Dinge innerhalb des Projektes Schritt für Schritt zu planen (zu programmieren) ist eine strikt sekundäre Tätigkeit – eine Tätigkeit, die nicht immer notwendig sein mag. Kunst und Poesie haben offensichtlich wenig mit der Erstellung formaler, logischer Sequenzen zu tun. Keine Verrichtung, die körperliche Koordinierung erfordert, läßt sich auf diesem Wege meistern. Aus diesem Grunde hat keiner je radfahren oder Klavier spielen dadurch gelernt, daß er ein Buch darüber las und die Regeln auswendig lernte. Wenn ein Koch, ein Zimmermann oder ein Schiffskapitän all die Verfahren aufschreiben müßten, die ihre tägliche Arbeit ausmachen, würden sie an Altersschwäche sterben, ehe sie damit fertig wären.

Ebenso hat vielleicht nicht einmal Mathematik – die Stärke von Logo – viel mit prozeduralem Denken zu tun, zumindest nicht auf der höchsten Ebene, auf der der lustvolle Umgang mit diesem Fach und seine Kreativität angesiedelt sind. Manche Mathematiker (nicht Computerwissenschaftler), die ich kennengelernt habe, geben recht bereitwillig zu, daß sie mit seltsam plötzlichen Eingebungen, mit Ahnungen, Rateversuchen, Einsichten, dem unerwarteten Auftauchen überraschender Gestaltbildungen arbeiten. Wie sollte man sonst die Tatsache erklären, daß sie jemals bei der Lösung einer Aufgabe steckenbleiben, da sie doch all die Logik, die sie brauchen, vermutlich im Kopf haben? Wie könnte man die noch interessantere Tatsache erklären, daß sie, nachdem sie wochen-, monate- oder jahrelang auf der Stelle getreten sind, vielleicht plötzlich den Durchbruch zu einer Lösung finden, ein Aha-Erlebnis haben? Ich kenne Mathematiker, die von sich behaupten, manchmal eine Aufgabe mit in den Schlaf zu nehmen und beim Aufwachen die Lösung zu wissen. Was hat es mit all dem auf sich? Wahrscheinlich überläßt man diese Frage besser den Psychologen als den Logikern.

Das Computermodell des Denkens verzerrt die fundamentale Natur der Mathematik vielleicht ebenso wie die der Kunst. Ein Mathematiker aus meinem Bekanntenkreis meinte einmal: »Die Computerleute scheinen nicht zu erkennen, daß die höhere Mathematik von einem Mystiker namens Pythagoras erfunden wurde. Sie wurde nicht zum Messen von Dingen erfunden, sondern sollte eine Vision Gottes sein.« Es ist nicht schwierig, sich vorzustellen, was Künstler und Dichter über die Möglichkeiten von Logo auf ihren Gebieten zu sagen hätten. Aber wie viele Mathematiker würden der Behauptung zustimmen, daß Mathematik und Programmieren ein und dasselbe sind?

Wie Papert erkennt, ist es äußerst schwierig, prozedural zu denken; die Schüler müssen geschickt dazu animiert werden und dann mit großer Ausdauer daran arbeiten. Ist es den Logo-Pädagogen je in den Sinn gekommen, daß es vielleicht einen Grund für den offensichtlichen Kraftaufwand geben könnte, den diese Übung erfordert? Es kann daran liegen, daß der Geist nicht immer und spontan Aufgaben in dieser Weise löst, besonders der kindliche, noch wachsende Geist. Kinder sind vielleicht viel mehr davon in Anspruch genommen, ihren Weg entlang der Hauptkonturen des geistigen Lebens zu ertasten. Vielleicht sind sie damit beschäftigt, etwas über die Natur menschlicher Zwecke zu lernen und über die Art und Weise, wie Erwachsene unter ihnen auswählen. Dinge als sinnvolles Ganzes zu entwerfen, unter ihnen zu wählen: das ist vielleicht die vorrangige intellektuelle Tätigkeit für Kinder. Sorgfältiges, logisches Planen von Prozeduren ist eher ein verfrühter Anspruch an sie und lenkt sie daher nur vom Eigentlichen ab. Das soll durchaus nicht heißen, daß nicht einige von ihnen ein besonderes Interesse dafür entwickeln könnten, ein paar geometrische Probleme zu programmieren. So etwas könnte als unterhaltsames Puzzle sicherlich seine Berechtigung haben – etwa als Rätsel oder Brettspiele.

Computer »denken« prozedural, weil dies das Äußerste ist, was sie vermögen. Deswegen müssen auch die Menschen, die sie programmieren, so denken. Aber das ist eine besondere Fertigkeit, die wir vielleicht nur deswegen schätzen, weil es in unserem Leben eine Maschine gibt, die sie erfordert. Wenn wir diese Maschine ins Klassenzimmer einführen, werden die Kinder dann etwas Wesentliches über die natürlichen Gewohnheiten und Talente des Geistes lernen? Oder werden sie, wenn sie Computer programmieren, einfach nur lernen, so zu denken wie die Computerprogramme?

Trotz meiner Vorbehalte gegenüber Logo würde ich nicht gegen seine Verwendung als ein Hilfsmittel dazu plädieren, grundlegende Programmierkenntnisse zu unterrichten. Es gibt Kinder, die begabt sind für das Programmieren und Freude daran haben werden, ihre Begabung zu entwickeln. Sie sollten diese Chance auch haben – vorausgesetzt, die Schulen können sich die Kosten leisten, ohne daß dafür andere Gebiete qualitative Einbußen erleiden. Im Fall von Logo muß man mit hohen Kosten rechnen, denn der Zugang zur Computerkompetenz, den dieses Programm vermittelt, erfordert im Vergleich zu den anderen bekannten Methoden die meiste »Maschinenzeit«. Es müssen sehr viele Geräte für die Schüler verfügbar sein, damit sie in den Genuß des vollen Nutzens kommen.

Aber eben weil Logo aus einer umfassenden und ehrgeizig konzipierten pädagogischen Theorie entstanden ist, sollte uns Logo als Warnung dienen vor der Gefahr, die der Computer mit ins Klassenzimmer bringt. Diese Gefahr liegt auf der Hand: Wenn der Computer erst einmal da ist, wird er vielleicht dazu verwendet werden, Dinge zu lehren, die er seiner Natur nach zu lehren unfähig ist – oder höchstens zu einer Karikatur verzerrt lehren kann. Viele etablierte Computerwissenschaftler verkennen diese Gefahr. Ihr EDV-Modell des Geistes ermutigt sie im Gegenteil dazu, Computer für sämtliche Fächer des Lehrplans zu fordern.

Was kann man angesichts dieses ungeheuren Drucks anderes tun, als auf das eine absolut unumstößliche Prinzip der pädagogischen Philosophie zurückzugreifen? *Niemals hinter das Erreichte zurückgehen.* Jede Methode, jedes Gerät, jede pädagogische Philosophie, die das zu unterrichtende Fach abwertet, sollte mit Mißtrauen betrachtet und mit Vorsicht behandelt werden. Ein Lehrplan in Computerkompetenz, der den allgemeinen Einsatz von Logo anstrebt, riskiert ernstlich, ganze Bereiche des Intellekts abzuwerten. Man kann nur hoffen, daß die Lehrer dieses Risiko erkennen, wenn es im Klassenzimmer auftaucht. Und wenn sie es erkannt haben, dann möchte man hoffen, daß sie genügend berufliche Autorität gegenüber den Datenhändlern und Computerenthusiasten aufbringen, um ihre Stimme zu erheben und einen Verteidigungsring um den Geist der Kinder zu legen.

V

Von Ideen und Daten

Am Anfang steht die Idee

Wenn ich diese Fragen über die Stellung des Computers in unseren Schulen aufwerfe, verfolge ich damit nicht die Absicht, den Wert der Information schlechthin anzuzweifeln. Wohl oder übel braucht unsere technologische Zivilisation ihre Daten ebenso, wie die Römer ihre Straßen und die alten Ägypter die Nilüberschwemmung brauchten. Ich teile dieses Bedürfnis in einem beträchtlichen Maße. Als Schriftsteller und Hochschullehrer gehöre ich wohl zu jenen fünf oder zehn Prozent unserer Gesellschaft, die einen steten beruflichen Appetit auf zuverlässige Informationen neuesten Datums haben. Ich habe längst die Dienste einer guten Bibliothek zu schätzen gelernt, die mit einem vielseitig vernetzten Computer ausgestattet ist.

Und ich will auch nicht leugnen, daß der Computer ein leistungsfähiges Gerät ist, um Daten zu speichern und wieder abzurufen. Nichts Heiliges umgibt die getippte oder gedruckte Seite, wo es um die Aufbewahrung von Unterlagen geht; wenn es einen schnelleren Weg gibt, Fakten zu finden und sie zu handhaben, dann können wir froh darüber sein. Geradeso, wie der Computer den Rechenschieber als Instrument für Berechnungen ersetzt hat, kann er getrost das Archiv, den Aktenschrank, das Nachschlagewerk verdrängen, wenn er sich als billiger und effektiver erweist.

Ich will aber nachdrücklich betonen, daß Informationen, selbst wenn sie mit Lichtgeschwindigkeit übermittelt werden, nicht mehr sind als jemals zuvor: einzelne kleine Tatsachenbündel, die manchmal nützlich, manchmal trivial sind, die aber niemals die Substanz des Denkens sein können. Ich trage diesen bescheidenen Begriff von Information, wie er dem gesunden Menschenverstand entspricht, in bewußtem Widerspruch zu den Computerenthusiasten und Informationstheoretikern vor, die weitaus extravagantere Definitionen vorgeschlagen haben. Wenn ich im Laufe dieses und des folgenden Kapitels meine Kritik entwickle, so zu dem Zweck, diese ehrgeizigen Bestrebungen anzufechten, die der Bedeutung von Information geradezu globale Dimension verleihen möchten. Ich glaube, daß dieses Vorhaben nur darin enden kann, die natürliche Ordnung intellektueller Prioritäten auf den Kopf zu stellen. Und wenn die Pädagogen dieser Verkehrung zustimmen und bereit sind, noch mehr ihrer ohnehin begrenzten Mittel in die Informationstechnologie zu investieren, unterhöhlen sie vielleicht die Fähigkeit ihrer Schüler, wirklich denken zu lernen.

Das ist das große Unglück, das die Datenhändler, die Futurologen und all die andern in den Schulen anrichten, wenn sie glauben, daß Computerkompetenz die Quintessenz der zukünftigen Pädagogik sein müsse. Sie verlieren dabei nämlich eine grundlegende Wahrheit aus den Augen: *Der Geist denkt in Ideen, nicht in Informationen*. Informationen können eine Idee hilfreich illustrieren oder ausschmücken; sie können, wo sie im Dienste einer gegensätzlichen Idee stehen, dazu beitragen, andere Ideen in Zweifel zu ziehen. Aber Informationen bringen keine Ideen hervor; für sich genommen bestätigen oder widerlegen sie nichts. Eine Idee kann nur von einer anderen Idee hervorgebracht, revidiert oder entkräftet werden. Eine Kultur überlebt kraft der Macht, der Beweglichkeit und der Fruchtbarkeit ihrer Ideen. Der Primat liegt bei den Ideen, denn Ideen definieren, enthalten und erzeugen schließlich Informationen. Die Hauptaufgabe der Bildung ist es daher, den kindlichen Geist darin zu schulen, wie man mit Ideen umgeht: wie man sie bewertet, erweitert, neuen Verwendungsweisen zuführt. Das kann unter Einsatz von sehr wenigen Informationen geschehen, vielleicht sogar ganz ohne sie. Und diese Aufgabe verlangt gewiß keine datenverarbeitenden Maschinen irgendwelcher Art. Ein Überfluß an Informationen kann sogar Ideen verdrängen und den Geist (besonders den kindlichen) mit sterilen, zusammenhanglosen Fakten derart verwirren, daß er sich am Ende in einem Wust von Daten verliert.

Es scheint mir an dieser Stelle angebracht, ein wenig Zeit auf einige fundamentale Gedanken zu verwenden.

Ideen stehen zu Informationen in einer Beziehung der *Generalisierung*. Generalisieren kann als die grundlegende Tätigkeit der

Intelligenz angesehen werden und auf zweifache Weise geschehen: Erstens sucht der Geist, wenn er von einer riesigen, gestaltlosen Flut von Fakten überschwemmt wird (sei es auf dem Weg persönlicher Wahrnehmung, sei es durch Berichte aus zweiter Hand) nach einem vernünftigen Ordnungsmuster. Zweitens sucht der Geist, wenn er nur sehr wenige Fakten zur Verfügung hat, dadurch ein Muster zu schaffen, daß er von dem Wenigen auf Größeres schließt und so zu einer Schlußfolgerung gelangt. Das Ergebnis ist in beiden Fällen eine generelle Aussage, die nicht in den Einzelheiten steckt, sondern die ihnen von der Imagination zugeordnet worden ist. Sollten noch weitere Fakten gesammelt werden, kann das Muster vielleicht wieder zerfallen oder einer anderen, überzeugenderen Möglichkeit weichen. Eine inadäquate Idee zugunsten einer besseren aufzugeben, dies zu lernen ist Teil einer soliden Schulung des Denkens.

Generalisierungen können auf allen Ebenen stattfinden. Auf der untersten Ebene werden sie angesichts vieler dichtgedrängter und offenkundiger Fakten vorgenommen. Dies sind meist vorsichtige Generalisierungen, denen mitunter die öde Gewißheit von Binsenwahrheiten anhaftet. Auf einer anderen Ebene, auf der die Informationen spärlicher und weitmaschiger werden, die Fakten weniger klar und gesichert sind, müssen wir riskantere Generalisierungen vollziehen, die dann die Gestalt einer Vermutung oder einer Ahnung annehmen. In der Wissenschaft, in der man solchen Ahnungen formale Strenge verleihen muß, ist dies die Ebene der Theorien und Hypothesen über die physische Welt, der Ideen, die ein Probedasein führen und auf weitere Anhaltspunkte warten, die sie bestärken, modifizieren oder umstürzen. Das ist auch die Ebene, auf der wir jenen gewagten Generalisierungen begegnen, die wir entweder als brillante Einsichten oder leichtfertige Vorurteile betrachten mögen, je nach unserer kritischen Reaktion: himmelstürmende Behauptungen, die vielleicht als unumstößliche Wahrheit verkündet werden, aber auf sehr geringem Material beruhen.

Generalisierungen erstrecken sich also über ein Spektrum von Informationen, an dessen einem Ende Überfülle und am andern fast völliger Mangel steht. Während wir uns an diesem Spektrum entlangbewegen, uns von dem sicheren Übermaß an Fakten entfernen, verlieren die Ideen allmählich ihren festen Boden, werden daher gewagter und somit auch umstrittener. Wenn ich feststelle, daß Frauen in der Gesellschaft bisher in erster Linie das Heim gestaltet und sich um die Kinder gekümmert haben, dann nehme ich eine gesicherte, aber uninteressante Generalisierung vor, die eine große Menge an Daten über vergangene und gegenwärtige soziale Systeme beinhaltet. Angenommen aber, ich fahre nun fort: »Und wo immer Frauen das Heim verlassen und ihre primäre Funktion als Hausfrau aufgeben, sinkt die Moral und die Gesellschaft zerfällt.« Dann muß ich mich daraufhin wahrscheinlich sehr anstrengen, um mehr als ein paar fragwürdige Beispiele für diesen Schluß aufzutreiben. Es handelt sich um eine riskante Generalisierung, eine schwache Idee. Bei dem von Rohrschach entwickelten psychologischen Test wird der Versuchsperson ein zufälliges Muster von Klecksen oder Zeichen auf einem Blatt vorgelegt. Es können viele oder wenige Zeichen auf dem Blatt sein, aber sie stellen in keinem Fall ein Bild mit einer festen Bedeutung dar. Nachdem man eine Weile auf das Blatt geschaut hat, können die Zeichen plötzlich eine Gestalt annehmen, die vollkommen deutlich erscheint. Aber wo ist dieses Bild? Offenkundig nicht in den Zeichen. Das Auge, das nach einem sinnvollen Muster sucht, hat es in das Material hineinprojiziert; es hat dem Bedeutungslosen eine Bedeutung verliehen. Ähnlich kann man in der Gestaltpsychologie mit einem besonders konstruierten Bild konfrontiert werden: mit einer ambivalenten Anordnung von Zeichen, die zuerst eine Form anzunehmen scheinen und sich dann in eine andere verwandeln. Welches ist das »wirkliche« Bild? Das Auge kann frei zwischen ihnen wählen, denn sie sind beide wirklich da. In beiden Fällen – bei den Rohrschach-Klecksen und der Gestalt-Kippfigur – ist das Muster im Auge des Betrachters, das sinnliche Material holt es einfach nur ans Licht. Die Beziehung von Ideen zu Fakten ist ganz ähnlich. Die Fakten sind die verstreuten, vielleicht doppeldeutigen Zeichen; der Geist ordnet sie in der einen oder anderen Weise, indem er sie mit einem Muster in Übereinstimmung bringt, das er selbst erfunden hat. *Ideen sind integrierende Muster*, die den Geist zufriedenstellen, wenn er fragt: Was soll das bedeuten? Worum geht es hier eigentlich?

Aber natürlich kann eine Antwort, die mich zufriedenstellt, einen anderen nicht zufriedenstellen. Wir können sogar unterschiedliche Muster in derselben Sammlung von Fakten erblicken. Und dann sind wir uns uneinig und versuchen, einander von der Überlegenheit des einen Musters über das andere zu überzeugen, will heißen, daß eines den vorliegenden Fakten besser gerecht wird. Die Debatte mag die eine oder die andere Tatsache in den Mittelpunkt stellen, so daß der Anschein entsteht, daß wir nur über einzelne Fakten uneinig sind – etwa darüber, ob sie wirklich Fakten *sind* oder welche relative Bedeutung ihnen zukommt. Aber selbst dann sind wir uns wahrscheinlich noch über die Ideen uneinig. Denn, wie ich später darlegen werde, sind die Fakten selbst die Schöpfung der Ideen.

Diejenigen, die der Information eine intellektuelle Priorität einräumen, nehmen oft an, daß Fakten, ganz für sich allein, eine Idee erschüttern oder gar widerlegen können. Aber das trifft selten zu, außer vielleicht in manchen turbulenten Zeiten, in denen allgemein die Idee des »Skeptizismus« oder des »Infragestellens von Autorität« in der Luft liegt und sich an jede beliebige abweichende Meinung anheftet, die irgendwo auftaucht. Doch zumeist, solange eine wohlformulierte, intellektuell reizvolle, neue Idee fehlt, ist es erstaunlich, wieviel Dissonanz und Widerspruch eine herrschende Idee verkraften kann. Es gibt klassische Beispiele dafür sogar in der Naturwissenschaft. Dem Ptolemäischen Weltbild, das im Altertum und im Mittelalter als gültig betrachtet wurde, standen zahllose Beobachtungen aus vielen Generationen entgegen, die ihm widersprachen. Doch da es eine in sich kohärente, intellektuell überzeugende Idee verkörperte, hielten auch helle Köpfe dem vertrauten, alten System die Treue. Wo ein Konflikt aufzutauchen schien, wurde die Idee einfach verändert und erweitert, oder man strukturierte die Beobachtungen noch einmal um, damit sie in das alte Bild paßten. Und wenn man Beobachtungen nicht passend machen konnte, dann erlaubte man ihnen mitunter, am Rande der Kultur als Wunderlichkeiten, Ausnahmen oder Irrlichter der

Natur fortzuleben. Erst als eine höchst phantasiereiche Konstellation von Ideen über himmlische und irdische Dynamik, vervollständigt durch neue Auffassungen von Schwerkraft, Trägheit, Impuls und Materie, geschaffen wurde, gab man das alte System auf. Im ganzen achtzehnten und neunzehnten Jahrhundert nahm man zu ähnlichen Anpassungsstrategien Zuflucht, um weitere ererbte wissenschaftliche Ideen in den Bereichen Chemie, Geologie und Biologie zu retten. Keine von ihnen wich, ehe nicht neue Paradigmen gefunden wurden, die sie ersetzten, manchmal mit zunächst sehr wenigen Fakten, auf die sie sich stützen konnten. Diejenigen, die sich an die alten Vorstellungen klammerten, waren nicht unbedingt Starrköpfe oder Ignoranten, sie brauchten einfach eine bessere Idee, um sich ihr anzuschließen.

Die großen Ideen

Wenn es eine Kunst des Denkens gibt, die wir die Kinder lehren sollten, dann liegt sie im wesentlichen darin, aufzuzeigen, wie der Geist sich am Spektrum der Informationen entlangbewegt, um solide Generalisierungen von Vermutungen, Hypothesen von leichtfertigen Vorurteilen zu unterscheiden. Aber für unsere augenblicklichen Zwecke möchte ich mich an das obere Ende des Spektrums begeben, an jenen äußersten Punkt, an dem die Fakten dünner und dünner werden und schließlich ganz versiegen. Was aber finden wir vor, wenn wir in den Bereich vordringen, in dem die Fakten gänzlich fehlen?

Dort begegnen wir den gewagtesten Ideen von allen. Und doch sind sie oft zugleich die wertvollsten und fruchtbarsten. Denn dort begegnen wir jenen Ideen, die wir die *großen Ideen* nennen – den großen moralischen, religiösen und metaphysischen Lehren, den Grundlagen einer jeden Kultur. Die meisten Ideen, die unser Denken von Augenblick zu Augenblick beschäftigen, sind keine großen Ideen; sie sind bescheidenere Generalisierungen. Doch wollen wir nun unser Augenmerk auf die großen Ideen richten, denn sie sind stets in irgendeiner Form in den Tiefen des Geistes anwesend und prägen unsere Gedanken unterhalb der Bewußtseinsschwelle. Ihnen soll unser Hauptinteresse gelten, weil sie eine besonders aufschlußreiche Beziehung zur Information haben, die der Hauptgegenstand unserer Diskussion ist. *Große Ideen beruhen auf keinerlei Information.* Ich werde sie deshalb dazu benutzen, den radikalen Unterschied zwischen Ideen und Daten hervorzuheben, zu dessen Verwischung der Informationskult so sehr beigetragen hat.

Nehmen wir eine der großen Ideen unserer Gesellschaft als Beispiel:

Alle Menschen sind gleich.

Der Macht dieser vertrauten Idee kann sich keiner von uns entziehen. Sie zeugte Generationen währende gesetzliche und philosophische Kontroversen, politische Bewegungen und Revolutionen nahmen in ihr ihren Anfang. Es ist eine Idee, die unsere Kultur in einer Weise geprägt hat, daß sie jeden von uns zutiefst betrifft; sie ist ein Teil, vielleicht der wichtigste Teil, unserer persönlichen Identität.

Aber woher stammt diese Idee? Offensichtlich nicht aus Tatsachenmaterial. Diejenigen, die diese Idee schufen, besaßen nicht mehr Informationen über die Welt als ihre Vorfahren, die zweifellos schockiert gewesen wären von einer solchen Behauptung. Sie besaßen viel weniger Informationen über die Welt, als wir im späten zwanzigsten Jahrhundert für notwendig erachten würden, um eine so gewaltige, universelle Aussage über die menschliche Natur zu machen. Und doch haben all die Menschen, die über Generationen hinweg ihr Blut vergossen haben, um diese Behauptung zu verteidigen (oder sich ihr zu widersetzen), dies nicht auf Grund irgendwelcher Daten getan, die man ihnen vorgelegt hätte. Die Idee hat überhaupt keine Beziehung zu Informationen. Es würde schwerfallen, sich einen Forschungszweig auch nur vorzustellen, der sie beweisen oder widerlegen könnte. Wo man tatsächlich solche Untersuchungen angestrengt hat (wie etwa eingefleischte IQ-Theoretiker), ist das

Ergebnis eine hoffnungslose Abirrung von der wirklichen Bedeutung der Idee, wie auch Kritiker stets rasch festgestellt haben. Denn die Idee hat nichts mit Messungen oder Ergebnissen, Fakten oder Zahlen irgendeiner Art zu tun. Die Idee der menschlichen Gleichheit ist eine Aussage über den essentiellen Wert der Menschen in den Augen ihrer Mitmenschen. An einer Nahtstelle in der Geschichte entstand diese Idee in den Köpfen einiger leidenschaftlicher Moralisten, als eine zugleich herausfordernde wie mitfühlende Reaktion auf Bedingungen krasser Ungerechtigkeit, die man nicht länger als erträglich hinnehmen konnte. Sie sprang von einigen wenigen Menschen auf viele über, fand bei den Massen einen starken, aufrührerischen Widerhall und wurde so bald zum Schlachtruf einer ganzen Epoche. Und das gilt für alle großen Ideen. Sie werden nicht aus Daten geboren, sondern aus einer absoluten Überzeugung, die den Geist erst eines einzelnen, dann einiger weniger und schließlich vieler entflammt, wenn die Idee auf andere überspringt, auf ein ähnliches Potential von Erfahrungen, die nur auf einen zündenden Funken warten.

Hier sind noch einige weitere Ideen, manche davon große Ideen, von denen jede einzelne, wenngleich hier in gedrängter Form, unzählige Variationen in Philosophie, Religion, Literatur und Jurisprudenz der menschlichen Gesellschaft erfahren hat:

Jesus starb für unsere Sünden.
Das Tao, das nennbar ist, ist nicht das wahre Tao.
Der Mensch ist ein vernunftbegabtes Tier.
Der Mensch ist ein gefallenes Geschöpf.
Der Mensch ist das Maß aller Dinge.
Die Psyche ist ein unbeschriebenes Blatt.
Die Psyche wird von unbewußten Trieben regiert.
Die Psyche ist eine Sammlung von ererbten Archetypen.
Gott ist die Liebe.
Gott ist tot.
Das Leben ist eine Pilgerreise.
Das Leben ist ein Wunder.
Das Leben ist eine sinnlose Absurdität.

Im Herzen jeder Kultur finden wir einen Kern von Ideen dieser Art; einige von ihnen sind alt, einige neu, manche nehmen gerade an Bedeutung zu, andere geraten allmählich in Vergessenheit. Da die Ideen, die ich hier in knappen Formulierungen aufgeführt habe, verbale Ideen sind, kann man sie leicht falsch auffassen, in der Weise nämlich, als sollten mit ihnen Aussagen über Tatsachen gemacht werden. Sie haben linguistisch gesehen dieselbe Form wie eine Information über Fakten, wie zum Beispiel »George Washington war der erste Präsident der Vereinigten Staaten«. Aber sie sind natürlich keine Fakten, ebensowenig wie ein Gemälde von Rembrandt ein Faktum ist, oder eine Sonate von Beethoven oder ein Tanz von Martha Graham. Denn auch das sind Ideen, integrierende Muster, die die Bedeutung der Dinge ausdrücken sollen, so wie sie Menschen auf dem Wege der Offenbarung, der Einsicht oder der langsam anwachsenden Weisheit über ein langes Leben hinweg entdeckt haben. Woher kommen diese Muster? Die Einbildungskraft bildet sie aus der *Erfahrung*. Geradeso, wie die Ideen die Informationen ordnen, ordnen sie auch den wilden Fluß der Erfahrung, der im Laufe unseres Lebens durch uns hindurchströmt.

Eben darauf zielt Fritz Machlup ab, wenn er einen bezeichnenden Unterschied zwischen »Information« und »Wissen« aufzeigt. (Er benützt »Wissen« hier in genau demselben Sinne, in dem ich den Begriff »Idee« gebrauche – als ein integrierendes Muster.) »Information«, so sagt er, »erwirbt man, indem man sie mitgeteilt bekommt, während man Wissen durch Denken erwirbt.«

Jede Art von Erfahrung – zufällige Eindrücke, Beobachtungen und sogar »innere Erfahrungen«, die nicht von Umweltreizen ausgelöst werden – können kognitive Prozesse in Gang setzen, die zu Veränderungen im Wissen eines Menschen führen. Daher *kann neues Wissen erworben werden, ohne daß man neue Informationen erhält*. (Daß sich diese Aussage auf subjektives Wissen bezieht, versteht sich von selbst; aber es gibt kein objektives Wissen, das nicht zuvor das subjektive Wissen eines Menschen war.)[1]

Ideen – und besonders die großen Ideen – ordnen also Erfahrung. Dies können sie auf tiefe oder oberflächliche, auf edle oder grausame Weise. Nicht alle Ideen sind menschenfreundlich, einige, die Anspruch darauf erheben, große Ideen zu werden und damit Erfolg haben könnten, sind gefährlich, abstoßend und zerstörerisch. Hitlers Buch *Mein Kampf* steckt voller hochgiftiger Ideen, die aus Rachsucht und Groll geboren wurden. Und doch wurden sie, für eine kurze Zeitspanne, die großen Ideen einer geplagten Gesellschaft. Keiner, der das Buch jemals gelesen hat und es haßte, tat dies, weil er dachte, der Autor irre sich in manchen seiner Fakten, keiner, der es je gelesen hat und es verehrte, kümmerte sich um die Richtigkeit seiner Informationen. Der Wirkung des Buches, ob es angenommen oder abgelehnt wurde, war auf einer anderen Ebene des Geistes angesiedelt.

Hier sind noch einige weitere Ideen, die, zumindest für mein Verständnis, ein ebensolches Gift enthalten:

> Die Gesellschaft ist der Kampf aller gegen alle.
> Der Eigennutz ist die einzige zuverlässige menschliche Motivation.
> Gerechtigkeit um jeden Preis.
> Nur ein toter Indianer ist ein guter Indianer.
> Der Zweck heiligt die Mittel.
> Erst kommen wir, dann die anderen.

Gerade weil manche Ideen – genauer: viele Ideen – brutal und lebensfeindlich sind, müssen wir lernen, behutsam mit ihnen umzugehen. Eine Idee führt uns in den Geist der Menschen ein, läßt uns an ihrer Erfahrung teilhaben. Eine Idee zu verstehen heißt, das Leben derjenigen zu verstehen, die sie hervorgebracht und verfochten haben. Es heißt, ihren besonderen Quellen der Inspiration, ihren Grenzen, ihren wunden Punkten und ihren blinden Flecken nachzuspüren. Was unsere Schulen den Kindern anbieten müssen, ist eine Bildung, die ihnen erlaubt, diese Reise durch einen fremden Geist im Lichte fremder Ideen zu machen, einschließlich einiger Ideen, die sie sich selbst aus ihren eigenen Erfahrungen geschaffen haben. Der Geist, der über wenige Ideen verfügt, wird dazu neigen, mißmutig, engstirnig, kleinlich und abwehrend zu urteilen. »Nichts ist gefährlicher als eine Idee«, sagte Emil Chartier einmal, »wenn sie die einzige ist, die wir haben.«

Andererseits ist der Geist, dem ein großer Reichtum an Ideen gegeben ist, gerüstet, seine Werturteile angemessener zu fällen. Er ist offen und empfangsbereit für seine eigenen Erfahrungen und doch in der Lage, diese Erfahrungen wachen Sinnes mit dem Leben anderer zu vergleichen, um so mit Sorgfalt und Behutsamkeit zu seinen Überzeugungen zu gelangen.

Erfahrung, Gedächtnis, Einsicht

Einer der großen Nachteile des Modells, das Denken mit Datenverarbeitung gleichsetzt, besteht darin, daß es feine Unterscheidungen in der Anatomie des Geistes vergröbert. Das Modell mag das zu Recht tun, um für analytische Zwecke zu vereinfachen. Alle wissenschaftlichen Modelle tun das. Aber es besteht immer die Gefahr – und viele Computerwissenschaftler sind ihr erlegen –, daß das Modell verdinglicht und für die Wirklichkeit genommen wird. Wenn dieser Irrtum schon Experten unterläuft, die es besser wissen sollten, kann er tatsächlich dazu führen, daß unser Wissen (oder unser wünschenswertes Wissen) darüber, wie unser eigener Geist arbeitet, grundlegend verfälscht wird.

Nehmen wir etwa das wichtige Zusammenspiel von Erfahrung, Gedächtnis und Ideen, das die Grundlage allen Denkens ist. Ich habe hier das Wort *Erfahrung* gebraucht, um mich auf den Strom des Lebens zu beziehen, so wie er die Persönlichkeit von Augenblick zu Augenblick formt. Ich gebrauche das Wort so, wie ich denke, daß es die meisten Künstler gebrauchen würden. Ich meine eben die Erfahrung, wie sie sich in jener literarischen Technik niederschlägt, die man im Fachjargon *stream of consciousness* nennt: Bewußtseinsstrom.

Erfahrung in diesem Sinne ist das Ausgangsmaterial, aus dem der Geist auf seiner Suche nach Sinn moralische, metaphysische und religiöse Ideen formt. Das mag nach einer ungenauen Definition klingen, besonders für Empiriker. In der empiristischen Tradition hat »Erfahrung« dieselbe Bedeutung angenommen wie Information. Sie besteht aus den Sinnesdaten, die wir in säuberlichen, wohlabgepackten Portionen sammeln, um Aussagen über die Welt in einem strikt logischen Sinne zu prüfen. Als die empiristischen Philosophen des siebzehnten und achtzehnten Jahrhunderts Erfahrung in dieser Weise definierten, waren sie auf der Suche nach einem Wissen, das als Alternative zu jenen Aussagen dienen sollte, die nur auf Grund einer Autorität, des Hörensagens, der Tradition, der Offenbarung oder rein introspektiver Schlußfolgerungen angenommen wurden. Erfahrung sollte die Art von Wissen sein, das aus erster Hand und persönlich überprüft war. Ein solches Wissen sollte auch der Kontrolle anderer durch *ihre* Erfahrung zugänglich sein. Daher war es *öffentliches Wissen* und als solches frei von Verschleierung und Manipulation. Das, so behaupteten die Empiristen, sei tatsächlich die einzige Art von Wissen, die zu besitzen sich lohne. Und wenn die anderen Wissensreste nicht durch Erfahrung verifiziert werden könnten, verdienten sie wohl kaum, überhaupt als Wissen bezeichnet zu werden.

Aber die Erfahrung der Art, auf die die Empiristen abzielten, ist in Wirklichkeit eine sehr spezielle, stark vorstrukturierte Form von Erfahrung. Modelliert nach Laborexperimenten oder wohldokumentierter wissenschaftlicher Forschung, gibt es sie fast nirgends außer in der Welt der Wissenschaft – höchstens noch innerhalb der Beweisführung vor Gericht. Wir sammeln im allgemeinen nicht viel Erfahrung dieser Art. Statt dessen nehmen wir gewöhnlich den Fluß der Ereignisse in uns auf, wie ihn das Leben uns präsentiert – planlos, unstrukturiert, fragmentarisch, widersprüchlich. Der turbulente Strom fließt in das Gedächtnis ein, wo er sich aufteilt in Dinge, an die man sich lebhaft erinnert, halb erinnert, die vermischt, konfus, zusammengestückkelt sind. Auf diesem Nährboden von erinnerten Ereignissen legen wir, auf welche Weise auch immer, unseren privaten

Garten von Gewißheiten und Überzeugungen an, unsere groben Faustregeln, unsere Vorlieben und Abneigungen, unseren Geschmack, unsere Intuitionen und unsere Glaubensartikel.

Das *Gedächtnis* ist hierbei der Schlüsselfaktor. Es ist gleichsam das Register der Erfahrung, in dem der Fluß des täglichen Lebens nach den Wegweisern und Normen des Verhaltens umgeformt wird. Computer, so sagt man uns, haben ebenfalls ein »Gedächtnis«, in dem sie Information speichern. Aber das Gedächtnis des Computers ist dem menschlichen Gedächtnis ebensowenig gleich, wie die Zähne eines Zahnrads menschlichen Zähnen gleichen; beides sind ungenaue Metaphern, die mehr Unterschiede als Ähnlichkeiten in sich schließen. Es ist nicht eben der geringste Schwachpunkt des Informationskultes, daß er diesen Unterschied verschleiert, ja uns sogar glauben machen will, das Gedächtnis des Computers sei dem unseren überlegen, weil es sich an viel mehr erinnert. Gerade das ist eine falsche Deutung dessen, was Erfahrung ist und wie sie Ideen erzeugt. Computer »erinnern« sich an Dinge in Form einzelner Eingaben: der Eingabe von Quantitäten, Graphiken, Wörtern etc. Jedes Datum ist isolierbar, vielleicht sogar mit einer besonderen Adresse oder Auszeichnung versehen, und alle Daten sind der totalen Abrufbarkeit unterworfen. Wenn die Maschine nicht defekt ist, kann sie alles wieder genauso ausspucken, wie sie es gespeichert hat, sei es eine einzelne Zahl oder ein umfangreiches Dokument. Und das erwarten wir auch von ihr.

Das menschliche Gedächtnis dagegen ist das unsichtbare psychische Bindemittel, das unsere Identität von Augenblick zu Augenblick zusammenhält. Somit ist es etwas radikal anderes als ein Computerspeicher. Erstens ähnelt es mehr einer Welle als additiven Teilchen. Wie eine Welle breitet es sich im Geist aus und gerinnt hier und dort zu seltsamen persönlichen Assoziationen, die höchst unerklärlicher Natur sein können. Und es fließt nicht nur durch den Geist, sondern auch durch die Gefühle, die Sinne, den Körper. Wir erinnern uns an Dinge in einer Weise, wie es kein Computer kann – in unseren Muskeln und Reflexen: wie man schwimmt, ein Instrument spielt, ein Werkzeug handhabt. Diese gespeicherten Erfahrungen sind unterhalb der

Wahrnehmungs- wie auch der Artikulationsschwelle angesiedelt, so daß es keinen Weg gibt, jemandem zu sagen, wie wir ein Auto fahren oder ein Bild malen. Wir »kennen« uns nicht wirklich. Eine alte Volksweisheit gibt uns davon ein Beispiel. Einmal fragte eine Tochter ihre Mutter, wie sie einen guten Apfelkuchen bäckt. Die Mutter, völlig perplex, antwortete: »Zuerst wasche ich meine Hände. Dann binde ich mir eine saubere Schürze um. Dann gehe ich in die Küche und dann backe einen leckeren Apfelkuchen.«

Doch damit nicht genug: dort, wo wir mit erinnerten Erfahrungen umgehen, herrscht nur selten vollständige Erinnerung. Die Erfahrungen mögen zwar da sein, tief vergraben in unserem Gehirn und unserem Organismus, aber sie sind in der Mehrzahl jenseits der Erinnerbarkeit. Unser Gedächtnis ist rigoros selektiv, stets bereit, sich auf das zu konzentrieren, was für uns von Bedeutung ist. Es bearbeitet und komprimiert Erfahrung, unterdrückt und vergißt – und tut dies auf Wegen, die wir vielleicht niemals ganz verstehen können. Während wir den jeweils gegenwärtigen Augenblick erleben, kann etwas, das wir unmittelbar vor uns sehen, sich mit Erfahrungen verbinden, die lebhafte sinnliche Assoziationen wachrufen, Schmerzen, Lust; diese wiederum können uns zum Lachen bringen, uns traurig stimmen, uns Übelkeit verursachen oder ein tiefes Trauma anrühren. Einiges von dem, was wir erfahren und im Gedächtnis aufbewahrt haben, kann aus unserer vorsprachlichen Kindheit stammen; manche Fetzen mögen Phantome unserer pränatalen Erinnerung sein. Vieles stammt aus privaten Phantasien, die wir niemals jemandem mitgeteilt, ja uns selbst kaum eingestanden haben.

Wir sagen vielleicht, daß wir uns an das erinnern, was uns »interessiert«, aber wir können widersinnigerweise ebensogut Dinge, die zu bedrohlich sind, als daß wir ihnen ins Auge sehen könnten, verdrängen oder umgestalten. Die Erinnerungen, die wir behalten, sind auf geheimnisvolle Weise ausgewählt, bilden rätselhafte Muster im Gedächtnis. Es gibt warme, helle Flecken voller üppiger und kraftvoller Assoziationen; es gibt schattige Winkel, die vielleicht nur in Träumen oder Halluzinationen lebendig hervortreten; es gibt seltsam schrullige Zonen, die ihr Vergnügen daran finden, sich mit scheinbar nutzlosen, chaotischen Überbleibseln vollzustopfen – mit Dingen, an die wir uns erinnern, ohne zu wissen, warum, sogar mit solchen – etwa beharrlich wiederkehrenden Liedstrophen, lästigen Ohrwürmern –, die wir mit Freuden löschen würden, wenn wir nur könnten ... aber wir können es eben nicht. Wenn wir eine vollständige Anatomie des Gedächtnisses in all seiner unüberschaubaren Mannigfaltigkeit zeichnen könnten, besäßen wir das Geheimnis der menschlichen Natur selbst. Die Gestalt des Gedächtnisses ist ganz einfach die Gestalt unseres Lebens; sie ist das Selbstporträt, das wir anhand all unserer Erfahrungen malen. Kein Computerwissenschaftler, sondern ein Schriftsteller wie Vladimir Nabokov hat uns am meisten über die merkwürdige Dynamik der Erfahrung zu sagen. Er schreibt:

Ein Vorübergehender pfeift in eben dem Augenblick eine Melodie, in dem jemand die Spiegelung eines Zweiges in einer Pfütze wahrnimmt. Das nun ruft ein Erinnerungsbündel wach, in dem gleichzeitig nasses, grünes Laub und aufgeregte Vögel in einem alten Garten erscheinen, der alte, längst verstorbene Freund plötzlich aus der Vergangenheit hervortritt, lächelt und seinen tropfnassen Regenschirm schließt. All das spielt sich im Verlauf einer einzigen, blendenden Sekunde ab, und die Eindrücke und Bilder bewegen sich so rasch, daß man gar nicht genau überprüfen kann, nach welchen Gesetzmäßigkeiten ihr Erkennen, Auftreten und Verschmelzen ablaufen ... Das Ganze ist wie ein Puzzlespiel, das sich in unserem Geist schlagartig zusammensetzt, ohne daß das Gehirn selbst festzustellen vermag, wie und warum die Stücke zueinander passen. Erschauernd spürt man das Wirken eines fremden Zaubers ...[2]

Erfahrung, wie sie Nabokov hier beschreibt, ähnelt mehr einem großen Eintopf als einem Aktensystem. Die Bestandteile eines ganzen Lebens vermischen und verbinden sich und bringen überraschende Geschmacksnuancen hervor. Manchmal wiegt eine einzige pikante Zutat – ein Augenblick der Freude, ein großer Kummer, die Erinnerung an einen Triumph oder an eine Niederlage – mehr als der ganze Rest. Mit der Zeit verdickt sich dieser Eintopf zu einem reichhaltigen Bodensatz von Gefühlen, allgemeinen Eindrücken, Gewohnheiten, Erwartungen. Dann, unter genau den richtigen Umständen – aber wer kann sagen, wie sie beschaffen sind? – steigt aus diesem Bodensatz eine klar umrissene Einsicht über das Leben auf, die wir aussprechen oder malen oder tanzen oder spielen, damit die Welt sie erfährt. Und daraus wird, artikuliert oder als unausgesprochener existentieller Gestus, eine *Idee*. Gewiß hat das viel mit dem Klima der Meinungen zu tun, das wir vorfinden, den Traditionen, die wir teilen, dem autobiographischen Impetus unseres Lebens. Aber wie diese Komponenten sich in einem bestimmten Geist in einem bestimmten Moment zusammenfügen und was aus ihnen hervorgehen wird, liegt gänzlich jenseits des Vorhersagbaren. Der Eintopf der persönlichen Erfahrung ist zu dickflüssig, zu reich an nicht identifizierbaren Zutaten, die in unbekannten Mengenverhältnissen miteinander gemischt sind. Was aus dem Kunterbunt entsteht, kann höchst erstaunlich sein. Womit lediglich ausgesprochen ist, was uns jede Kultur über uns selbst sagt: daß wir zu wahrer Originalität fähig sind. In der Geschichte wimmelt es von unglaublichen Beispielen plötzlicher Einsichten und überraschender Verwandlungen. Saulus von Tarsus, auf der Straße nach Damaskus plötzlich mit Blindheit geschlagen, geht aus dem Trauma als Jünger eines Erlösers hervor, dem er niemals begegnet ist und dessen Anhänger er eben noch verfolgt hat. Tolstoi hat einen Anfall selbstmörderischer Depression, verleugnet seine literarischen Meisterwerke und will ein asketischer Einsiedler werden; Gandhi, der aus dem Eisenbahnabteil »Nur für Weiße« in Südafrika vertrieben wird, gibt seine vielversprechende juristische Karriere auf, schürzt sich mit einem Lendentuch und wird der Mahatma, der für die Freiheit seines Volkes kämpft. Das ist Erfahrung in Aktion, die auf geheimnisvolle Weise in den Tiefen der Seele neue Ideen über das Leben formt.

So halten auch wir, wenn wir miterleben, wie die Überzeugungen der anderen zum Vorschein kommen, allem, was sie sagen oder tun, unsere Überzeugung mit all ihrer Kraft entgegen. Wenn wir in uns ein bestätigendes Echo vernehmen, dann vielleicht deshalb, weil es Überschneidungen zwischen unserem Leben und dem der Menschen gibt, denen wir begegnen. Aber es kann auch sein, daß die Macht der Begegnung selbst – hier und jetzt, in einem einzigen Augenblick – die Überzeugungen eines ganzen Lebens zunichte macht, und wir haben das Gefühl, neu zu beginnen, neu geboren zu sein. Es gibt solche Beispiele von Menschen, die um- und neugebildet werden durch eine charismatische Begegnung oder unter dem Druck von Krisen. Es könnte sogar sein, daß Originalität und plötzliche Konversion eine zentrale evolutionäre Rolle in der Entwicklung einer Kultur spielen. Vielleicht ist es diese Beweglichkeit des Geistes, die die menschliche Gesellschaft vor der unwandelbaren Starre der anderen sozialen Tiere bewahrt, der Ameisen, der Bienen, der Rudel- und Herdentiere. Wir sind als Spezies Mensch mit einem krönenden Knäuel von elektrochemischen Zellen ausgestattet, das zu unserem Ideenlieferanten geworden ist. So spontan produziert unser Gehirn Ideen und spielt mit ihnen, daß wir nicht viel mehr über sie sagen können, als daß sie da sind und unsere Wahrnehmungen formen, uns Möglichkeiten eröffnen. Jeden Augenblick fallen Menschen neue Dinge ein, die sie denken, tun und sein können: Ideen, die scheinbar aus dem Nichts hervorbrechen. Wir sind bemerkenswert formbare und anpassungsfähige Tiere, und das Spektrum unserer kulturellen Aktivitäten scheint unermeßlich zu sein. Es wäre ein großer Verlust, wenn der Informationskult dadurch, daß wir unsere Auffassung von Erfahrung, Gedächtnis und Einsicht abwerten, diese kreativen Kräfte abstumpfen würde.

Es gibt jedoch Computerwissenschaftler, die diesen Weg offenbar längst eingeschlagen haben. Sie glauben, daß sie unsere Originalität auf dem Computer simulieren können, indem sie Programme ausarbeiten, die ein Zufallselement enthalten. (Das Logo-Programm für Gedichte, das wir im letzten Kapitel besprochen haben, ist ein Beispiel dafür.) Da nun die Ausgabe des

Computers nicht mehr im voraus zu berechnen ist, bezeichnet man ihn als »kreativ«. Aber es ist ein himmelweiter Unterschied zwischen solch einer absichtlich herbeigeführten Zufälligkeit und wahrer Originalität. Wieder wirkt das Datenverarbeitungsmodell darauf hin, den entscheidenden Unterschied zu verwischen. Im menschlichen Geist hat eine originelle Idee eine lebendige Bedeutung; sie verbindet sich mit Erfahrung und produziert Überzeugung. Was der Computer hervorbringt, ist »Originalität« etwa auf der Ebene eines Muskelkrampfes; er ist unvorhersagbar, trägt aber wohl kaum Bedeutung.

Natürlich gibt es andere Formen der Erfahrung, die eher säuberlich verpackt und etikettiert zu uns kommen, Dinge, die wir mechanisch oder verbal auswendig lernen, genaue Anweisungen, Verfahren, Namen, Adressen, Fakten, Zahlen und Vorschriften. Was solche Erfahrungen zurücklassen, ähnelt sehr dem, was einen Computerspeicher füllt: *Informationen* im eigentlichen Sinn des Wortes. Unser psychologisches Vokabular unterscheidet nicht deutlich zwischen diesen verschiedenen Ebenen und Strukturen des Gedächtnisses; wir haben einfach nur dieses eine Wort für Erinnerungen aus der Vergangenheit. Wir *erinnern* uns an eine Telephonnummer, wir *erinnern* uns an eine Zeit traumatischen Leidens, die unser Leben verändert hat. Diese unterschiedlichen Arten von Erfahrung unter der Rubrik *Information* zusammenzuwerfen, kann nur dazu beitragen, die Qualität des Lebens herabzumindern.

»Das Herz hat seine Gründe, die der Verstand nicht kennt«, sagt uns Pascal. Ich fasse den Satz so auf, daß der Geist der Menschen mit Ideen gefüllt ist, die aus tiefen Quellen von vermischter und verworrener Erfahrung emporwallen. Und doch können diese Ideen, so verschwommen, mehrdeutig und widersprüchlich sie auch sein mögen, im guten oder im schlechten das Material starker Überzeugungen sein. In einer Debatte, die solche »Gründe« betrifft, helfen uns Informationen selten weiter. Statt dessen müssen wir im Lichte unserer eigenen Überzeugung die Erfahrung testen und auf die Probe stellen, die der Idee zugrunde liegt. Wir müssen genau das tun, was Sie, wie ich zu behaupten wage, eben jetzt tun, während Sie diese Zeilen lesen – meine

Überzeugungen, die ich Ihnen zu bedenken gebe. Sie halten inne, Sie denken nach, Sie gehen in die Tiefe, um zu entdecken, welche moralischen und philosophischen Prioritäten ich hege. Während Sie versuchen, ein *Gefühl* für die Ideen zu bekommen, die ich Ihnen anbiete, durchforsten Sie Ihre Erinnerung, ob Sie dort ein Echo der Erfahrungen vernehmen können, aus denen ich schöpfe. Vielleicht verweilen Sie eher bei den Nuancen und Feinheiten der Bedeutung als bei den Tatsachen. Hier und dort mögen Sie ferne Implikationen oder verborgene Annahmen entdecken, die Sie gutheißen oder auch nicht. Vielleicht haben Sie das Gefühl, daß einige Ihrer teuersten Werte auf dem Spiel stehen, und beeilen sich, sie zu verteidigen.

Man kann nicht sagen, was bei diesem kritischen Abtasten herauskommen wird, aber eines sollte offensichtlich sein: Nichts von alledem ist »Datenverarbeitung«. Es ist ein Geben und Empfangen, die Zwiesprache zweier Geister, von denen jeder aus seiner eigenen Erfahrung schöpft. Es ist das Spiel der Ideen, und alle Informationen aller Datenbanken der Welt werden die eine Frage nicht entscheiden können, über die wir uns vielleicht uneinig sind.

Die Strategie der Empiristen

Erst einmal ins rechte Licht gerückt, werden viele Menschen den Primat der Ideen so selbstverständlich finden, daß sie sich fragen mögen, wieso diese Frage überhaupt zum Zankapfel werden kann. Wie ist es den Computerwissenschaftlern gelungen, die Ideen so überzeugend den Daten unterzuordnen? Das ist ein aufschlußreiches zeitgeschichtliches Problem, und wir tun vielleicht gut daran, ihm einige Aufmerksamkeit zu schenken.

Schon früher in diesem Kapitel habe ich die empiristische Schule der Philosophie erwähnt und dargelegt, in welcher Weise sie die Bedeutung der Erfahrung neu interpretiert hat. Wir wollen nun einen Augenblick zu der Frage zurückkehren, welchen

Einfluß der Empirismus auf die westliche Philosophie hatte, denn er spielt eine wichtige Rolle für den Informationskult.

Etwa vor vierhundert Jahren, in der turbulenten Übergangsperiode zwischen Renaissance und Neuzeit, war das Reich des Wissens in der westlichen Welt eine relativ kleine Insel der Gewißheit, umgeben von einem Meer akzeptierter Rätsel. In seinen fernen, unergründlichen Weiten verschmolz dieses Meer mit dem Geist Gottes, dessen Wahrheit man sich nur durch einen Akt des Glaubens annähern konnte. Auf der Insel waren die Hauptgegenstände des Denkens die Heilige Schrift, die Werke der Kirchenväter, eine Handvoll überlieferter griechischer und römischer Klassiker und vielleicht noch eine kleine, auserwählte Schar jüdischer oder arabischer Denker. Durch mehrere Jahrhunderte des Mittelalters hindurch waren diese Quellen, oft auf dem Wege glänzender Auslegungen, zu einem imposanten Wissensrepertoire erweitert worden, von dem man annahm, daß es auf alle Fragen Antwort gebe.

In einer derartigen Kultur gibt es keine solche Kategorie wie »Information«; Fakten zählen dort nur sehr wenig, wo man schon alles weiß, was man wissen kann, und es zu wohlbekannten Wahrheiten zusammengefügt hat. Statt Informationen gibt es Plaudereien: ein beständiges, manchmal geistreiches Spiel mit vertrauten Ideen, die erweitert, kombiniert und umgeformt werden. Ab der zweiten Hälfte des sechzehnten Jahrhunderts erwies sich das als immer weniger vereinbar mit dem sozialen und wirtschaftlichen Dynamismus der westlichen Gesellschaft. Eine Neuerung – und zwar eine dramatische – war die Entdeckung neuer Welten, ganzer Kontinente und Kulturen, die keine bis dahin existierende Autorität je in Betracht gezogen hatte. Das waren wirkliche *Entdeckungen*. Und wenn es geographische Entdeckungen geben konnte, warum dann nicht auch Entdeckungen neuer Welten des Geistes? Francis Bacon gebrauchte genau diesen Vergleich, um seine rastlose Suche nach einer »Neuen Philosophie« zu rechtfertigen. Er, Descartes, Galileo und Giordano Bruno waren unter den ersten, die der expansiven Leidenschaft ihrer Kultur für materielle Entdeckungen einen entsprechenden intellektuellen Wagemut an die Seite stellten.

Diesen fruchtbaren Denkern des siebzehnten Jahrhunderts gelang der Ansatz zu einem aufregenden kulturellen Vorhaben. Ihr Vorschlag war folgender: Laßt uns eine Methode des Forschens ersinnen, die die Macht in sich birgt, *neue Dinge* über die Welt zu entdecken – über ihre Kräfte, ihre Strukturen, ihre Phänomene. Eine solche Denkweise wird den großen Entdeckungsreisen entsprechen, die neue Welten jenseits des Meeres eröffnet haben. Diese Art des Forschens, so beschlossen sie, sollte die rigorose, ganz gezielte Befragung der Natur durch genaue Beobachtung und Experimentierung einschließen. Sie sollte in einem Geist vollkommener Objektivität angegangen werden und alle bloßen Vermutungen und Vorurteile vermeiden. Sie sollte einfach versuchen, die Dinge so zu sehen, wie sie wirklich sind. Das Ergebnis dieser neuen Methode würde ein wachsender Bestand solider, verläßlicher Fakten sein, gewonnen durch gewöhnliche Messungen, die bisher übersehen worden waren. Wenn auf diese Weise ein Beobachter anfinge, all die Fakten auf das sorgfältigste zu sammeln, würden sie schließlich für sich sprechen und sich zu großen Wahrheiten formen, deren Reichweite so unermeßlich wäre wie das ganze Universum.

Wir können nun diese Methode (das *novum organum*, wie Bacon sie genannt hat) als den fernen Anfang der modernen wissenschaftlichen Betrachtungsweise der Welt erkennen. Jeder wird zweifellos ihren historischen Beitrag anerkennen; aber in geschichtlicher Perspektive erkennen wir auch, wie viele Mißverständnisse in dieser Methode begründet lagen. In ihrer engen Beschränkung auf Fakten ließ sie die entscheidende Bedeutung von theoretischer Vorstellungskraft, freier Hypothesenbildung, Spekulation, Rätseln und Inspiration außer acht, ohne die die Wissenschaft ihre revolutionäre Sprengkraft verliert. Schauen wir von unserer privilegierten Position aus zurück, können wir eindeutig erkennen, daß im Geist von Galileo, Newton, Kepler, Boyle und Hook theoretische Imagination am Werk war; wir entdecken Konturen des Denkens, die zwar da waren, denen sie aber zu nahe standen, um sie zu bemerken. Wir haben gelernt, daß große wissenschaftliche

Durchbrüche niemals stückweise aus haarspalterischer Forschung zustande kommen. Manchmal kann es durch begrenzte, gleichsam mikroskopische Untersuchungen gelingen, gravierende Zweifel an einer wissenschaftlichen Theorie anzumelden, aber sie muß dann zumindest diese Theorie als Zielscheibe oder Ausgangsbasis vor sich haben. Ohne eine große Idee, die diese Funktion erfüllt, wüßte man nicht, wo man anfangen sollte, nach Fakten Ausschau zu halten. Wissenschaft ist strukturiertes Fragen, und die Strukturen, die ihren Fortschritt leiten, sind Ideen. Es hatte aber seinen guten Grund, daß sich die Urheber der modernen Wissenschaft zu einer Überbewertung der Fakten zu Lasten der Ideen verleiten ließen. Zu Galileos Zeiten gingen die vorherrschenden Ideen über die Natur auf einige wenige, unantastbare Autoritäten zurück – entweder auf die christliche Theologie oder auf Aristoteles. Um sich von diesem zunehmend einengenden Erbe abgenutzter, alter Ideen zu befreien, fühlten sich kühne Geister dazu aufgerufen, die *Ideen selbst* in Frage zu stellen. Daher empfahlen sie einen neuen Ausgangspunkt, einen neuen Ansatz, der harmlos neutral erschien und, strategisch gesprochen, unverdächtig in den Augen der zeitgenössischen kulturellen Autoritäten. Sie wollten ihre Aufmerksamkeit auf die scharf umrissenen, unbestreitbaren Tatsachen der gewöhnlichen Erfahrung konzentrieren – auf Gewicht, Größe und Temperatur der Dinge. Zuerst die Fakten, so forderten sie. Dann die Ideen. Und das erwies sich als ein überzeugender Ansatz. Er brachte Unmengen neuer irdischer und astronomischer Phänomene ans Licht, die Aristoteles, die Bibel und die Kirchenväter nicht angemessen erklären konnten – oder die sie vielleicht niemals bemerkt hatten. Wenn wir den Auftrag der frühen Empiristen in diesem historischen Zusammenhang betrachten, wollen wir gerne ihre Strategie als einen geschickten philosophischen Schachzug anerkennen, der den Zweck verfolgte, ethnozentrische Barrieren und die kirchliche Autorität zu überwinden. Damit hatten sie schließlich auch Erfolg. Sie förderten einen unerschrockenen Skeptizismus angesichts aller ererbten Ideen und setzten dadurch die eingeschnürten intellektuellen Energien der westlichen Gesellschaft frei. Ihr Beitrag zur Entstehung der modernen Wissenschaft wird ihnen immer einen hervorragenden Platz in der Geschichte sichern.

Leider hat aber gerade der Erfolg der Empiristen dazu beigetragen, eine bestimmte, stark reduktionistische Auffassung von Wissen in unserer Kultur zu verankern, eine Auffassung, die die Rolle der Einbildungskraft beim Hervorbringen von Ideen drastisch unterbewertet und ebenso die Rolle der Ideen beim Hervorbringen von Wissen. Dies gilt selbst für die Naturwissenschaften. In unseren Tagen haben die treuen Verfechter der empiristischen Liebe zu den Fakten begierig nach dem Computer als Modell für die Arbeit des Geistes gegriffen, da er Daten speichert, sie verarbeitet, Wissen produziert und dies potentiell sogar besser vermag als sein menschliches Vorbild. All jene, die die Welt mehr oder weniger auf diese Weise betrachten, repräsentieren den einen Pol in einem Streit, der schon aus den Tagen von Plato, Aristoteles und Demokrit stammt. Was ist »wirklicher«, die Dinge oder die Ideen, die wir von den Dingen haben? Nimmt das Wissen in den Sinnen seinen Anfang oder im Geist? Es ist nicht meine Absicht, diesen Streit hier zu entscheiden. Ich möchte nur betonen, daß das Modell, das den Geist der Datenverarbeitung gleichsetzt, nicht einfach eine rein objektive »Entdeckung« zeitgenössischer Wissenschaft ist. Es erwächst aus einer ganz bestimmten philosophischen Bindung; es vertritt eine Seite in einem alten Streit, der noch immer anhält und der noch immer unentschieden ist. Die empiristische Seite dieser Debatte verdient es, um der großen Bereicherung unseres philosophischen Erbes willen, geachtet zu werden. Wir möchten sie nicht missen. Aber in Gesellschaft von Menschen mit einer rigoros empiristischen Position fand ich es stets interessant, auf ein Paradox hinzuweisen: Ihr Standpunkt ist selbst eine *Idee* – eine Idee über Ideen ... und über Wissen, Erfahrung und Wahrheit. Darum beruht dieser Standpunkt nicht auf Fakten oder Informationen, weil eben die Idee Informationen überhaupt erst definiert. Es führt also letztlich kein Weg an den Ideen vorbei. Sie sind das, worin der Geist denkt, selbst wenn er den Primat der Ideen angreift.

So gesehen ist auch der Computer eine Idee, wie alle anderen

Maschinen auch. Er ist eine Idee über Zahlen, Klassifikationen und Beziehungen – verwirklicht in Form einer physikalischen Erfindung. Die Behauptung, daß der Geist wie ein Computer denke, ist eine Idee über den Geist, eine Idee, die viele Philosophen aufgegriffen und diskutiert haben. Und wie aus allen Ideen, so kann man auch *aus dieser heraustreten*, sie aus der Ferne betrachten und sie in Frage stellen. Im Gegensatz zu jedem Computer, der jemals gebaut werden sollte, ist der Geist mit der Macht einer nicht unterdrückbaren Selbstüberschreitung ausgestattet. Er ist der größte aller Entfesselungskünstler, der sich ständig seinen eigenen Bemühungen um Selbst-Verständnis entzieht. Er kann Ideen über seine eigenen Ideen bilden, einschließlich der Ideen über sich selbst. Wenn er das getan hat, hat er aber bereits neuen Boden betreten; bei seinem nächsten Versuch, seine eigene Natur zu verstehen, wird er noch weiter ausgreifen müssen. Diese Unfähigkeit des Geistes, seine eigene Natur zu fixieren, ist genau der Grund, warum es unmöglich ist, eine Maschine zu erfinden, die dem Geist gleichkommt, geschweige denn sein Nachfolger wird. Der Computer kann nur eine weitere Idee in der Einbildungskraft seines Schöpfers sein. Gerade unsere Fähigkeit, über die Computer Witze zu machen, sie hereinzulegen und sie zu verspotten, entsteht aus unserem intellektuellen Abstand zu ihnen. Wenn irgend etwas einen Techniker um den Verstand bringen kann, dann die Unbegrenztheit der Möglichkeiten.

Keine Ideen, keine Information

Vom Standpunkt des strengen, doktrinären Empirismus aus, der im Informationskult fortlebt, sprechen die Tatsachen für sich. Man häufe nur genug von ihnen an, und sie werden sich ganz von allein in Wissen verwandeln. Aber woran erkennen wir eine Tatsache? Allem Ermessen nach ist eine Tatsache keine mentale Erfindung oder Illusion; sie ist irgendein kleines, kompaktes Teilchen der Wahrheit. Aber um solche Teilchen überhaupt sammeln zu können, müssen wir wissen, wonach wir Ausschau halten. Es muß die Idee der Tatsache geben.

Die Empiristen glaubten zu Recht, daß es einen signifikanten Zusammenhang zwischen Tatsachen und Ideen gibt, aber sie haben die Beziehung umgedreht. *Ideen bringen Tatsachen hervor*, nicht umgekehrt. Jede Tatsache erwächst aus einer Idee. Sie ist die Antwort auf eine Frage, die wir gar nicht erst stellen könnten, hätten wir nicht eine Idee erfunden, die ein Stück der Welt isoliert, ihm Bedeutung verleiht, unsere Aufmerksamkeit zentriert und seine Erforschung anregt.

Manchmal wird eine Idee so alltäglich, so sehr Teil des kulturellen Konsensus, daß sie unter unsere Bewußtseinsschwelle absinkt und ein unsichtbarer Faden im Gewebe des Denkens wird. Dann stellen und beantworten wir Fragen, sammeln Informationen, ohne über die zugrundeliegende Idee nachzudenken, die das ermöglicht. Die Idee ist ebenso unterschwellig präsent wie die Grammatik, die unsere Sprache leitet, wann immer wir sprechen.

Betrachten wir ein Beispiel. Die Tageszeit, das Datum. Sie gehören zu den einfachsten, unzweideutigsten Tatsachen. Wir können uns in ihnen irren oder recht haben, aber wir wissen, daß sie Gegenstand eines eindeutigen Urteils nach dem Schema wahr/falsch sind. Es ist entweder 14.15 Uhr in unserer Zeitzone oder nicht. Es ist entweder der 10. März oder nicht. Das ist eine Information auf der untersten, nicht weiter reduzierbaren Ebene.

Und doch liegt diesen einfachen Tatsachen eine ungeheuer komplexe Idee zugrunde: die Idee der Zeit als eines regelmäßigen, zyklischen Rhythmus im Kosmos. Irgendwann in ferner Vergangenheit erfand ein menschlicher Geist dieses elegante Konzept, vielleicht aus einer ekstatischen oder poetischen Betrachtung des verwirrend dichtgefüllten Universums heraus. Dieser Geist beschloß, daß der scheinbar gestaltlose Fluß der Zeit in Kreisen geordnet werden kann, daß diese Kreise in gleiche Abstände geteilt werden können, daß man die Abstände zählen kann. Aus dieser Einsicht, die die Einbildungskraft dem Fluß der Erfahrung übergestülpt hat, leiten wir die Uhr und den

Kalender, die Minuten, Tage, Monate und Jahreszeiten ab, die wir nun als einfache Tatsachen behandeln.

Die meisten unserer großen Ideen über die Natur und das menschliche Wesen, über Logik und Werte, sinken mit der Zeit so tief in unser Unterbewußtsein ab, daß wir selten über sie als menschliche Erfindungen nachdenken, als Artefakte des Geistes. Wir betrachten sie als selbstverständlichen Teil unseres kulturellen Erbes. Wir leben auf den Spitzen dieser Ideen, und ernten Tatsachen von ihrer Oberfläche. Ähnlich existieren historische Tatsachen als die Früchte tief vergrabener interpretativer oder mythischer Einsichten, die der buntgewürfelten volkstümlichen Erinnerung an die Vergangenheit Sinn und Ordnung verleihen. Wir nehmen ein Nachschlagewerk zur Hand oder zapfen eine Datenbank an und bitten um eine einfache Information. Wann wurde die Unabhängigkeitserklärung unterschrieben und wer unterschrieb sie? Tatsachen. Aber hinter diesen Fakten liegt ein bedeutsames kulturelles Paradigma. Wir datieren die Vergangenheit (was durchaus nicht alle Gesellschaften tun), weil wir eine jüdisch-christliche Sicht der Welt geerbt haben, die uns sagt, daß die Welt in der Zeit geschaffen wurde und daß sie im Verlauf der Geschichte an irgendeinen Endpunkt gelangt. Wir erinnern uns an die Namen von Menschen, die »Geschichte machten«, weil wir (gemäß einer weiteren Leitlinie) eine dynamische, menschenzentrierte Ansicht vom Leben geerbt haben, die uns davon überzeugt, daß die Bemühungen der Menschen wichtig sind. Und das führt uns zu dem Glauben, daß durch menschliche Taten lohnende Dinge vollbracht werden können. All das steht hinter den Fakten, die wir als Antwort bekommen, wenn wir auch nach noch so einfachen historischen Informationspartikeln fragen. Wir stellen und beantworten die Fragen innerhalb von Rahmenideen über die Geschichte, die uns so vertraut geworden sind wie die Luft, die wir atmen. Aber sie bleiben dennoch menschliche Schöpfungen, und jede von ihnen kann in Frage gestellt, angezweifelt, verändert werden. Die dramatischen Wendepunkte in der Kulturgeschichte treten genau an dieser Stelle ein – dort, wo eine neue Idee sich gegen alte Ideen erhebt und Entscheidungen unabdingbar macht.

Was geschieht also, wenn wir den Unterschied zwischen Ideen und Informationen verwischen und unseren Kindern beibringen, daß Datenverarbeitung die Grundlage des Denkens sei? Oder wenn wir uns daranmachen, eine »Informationswirtschaft« einzurichten, die mehr und mehr ihrer Mittel darauf verwendet, Tatsachen anzuhäufen und zu verarbeiten? Zum einen vergraben wir die Tiefenstrukturen der Ideen, auf denen die Information beruht, noch tiefer, so daß wir sie der kritischen Reflexion um so weiter entrücken. Zum Beispiel beginnen wir, »wirtschaftlichen Indikatoren« mehr Aufmerksamkeit zu schenken – die immer bequeme, einfach aussehende Zahlen sind – als den Annahmen über Arbeit, Reichtum und Wohlfahrt, die der Wirtschaftpolitik zugrunde liegen. Tatsächlich ertrinkt unsere orthodoxe Wirtschaftswissenschaft fast in einer Flut von statistischen Trugbildern, die hauptsächlich dazu dienen, grundlegende Fragen nach Werten, Zwecken und Gerechtigkeit gar nicht erst aufkommen zu lassen. Welchen Beitrag hat der Computer hierzu geleistet? Er hat den Pegelstand erhöht, indem er irreführende und ablenkende Informationen aus jeder Regierungsbehörde und allen Sitzungssälen der Unternehmer ausgeschüttet hat. Aber noch ironischer ist es, daß die starre Ausrichtung auf Information, die der Computer fördert, mit der Zeit bewirken muß, daß neue Ideen aus »Platzmangel« verdrängt werden, obwohl sie doch die intellektuelle Quelle sind, die Fakten erst hervorbringt.

Auf lange Sicht bedeutet dies: Keine Ideen, keine Informationen.

VI

Computer und die reine Vernunft

Das Licht in Platos Höhle

Bis hierher haben wir uns auf die Fähigkeit des Computers konzentriert, scheinbar unbegrenzte Mengen von Daten zu speichern und wieder abrufen zu können. Diese Eigenschaften gehören zu den eindrucksvollsten und nützlichsten Leistungen dieser Maschine und stehen in den Köpfen derer, die die Ankunft des Informationszeitalters preisen, an vorderster Stelle. Sie betonen die Möglichkeit des Computers, Zugang zu Datenbanken zu schaffen, von denen es bereits Tausende gibt, und diesen Reichtum an Material in die Häuser und an die Arbeitsplätze der Menschen zu leiten.

Aber wenn man vom Computer als »Datenverarbeiter« spricht, übersieht man leicht die Tatsache, daß sich die beiden Wortteile auf zwei unterschiedliche Funktionen beziehen, die in der Maschine zusammengefügt werden. Der Computer *speichert* Daten, aber er kann diese Daten auch *verarbeiten* – das heißt, er kann sie zum Zwecke des Vergleichs, der Gegenüberstellung, der Klassifizierung und Deduktion auf verschiedene Weise manipulieren. Die Daten können aus Zahlen bestehen, die durch mathematische Prozesse geschleust werden; aber es können auch Namen, Adressen, Krankengeschichten, Personalakten, technische Anweisungen sein, die ebenfalls durch ein Programm geschleust werden, um sortiert, geordnet, gefiltert oder in eine bestimmte Reihenfolge gebracht zu werden. Wenn daher ein Computer angewiesen wird, eine tabellarische Umsatzaufgliederung für ein Unternehmen durchlaufen zu lassen, dann zieht er alle Daten heran, die er von dieser Firma besitzt (Inventar, Betriebskosten, Einkünfte, saisonbedingte Leistung etc.), aber er »frisiert« diese Daten auch, formt sie so, wie ihm das Programm befiehlt. Selbst eine einfache Anschriftenliste kann im Zuge eines Programmablaufs »bearbeitet« werden, wenn das Programm beispielsweise daraufhin angelegt ist, die Namen nach Postleitzahlen aufzuteilen, um die Liste potentieller Abonnenten für eine Zeitschrift zu vergrößern oder um Namen nach den Kriterien Kreditwürdigkeit, Rassenzugehörigkeit, Alter etc. herauszufiltern.

Diese beiden Operationen fließen in der Leistung der meisten Computer derart ineinander, daß man sie kaum noch als getrennte Funktionen wahrnimmt. Sie sind aber voneinander verschieden, und man kann beide unterschiedlich werten. Wenn der Computer Daten *speichert*, übernimmt er die Aufgabe der Aktenaufbewahrung; dies taten früher Hauptbücher und Aktenschränke, die die elektronischen Datenbanken jetzt ersetzen. In dieser Eigenschaft ahmt der Computer die Tätigkeit des Gedächtnisses nach. Wenn er Daten *verarbeitet*, reiht er sich jedoch in eine andere technologische Tradition ein. Hier geht der Computer auf die Rechenmaschine zurück, und in dieser Eigenschaft ahmt er das Vermögen der menschlichen Vernunft nach. Für viele Computerenthusiasten liegt in dieser zweiten Entwicklungslinie die wahre Bedeutung der Maschine. Sie schätzen ihr Vermögen, langwierige logisch-mathematische Verfahren in Blitzesschnelle und mit höchster Präzision durchzuspielen. Für sie ist das der Punkt, an dem der Computer dem menschlichen Geist am nächsten kommt.

In Kapitel IV haben wir das Computerlernprogramm von Seymour Papert angesprochen. Logo ist ein Beispiel für einen Computereinsatz, der sehr wenig mit Daten zu tun hat. Der Wert, den Papert in ihm erblickt, liegt in der Möglichkeit, »prozedurales Denken« zu lehren und dadurch das Vermögen der Vernunft in der Weise zu disziplinieren, wie es ein Mathematiker für wichtig hält. Er meint, man solle Kindern beibringen, »wie ein Computer zu denken«, denn er glaubt, daß Computer in gewissem Sinn die Fähigkeit besitzen, wie menschliche Wesen zu denken, und somit Kindern helfen können, mentale Fertigkeiten zu erwerben.

Ich habe behauptet, daß die meisten, die den Computer als Informationsspeicher und -lieferanten feiern, dazu neigen, die Bedeutung von Ideen zu unterschätzen, wenn nicht gar zu verwerfen. Denn wie viele strenge Empiristen nehmen sie an, daß sich Informationen automatisch in Wissen verwandeln, ohne die aktive Beteiligung der theoretischen Einbildungskraft. Die

Ironie will es jedoch, daß sich die zweite technologische Abstammungslinie, die in den Computer einmündet – eben jene, die das prozedurale Denken betrifft –, aus einer ganz anderen philosophischen Tradition ableitet, die aufs engste mit der Macht der reinen Vernunft verknüpft ist. In dieser rationalistischen Tradition zehrt der Computer von einer besonderen Klasse von Ideen, die sich als ungemein überzeugend und langlebig erwiesen haben, obwohl sie keinerlei Verbindung zu Daten oder menschlicher Erfahrung irgendeiner Art aufweisen können. Es sind dies die *mathematischen Ideen*: Ideen, die allein im Lichte der Vernunft entdeckt wurden, gebildet aus der logischen Struktur des Geistes selbst.

In der Geschichte der Philosophie wurde gerade die Mathematik immer wieder als ein Beispiel für apriorisches Wissen herangezogen, Wissen, das vermeintlich keinerlei Verbindung mit sinnlicher Erfahrung, mit Wahrnehmungsdaten und Maßen bedarf. Bertrand Russell schrieb:

> Die Mathematik ist ... die Hauptquelle des Glaubens an eine ewige und exakte Wahrheit sowie an eine übersinnliche, intelligible Welt. Die Geometrie beschäftigt sich mit exakten Kreisen, kein sinnlich wahrnehmbares Objekt ist jedoch vollkommen kreisförmig; auch wenn wir unseren Zirkel noch so sorgfältig benützen, es werden sich doch stets einige Unvollkommenheiten und Unregelmäßigkeiten ergeben. Daraus darf man schließen, daß alles streng logische Denken nur auf ideale Objekte im Gegensatz zu sinnlich wahrnehmbaren Objekten anwendbar ist; und dann geht man natürlich noch darüber hinaus und hält das Denken für edler als das sinnlich Wahrnehmbare und die Objekte des Denkens für realer als die der sinnlichen Wahrnehmung.[1]

Die klassische Formulierung dieser Idee der mathematischen Ideen stammt von Plato, für den die Geometrie das Modell allen verläßlichen Wissens darstellte. Plato nahm an, daß geometrische Ideen als unsere einzige sichere Grundlage des Denkens im

Geist geboren werden. In der Dunkelheit und Verwirrung des Lebens haben wir die Gewißheit der Mathematik zu unserer Führung. In seinem berühmten Höhlengleichnis zeichnet Plato die menschliche Rasse als eine Schar elender Sklaven, die durch die Sterblichkeit ihrer Leiber in einem finsteren Kerker gefangen sind, in dem sie nur undeutlich bewegliche Schatten wahrnehmen können; sie kennen nichts, das nicht wandelbarer Trug wäre. In ihrem düsteren Gefängnis gibt es nur einen fernen Schimmer von erhellendem Sonnenlicht. Nur der wahre Philosoph erkennt ihn; es ist die Macht der reinen Vernunft, die uns, vor allem in Gestalt der Mathematik, ein Wissen ewiger Wahrheiten verleiht, der reinen Formen, die den Fluß der Zeit und die Vergänglichkeit des Fleisches überschreiten.

Im Laufe der Jahrhunderte haben Philosophen auf mancherlei Weise Platos Theorie des Wissens sowie die mystischen Züge kritisiert, die sie der Mathematik verleiht. Und doch geht bei aller Kritik auch weiterhin von den mathematischen Ideen eine besondere Faszination aus, ein Vertrauen in die Klarheit der Zahlen und der mathematischen Logik, die auch in der modernen Wissenschaft noch immer zu spüren ist und insbesondere in der Kybernetik und der Informationstheorie überlebt hat. Man mag Platos Mystizismus aus diesen neuen Wissenschaften verbannt haben, aber der Zauber der geometrischen Gewißheit ist geblieben. So ist auch die Maschine, die dem Informationskult seine größte Stärke verleiht, in einem Gefüge von Ideen – mathematischen Ideen – verwurzelt, das nichts mit Information zu tun hat und das der denkbar beste Beweis für den Primat der Ideen ist, den wir nur bieten können.

Während die Computer in den letzten zwei Jahrzehnten »intelligenter« geworden sind (das heißt: schneller wurden, größere Kapazität gewannen, kompliziertere Programme bewältigten), haben Computerwissenschaftler oft ein gewisses Unbehagen bezüglich des Namens ihrer Maschine an den Tag gelegt. Die meisten Einführungen in die Computerwissenschaft versichern den Studenten bereits im ersten Kapitel, der Computer sei nicht länger mehr ein reines Recheninstrument; er habe seine niedrige Herkunft hinter sich gelassen und sei im weitesten Sinne eine

Form von künstlicher Intelligenz geworden. So schreibt Margaret Boden:

> Wir müssen zur Kenntnis nehmen, daß der Computer kein reiner »Zahlenfresser« oder eine phantastische Rechenmaschine ist, obwohl Computer im allgemeinen von Leuten, die nicht mit künstlicher Intelligenz vertraut sind, als solche betrachtet werden. Computer fressen keine Zahlen; sie manipulieren Symbole ... Digitalcomputer, ursprünglich zur Lösung mathematischer Probleme erfunden, sind vielmehr Maschinen, die Symbole für alle möglichen Zwecke manipulieren ...
> Die Begriffe »Computer« und »computation« (Berechnen) sind auf Grund ihrer irreführenden arithmetischen Konnotationen unglücklich gewählt. Die vorhin zitierte Definition der künstlichen Intelligenz – »die Erforschung von Intelligenz als *computation*« – impliziert nicht, daß Intelligenz nun mit Rechenoperationen gleichzusetzen sei. Intelligenz kann als die Fähigkeit definiert werden, kreativ Symbole zu manipulieren oder Informationen zu verarbeiten, je nach den Erfordernissen der gestellten Aufgabe.[2]

Zwar stimmt es durchaus, daß sich die Computer ein gutes Stück davon fortentwickelt haben, Superrechenmaschinen zu sein. Aber es stimmt ebenfalls, daß der Ruf, den die Computerwissenschaft und computerisierte Formen der »Intelligenz« in unserer Zivilisation erworben haben, in hohem Maße von der uralten Mystifizierung der Mathematik zehrt. Wenn Computerwissenschaftler glauben, Computer seien »denkende Maschinen« und könnten eines Tages besser denken als Menschen, dann deshalb, weil die Maschine historisch in dem Denken wurzelt, das die Wissenschaftler und Techniker stets für die klarste und produktivste Art des Denkens gehalten haben: das mathematische Denken. Die Hoffnung, die viele im Computer verkörpert sehen, ist eben, daß er im Laufe der Zeit eine Art von Intelligenz hervorbringen werde, die die Exaktheit der Mathematik auf jedes andere Gebiet der Kultur übertragbar machen wird. Das

Symbolrepertoire des Computers wird dann vielleicht nicht länger auf Zahlen beschränkt sein, aber es bleibt der Traum, daß seine raffinierteren Programme alle Symbole mit der logischen Strenge eines mathematischen Schlusses werden manipulieren können. Fritz Machlup merkt an, daß der Begriff *computation* (Berechnen) schon in einem enorm erweiterten Sinne benutzt wird, der alles abdeckt, was Computer tun, wenn sie Symbole manipulieren. Das führt in der Öffentlichkeit zu einer beträchtlichen Konfusion. Wenn etwa ein Kognitionswissenschaftler von Programmen künstlicher Intelligenz spricht und die Leute dort »einen Satz oder Satzfetzen lesen, der besagt, daß ›mentale Prozesse Rechenprozesse sind‹, dann denken sie aller Wahrscheinlichkeit nach an Prozesse der numerischen Berechnung – und befänden sich damit im Irrtum.«[3]

Aber gerade dieser Irrtum trägt dazu bei, das Prestige des Computers zu erhöhen, denn er läßt die Menschen nur allzu leicht glauben, daß alles, was durch einen Computer läuft, dadurch die untrügliche Gewißheit der reinen Mathematik erlange. Obwohl sie wohl erröten würden, sähen sie sich mit Platos Mystizismus in Verbindung gebracht, haben viele Opportunisten in der Computerwissenschaft und besonders in der KI-Forschung den vollen Nutzen aus diesem Irrtum in den verwirrten Köpfen der Öffentlichkeit gezogen.

Es ist merkwürdig, wie manchmal in völlig unvorhergesehener Weise etwas vom alten platonischen Geist in der Welt der Computerwissenschaft wieder an die Oberfläche kommt. Plato war davon überzeugt, daß uns die Verderbnis des Fleisches von den höchsten Formen des Wissens trenne. Daher empfahl er das Studium der Geometrie als eine Art Sinnesläuterung, die den Geist über die Sterblichkeit des Leibes erheben sollte. Genau dasselbe Bündnis von Askese und Mathematik können wir im folgenden Abschnitt von Robert Jastrows »Geist im Universum« entdecken:

Wenn die Neurowissenschaften an diesen Punkt gelangen, wird ein kühner Forscher fähig sein, die Inhalte seines Geistes abzuzapfen und sie in das metallene Gitterwerk eines Computers zu übertragen. Da der Geist die Essenz des Daseins ist, können wir sagen, daß dieser Wissenschaftler in den Computer eingegangen ist und nun in ihm wohnt.

Endlich ist das menschliche Gehirn, behaust in einem Computer, von der Schwäche des sterblichen Leibes befreit ... worden ... Es herrscht nun über sein eigenes Schicksal. Die Maschine ist sein Leib; es selbst der Geist der Maschine ...

Mir scheint, daß dies die reife Form des intelligenten Lebens im Universum ist. Beheimatet in einem unzerstörbaren Gitterwerk aus Silizium, nicht länger eingefangen in den kurzen Zyklus des Lebens und Sterbens eines biologischen Organismus, könnte eine solche Art des Lebens ewig existieren.[4]

Als solcherart Körperlose, so stellt sich Jastrow vor, wird uns der Computer in eine »Rasse der Unsterblichen« verwandeln.

Die alte Magie der Mathematik

Das mathematische Modell der absoluten Gewißheit ist eine der unsterblichen Hoffnungen unserer Spezies. So kaltschnäuzig die meisten Wissenschaftler in ihrer Einstellung zur alten Magie der Mathematik sein mögen (oder erscheinen möchten), dieser Traum Platos hat bis heute überlebt, und zwar nirgendwo lebendiger als im Informationskult. Die Datenmenge und die Schnelligkeit ihrer Verarbeitung sind zwar die Elemente, die der Kult bei seiner Huldigung an den Computer am häufigsten betont. Aber ebenso wichtig wie die Daten ist die mathematische Präzision, mit der die Computerprogramme die Informationen manipulieren, die ihnen eingegeben werden. Genau das meinen die Computerwissenschaftler mit dem Terminus *effektives Verfahren*. Man sagt uns, daß ein Computer alles tun könne, wofür ein effektives Verfahren gegeben sei. Der Ausdruck bedeutet »eine

Menge von Regeln (das Programm), die unzweideutig bestimmte Verfahren festlegen, welche von einer Maschine durchgeführt werden können, die so konstruiert ist, daß sie diese Regeln als Anweisungen für ihre Operationen akzeptiert«.[5] Die Suche nach einem solchen Verfahren wäre reiner Unfug, gäbe es nicht ein Gebiet des Denkens, das uns ein Modell für eben solche strikte Folgerichtigkeit anbietet: die Mathematik, die Disziplin, die den Computer überhaupt erst hervorbrachte. Wenn man ihn auf den Bereich beschränkt, der mit einer solchen logischen Strenge behandelt werden *kann*, legt der Computer seine ganze Stärke an den Tag. Aber je weiter wir uns von diesem Bereich entfernen, desto schneller verfallen seine Kräfte.

Leider sind nicht alle Computerwissenschaftler bereit, dies einzugestehen. Sie vergessen – und lassen die Öffentlichkeit vergessen –, daß mathematische Ideen Ideen ganz besonderer Art sind. Es sind *formale Ideen*, das heißt, sie sind unter Zuhilfenahme eindeutig benennbarer Regeln von bestimmten Axiomen abgeleitet. Man kann sie in Teile zerlegen, und diese Teile sind letztlich logische Prinzipien und Postulate, die sich zu mechanischer Manipulierung eignen. Der Wert mathematischer Ideen liegt gerade in dieser analytischen Klarheit und Unzweideutigkeit. In ihrem angemessenen Anwendungsbereich vermögen sie logische Transparenz zu schaffen; sie räumen mit Mehrdeutigkeiten auf und legen die Skelettstruktur frei, die Teile, Stufen und Verfahren verbindet. Sie können programmiert werden. Und das ist möglich, weil es der menschlichen Einbildungskraft in einem erstaunlichen Kraftakt gelungen ist, mathematische Systeme zu entwickeln, die unbeeinflußt sind von der realen Welt, unbeeinflußt von der oft verschwommenen, unscharfen und unendlich komplexen Alltagserfahrung.

Da es aber auch in der realen Welt Bereiche gibt, die sich der formalen Ordnung annähern, gibt es Teilgebiete der Mathematik, die man auf diese Welt anwenden kann, um die Elemente auszusondern, die meßbar sind und Regeln gehorchen. Wo das geschieht, befinden wir uns im Reich der theoretischen und angewandten Naturwissenschaft. Daher können dort Computer außerordentlich nützlich sein, etwa wenn es darum geht, große

Mengen an Information durch wissenschaftliche und technische Programme zu schleusen. Aber selbst hier sollten wir uns bewußt machen, daß es im Hintergrund Ideen nicht-mathematischer Art gibt (man könnte sie Einsichten oder Glaubensartikel nennen), die alles wissenschaftliche Denken regieren. Nehmen wir unsere grundlegende Überzeugung, daß es in der Natur eine vernünftige Ordnung gibt, ein Muster, das der Geist begreifen kann. Das ist eine der fundamentalsten wissenschaftlichen Ideen. Aber worauf beruht sie? Auf einer Ahnung oder einer verzweifelten Hoffnung, die wir vielleicht auf Grund flüchtiger Wahrnehmungen von Symmetrien und Regelmäßigkeiten in der Natur, auf Grund wiederkehrender Rhythmen und Zyklen errichtet haben – Muster, die sich doch alle ständig in der »schwirrenden, brausenden Konfusion« des täglichen Lebens wieder auflösen. Doch wenn wir mit unserer Idee als Filter arbeiten, dann schirmen wir die Ausnahmen und Zufälligkeiten ab und finden verborgene Regelmäßigkeiten, die nach einer *Ordnung* der Dinge auszusehen beginnen. Aber welche Art von Ordnung ist das? Unsere Wissenschaft hat sich entschieden, nach der Ordnung der Zahlen zu suchen. Wir arbeiten im Gefolge von Galileos wirkungsmächtiger Idee, daß »das große Buch der Natur in der Sprache der Mathematik geschrieben ist«. Aber wir hätten uns auch für eine andere Art der Ordnung entscheiden können. Es gibt die Ordnung der Musik (so verbrachte der Astronom Kepler fast sein ganzes Leben damit, nach der Harmonie der Sphären zu suchen); es gibt die Ordnung der Architektur und des Dramas; es gibt die Ordnung einer Geschichte (eines Mythos), die immer wieder erzählt wird; es gibt die Ordnung eines göttlichen Handelns, in der wir nach Belohnung und Strafe, Zorn und Gnade Ausschau halten. Welche Ordnung ist die wichtigste? Diese Wahl zu treffen, ist ebenfalls eine Idee, die aus allen Möglichkeiten ausgewählt werden muß.

Fast die gesamte moderne Wissenschaft wurde aus einem kleinen Bestand von metaphysischen, ja sogar ästhetischen Ideen wie den folgenden abgeleitet:

Das Universum besteht aus Materie in Bewegung.
(Descartes)
Die Natur wird von universellen Gesetzen regiert.
(Newton)
Wissen ist Macht. (Bacon)

Keine dieser Ideen ist ein Schluß, der auf dem Weg wissenschaftlicher Forschung erreicht wurde; keine ist das Ergebnis von
Datenverarbeitung. Sie sind eher Prämissen, die wissenschaftliche Forschung ermöglichen und zur Entdeckung positiver Daten
führen. Noch einmal: Es gibt große Ideen über die Welt, und wie
alle großen Ideen gehen sie über bloße Information hinaus. Sie
steigen aus einer anderen Dimension des Geistes auf, aus einer
Fähigkeit zur Einsicht, die vielleicht der Macht der künstlerischen und religiösen Inspiration gleicht.
Es steht außer Zweifel, daß der Computer im Bereich der
mathematischen und wissenschaftlichen Ideen den Geist in bedeutsamer Weise ergänzt. Er kann blitzschnell Berechnungen
durchführen, er kann hypothetische Projektionen erstellen, er
kann erstaunlich flexible graphische Darstellungen produzieren,
er kann komplexe Simulationen durchspielen, die die Einbildungskraft erweitern. Damit hat diese Maschine eine ganze
Menge zu bieten. Dennoch scheint es sogar möglich, daß die
Macht des Computers als informationsverarbeitende Maschine
selbst für die Naturwissenschaften von Gefahr ist. Zumindest ein
führender Wissenschaftler hat eine provozierende Warnung bezüglich der Verwendung von Computern in der Astronomie
ausgesprochen. Sir Bernard Lovell schreibt:

> Ich fürchte, daß die buchstabengetreue, eng begrenzte
> computerisierte Forschung sich als antithetisch zur freien
> Entfaltung jener erfreulichen Gabe erweist, die wir einen
> glücklichen Instinkt nennen ... Wäre die Existenz von
> Radio-Galaxien, Quasaren, Pulsaren und der Mikrowel-
> len, die Hintergrundstrahlung jemals entdeckt worden,
> wenn ihre Entdeckung von den computerisierten Radiobe-
> obachtungen unserer Tage abhängig gewesen wäre? ...

Die Computer wirken sich als sehr einengende Informationsfilter aus; sie müssen auf spezifische Beobachtungen hin ausgerichtet sein. Mit anderen Worten, sie müssen für die Art von Ergebnissen programmiert werden, die der Beobachter erwartet. Heißt das also, daß Computer Glückstreffer vereiteln? Und wenn das zuträfe, sollten wir uns dann nicht darüber Sorgen machen, daß sie womöglich unseren Einblick in weitere entscheidende Eigenschaften des Universums verhindern?[6]

Die Verführungen der Software

Es gibt eine vorhersehbare Reaktion auf den Standpunkt, den ich hier vorgetragen habe. Und zwar ist mit der Behauptung zu rechnen, daß Computer *auch* mit nicht-mathematischen Ideen programmiert werden können. Das geschieht tatsächlich fortwährend. Denn genau das ist ein »Programm«: ein Algorithmus, eine Menge von Instruktionen, die Informationen für irgendeinen Zweck organisieren. Die Ideen, die den Programmen zugrunde liegen, sind mitunter so plump, daß sie keinen Kommentar verdienen, wie zum Beispiel im Falle eines Programms für das Familienbudget, das von der Annahme ausgeht, daß Bankrott unerwünscht sei und daher vermieden werden solle. (Das Programm kann der Warnung sogar durch einen scharf formulierten Befehl oder ein Blinksignal Nachdruck verleihen.) Oder die Idee kann so brutal einfach sein wie das Ziel eines Videospiels, das da vorschreibt, daß Mrs. Pacman fressen soll, ohne selbst gefressen zu werden.

Viele Programme sind sehr viel komplexer. Es gibt integrierte Management-Pakete, die behaupten, die Arbeiten eines ganzen Bürostabes und obendrein vielleicht sogar eines Vizedirektors oder von zweien zu übernehmen. Es gibt Computerspiele, die teuflisch verzwickt sind, so daß sie ebensoviel Intuition wie Kalkulation erfordern – das heißt, die Kompliziertheit der Strategie läßt die logische Analyse weit hinter sich. Die Schwierigkeit liegt darin, daß in der Welt der Computerwissenschaft *sowohl* die Ideen, die ein Programm leiten, *als auch* die Daten, die durch das Programm geschickt werden, in den Begriff der Information eingeflossen sind. Der Informationskult hat einen Großteil seines mystischen Anstrichs dadurch gewonnen, daß er sowohl die Daten als auch die Programme vereinnahmt hat. Aber das kann eine folgenschwere Verwirrung sein. Denn ebensogut könnte man sagen, daß es keinen Unterschied gäbe zwischen dem architektonischen Entwurf eines Gebäudes (dem Plan) einerseits und all den Abmessungen aller Materialien, die für den Bau des Gebäudes verwendet werden, andererseits. Die Materialien und ihre Maße beinhalten eine riesige Masse von detaillierter Information, die man mit großem Nutzen einem Computer unter verschiedenen passenden und querverweisenden Überschriften eingeben und dann auf Knopfdruck zur übersichtlichen Betrachtung abrufen könnte. Aber es ist der Entwurf des Gebäudes, der dieses formlose Chaos von Quantitäten zusammenhält und ihm Bedeutung verleiht. Das ist die Antwort auf die Frage: Wozu sind all diese Informationen gut? Es ist auch der Entwurf, wenn er uns erst einmal vorliegt, der uns erlaubt, noch viel wichtigere Fragen zu stellen, die die Daten im Speicher des Computers auf keinen Fall beantworten können. Wollen wir dieses Gebäude überhaupt errichten? Steht es in einem angemessenen Größenverhältnis zu seinem Standort, seiner Nachbarschaft, seiner Umgebung? Ist es schön? Ist es praktisch? Wird es seine Funktion erfüllen? Erfüllt es uns mit Stolz? Werden wir uns darin zu Hause fühlen? Strahlt es Wärme aus oder Eleganz, hat es menschliche Dimensionen, entspricht es seiner Zeit und seinem Ort, so daß es all denen angenehm sein wird, die darin leben und arbeiten müssen?

Wir könnten den Entwurf unter all diesen Gesichtspunkten diskutieren, ohne die Maße irgendwelcher Materialien überhaupt zu kennen. (Selbst die wahre Bedeutung des Ausdrucks »menschliche Dimensionen« muß nicht immer eine Frage der Größe sein, sondern hängt häufig mit dem Charakter der Umgebung zusammen.) Wir sprechen dann über die *Idee* des Gebäudes, wie wir es uns vorgestellt haben oder wie es einfach in einer flüchtigen Skizze auf einem Fetzen Papier existieren mag. Heutzutage kann der Architekt die Skizze mit einem Lichtgriffel auf einen Bildschirm zeichnen, aber der Unterschied bleibt: Die Idee kommt zuerst; die Idee enthält die Daten, die Idee regiert die Daten.

Beginnt man erst einmal über die Sache nachzudenken, wird einem kaum mehr entgehen, daß die Daten und das Programm, das die Daten verarbeitet, auf unterschiedlichen Ebenen angesiedelt sind, von denen die eine der anderen untergeordnet ist. Wie kommt es dann, daß man sie mit der Zeit beide als »Information« bezeichnet hat?

Zum Teil mag es damit zu tun haben, daß alles, was in einen Computer eingespeist wird, sofort in binäre Zahlen umgesetzt wird. Die Zahlen werden zu Bits, die Buchstaben der Wörter zu Paketen von Bits, die man Bytes nennt. Der Binärcode wird dann als umfassende »Sprache« betrachtet, die alles homogenisiert, was sie ausdrückt. In manchen Universitäten können die Systeme, die man bei der Übersetzung verwendet (BASIC, PASCAL, LISP etc.), metaphorisch als »Programmiersprachen« bezeichnet, jetzt anstelle von Französisch, Deutsch oder Russisch gelernt werden ... damit die Studenten schneller Computerkompetenz erlangen. Dabei sind dies natürlich überhaupt keine Sprachen, sondern Codiersysteme. Aber im elektronischen Metabolismus des Computers verschlingt der Allesfresser Bit alles: Zahlen, Wörter, geometrische Formen, Graphiken, Musik – und verwandelt es in lange Ketten von Einsern und Nullen. Wird damit nicht der Unterschied zwischen Daten und Ideen gelöscht? Wie mir einmal ein Computerexperte sagte, ist »Information« alles, was in eine Maschine eingegeben werden kann nach dem Schema ein/aus, ja/nein.

Wenn es so etwas wie einen bewußten Transistor gäbe, würde ein solch fremdes Wesen die Welt vielleicht auf eben diese seltsame Weise sehen: als eine unendliche Ansammlung von undifferenzierten »Einsern« und »Nullen«. Aber die Tatsache, daß ein Transistor nicht den Unterschied zwischen den Bits, die Daten repräsentieren, und den Bits, die Ideen enthalten, feststellen kann, bedeutet noch lange nicht, daß es *uns* freistünde, diesen entscheidenden Unterschied zu verwischen. Denn wenn wir das tun, laufen wir Gefahr, unsere intelligente Kontrolle über eben jene Programme aufzugeben, die jetzt immer größere Teile unseres Lebens beherrschen. Jede Software hat ein Repertoire von grundlegenden Annahmen, Werten, Beschränkungen, die in sie eingebettet sind. Das sind, auch nicht im entferntesten Sinne des Wortes, »Informationen«. Roh, wie sie oft sein mögen, sind es Ideen über die Welt, und wie alle Ideen muß man sie klar und kritisch ins Auge fassen.

Anfang 1985 führte ein Wirtschaftsjournalist ein Experiment durch, das vier der meistverbreiteten Computerprogramme zur Finanzplanung verglich. Man erfand eine hypothetische Mittelschichtfamilie – samt ihren Geldmitteln, Bedürfnissen, Plänen, Vorlieben – und ließ sie durch die Programme laufen. Das Resultat waren vier grundverschiedene Serien von Empfehlungen hinsichtlich Investitionen, Sparkonten, Bargeldführung, Versicherung und Altersvorsorge.[7] Warum? Weil die Ratschläge jedes Software-Planes auf unterschiedlichen Vorannahmen basierten, eine Tatsache, die keine der Anbieterfirmen erwähnte. Für den Benutzer sah es so aus, als nehme er einfach eine persönliche finanzielle Beratung in Anspruch, und er erhielt einen Computerausdruck, der ganz den Anschein absoluter Autorität erweckte.

Diese Illusion mathematischer Gewißheit wird besonders deutlich in der Besessenheit, mit der die Geschäftswelt gegenwärtig computergestützte Tabellenkalkulationen produziert. Seit Ende der siebziger Jahre die ersten Tabellenprogramme als Software von David Bricklin von der Harvard Business School veröffentlicht wurden, hat sich diese Form der computerisierten Buchführung nach den Worten Stephen Levys in den Unternehmen zu einem »wahren Kult« ausgewachsen.[8] Zwar ist die Tabellenkalkulation eine nützliche Methode, finanzielle Entscheidungen zu modellieren und zu projizieren, es liegt ihr aber, wie allen Programmen, eine Matrix von Vorannahmen zugrunde. Einige davon sind Ideen über Menschen, ihren Neigungen und Motivationen, andere sind Werturteile, die verschiedene Vorgehensweisen mit Prioritäten besetzen. Alle erfordern irgendeine Form numerischer Gewichtung und Faktorisierung, sei sie auch noch so grob oder töricht. Sodann gibt es auch in der Geschäftswelt einige Unwägbarkeiten wie etwa den guten Willen, die Arbeitsmoral, die Zufriedenheit mit dem Unternehmen, ein moralisches Verhalten; alles das müßte eigentlich berücksichtigt werden. Da es sich jedoch der Quantifizierung entzieht, findet es im Kalkulationsprogramm keinen Platz. Das Schlimme an den Tabellenkalkulationen ist, daß ihre säuberliche, mathematische Fassade, ihre rigorose Logik und ihr Übermaß an Zahlen ihre Benutzer am Ende blind machen für die unüberprüften Ideen, die die Berechnungen leiten. Levy meint dazu: »Da eine Tabellenkalkulation solch starke Autorität ausstrahlt – *schließlich wurde sie von einem Computer gemacht, nicht wahr?* –, wird das hypothetische Modell hingenommen wie das Evangelium.« Ein weiteres Beispiel dafür, wie die Mystik der Mathematik die klare, kritische Einschätzung des zugrundeliegenden Programms verschleiert.

Es mag uns auf den ersten Blick abseitig vorkommen, aber selbst in den einfachsten Videospielen unserer Kinder können fragwürdige Ideen am Werk sein. Denn die meisten dieser Spiele sind eindeutig von rücksichtsloser Konkurrenz und mutwilliger Zerstörung gekennzeichnet. *Gewinnen* ist das, was zählt, *töten* ist das, was gewinnen hilft. Viele der Spiele sind zutiefst sexistisch und zehren von stereotypen Männlichkeitsbildern, die heranwachsende Jungen – die Hauptkundschaft der Videospielhallen – anziehen sollen. Im Gegensatz dazu hat eine Firma, die eine Serie mit dem Titel »Computerspiele für Mädchen« herausgebracht hat, ihre Software mit konventionellen Vorstellungen von Weiblichkeit durchtränkt. Blutvergießen wird vermieden, dafür Kooperationsbereitschaft und Zeit für Aufräumen und Blumenpflücken aufgewendet. Mädchen spielen dabei als Partnerinnen, nicht als Konkurrentinnen miteinander; ihre Spiele erfordern eine ziemlich geringe Koordinierung von Hand und Auge.[9] Es mag zwar löblich sein, daß die Firma versucht hat, auch Mädchen mit ihrem Produkt anzusprechen, aber ihre Spiele erschöpfen sich ebenfalls in sexistischen Stereotypen.

In einer klugen Kritik der Videospiele kommt Ariel Dorfman zu dem Schluß, daß sie in ihrer überwältigenden Mehrzahl mit Vorannahmen und Zielen befrachtet sind, die zu einer Form der »psychischen Abstumpfung« beitragen.

> Wer Videospiele spielt und seine Sensibilität und Ethik beiseite läßt, während er vergnügt am Bildschirm tötet und seine Freizeit militarisiert, tut dies in einer Gesellschaft, die Massenmord als ein Mittel der Abschreckung betrachtet, Leichen als Statistiken, vierzig Millionen Tote als einen Sieg, permanente militärische Eskalation als Frieden.[10]

Vielleicht haben sich die meisten Kinderspiele im Laufe der Geschichte um den Reiz der Gewalt gedreht, besonders die Spiele pubertierender Jungen, deren Begriff von Männlichkeit noch immer betrüblich unterdimensioniert ist. Aber gewiß macht der Computer mit seinen hypnotisierenden Graphiken und blitzschnellen Reaktionen (eine feindliche Welt wird auf spektakuläre Weise auf die Berührung eines »Joysticks« hin zerstört) diesen unerfreulichen Reflex der pubertären Drüsentätigkeit noch großartiger und verführerischer.

Nur wenn wir eine klare Unterscheidung zwischen Ideen und Informationen treffen, können wir erkennen, daß es sich dabei um zwei radikal verschiedene Diskursebenen handelt, die unterschiedliche Ebenen der Bewertung verlangen. In den meisten Fällen werden wir die Daten, die durch die Programme fließen, entweder als »richtig« oder als »falsch« beurteilen, als Fragen nach Tatsachen, die den herkömmlichen Forschungsmethoden unterzogen werden können. Doch die Ideen, die die Daten leiten, sind *keine* Informationen und auch keine Heiligtümer mathematischer Logik. Sie sind philosophisch gebunden, die Frucht von Erfahrungen, Einsichten, metaphysischen Überzeugungen, die als weise oder töricht, kindisch oder reif, realistisch oder phantastisch, moralisch oder böse eingestuft werden müssen. Diese Kritik betrifft die ganze Palette der Computersoftware, angefangen beim Videospiel, das die mutwillige Vernichtung einer ganzen Galaxie der Macht eines Kinderdaumens unterstellt, bis zur computerisierten Kriegsmaschine, die die Präsidenten und Generäle vor die konkrete Möglichkeit des Völkermords stellt. Solche Fragen kritisch abzuwägen verlangt eine Erziehung, die eine standardisierte Computerkompetenz niemals liefern wird.

Seit die Informationstechnologie zu uns kam, haben ihre kritikfähigen Benutzer das GIGO-Prinzip erkannt: »garbage in – garbage out« (Müll rein – Müll raus). Der Computer kann nichts Besseres liefern, als ihm durch die Qualität der Information, die eine menschliche Intelligenz für ihn ausgewählt und in ihn eingefüttert hat, vorgegeben ist. Aber dieses Prinzip muß auf eine andere Ebene ausgedehnt werden. Die mathematische Strenge des Computers mag manch einen dazu verleitet haben, GIGO irrtümlich so zu interpretieren, wie Ashley Montague es einmal ausgelegt hat: garbage in – *gospel* out (Müll rein – Evangelium raus). Wir brauchen dringend ein anderes Prinzip, das uns auf die Fallstricke der Programme aufmerksam macht, die in der Maschine stecken und nur darauf warten, die Information zu erhalten. Selbst wenn die Daten gut ausgewählt sind, kann ihnen intellektueller »Müll« einer anderen Art auflauern, Müll, der sich in den Tiefen des Programms verbirgt.

Eine fremde Intelligenz

> Wir kommen aber immerhin zu dem Schluß, daß Computer jetzt oder künftig noch so viel Intelligenz erwerben können, daß ihre Intelligenz jedoch stets gegenüber menschlichen Problemen und Anliegen *fremd* sein muß.
>
> Joseph Weizenbaum[11]

Die Genialität der Computerwissenschaft liegt in ihrer beachtlichen Fähigkeit, extrem komplexe Programme aus extrem einfachen Bausteinen zusammenzusetzen. Nur wenige Computerbenutzer sind sich darüber im klaren, daß letztlich alles, was die Maschine tut, aus den raschen Manipulationen einiger weniger grundlegender logischer Beziehungen abgeleitet ist, wie sie etwa die Wörter *und, oder, sowohl/als auch, weder/noch, daraus folgt* ausdrücken. Nur sehr wenig von dem, was jedes beliebige Computerprogramm hervorbringt, kann nicht auf eine kleine Anzahl einfacher Regeln folgender Art zurückgeführt werden:

> *Dieses* ist dasselbe wie *jenes*; füge *beides* zusammen.
> *Dieses* ist nicht dasselbe wie *jenes*; tu *dies* woanders hin.
> Wenn *dieses* so ist, dann ist *jenes* so; fahre so fort.
> Wenn *dieses* so ist, dann ist *jenes* nicht so; *jenes* kann eliminiert werden.
> Entweder *dieses* oder *jenes*; triff die Wahl.

Und so weiter.

Das ist die Art von Entweder/oder-Regeln, die sich reibungslos in die Null/Eins-Begrifflichkeit der Binärzahlen übersetzen lassen und reibungslos durch die Ein/Aus-Kanäle der elektrischen Transistoren laufen. Dadurch erhalten wir ein wunderschönes dreischichtiges synergistisches Sandwich: *effektive Verfahren* (die Idee des Programms) auf der Grundlage *binärer Arithmetik*, die auf dem *physikalischen Ein-Aus-Verkehr von Elektronen* durch die Halbleiter beruht. Das ist ein fesselndes Zusammenspiel, das für Menschen nützliche Operationen mit einem unsichtbaren Untergrund nicht-menschlicher, physikalischer Phänomene verbindet. Wenn die Programmierregeln, die dieses Zusammenspiel leiten, dicht gereiht in lange Sequenzen gepackt werden und in Blitzesschnelle ablaufen, dann sieht das, was der Computer tut, ganz und gar nicht mehr einfach aus. Besonders, wenn Wahrscheinlichkeiten, Prioritäten und Gewichtungen in das Programm einkalkuliert wurden, kann es den Anschein haben, als sei eine schlaue, kleine Intelligenz am Werk, die überlegt, wählt, entscheidet. Und doch ist es eine Intelligenz, deren Konstrukteure wissen, daß sie nach strikt mathematischen Regeln und physikalischen Gesetzen arbeitet. Es ist daher verständlich, daß manche Computerwissenschaftler sich überlegt haben, wie weit man solche Verfahren noch in das Reich des Intellekts ausdehnen kann. Wie viele Fähigkeiten des menschlichen Geistes – seine Intuition, seine Kreativität, sein Urteilsvermögen – kann man dadurch simulieren, daß man Daten durch solche formalen Prozesse schleust, die mathematisches Denken kennzeichnen?

Das Forschungsgebiet der künstlichen Intelligenz steht für eine solche Suche: Wege zu finden, so viele Denkweisen wie möglich derartig zu programmieren, daß ein Computer sie simulieren kann. Das ist ein herausforderndes Unternehmen, das sehr viel raffiniertere Programme hervorgebracht hat, als seine Kritiker vor zehn oder zwanzig Jahren vorausgesagt hätten, als die Disziplin ihren Einzug in die Universitäten hielt. Zu ihren hochgepriesenen Errungenschaften gehören mehrere »Expertensysteme«, die Ärzten, Geologen, Chemikern und Genetikern wertvolle Hilfe leisten können. Im wesentlichen stellen diese Systeme Programme dar, die verschiedene Möglichkeiten, wie Fachleute bestimmter Sachgebiete sich ihren Weg durch ein Problem bahnen würden, zusammenstellen. So kann etwa ein Arzt ein Bündel von Symptomen in einen Computer eingeben, der sie dann durchmustert und einen Diagnosevorschlag erstellt. Die Logik der Sache ist einfach: Wo die Spezialisten *das* und *das* und *das* bei ihren Patienten festgestellt haben, sind sie normalerweise zu einem entsprechenden Schluß gekommen. Natürlich können die Spezialisten auch ein paar Einzelheiten intuitiv am Erscheinungsbild des Patienten wahrgenommen haben – eine krumme Haltung, glasige Augen, bleiche Wangen –, die nur schwer in das Programm aufzunehmen sind. Oder die Spezialisten können, eben weil sie Spezialisten sind, einen wesentlichen Aspekt, der nicht in ihr Fachgebiet fällt, übersehen haben. Es ist zweifelhaft, daß selbst ein so geniales System jemals funktionieren kann, außer etwa in einer beratenden Funktion für Ärzte aus Fleisch und Blut, die sich letztlich auf ihr eigenes Urteil verlassen müssen – schließlich tragen sie in einem möglichen Kunstfehler-Prozeß die letzte Verantwortung.

So eindrucksvoll solche Fortschritte auch sind, die KI-Forschung ist doch hinter den Erwartungen zurückgeblieben, die ihre Anhänger seit dem Forschungsbeginn in den frühen fünfziger Jahren geweckt haben. Wie wir gesehen haben, zeichnete sich die künstliche Intelligenz besonders durch extravagante, oft propagandistische Behauptungen zu ihren Gunsten aus, mit dem Ergebnis, daß Fachleute dieses Gebiets ebensoviel zum Mythos des Computers beigetragen haben wie die Werbeleute, die Maschinen prophezeiten, die Fremdsprachen übersetzen, gesprochene Sprache verstehen, visuelle Eindrücke verarbeiten, juristische, politische und finanzielle Entscheidungen treffen und ganz allgemein die menschliche Intelligenz in jedem Anwendungsbereich übertreffen würden. So behaupteten etwa 1959 Herbert Simon und Allen Newell, daß ihre Forschung in »absehbarer Zukunft« Computer hervorbringen würde, deren Fähigkeit, Probleme zu lösen, »sich mit dem Bereich deckt, der bis jetzt dem menschlichen Denken allein vorbehalten war«.[12] Marvin Minsky hat sich zu noch ehrgeizigeren Voraussagen hinreißen lassen:

> Innerhalb von drei bis acht Jahren werden wir eine Maschine mit der allgemeinen Intelligenz eines durchschnittlich begabten Menschen haben. Ich meine eine Maschine, die Shakespeare lesen, ein Auto wachsen, Geschäftspolitik betreiben, Witze erzählen und streiten kann. Zu diesem Zeitpunkt wird die Maschine anfangen, sich mit phantastischer Schnelligkeit selbst zu bilden. Nach ein paar Monaten wird sie auf dem Stand eines Genies sein und noch ein paar Monate später wird ihre Macht nicht mehr zu kalkulieren sein.[13]

Diese Vorhersage wurde 1970 getroffen. Selbst Minskys Kollegen am Institut für künstliche Intelligenz am MIT fanden sie übertrieben; etwas nüchterner urteilten sie, daß solche Ergebnisse höchstens in weiteren *fünfzehn Jahren* zu erwarten seien. Dann, so meinten sie, habe Minsky wahrscheinlich recht, wenn er glaube, daß Computer so weit seien, daß sie »beschließen könnten, uns als Schoßtiere zu halten«.

Der Grund für so gewissenlose Selbstanpreisungen ist nicht

schwer festzustellen. Es geht um eine Menge Geld. Zusammen mit ihrer noch später entstandenen Schwesterdisziplin, der Kognitionswissenschaft, war die künstliche Intelligenz in den vergangenen zwei Jahrzehnten eine der meistgeförderten Disziplinen der akademischen Forschung. Ihr Ansehen in der Öffentlichkeit und ihr Schicksal haben sich in dieser Zeit mehrfach gewandelt, je nachdem, wie erfolgreich ihre Bemühungen gerade waren. Derzeit steht die künstliche Intelligenz wieder im Blickfeld der Öffentlichkeit und rangiert ganz oben auf der Spendenliste der Militärindustrie. Sie ist die große Hoffnung der Computerindustrie geworden, die dabei ist, eine neue Generation von noch höher entwickelter Ware zu produzieren – die sogenannte fünfte Generation von Computern. Man schaut jetzt erwartungsvoll auf die künstliche Intelligenz, die den großen Durchbruch herbeiführen soll, um superintelligente Maschinen für alle Lebensbereiche möglich zu machen, vom sprechenden Kühlschrank bis zum automatisierten Schlachtfeld. Manche Beobachter schätzen, daß bis zur Mitte der neunziger Jahre die künstliche Intelligenz im Mittelpunkt eines Marktes stehen wird, der jährlich 50 Milliarden Dollar einbringen könnte, *wenn* all die versprochenen Erfindungen wahr werden. Ein Kommentator (Michael Bywater) schrieb im November 1985 im Londoner *Observer*: »Künstliche Intelligenz ist eine zweigliedrige Wortverbindung, die den Beamten des U.S.-Verteidigungsministeriums das Wasser im Mund zusammenlaufen läßt.«

Die künstliche Intelligenz und die Kognitionswissenschaft haben sich bereitwillig von dieser neuen Welle spekulativer Investitionen mittragen lassen und ihre Fachinteressen mit den himmelstürmenden Verheißungen der Werbung, die dazu beitragen, ihre Forschung zu finanzieren, verquickt. Große Unternehmen wie IBM, Digital Equipment und Data General sowie die staatliche Pentagon's Defense Applied Research Projects Agency (DARPA) haben lukrative Abkommen mit führenden Universitäten geschlossen, um die notwendige Forschung voranzutreiben. Diese Entwicklung wurde in Kreisen der Computerwissenschaftler nicht ohne Kritik hingenommen. Einige sind darüber besorgt, daß die immensen Summen, die die Militärindustrie gegenwärtig beischießt, die Prioritäten der Forschung enorm verzerren wird. Einigen anderen machen (ziemlich spät) die ethischen Implikationen Kummer, die die Verbindung zwischen der Informationstechnologie und dem Pentagon mit sich bringt. Wieder andere erheben die noch grundlegendere Anklage, daß die künstliche Intelligenz in solchem Maße überbewertet werde, daß es schon an Betrug grenze. Sie könne vielleicht nicht einmal annähernd das hervorbringen, was sie in der Werbung verspricht. Diesen Vorwurf brachte auf der Tagung der Association for Computing Machinery 1984 Lewis M. Branscomb von der Firma IBM vor, der bezüglich der künstlichen Intelligenz sagte: »Die überspannten Mutmaßungen der vergangenen Jahre sind für viele von uns eine Quelle der Besorgnis geworden, da wir beobachtet haben, wie übertriebene Behauptungen von Forschern anderer Fachgebiete zu unvernünftigen Erwartungen seitens der Öffentlichkeit geführt haben.«

Die Anklage formulierte noch pointierter der frühere IBM-Mitarbeiter Herbert Grosch:

> Der Kaiser – ob wir von der fünften Generation oder von der künstlichen Intelligenz reden – ist splitternackt von den Knöcheln an aufwärts. Von den Knöcheln an abwärts trägt der Kaiser ein Paar abgetragene und dick vergoldete Schuhe namens Expertensysteme. Sie sind nützlich, aber wir haben sie schon seit über dreißig Jahren. Alles, was die Jungs von der fünften Generation geändert haben, ist das Etikett.[14]

Die Probleme, auf die die KI-Forschung bei der Verwirklichung ihrer aufgeblasenen Ansprüche gestoßen ist, sind äußerst aufschlußreich. Sie enthüllen nämlich die Grenzen des vielgepriesenen mathematischen Geistes, wenn er sich über die Gefilde der reinen Vernunft hinauswagt – oder vielmehr, wenn er diese Gefilde in die wirkliche Welt hinein ausdehnen will.

Am Anfang – als die erste Nachkriegsgeneration von Computern in den Universitäten ihren Einzug hielt – waren die Computerwissenschaftler davon begeistert, wie rasch sie ihre Maschinen darauf programmieren konnten, strategische Spiele wie Tic-Tac-Toe, Dame und Schach zu simulieren. Die Strategie für Tic-Tac-Toe meisterten die Computer schnell, ebenso wie die meisten zehnjährigen Kinder. Auch das Damespiel gab seine wenigen Geheimnisse bald preis. Seit das erste Schachprogramm 1957 entwickelt wurde, konnte das Niveau computerisierter Schachstrategien bis nahe an die Grenze der Spielstärke von Großmeistern angehoben werden.[15] Diese Erfolge waren äußerst ermutigend. Wenn die Maschine so hervorragende Leistungen bei so schwierigen Aufgaben erbringen konnte, was sollte ihr dann unmöglich sein?

Aber wie sich gezeigt hat, sah sich die KI-Forschung auf einer ganz anderen, viel bescheideneren Ebene geistiger Aktivität mit ihren zähesten Problemen konfrontiert. Während Computer bei strategischen Spielen eindrucksvolle Fähigkeiten an den Tag legen, sind sie weiterhin in denjenigen Bereichen des Lebens ratlos, in denen »gesunder Menschenverstand« und die »natürliche Sprache« entscheidend sind. Man stelle sich beispielsweise die Aufgabe vor, ein Programm für die folgende prosaische Szene zu entwerfen:

Sie wollen wissen, was in der Welt geschieht. Wie können Sie das erfahren? Nehmen wir an durch die Lektüre der Morgenzeitung. Wo ist die Zeitung? Irgendwo auf dem Rasen vor dem Haus, wo der Zeitungsjunge sie hingeworfen hat. Dann sollten Sie hinausgehen, sie aufheben und ins Haus holen. Richtig. Außer wenn es regnet. Wenn es regnet, wollen Sie nicht naß werden. Wie können Sie das vermeiden? Indem Sie einen Regenmantel anziehen, dann hinausgehen und die Zeitung holen.

Das ist ein wirkliches Forschungsprojekt, das die Alfred S. Sloan Foundation an der Fakultät für Computerwissenschaften der Universität von Kalifornien in Berkeley finanziert hat. Man mußte also ein effektives Verfahren entwickeln, das es in irgendeiner sinnvollen Reihenfolge schafft, festzustellen, ob und wie stark es regnet, einen Regenmantel anzuziehen, hinauszugehen, die Zeitung aufzuheben – natürlich alles in simulierter Form; der Computer verläßt selbstverständlich nicht das Labor, um auf dem Campus herumzukrabbeln und eine echte Zeitung zu suchen.[16]

Kein großes Problem, sollte man meinen. Aber für den Computer muß dieses winzige Abenteuer wirklichen Lebens in ein enorm langes und detailliertes Programm verschlüsselt werden, mit so manchem »bug« und Ausrutscher auf dem Weg. Und wenn die Wahlmöglichkeit, einen Schirm zu benutzen, in das Programm eingearbeitet wird oder die Notwendigkeit einer Entscheidung, *wie* naß man werden will, ehe man entweder zum Schirm oder zum Regenmantel greift, dann wird das Programm ein Dickicht von widersprüchlichen Möglichkeiten. Geht der menschliche Geist so mit einem derartigen Problem des Alltagslebens um? Ganz gewiß nicht. Aber es ist die einzige Art und Weise, in der es ein Computer kann – und dann nicht einmal besonders gut.

Eine ironische, jedoch sehr bedeutsame Wahrheit geht aus Forschungen dieser Art hervor. Der wertvollste Beitrag, den die künstliche Intelligenz und die Kognitionswissenschaft liefern, ist vielleicht der Nachweis, wie radikal begrenzt die Reichweite der mathematischen Logik für eine ganze Skala von Problemen der wirklichen Welt ist. Wir scheinen einfach nur sehr wenig in unserem Leben durch »effektive Verfahren« zu bewältigen. Wir haben vielleicht einen Computer, der es beinahe fertigbringt, einen Schachgroßmeister mattzusetzen. Doch ist die Maschine nicht einmal klug genug, um bei Regen trocken ins Haus zu kommen. Daraus dürfen wir schließen, daß es einen fundamentalen Unterschied zwischen der Weise gibt, in der eine Maschine das Denken simuliert, und derjenigen, in der Menschen tatsächlich denken. Dieser Unterschied könnte sich sogar auch auf Bereiche wie Mathematik und Schach erstrecken, in denen Computer ihre eindrucksvollsten Ergebnisse erzielen. Wie wir in unserer Analyse von Logo in Kapitel IV erwähnt haben, trifft es vielleicht nicht zu, daß Menschen in der gleichen Weise Schach spielen oder Mathematik betreiben wie Computer. Auch bei diesen Tätigkeiten arbeitet der menschliche Geist wohl oft in der verschnörkelten, lockeren, verschwommenen Weise, in der er (scheinbar ohne nachzudenken) zu dem Schluß kommt, daß es

sowieso sinnlos ist, eine klatschnasse Zeitung vom Rasen aufzu-
lesen, und daher beschließt, das Radio einzuschalten, um die
Nachrichten zu hören.

Die effektiven Verfahren, die für Mathematik und Schach entwickelt wurden, sind die wertvollsten Beiträge, die die künstliche Intelligenz uns zum Verständnis des menschlichen Denkens
anbieten kann. Wenn diese Verfahren aber so weit von echtem
Denken entfernt sind, wie manche Kritiker glauben, dann haben
wir um so mehr Grund, vor der Verfahrensweise auf der Hut zu
sein, in der die Software ihre Daten manipuliert. Denn die
mathematische Strenge des Verfahrens ist vielleicht nicht einmal
das Ergebnis *wirklicher* Mathematik, sondern einer groben und
mechanischen Karikatur des mathematischen Geistes und seiner
Arbeit. Und wo das zutrifft, kann der alte Zauber der Mathematik, in dem die Informationstechnologie ihre Wurzeln hat, uns
arg in die Irre führen – bis zur völligen Täuschung. Ein Computer
ahmt, noch dazu auf unangemessene Weise, eine Eigenschaft
des Geistes nach, beansprucht aber eine Autorität, die er nicht
verdient.

Die Gefahr, die stets über der künstlichen Intelligenz und der
Kognitionswissenschaft schwebt, besteht in der Behauptung,
daß alles, was ein effektives Verfahren ausläßt, nicht wirklich
wichtig sei oder später als Teil eines noch zu entwickelnden
Programms eingefügt werden könne. So versichert uns Marvin
Minsky im Hinblick auf Computerprogramme, die Emotionen
mitberücksichtigen sollen:

> Wenn wir erst einmal die Gedanken im Griff haben,
> werden wir auch in der Lage sein, Gefühle in eine Maschi-
> ne hineinzuprogrammieren. Wir könnten schon heute et-
> was herstellen, das einen Wutanfall bekommt, aber das
> wäre ein hirnloser Zorn. Er wäre nicht besonders interes-
> sant. Ich bin sicher, wenn wir ein bestimmtes Maß an
> Denken beherrschen und uns entschieden haben, welche
> Gefühle wir in einer Maschine haben wollen, wird das
> nicht mehr schwer sein.[17]

Leicht hingeworfene Bemerkungen wie diese beruhen auf der Tatsache, daß man jede menschliche Tätigkeit auf *irgendeine* formale Beschreibung reduzieren kann – wenn wir all die nicht programmierbaren Mehrdeutigkeiten, Feinheiten und Zufälligkeiten ausschalten. Ein Computer kann zum Beispiel mit Schlüsselworten programmiert werden, die Unmengen von Regeln auslösen, um eine Auswahl von »Mustern« auf den Plan zu rufen, die »romantische Liebe«, »Familienliebe« oder »platonische Liebe« repräsentieren. Wenn das Muster für romantische Liebe aufgerufen wird, kann die Maschine »Ich liebe dich«, oder noch besser »Ich liebe dich *wirklich*« ausdrucken, gefolgt von »Klammer-seufz-Klammer«. Es kann auch mit einer Anthologie großer Liebesgedichte geladen werden, die es dann zitiert.

Manch ein Experte für künstliche Intelligenz mag die brutale Vereinfachung, die ein solches effektives Verfahren verlangt, als ersten Schritt einer langwierigen Suche nach einer authentischeren Lösung betrachten. Die Gefahr liegt allerdings darin, daß an irgendeiner Stelle die Suche so frustrierend wird, daß man sie abbricht, ohne jedoch den ersten Schritt rückgängig zu machen. Weil der erste Schritt logisch so streng ist, sieht man ihn als zuverlässig an: als echten Fortschritt oder gar als das Ziel selbst. Das ist etwa so, als würde man eine grobe Karikatur als befriedigenden Ersatz für ein Porträt von Künstlerhand hinnehmen – oder sogar als Ersatz für die wirkliche Person hinter dem Bildnis.

Die Flucht vor der Realität

Die Beispiele, die hier von stark strukturierten Laborversuchen der KI-Forschung angeführt wurden, mögen harmlos akademisch und sogar ein wenig erheiternd wirken, da die untersuchten Projekte weit von jedwedem wirklichen Leben entfernt sind. Man könnte deshalb leicht zu dem Schluß gelangen, daß diese Forschung, wenn sie nicht einmal alltägliche, den gesunden Menschenverstand erfordernde Tätigkeiten erfolgreich kopieren kann, niemals über das Reißbrett hinausgelangen wird und sich schließlich in die Reihe gescheiterter Unternehmungen wie der Suche nach dem Perpetuum mobile oder der Weltformel eingliedern wird.

Aber ganz so geht es auf der Welt eben nicht zu, wenn mächtige Institutionen darauf aus sind, ihren Einfluß und ihren Profit zu maximieren. Die KI-Forschung durchdringt bereits unser Wirtschaftsleben auf vielerlei einflußreichen Gebieten, ein Ergebnis der massiven ökonomischen Bekehrung zur Hochtechnologie. Es ist allgemein bekannt, daß die Produktion bereits in vielen Bereichen einen hohen Automatisierungsstandard erreicht hat, und das Ziel ist zweifellos, sämtliche Fließbandarbeiten künftig von Robotern ausführen zu lassen. Dieses Bestreben, durch ständig steigende Mechanisierung Lohnkosten einzusparen, setzt sich auf immer höheren Stufen innerhalb der industriellen Hierarchie fort, bis hin zur Ebene der hochspezialisierten Arbeiter und der Aufsichtskräfte. Auf jeder dieser Stufen hat diese Automatisierungstechnologie dieselben Annahmen zur Voraussetzung, wie sie auch den KI-Forschungen zu den Problemen des Schachspiels oder denen des Alltagsverstandes zugrunde liegen: daß man nämlich effektive Verfahren für alle Tätigkeiten entwickeln kann, die Facharbeiter oder angelernte Arbeiter, vielleicht sogar Vorarbeiter und Manager im Produktionsprozeß leisten. Die breite Öffentlichkeit ist längst bereit zu glauben, daß dies möglich sei; schließlich haben wir alle bereits eindrucksvolle Filme von automatisch funktionierenden Fabriken gesehen oder zumindest begeisterte Berichte darüber gelesen. Die Werbung der Industrie und der Regierungen hämmert uns fortwährend ein, daß diese vollständige Automatisierung möglich sei und ihr Ergebnis höhere und zugleich billigere Produktivität sein werde. Dank der Hochtechnologie wird teure menschliche Arbeitskraft aus dem Lohngefüge herausautomatisiert, auf daß (nicht nur) die amerikanische Industrie wieder ihre Wettbewerbsfähigkeit in der Welt zurückerlange.

Aber es gibt doch wenigstens einen kleinen Bestand an Literatur zum Thema Automatisierung, der eine abweichende Meinung vertritt, besonders was jene Bestrebungen angeht, hochspezialisierte Tätigkeiten durch große Industrieprogramme wie »integrated computer assisted manufacturing« (ICAM; »integrierte, computergestützte Produktion«) zu ersetzen. Die geäußerten Zweifel haben mit den Problemen zu tun, mit denen sich Computerwissenschaftler konfrontiert sehen, wenn sie die Arbeit eines gut ausgebildeten Maschinenschlossers auf einen formalen, numerisch kontrollierten Prozeß zu reduzieren versuchen: im Grunde also probieren, mit der Arbeitskraft der Menschen Schach zu spielen. Man entdeckt allmählich, daß nichts an dieser Arbeit so einfach ist, wie es auf den ersten Blick vom fernen und erhabenen Standpunkt des Wissenschaftlers aus erscheinen mag. Facharbeit erfordert sehr viel mehr Beweglichkeit, erfahrene Urteilskraft und Intuition, als jedes bisher entwickelte Programm leisten konnte. Die Stunde um Stunde neu zu bewältigende Wirklichkeit einer Fabrikhalle ist nun mal kein Schachbrett.

In einer bemerkenswerten und detaillierten Untersuchung hat David Noble eindrucksvolles Tatsachenmaterial zusammengetragen – einschließlich eigener Erfahrungen in der Welt der Industriearbeiter –, das viele teure, aber sonst stets vertuschte Fehleinschätzungen bloßlegt, die dem Drang nach totaler Automatisierung auch weiterhin im Wege stehen werden.[18] Aber das Bemühen, Fabriken ohne Arbeiter zu schaffen, hält an, wobei auf der steten Suche nach »adaptiver Kontrolle« eine Ebene korrigierender Technologie auf die andere gelagert wird. Dieses Ziel wird von der Industrie und vom Militär großzügig gefördert und stellt ein »leichtes Problem« für die Computerwissenschaftler dar, besonders für die Forscher im Bereich der künstlichen Intelligenz, die jederzeit für sich in Anspruch nehmen, Wunder wirken zu können. Noble hält fest:

Adaptive Kontrolle ist der Versuch, Maschinen durch die Verwendung von hochentwickelten Sensoren, empfindlichen Rückkoppelungsmechanismen und sogar »künstlicher Intelligenz« auf vollständige Selbstkorrektur hin zu konstruieren. Solche Vorrichtungen, so hofft man, werden automatisch alle Abweichungen und wechselnden Bedingungen kompensieren und die Maschinenarbeit in einen vollkommen automatischen, selbständigen Prozeß verwandeln, der nur noch einer Managementkontrolle aus der Ferne gehorcht.

Das Ergebnis dieser kostspieligen und entschlossenen Kampagne, »Fabrik der Zukunft« genannt, ist ein Produktionsprozeß ohne Arbeiter, überladen mit »Sensoren, Monitoren, Zählern, Alarmanlagen, selbsttätigen Reparatureinrichtungen«, der immer anfälliger für Betriebsstörungen und Ausfälle wird. Die Fabriken werden sich in dieselbe Richtung wie die modernen Waffensysteme entwickeln – das F-16-Kampfflugzeug, der AEGIS-Kreuzer, die Maverick-Panzerabwehrrakete –, die ein solches Niveau von Komplexität und Empfindlichkeit erreicht haben, daß ihre Bedienung schließlich die Fähigkeiten derer übersteigt, die mit ihnen umgehen müssen.[19] »Die größere Komplexität, die die Unzuverlässigkeit ausgleichen soll«, so kommentiert Noble, »erhöht nur die Unzuverlässigkeit.« Er nennt dieses Streben »eine Flucht vor der Realität« – der Realität der tatsächlichen Arbeitsweise des menschlichen Geistes und Organismus, die in nichts dem Datenverarbeitungsmodell gleicht, nicht einmal in der als langweilig eingestuften mechanischen Routine des Produktionsprozesses.

Wenn die künstliche Intelligenz von Kritikern wie Joseph Weizenbaum als »eine fremde Intelligenz« bezeichnet wird, dann mag dies wie eine sentimentale Reaktion auf die kalte Logik des Computers anmuten. Gewiß haben viele Verteidiger der KI-Forschung versucht, die Kritik in dieser Weise auszulegen und sie so als bloßen »Aufschrei des Herzens« abzutun. Vielleicht aber ist sie auch darum eine fremde Intelligenz, weil sie einfach die meisten der Arbeiten, die sie übernehmen soll, nicht leisten kann, da sie nicht mit der Wirklichkeit in Berührung steht, in der wir alle leben. Daher versucht sie eine *andere* Wirklichkeit zu schaffen, eine Wirklichkeit, die den leblosen Vorschriften der reinen Vernunft entspricht. Und genau das hat auch Plato getan, als er die erste Akademie einrichtete und sich dorthin zurückzog, um über den Entwurf seines idealen Staates nachzudenken. Er gestand freimütig ein, daß keine Gesellschaft die geometrische

Perfektion erreichen könne, die er suchte – ohne sich dabei in eine Autokratie zu verwandeln. Sein philosophisches Utopia reichte niemals über die Grenzen seiner Akademie hinaus; weil ihm weder genug Reichtum noch genug Macht zur Verfügung stand, um es zu verwirklichen.

Doch die herrischen Verfechter der reinen Vernunft weilen auch heute noch unter uns, in Gestalt der Computerwissenschaftler, die die althergebrachte Mystifizierung der Mathematik weidlich zu ihren Zwecken nützen. Und nachdem sie eine Maschine erfunden haben, die diese Mystik verkörpert, haben sie auch die sozialen Kräfte gefunden, die über die Macht verfügen, ihr Utopia in ein ernstzunehmendes politisches Projekt zu verwandeln.

Die fünfte Generation ... und weiter

Die Verfechter der künstlichen Intelligenz und der Kognitionswissenschaft verfügen mit Sicherheit über eine Eigenschaft: Hartnäckigkeit. Sooft ihre Versprechungen sich in Luft aufgelöst haben, sooft haben sie sie nur noch um so großspuriger erneuert. Sie sind ein zäher Verein. Was Marvin Minsky 1970 in »drei bis acht Jahren« zu erreichen versprach (»eine Maschine mit der Intelligenz eines durchschnittlich begabten Menschen« und bald darauf »eines Genies«), steht immer noch auf dem Arbeitsplan der KI-Forschung. Doch wird heute das Projekt noch stärker in den Vordergrund gestellt als früher, weil man einige technologische Durchbrüche und konzeptuelle Neuerungen zu verzeichnen hat. Derzeit werden all diese Durchbrüche und Neuerungen unter dem Etikett »die fünfte Generation« gehandelt. Damit sind jene superintelligenten Computer gemeint, die schon seit geraumer Zeit angekündigt werden und jetzt – beinahe – greifbar sein sollen.

In einer vielerorts kommentierten Übersicht über diese neuen technologischen Horizonte scheinen zwei prominente Computerwissenschaftler zu teilweise ähnlichen Schlüssen gekommen zu sein, wie ich sie vertrete: daß nämlich computerverarbeitete Informationen und von Menschen geschöpfte Ideen »getrennte Entitäten« sind, die auf fundamental verschiedenen »geistigen« Ebenen angesiedelt sind. Die beiden Wissenschaftler entwickeln diesen Unterschied in einer bezeichnenden und aufschlußreichen Weise weiter. In ihrer Untersuchung *The Fifth Generation* (dt. *Die fünfte Computer-Generation*) sind sich Edward Feigenbaum und Pamela McCorduck darüber einig, daß die rohen Informationen, die Computer inzwischen in einem ungeheuren Überfluß verarbeiten können, letzten Endes von geringem Wert sein könnten, ja daß sie uns sogar zu überwältigen drohen.

Daher sind sie der Ansicht, daß die Information »gut gesteuert« sein muß, um »intellektuellen Einfluß« zu haben. Damit meinen sie, sie müsse »ständig ausgewählt, interpretiert, auf den neuesten Stand gebracht und den wechselnden Umständen angepaßt werden«. Das ist aber im Grunde eben jene Funktion, die ich den Ideen zugeordnet habe: die Daten auszusieben und zu organisieren. Auf diese Weise »gesteuerte« Information wird zu dem, was Feigenbaum und McCorduck als »Wissen« einstufen, und über dieses Wissen muß unsere neu aufsteigende Wirtschaft der »Wissens-Arbeiter« ihrer Meinung nach verfügen.

Innerhalb des Informationskultes sieht das nach einem wichtigen Zugeständnis aus. Es läuft nämlich darauf hinaus, daß Informationsverarbeitung nicht alles ist. Das ist so ähnlich, als würde ein frommer Calvinist (mit dessen zielstrebiger Strenge die Computerwissenschaft manchmal eine überraschende Ähnlichkeit aufweist) bei dem ketzerischen Gedanken ertappt, daß der Glaube allein nicht die Rettung bringen könne, sondern von guten Werken unterstützt werden müsse. Und doch ersinnen – wiederum calvinistischen Theologen ähnlich, die darauf bedacht sind, die Herrschaft Gottes zu sichern – Feigenbaum und McCorduck rasch einen Weg, um die Allmacht des Computers zu retten. Vor uns liege, so verkünden sie, eine »*neue* Computerrevolution«, die uns den »Übergang von der Informationsverarbeitung zur Wissensverarbeitung« bescheren werde. Diesen Übergang werde die nächste (die fünfte) Generation von Computern vollziehen. Diese erstaunlichen Maschinen werden nichts mehr mit den

Computern gemein haben, die wir bisher kennen. Man wird sie KIPs nennen – »knowledge information processors« (Wissensverarbeitungsprozessoren). Die KIPs werden imstande sein, »den Wirrwarr von Details, Datenposten und ständig sich wandelnder Information unter ordentlichen, allgemeingültigen und plausiblen Interpretationen zu subsumieren«.

Es ist nicht leicht zu verstehen, was »Interpretation« in diesem Kontext bedeutet. Normalerweise resultiert eine Interpretation aus der Anwendung eines moralischen, ästhetischen oder ideologischen Urteils – einer Idee – auf ein intellektuelles Problem. Das ist es gewöhnlich, was Leute an den Interpretationen anderer kritisieren. Wir können uns etwa eine marxistische Interpretation von Adam Smiths Werk *The Wealth of Nations* vorstellen oder eine freudianische Interpretation des Hamlet oder auch eine existentialistische Interpretation von Marx und Freud zusammen. Das Aufeinanderprallen solcher Ideen in den Meinungen nachdenklicher Leute macht einen guten Teil dessen aus, was unser kulturelles Leben erfüllt und belebt. Wir vergleichen unsere unterschiedlichen Ansichten über die Dinge und stellen sie einander gegenüber, wobei wir die Ideen ins Spiel bringen, die unsere Erfahrung uns an die Hand gegeben hat, um die vorliegenden Fakten auszuwählen, zu filtern und zu formen. Das Resultat ist im günstigen Falle ein fruchtbarer Dialog, im ungünstigen ein erbitterter Streit, vielleicht sogar Gewaltanwendung. Was sollen wir also von der Ankündigung halten, daß die KIPs »ordentliche, allgemeingültige und plausible Interpretationen« liefern werden, damit »die Mühe, das künftige Wissen der Welt zu erzeugen, von den menschlichen Köpfen auf Maschinengebilde übertragen wird«?[20] Werden wir in der fünften Generation marxistische und freudianische und existentialistische Computer zu erwarten haben, die untereinander im Streit liegen? Oder werden die neuen Computer, in Ermangelung der Lebenserfahrung, die zu solchen Bindungen im Leben führen, ihre eigene, nicht-menschliche Interpretation der Dinge ausarbeiten, vielleicht auf der Grundlage verschiedener chemischer Veränderungen in ihrem Silizium?

Die Aussicht auf maschinelle Interpretation ist nicht nur grillenhaft, sie ist absurd. Interpretation ist ausschließlich Sache eines lebendigen Geistes, ebenso wie das Gebären ausschließlich Sache eines lebendigen Leibes ist. Vom Geist abgetrennt, wird »Interpretation« das, was »Geburt« wird, wenn man sich dabei nicht auf einen Leib bezieht: eine Metapher. Aber Feigenbaum und McCorduck sprechen nicht in Metaphern. Sie wollen wörtlich verstanden werden und *denken*, daß sie etwas Sinnvolles sagen. Hätten sie recht, wäre es ein Alptraum. Es ist schon schlimm genug, daß Computerenthusiasten nicht von dem Glauben lassen können, daß die Information, die von Computern verarbeitet wird, unumstößlich richtig sei. Man stelle sich vor, daß uns maschinelle Interpretationen mit demselben Autoritätsanspruch vorgegeben würden. Wir hätten dann das Glück, *die* korrekte »Interpretation« der letzten Pressekonferenz des Präsidenten zu lesen, brühwarm aus dem Computer. Wir wollen gern zugeben, daß eine solche Möglichkeit in gewisser, betrüblicher Weise das Leben mancher verwirrter Köpfe, die sich in der Welt nicht mehr zurechtfinden, erleichtern würde. Aber für wen außer den Besiegten oder Resignierten ist es eine »Last«, das Wissen dieser Welt zu gestalten? Es gibt gewiß mehr als nur ein paar Menschen unter uns, die Freude am Denken haben.

Feigenbaum und McCorduck erkennen lobenswerterweise an, daß der Geist mehr als Rohdaten braucht, um denken zu können. Aber ihre Auffassung vom Wissen ist zutiefst verwirrend. Sie sehen zwar, daß Wissen etwas mit Auswahl, Beurteilung und Interpretation zu tun hat, begreifen aber nicht die Rolle, die Ideen bei diesem Prozeß spielen. Und das ist zweifellos der Grund für ihre Meinung, daß eine neue Computergeneration in wissenproduzierende Maschinen verwandelt werden könnte.

Eine Idee (oder die Information, die einer Idee entspringt) wird zum Wissen, wenn sie einen bestimmten, weitverbreiteten Konsens in der Gesellschaft erlangen kann. Wissen ist ein Status, der einer Idee durch diesen Konsens verliehen wird. Wie kommt es zu diesem Konsens? Er stellt sich ein, wenn eine genügend große Anzahl von Menschen übereinkommt, daß eine Idee wahr ist. Und wie gelangen sie zu diesem Schluß? Dadurch, daß sie eine gemeinsame Vorstellung von der Wahrheit auf die Sache anwenden, die zur Debatte steht. Im Mittelalter gab es etwa die weitverbreitete Vorstellung, daß die Wahrheit sich eben dort finden ließe, wo sich die Lehre der Heiligen Schrift, die Autorität der Kirchenväter und (vielleicht) die Logik des Aristoteles harmonisch überschneiden. Führende Köpfe wie die Scholastiker dieser Zeit untersuchten die verschiedensten Fragen nach Maßgabe dieser Leitlinien, um die gesuchte Überschneidung aufzuspüren. Wenn eine Idee – wie die der Erbsünde, des dreifaltigen Gottes oder die Anordnung der Planeten im Kosmos – den Filter dieser Autoritäten passieren konnte, dann wurde sie zu »Wissen«. Gut dreihundert Jahre später, als die direkte, empirische Verifizierung die vorherrschende Vorstellung von Wahrheit wurde, betrachtete man ein solches »Wissen« – nachdem es früher einmal von gelehrten und ehrlichen Köpfen angenommen worden war – als fragwürdig, und schließlich verschwand es aus der Kultur.

Das Wahrheitskriterium einer Gesellschaft gehört zu ihren großen Ideen. Auseinandersetzungen über dieses Kriterium gehören daher zu den interessantesten und meistens auch zu den hitzigsten. In jeder Gesellschaft, die nicht gänzlich isoliert existiert oder sich am Rande des Untergangs befindet, konkurrieren normalerweise viele verschiedene Vorstellungen von Wahrheit miteinander, und jede von ihnen hat ihre treuen Anhänger. Heutzutage werden wir Zeugen lebhafter, manchmal schon abstoßender Meinungsverschiedenheiten zwischen evangelientreuen Christen und ihren »säkular-humanistischen« Gegnern, zwischen denen alle möglichen Themen heiß umstritten sind, weil die Wahrheitskriterien in beiden Lagern hoffnungslos verschieden sind. Für die einen ist die Bibel der höchste, wenn nicht gar der einzige Maßstab zur Wahrheitsfindung in Fragen des Glaubens, der Moral, der Geschichte, der Geologie und der Biologie. Für die anderen ist die Bibel einfach ein altes Buch, angefüllt mit vielen hinfälligen Ideen. Diese und andere widerstreitenden Vorstellungen von Wahrheit rangeln und kämpfen und stoßen sich jeden Tag rings um uns her, oder sie vermischen sich, fließen ineinander und verbünden sich. Daraus entsteht dieses stets bedrängende und turbulente Gebilde, das wir zivilisiertes Leben nennen, in dem die Information des einen der Unsinn des andern ist, das Wissen des einen der Aberglauben des andern. Im allgemeinen gibt es eine Hauptströmung, die von der Kirche, den Universitäten oder anderen herrschenden Institutionen widergespiegelt und unterstützt wird. Diese Hauptströmung wird im allgemeinen als »Wissen« etikettiert. Aber in einer lebendigen Kultur steht der Konsens unter ständigem Druck und ist stets durch abweichende Elemente gefährdet.

Auch wenn sich das Informationszeitalter in einer zukünftigen fünften (oder zehnten) Maschinengeneration fortsetzt, die Computer auf mikroskopische Größe geschrumpft und mit millionenmal so vielen Daten vollgestopft sind, wie sie jetzt zu fassen vermögen, so herrscht dennoch keinerlei Aussicht darauf, daß wir die Dilemmata kultureller Konflikte und schwerwiegender persönlicher Entscheidungen mechanisieren könnten. Ideen bringen Wissen hervor, und der menschliche Geist schafft – auf geheimnisvolle Weise – Ideen. Wer würde sich wünschen, daß es anders wäre?

Die fünfte Generation von Computern, die mit künstlicher Intelligenz angereichert sind, tritt jetzt ihren Weg in die praktische Anwendbarkeit an. Großzügige Verträge entsprangen den Finanzquellen des Militärs und der Industrie, um die jeweils neueste Forschung anzuzapfen. Aber noch bevor die Früchte dieser Investitionen geerntet sind, verbreiten sich Gerüchte, nach denen schon wieder eine neue Generation von Informationstechnologie im Entstehen sei. Man mag sich fragen, wie weit die KI-Forschung und die Kognitionswissenschaft noch vorangetrieben werden können, da sie ja schon heute versprechen, die Grenzen der menschlichen Intelligenz überhaupt zu sprengen. Und doch sollen die Japaner an einer noch weiter entfernten, kaum vorstellbaren Grenze Pionierarbeit leisten. Die Japanese Science and Technology Agency hat angekündigt, daß sie ein gemeinsames Projekt mit mehreren japanischen Unternehmen aus dem Bereich der Hochtechnologie in Angriff genommen hat, um einer »sechsten Generation« von computerisierter Telekommunikation zur Geburt zu verhelfen. Unter der Leitung von Hiroo Yuhara von der Uniden Corporation untersu-

chen die Forscher dieses Projekts verschiedene Formen parapsy-
chologischer und außersinnlicher Wahrnehmung, um festzustellen, ob diese verborgenen Kräfte des Geistes technisch nutzbar
gemacht werden können.[21]

Yuhara glaubt, daß der menschliche Körper Sensoren besitzt,
die als elektrische Transmitter dienen können. Diese könnten
über magnetische Anschlüsse mit Computern verbunden werden. Das Ergebnis wäre »das letztendliche Modem«: die außer-
sinnlichen Kräfte der menschlichen Psyche wären dann auf eine
feinmaschige Weise in das weltweite Telekommunikationsgitter
integriert. Die Science and Technology Agency sagt dazu, daß
der Computer ESP (extrasensory perception, dt. außersinnliche
Wahrnehmung) die industrielle Forschung in die »Untersuchung
der spirituellen Aktivitäten des Menschen« hineinführe.

Ebenso wie die japanische Initiative zur Erforschung der fünften
Computergeneration die Amerikaner und die Europäer zu eigenen Taten anspornte, wird gewiß auch dieser neue Vorstoß eine
ähnlich anregende Wirkung haben. Vielleicht werden wir bald
eine neue Disziplin in den Computerlabors vorfinden: Künstli-
ches Hellsehen. Und das Militär, das sich bereits den »Krieg der
Sterne« geleistet hat und beansprucht, daß ihm genügend
»Kraft« zur Verfügung steht, wird zweifellos zur Stelle sein, um
die nötigen Forschungsgelder bereitzustellen.

VII

Der Computer und die Gegenkultur

»Big Blue« und die Guerillahacker

Bis Mitte der siebziger Jahre galt die Informationstechnologie in der Öffentlichkeit als ein unzugänglicher, exotischer Forschungsbereich. Ihr Ruf begründete sich auf einer geheimnisvollen, enorm teuren Maschinerie, die ausschließlich in die Hände hochspezialisierter Techniker gehörte und deren Operationen in der esoterischen Sprache der Informationstheorie diskutiert werden mußten, unter reichlicher Zuhilfenahme der Mathematik. Man betrachtete den Computer als Erweiterung des menschlichen Geistes und mit der Zeit als notwendiges Attribut allen fortschrittlichen wissenschaftlichen Denkens sowie aller Entscheidungen auf höheren Ebenen – eine Rolle, die den Computer der allgemeinen Zugänglichkeit noch weiter entrückte. Sein Ruf als Rivale der menschlichen Intelligenz geht vermutlich nicht zuletzt auf die Übertreibungen der Science Fiction zurück, wie etwa im Fall des rebellischen Computers HAL in dem Film »2001«. Doch war auch schon eine lebhafte Diskussion über die Aussichten im Gange, inwieweit die Automatisierung das Fließband und die Arbeitsplätze der Büroangestellten revolutionieren und einen noch größeren Anteil an qualifizierten Arbeitsstellen überflüssig machen würde. Fast alles, was die Öffentlichkeit über Computer wußte, gab der Maschine einen elitären und furchteinflößenden Anstrich.[1]

Am eindrucksvollsten waren vielleicht die bis zum Überdruß gezeigten Fernsehbilder, die die gesamte Nation unzählige Male die Ansicht des Weltraumkontrollzentrums in Houston genießen ließen. Dort saßen ganze Reihen von Technikern vor ebensovielen Reihen von Computern und beaufsichtigten die Triumphe des damals noch glanzvollen Raumfahrtprogramms. Merkwürdigerweise zeigten die Fernsehberichte aus dem Kontrollzentrum immer panoramaartige Ansichten von Computerbildschirmen, als wären die Maschinen die eigentlichen Hauptakteure der Ereignisse. Die Techniker, abgewandt und gesichtslos, schienen nichts Besseres zu sein als dienstbeflissene Aufseher, die ihre Befehle von den Maschinen entgegennehmen. Als Ergebnis dieser der ganzen Nation vertrauten Szene wurde es langsam so gut wie unmöglich, sich Wissenschaftler und Ingenieure ohne die Gesellschaft flimmernder Bildschirme vorzustellen, auf denen rätselhafte Berechnungen mit atemberaubender Geschwindigkeit abliefen. Der Computer, der rasch in die mystischen Bereiche der Wissenschaft aufgenommen worden war, machte sich anheischig, diese zu beherrschen.

Ebenso furchterregend wie dieses von den Medien erzeugte Image war die Tatsache, daß der Bereich der Informationstechnologie noch unter striktester Kontrolle der Industrie stand. Er wurde sogar vom elitärsten und geheimnistuerischsten aller Unternehmen beherrscht: von der IBM, einem Koloß der Hochtechnologie, der breitbeinig in der Welt stand, höflich, zurückhaltend, aber voller Selbstbewußtsein. Seit Kriegsende war »Big Blue«, wie IBM in der Industrie genannt wird, zur vollendeten Verkörperung des technokratischen Geschäftsstils geworden. Die IBM war dem Weltmonopol so nahe wie keine andere Firma, und ihre Kontrolle über die Industrie wurde für so einflußreich gehalten, daß sie an Unfehlbarkeit grenzte. Bis zur Mitte der sechziger Jahre gehörten ihr zwei Drittel der Firmen im Bereich der Informationstechnologie. Die übrigen, die ihr nicht gehörten, überlebten allein dank ihrer Duldung und sammelten die Krumen auf, die IBM vom Tisch fallen ließ. Die IBM war so groß und übermächtig, daß der Konzern von niemandem als »konkurrierendes Unternehmen« gesehen wurde, sondern eher als Teil der »Rahmenbedingungen«, unter denen alle anderen ihre Geschäfte zu tätigen hatten. Andere Firmen umgaben IBM wie Vasallen den König; ihre Aufgabe war es hauptsächlich, das zu tun, was IBM nicht tun wollte, oder direkt kompatible Zusatzgeräte für IBM-Anlagen zu produzieren.

Im Einklang mit ihrem herrschaftlichen Format hatte IBM das nach dem Krieg entstandene Ethos des Organisationsmenschen zur Perfektion gebracht. Der Konzern wurde wie ein seetüchtiges Schiff geführt, dessen disziplinierte Mannschaft auf dem Markt mit kühler Skrupellosigkeit auftrat, der Firma fanatisch ergeben und genauso getrimmt war, wie es der Befehlshierarchie des Unternehmens entsprach. Aber irgendwann in den sechziger Jahren unterlief der unfehlbaren Big Blue eine Fehlkalkulation. Die Möglichkeit, kleine und billige Computer herzustellen, lag in Reichweite. Das konnte auf so einfache Weise geschehen, daß man lediglich bereits vorhandene Terminals von ihren riesigen Zentraleinheiten abkoppeln und sie zu eigenständigen datenverarbeitenden Maschinen erweitern mußte. Solche Geräte waren zwar nur mit einem kleinen Speicher auszurüsten und deshalb auch nur geeignet, reduzierte Programme zu verarbeiten, doch dafür waren sie kompakter und billiger zu produzieren als jene Computer, die man damals in Büros und Laboratorien benutzte. Ja, sie konnten sogar in Privathaushalten zum Einsatz kommen. Die IBM entschied sich trotzdem dafür, ihr Geld und ihre Forschung der Entwicklung großer Computer vorzubehalten. Das war natürlich das Gebiet, auf das der Hauptanteil des blühenden Geschäfts mit dem militärischen und zivilen Markt entfiel: große Maschinen mit enormen Zentraleinheiten und dem notwendigen Zubehör. Vielleicht hing die Entscheidung von IBM auch teilweise damit zusammen, daß die Firma die Zukunft der Informationstechnologie an ihrer eigenen Unternehmensstruktur ablas: strikt hierarchisch gegliedert und zentral kontrolliert. Nie wäre die IBM auf den Gedanken gekommen, Computer an die breite Öffentlichkeit zu verkaufen. Man wollte lieber große, oft maßgeschneiderte Computer an große Kunden verkaufen. Und noch lieber vermietete man seine Produkte, um sie so unter eigener Kontrolle zu behalten. Die IBM-Maschinen gingen als verschlossene »schwarze Kästen« in die Welt hinaus; ihr Innenleben war gesetzlich geschützt und sollte nur für die Ingenieure der Firma zugänglich sein. Wo Big Blue nicht in Führung gehen wollte, scheuten sich andere Firmen, einzusteigen; doch die Entscheidung des Konzerns, seinen elitären Stil beizubehalten, führte dazu, daß sich in den Festungswällen der Industrie eine Lücke auftat.

Die Lücke war der Mikrocomputer, eine erschwingliche Maschine, die auf den Schreibtisch paßte und für den Heim- und den Privatgebrauch geeignet war. IBM und die übrigen Großfirmen waren nicht blind für die Möglichkeit, einen solchen Computer zu produzieren. Alle Maschinen waren bei wachsenden Fähigkeiten immer kleiner und fortschreitend billiger geworden. Die Ingenieure von IBM und anderen Firmen hatten bereits Prototypen von Computern für den Hausgebrauch parat, die so klein waren, daß sie in eine Aktentasche paßten. Aber gab es einen nennenswerten Markt für ein solches Gerät? Big Blue meinte nein. Andere dachten anders.

Die wichtigsten »anderen« gehörten zu der wachsenden Schar junger Computerenthusiasten, die sich schon seit fast einer Generation am Rande der Computerforschung angesiedelt hatten. In seiner Studie *Hackers: Heroes of the Computer Age* hat Steven Levy ihren Ursprung bis in das MIT-Computerlabor der späten fünfziger Jahre zurückverfolgt, wo sich begabte Studenten von Zeit zu Zeit treffen durften und manchmal über Nacht die Apparate laufen ließen. Die meisten dieser ersten Computersüchtigen waren vom Schlage Tom Swifts: heranwachsende Genies der Mechanik, die die Gabe besaßen, aus Schnipseln und Fetzen brillante Improvisationen hervorzuzaubern, einfach aus purer Freude an der Lösung verzwickter Probleme. Zu ihnen gehörten die ersten Erfinder von Computerspielen und Spielrobotern, Erfindungen, die sie nicht einmal patentieren ließen. Ende der sechziger Jahre hatten einige dieser jugendlichen Talente ihren Weg in die niederen Ränge der Computerindustrie gefunden. Dort experimentierten manche von ihnen bereits mit primitiven Mikrocomputern, die von den Unternehmen, für die sie arbeiteten, vorerst alle zurückgestellt wurden.

Im Mythos der Computergeschichte erinnert man sich der frühen Hacker als einer besonderen Rasse. Die meisten standen in dem Ruf, sozial unangepaßt, wenn nicht gar weltfremd zu sein. Sie sind die archetypischen »Spinner« der Branche. Als Gruppe besaßen sie sogar noch weniger politisches Bewußtsein als kaufmännisches Talent; sie waren durch die Bank reine Techniker. Ende der sechziger Jahre tauchte eine andere Art von Hackern am Horizont auf, die hauptsächlich an der Westküste aus den Reihen der Kriegsgegner hervorging. Das waren die radikalen oder »Guerilla«-Hacker, denen es vorbehalten war, dem Computer ein vollkommen verändertes Image und eine politische

Ausrichtung zu geben, die er niemals von Big Blue oder ihren Vasallen im Hauptstrom der Industrie hätte gewinnen können. In ihren Händen sollte sich die Informationstechnologie beinahe in ein Instrument demokratischer Politik verwandeln.

Eine elektronische Volksbewegung

Im Frühjahr 1970 kam eine kleine Gruppe abgesprungener Computerwissenschaftler, die in der Antikriegsbewegung an der kalifornischen Universität in Berkeley aktiv waren, zusammen, gerade zur Zeit der Kambodschakrise, um über Informationspolitik zu diskutieren. Sie beriefen damit eine der ersten Versammlungen sozial engagierter Hacker ein. Bedauernd konstatierte man die Tatsache, daß der Computer zu Zwecken des Profits und der Macht von denselben militärischen und industriellen Mächten monopolisiert wurde, die bereits alle anderen wichtigen Technologien kontrollierten. Die jungen Leute waren aber ebenso davon überzeugt, daß ihr Beruf den Schlüssel zu einer echten Basisdemokratie bereithalte. Dieser Schlüssel war die Information. Die *People's Computer Company*, eine radikale Hackerzeitschrift, die erstmals gegen Ende 1970 erschien, schrieb: »Computer werden meistens gegen Menschen eingesetzt, anstatt für Menschen; um Menschen zu kontrollieren, anstatt sie zu *befreien*. Es ist Zeit, all das zu ändern – wir brauchen eine ... Computergesellschaft für das Volk.«[2]
Was also war zu tun? Die Lösung für die Hacker von Berkeley war die Gründung von Resource One, »einem gemeinwirtschaftlichen Computernutzungsbetrieb«, der im Lagerhauskollektiv eines Künstlers im Industriegebiet von San Francisco untergebracht war. Seine Gründer gaben die folgende Erklärung ab:

Sowohl die Menge als auch der Inhalt verfügbarer Information wird von zentralisierten Institutionen bestimmt – der Presse, dem Fernsehen, dem Radio, den Nachrichtendiensten, Planungsstäben, Regierungsstellen, Schulen und

Universitäten –, die von denselben Interessen kontrolliert werden wie die übrige Wirtschaft. Dadurch, daß sie die Information ausschließlich von oben nach unten fließen lassen, halten sie uns voneinander getrennt ... Die Computertechnologie wurde bisher ... hauptsächlich von der Regierung und denen, die sie vertritt, dazu benützt, riesige Mengen von Informationen über unzählige Menschen zu speichern und wieder abzurufen ... Gerade diese Tatsache bringt uns zu der Überzeugung, daß die Kontrolle über den Informationsfluß von entscheidender Bedeutung ist.[3]

Mehrere Firmen und Stiftungen gewährten Resource One kleine Stipendien; am bedeutsamsten war, daß die Transamerica Corporation der Initiative ihr Herzstück stiftete: einen IBM XDS-940 Mehrplatzsystem-Computer; ein bejahrtes Monstrum von einer Maschine, das schon reichlich veraltet war. Resource One überholte die Maschine und bot sie als wirklich gemeinnützige Einrichtung an, in der Hoffnung, daß politisch aktive Leute sie und die Sachkenntnis ihrer Betreiber dazu nutzen würden, Wählerumfragen durchzuführen, Sozialstatistiken zu erstellen und Adressenlisten zu organisieren. Eine »städtische Datenbank« erlangte früh hohe Priorität. Sie sollte Daten von Volkszählungen, Wahlergebnissen, Bodennutzung und Eigentumsschätzungen koordinieren. Auf der Liste standen außerdem ein Verzeichnis der Sozialeinrichtungen und ein Buchführungsdienst für nicht-profitorientierte lokale Unternehmen.
Einige Jahre lang konnte sich Resource One dahinschleppen, aufrechterhalten vor allem vom Einsatz seiner Organisatoren, aber der Betrieb wurde nicht in dem Maße unterstützt und genutzt, um die Bedeutung zu erlangen, die er anstrebte. Das Problem, so spekulierten einige der frustrierten Mitarbeiter, sei technischer Natur. Die Technologie sei zu beschränkt, sie müsse hinaus in die Gemeinde gelangen, wo die Leute dann selbst Hand anlegen und persönliche Erfahrung mit dieser exotischen Maschine sammeln könnten. Dementsprechend wurde ein neues Projekt ins Leben gerufen: Community Memory, das als ein Netzwerk kleiner Computerterminals vorgesehen war, die über

die ganze Bay Area verteilt werden sollten. Die Terminals sollten ohne Gebühr erhältlich sein und an die zentrale Resource-One-Datenbank und -Verarbeitungseinheit angeschlossen sein. Manche sahen schon ein viel umfangreicheres Projekt voraus: ein bundesweites alternatives Informationssystem, das die Fernleitungen der AT&T (American Telephone & Telegraph) benutzen könnte, um Städte und Universitäten in ganz Amerika miteinander zu verbinden. Ziel war es, »eine direkte Informationsdemokratie« zu schaffen.

Community Memory konnte seinen ersten arbeitenden Terminal im August 1973 einrichten: er befand sich in einem gutbesuchten Schallplattengeschäft nahe dem Universitätsgelände der Universität von Kalifornien in Berkeley. Der Terminal wurde bald als elektronisches »Schwarzes Brett« beliebt. Er lieferte Gerüchte, therapeutische Ergüsse, Klatsch und Graffiti. Er zog ein paarmal um, und zwei weitere Terminals kamen hinzu; einer davon stand in einer öffentlichen Bücherei in San Francisco in einem Arbeiterviertel. Aber als Resource One 1975 Pleite machte, ging auch Community Memory bald bankrott, um aber rund zehn Jahre später mit einem Netz von drei Terminals wieder aufzutauchen und weiter als Schwarzes Brett für Graffitis zu fungieren: ein lustiges Ding, auch ein wenig nützlich, eine Verbesserung gegenüber der Karteikarte an einer Korkwand, aber doch kaum ein Instrument für nennenswerte soziale Veränderungen, selbst nicht in einer so stark politisierten Umgebung wie der von Berkeley.

So zögernd diese Bemühungen auch waren, so brachten sie doch einen neuen, öffentlichkeitsorientierten Aspekt in das allgemeine Bild von Information. Sie wiesen den Computer als ein potentiell »radikal soziales Gebilde« aus. Michael Rossman, einer der Theoretiker des Projekts, schrieb dazu:

> Community Memory ist ... ein *kommunikatives* und *gemeinschaftliches* Unternehmen ... Ein CM-System ist ein aktiv offenes (»freies«) Informationssystem, das direkte Kommunikation zwischen seinen Benutzern ermöglicht, ohne zentralistische Beeinflussung oder Kontrolle der aus-

getauschten Information ... Ein solches System stellt die direkte Antithese zur herrschenden Verwendung sowohl der elektronischen Kommunikationsmedien dar, die zentral festgelegte Botschaften an eine passive Masse von Empfängern ausstrahlen, als auch zur kybernetischen Technologie, die zentralisierte Verarbeitung und Kontrolle von Daten erfordert, die von direkten und indirekten Benutzern eingezogen oder an sie ausgeteilt werden ... Das Resultat ist effiziente, unmittelbare (besser: selbstvermittelte) Interaktion, wobei die Rollen und Probleme umgangen werden, die entstehen, wenn eine Partei Kontrolle darüber hat, welche Information zwischen zwei (oder mehreren) anderen ausgetauscht werden darf. Diese Freiheit wird durch die Art und Weise ergänzt, in der das System die Informationsmacht demokratisiert, denn keine Benutzergruppe hat Zugang zu mehr Information als der Einzelbenutzer.[4]

Vom Standpunkt der jungen Männer und Frauen, die Resource One und Community Memory ins Leben riefen, war Information viel mehr als eine industrielle Notwendigkeit oder ein kommerzieller Gebrauchsartikel. Sie war das Herzblut der demokratischen Politik und daher zu kostbar, um der Kontrolle von Unternehmern und Regierungen überlassen zu werden. Für die politisch Aktiven, die während der Vietnam- und der Watergate-Jahre ihre Zeit damit verbracht hatten, gegen die Geheimhaltung, die Verschleierungen und die Nachrichtentaktik der Regierung zu protestieren, sah der Computer wie das Gegenmittel zum technokratischen Elitedenken aus – vorausgesetzt, seine Macht konnte jedermann zugänglich gemacht werden. Aber wie sollte das geschehen? Resource One hatte versucht, die Menschen zum Computer zu bringen – zu einer einzigen, exotischen Riesenmaschine; Community Memory hatte versucht, den Computer in Form von kleineren, benutzerfreundlichen Terminals zu den Menschen zu bringen. Keiner der beiden Versuche konnte jedoch große soziale Bedeutung gewinnen. Aber inzwischen veränderte sich die Technologie selbst in einer Weise, die eine andere Strategie für die Schaffung einer »elektronischen Volksbewegung« möglich machte. Um die Mitte der siebziger Jahre begann der Mikrocomputer, den IBM als wenig lukrative Investition abgeschrieben hatte, sich immer mehr in ein erschwingliches Werkzeug zu verwandeln, das eine beachtliche Zahl von Benutzern auf dem freien Markt ansprechen konnte. Angenommen, die Technologie würde in die Wohnungen und Häuser ebenso vordringen wie Radios, Fernseher und Stereoplattenspieler. Konnte das nicht die Verbreitung und den allgemeinen Zugang schaffen, die notwendig waren, um das Unternehmer- und Regierungsmonopol der Informationsverarbeitung zu brechen?

Das heroische Zeitalter des Mikrocomputers

Von Anfang an war der Mikrocomputer von einer Aura des Vulgären und Radikalen umgeben, die in scharfem Gegensatz zur naserümpfenden Dünkelhaftigkeit des Hauptstroms der Hochtechnologie stand. Das lag daran, daß die Festung der Unternehmer fast die gesamte neue »Klein-Technologie« beiseite gelassen hatte, jene Technologie, die nun von frechen jungen Hackern entwickelt wurde – vor allem in Kalifornien, wo sich die sozial Andersdenkenden auf jenem Streifen der Halbinsel von San Francisco versammelten, der mit der Zeit den Namen Silicon Valley bekommen sollte. Mitte der siebziger Jahre hatten kleine Gruppen dieser Hacker angefangen, sich zu zwanglosen Gesprächsrunden zu treffen, bei denen Computerwissen so ungezwungen ausgetauscht wurde wie einst der Klatsch über dem Heringsfaß eines Kolonialwarenladens. Die Atmosphäre dieser Treffen war betont familiär: eine selbstbewußte Ablehnung des gekünstelten Unternehmerstils. Die Namen verraten uns eine Menge über den Geist dieser Zeit. Eine neu gegründete Firma dieser Periode, die Itty-Bitty Machine Company, zierte sich mit den Initialen von IBM, eine andere nannte sich in Anspielung auf eine Imbißkette Kentucky Fried Computers.

Es herrschte eine Atmosphäre, in der gammelige und unrasierte Typen in Jeans sich frei zusammenfinden konnten, um über die Maschinen zu diskutieren, die sie auf Dachböden und in Garagen entwickelten. Der Homebrew Computer Club in Menlo Park (in der Nähe des Campus der Stanford University und des Industriegebiets) war der farbigste und produktivste dieser Treffpunkte in der Stadt. Er hat inzwischen in den Erinnerungen an diese Zeit legendäre Dimensionen angenommen. Dort im Homebrew Club enthüllte Stephen Wozniak 1977 seinen neuen Mikrocomputer. Der Name, den er ihm gab – Apple –, ließ eine neue, organische, etwas rustikale Note anklingen, die die scharfen Kanten der Technologie abrunden, den Computer volksnah und freundlich machen sollte. Der Name erinnerte auch an die alte Plattenfirma der Beatles. (Eine andere Anekdote leitet den Namen von der Obstdiät ab, die Steven Jobs, Wozniaks Partner, von seinem der Mystik geweihten Aufenthalt in Indien mit nach Hause brachte.)

Die Hacker, die sich an solchen Stätten wie Homebrew trafen, hatten sich schon mehrere Jahre lang am Rande der Hochtechnologie herumgetrieben. Viele von ihnen waren von der Universität abgesprungen und Veteranen der noch jungen Gegenkultur in der Bay Area. Nach den Worten eines Teilnehmers und Beobachters hatte der Stil »seine genetische Codierung in den sechziger Jahren erfahren und entsprang einer Weltanschauung, die gegen das Establishment, gegen den Krieg, für die Freiheit und gegen die Disziplin gerichtet war«.[5] Die Auffassung von Computern und Information, mit der die Guerilla-Hacker ihre Arbeit angingen, war ein sonderbares Gemisch aus politischer Rebellion, Science Fiction, Do-it-yourself-Überlebenskunst sowie einfach Spaß am Spiel. Selbst wenn sie die Werke von E. F. Schumacher nicht gelesen hatten, so hätte ihr Motto doch ohne weiteres »small is beautiful«: klein ist schön, lauten können – womöglich aus keinem anderen Grund, als daß »small« das Äußerste war, das sie sich für den Eigenbau leisten konnten. Ebensowenig mochten sie die Theorien von Ivan Illich studiert haben, aber ihre Suche galt einer »gemeinschaftlichen« Technologie im Stil Illichs, die eine Gemeinschaft der Interessen und der

Bedürfnisse bei ihren Benutzern aufbaute. In diese eher ernsthaften Gedankengänge war eine ganze Portion Skurrilität gemischt, eine Vorliebe für kindische Phantasien, die den Computer als eine Art magischen Kasten betrachtete, der aus einem
Schwert und einem Zauberspruch entstehen konnte. So hieß der
erste Mikrocomputer, der im Hacker-Untergrund die Runde
machte – er erschien 1975 als Bausatz, der über Postversand
bestellt werden konnte, und war von zwei überarbeiteten Com-
puterfreaks in Albuquerque zusammengestellt worden – Altair,
nach einem fremden Planeten aus der Fernsehserie »Star Trek«.
So primitiv der Altair-Bausatz war, wurde er doch zu dem, was
der hochmütige IBM-Konzern bei einem erschwinglichen Da-
tenverarbeitungsgerät nie für möglich gehalten hätte: »Ein uner-
hörter, alles hinter sich lassender, verrückter Erfolg über
Nacht.«[6] Er wurde bald in den *Whole Earth Catalog* aufgenommen, was seine Verkaufszahlen noch weiter in die Höhe trieb.
Die Guerilla-Hacker lieferten glänzende Beispiele für das
Weltbild des *Catalog*, das einer Ethik unerschrockenen Selbst-
vertrauens und Pioniergeistes verpflichtet war. In seiner ersten
Ausgabe von 1968 hatte sich der *Catalog* der Öffentlichkeit als
ein »Informationsdienst für Außenseiter« vorgestellt, der für
eine sonst vernachlässigte Leserschaft von Freaks und Rebellen
vorgesehen sei. Der *Catalog* führte in erster Linie Artikel, die
man für ein einfaches Leben auf dem Lande brauchte: Öfen, in
denen man Holz verbrennen konnte, Wigwams und Wildleder-
kleidung; er stellte Hebammentechniken und Gartenbaumetho-
den für Hausgärten vor. Aber von allem Anfang an war er auch
von bestimmten Formen der Hochtechnologie fasziniert: Stereo-
anlagen, Kameras, Synthesizern und, sogar schon in der ersten
Ausgabe, Computern. Der *Catalog* war schließlich von der
Arbeit des einzelgängerischen Ingenieurs Buckminster Fuller
inspiriert worden, der die geodätische Kuppel entwickelt hatte.
Die Kuppel kann tatsächlich als Vorbote jener volksorientierten
Technologie betrachtet werden, die der Mikrocomputer eines
Tages in den Augen seiner Erfinder werden sollte. Dank der
ausgeprägten Begabung Fullers für wortreiche Verdunkelungen
hatte die Kuppel eine metaphysische Aura gewonnen, die den

Geschmack der Gegenkultur ansprach. Fuller stellte sie nicht allein als billig und leicht zu bauen dar, als kühnen Wohnraum, der im Stil von der üblichen Kultur abwich, sondern er behauptete, daß durch ihre grundlegende Struktureinheit – das Tetraeder – in ihr die geometrische Ordnung des Kosmos mitschwinge. Das Ergebnis war, daß in den späten sechziger Jahren ein wahrer Kult um die Kuppel entstand; Fullers Schüler, allen voran Stewart Brand, der Herausgeber des *Whole Earth Catalog*, priesen dieses Stück exzentrischer Ingenieurskunst als eine Technologie *des Volkes* an, als Wahrzeichen einer ganzen Bewegung. Es gab sogar Leute, die vorhersagten, es würden bald ganze Viertel von Kuppeln in den Außenbezirken großer Städte auftauchen wie Zeltlager von Barbaren, als die Vorläufer einer neuen Kultur. Einige Jahre später wurde der Mikrocomputer, eine Erfindung von Einzelgängern vom Schlage Fullers, die in Gartenschuppen bastelten, im selben Lichte betrachtet – als eine Befreiungstechnologie.

Durch einen merkwürdigen Zufall, den man sich wohl nur in Kalifornien vorstellen kann, teilte – oder verkündete zumindest gelegentlich – diese rebellische Auffassung von der Informationstechnologie auch der Gouverneur, der gerade zu der Zeit im Amt war, als die Entwicklungen des Homebrew Computer Clubs anfingen, größere Dimensionen anzunehmen. Jerry Brown gehörte zu den ersten amerikanischen Politikern, die die Implikationen der Hochtechnologie ernst nahmen. Wie nicht anders zu erwarten, waren die Interessen des Gouverneurs, wie das der anderen Gouverneure vor und nach ihm, fest in den Verträgen der Militärindustrie verankert, der wirtschaftlichen Hauptstütze dieses Bundesstaates. Aber Brown verstand es, sich, wenn auch nur vage und zwiespältig, mit einer Reihe alternativer Werte und Gestalten der Gegenkultur zu identifizieren. Er war ein ausdrücklicher Gegner der Atomkraft und trat entschieden für die Belange der Umwelt ein. Man wußte, daß er die Gesellschaft von Zen-Buddhisten, Rockstars und Wirtschaftsleuten vom Schlage Schumachers suchte; schon früh hatte er Stewart Brand als Vertrauten und Berater herangezogen. In Sacramento hatte er ein State Office for Appropriate Technology geschaffen, in dem Ideen zu ehrgeizigen Projekten für Sonnen- und Windenergienutzung, für Stadthäuser mit Nutzgärten und biologische Landwirtschaft gesammelt wurden. Und wenn es um Computer ging, konnte er Bemerkungen wie die folgende von sich geben:

> Immer mehr Leute verbringen immer mehr Zeit damit, Information zu sammeln, zu analysieren und zu verarbeiten, und das ist eine ganz andere Kultur als die, die wir bisher gekannt haben ...
> Nur auf einen Knopfdruck hin wird man immer mehr Information über die gerade anstehenden Entscheidungsprozesse bekommen ... Information ist die ausgleichende Macht und durchbricht die herrschende Hierarchie.[7]

Es gab eine Zeitspanne in den frühen achtziger Jahren – sie dauerte nicht länger als ein paar berauschende Jahre –, in der, zumindest in Kalifornien, die Guerilla-Hacker beinahe so weit zu sein schienen, das Informationszeitalter zu ihren eignen Bedingungen umgestalten zu können. Als sie aus ihren heimeligen Garagen herauskamen und in die kalte Luft der Hochtechnologie strömten, war es ihnen gelungen, die Giganten der Industrie aus dem Gleichgewicht zu bringen. Ihre Leistung war mehr als nur ein Marketing-Erfolg, auch wenn das Marketing ein wichtiger Aspekt der Sache war. Die Hersteller der Mikrocomputer hatten eine Käuferschicht angesprochen, die die etablierten Firmen vollkommen übersehen hatten. Aber ihre Profite beruhten auf der Grundlage solider technischer Neuerungen. Von der ersten Apple-Maschine an hatten deshalb die Hacker aus der begrenzten Speicherkapazität, die ihren Maschinen zur Verfügung stand, dadurch eine Tugend gemacht, daß sie eine interaktive Verbindung zwischen dem Bildschirm und dem Tastenfeld eingeführt hatten. Der Benutzer konnte sofort sehen, was in der Maschine geschah. Das erweiterte die Fähigkeit des Computers, Spiele zu spielen; aber viel wichtiger war, daß dadurch eine neue, fast gesprächsartige Beziehung zwischen dem Benutzer und der Maschine entstand, in der viele Leute eine reizvolle pädagogische Möglichkeit zu sehen begannen. Als diese Fähigkeit der augenblicklichen Interaktion mit Stephen Wozniaks genialem Diskettenlaufwerk für den Apple II kombiniert wurde, blühte die Welt der Floppydisk-Software plötzlich auf und wurde bald eine eigenständige Industrie, deren Reichweite weit über Hacker und Professionelle hinausging. Selbst Big Blue mußte mit einem technologischen Durchbruch dieser Größenordnung irgendwie fertigwerden; der Konzern mußte seine Pläne ändern und ernsthaft in den Wettbewerb um die Personalcomputer einsteigen. Aber IBM lag ziemlich weit hinten im Rennen, und es mangelte dem Giganten an der unternehmerischen Kühnheit und dem unbekümmerten Innovationsstil der Guerilla-Hacker. Deren Erfindung, der Mikrocomputer, war eine Sensation, die alles übertraf und allem Anschein nach imstande war, die amerikanische Lebensweise auf allen Ebenen zu verändern – einschließlich der Sitten und Moral des Marktes.

Die Hacker hatten sogar gleichsam einen Freund im Büro des Gouverneurs, der für ihre Vision eintreten und ein bundesweites bürgerliches Publikum erreichen konnte. Die berauschende Prosperität dieser Zeit schwang auch auf den alljährlichen Messen der neuen Industrie mit, deren erste 1977 in Marin County abgehalten wurde. Dort wurde der erstaunliche Apple II erstmalig vorgestellt. Ereignisse wie dieses wurden zu den neuen Treffpunkten der Gegenkultur in der San Francisco Bay Area. Wer an ihnen teilnahm, spricht noch heute von der Aufregung und der Verwunderung, die ihn überkamen, als er zwischen den Ausstellungsobjekten hindurchschlenderte und die technologische Macht erkannte, die zum Greifen nahe vor ihm lag. Während dieser Zeit entstanden im Silicon Valley neue Firmen, raffinierte neue Produkte und glanzvolle neue soziale Aussichten mit solcher Geschwindigkeit, daß man kaum mitzählen konnte. Und das Geld kam in Strömen herein. Die Firma Apple Computers verblüffte 1976 ihre Gründer mit einem Umsatz von 200 000 Dollar. Im folgenden Jahr verkaufte sie bereits Geräte im Wert von 7 Millionen Dollar. Fünf Jahre später näherte sie sich der Grenze von einer Milliarde. Aktien waren an der Börse erschienen und hatten die Firmengründer zu Millionären gemacht.

Auf dem Höhepunkt seines Erfolges beschloß Stephen Wozniak, Mitbegründer von Apple und jetzt ein Horatio Alger der Gegenkultur, daß es an der Zeit sei, das viele Geld einem guten Zweck zuzuführen. Er schied aus der Firma aus und nahm sich vor, den erlahmenden Geist der revolutionären sechziger Jahre wiederzubeleben. So machte er sich daran, ein riesiges Open-air-Rockfestival zu organisieren – größer noch als Woodstock und ausschließlich den Wirklichkeit werdenden Verheißungen des Informationszeitalters gewidmet. Es gab zwei solche Ereignisse, eines 1982, das zweite 1983. Zusammen kosteten sie Wozniak 20 Millionen Dollar. Aus dem ganzen Land strömten die Rebellen, die Aussteiger, die übriggebliebenen Hippies und die Rockstars zusammen, um an dem neuen Reichtum von Silicon Valley teilzuhaben und um … wer weiß, welche neuen revolutionären Möglichkeiten zu schaffen?

Die Veranstaltungen hießen US-Festivals.

Atavisten und Technophile

Utopische Zukunftsvisionen zerfallen in der Regel in zwei philosophische Lager. Das erste – man könnte es das *atavistische* Lager nennen – bildete sich in dem Bestreben, die Industriewelt wegzuwünschen. Der sozialistische Führer und Literat des neunzehnten Jahrhunderts William Morris ist ein typischer Vertreter dieser Richtung. Gepeinigt von den moralischen Schrecken des viktorianischen Fabriklebens und den ästhetischen Schrecken der Massenproduktion, malte sich Morris in seinem Roman *News from Nowhere* (dt. *Kunde von Nirgendwo*) eine nachindustrielle Zukunft aus, die die vorindustrielle Vergangenheit wiederherstellte, eine Gesellschaft, die in Dörfern, auf familieneigenen Bauernhöfen und in Stammessiedlungen lebte. Seine ideale Wirtschaft beruhte auf dem Handwerk; die Regierung war ein informelles Gebilde tugendhafter Landbewohner auf Gemeindeebene.

Im Gegensatz dazu haben andere Utopisten – die *Technophilen* –

begeistert das städtisch-industrielle System angenommen, in der Hoffnung, es würde zu einer gänzlich neuen Lebensform heranreifen, in der Wissenschaft und Technologie für immer die Naturgewalten meistern, um mit der Neugestaltung des ganzen Planeten beginnen zu können. Das ist die Zukunft, die Francis Bacon in seinem Werk *New Atlantis* (dt. *Neu-Atlantis*) und H. G. Wells in seinem Roman *Shape of Things To Come* (dt. *Von kommenden Tagen*) vorhersagen.

Die Zukunft, die sich die Guerilla-Hacker ausmalten, erblühte zu einer einzigartigen Vision, weil sie entschlossen waren, diese beiden, allem Anschein nach unvereinbaren, Vorstellungen zusammenzubringen. Sie wollten beides zugleich haben. Auf Grund von Neigungen und Talenten der expandierenden Hochtechnologie verschrieben, zögerten sie nicht, das ganze Repertoire der Computerelektronik und der weltweiten Telekommunikation durchzuspielen. Aber die neue Technologie sollte in einen organischen und gemeinschaftlichen politischen Kontext eingebettet sein. Irgendwie mußte sich der locker flotte Stil des Homebrew Computer Club und der Community Memory doch bewahren lassen. Die Organisation sollte dezentral und in menschlichen Dimensionen gestaltet werden; gerade der Computer sollte dies ermöglichen. Er konnte die Grundlage einer neuen Demokratie im Sinne Jeffersons bilden, die nicht auf der gleichmäßigen Verteilung von Land beruhte, sondern auf gleichem Zugang zu Daten. Der Mikrocomputer war dazu ausersehen, eine weltweite Zivilisation elektronischer Dörfer zu schaffen, die in eine gesunde, natürliche Umgebung eingebettet waren – in eine Welt, die dem Leser auf den Seiten des *Whole Earth Catalog* bereits entgegentrat. In dieser reizvollen und idealistischen Vision erscheint der Computerterminal als eine Art Herd oder Lagerfeuer, an dem sich mittels ihrer Modeme und Satellitentransmitter die Stämme versammeln, um Klatsch und Graffitis mit ihren Partnern auf der anderen Seite des Erdballs auszutauschen. So ländlich muteten einige Bilder dieses Weltentwurfs an, daß beinahe der Anschein entstand, der Computer könnte eine neue Art von Pflug sein. Als Beispiel für diesen Traum mag ein Gedicht dienen, das Richard Brautigan in den späten sechziger Jahren schrieb. Sein Titel »Alle behütet von Maschinen voller Güte« wurde später von der Firma Loving Grace Cybernetics übernommen, eben der Firma, die 1973 das Community-Memory-Experiment in Berkeley gestartet hatte.

> Ich sehe
> (und je früher, je besser!)
> eine kybernetische Wiese,
> auf der Computer und Säugetiere
> zusammenleben in sich gegenseitig
> programmierender Harmonie,
> wie reines Wasser,
> das einen klaren Himmel berührt.
>
> Ich sehe
> (gleich jetzt, bitte!)
> einen kybernetischen Wald
> voller Tannen und Elektronik,
> in dem Rehe friedlich
> an Computern vorbeiziehen,
> als wären sie Blumen
> mit wirbelnden Blüten.
>
> Ich sehe
> (es muß wahr werden!)
> eine kybernetische Ökologie,
> in der wir befreit sind von unseren Mühen
> und der Natur zurückgegeben,
> mit unseren Brüdern und Schwestern,
> den Säugetieren, erneut vereint
> und alle behütet
> von Maschinen voller Güte.[8]

Der Computer war nicht das erste oder einzige Stück fortschrittlicher Technologie, das in diese atavistisch-technophile Zwittervision einging. Davor war man, wie wir gesehen haben, ähnlich fasziniert gewesen von Buckminster Fullers geodätischer Kuppel, die für viele Anhänger der Gegenkultur während der sechziger und siebziger Jahre eine Art futuristischer Wigwam wurde. Der einzige größere Versuch dieser Zeit, ein Dorf aus Kuppeln zu bauen – es hieß Drop City und lag an der Peripherie von Trinidad in Colorado –, wurde von seinen Begründern als »Unkrautbeetsiedlung« bezeichnet. Ihre Kuppeln bestanden aus Teilen von Schrottautos, die vom nächsten Autofriedhof stammten. Drop City bestand von 1965 bis ungefähr 1975 und wollte in dieser Zeit hochentwickelte Technik und vorgeschichtliche Einfachheit auf lockere Weise miteinander verbinden.[9] Auf derselben Linie lag die skurrile Medienmetaphysik von Marshal McLuhan, der das Fernsehen und den Computer als elektronische Bausteine eines »globalen Dorfes« ansah, einer beschaulichen und zugleich hochtechnisierten Gemeinschaft. Dann gab es noch den Architekten Paolo Soleri, der glaubte, daß die Lösung der ökologischen Krise der Zeit in seinen megastrukturellen »arcologies« läge – ameisenhaufenähnliche Städte, in denen Milliarden von Stadtbewohnern auf kleinstem Raum untergebracht werden konnten. Und schließlich gab es noch Gerard O'Neill, der im ganzen Land umherzog, um Begeisterung für den verrücktesten aller Pläne zu wecken: die Schaffung autonomer Weltraum-Kolonien, ein »Grenzland in den Höhen«, wo der Pioniergeist wiedergeboren werden sollte.

Zu irgendeinem Zeitpunkt während der sechziger und siebziger Jahre wurde jeder von ihnen ein Liebling der Gegenkultur: besonders die Idee von O'Neill wurde für einige Jahre das Lieblingsprojekt von Stewart Brand und dem *Co-Evolution Quarterly*, dem Nachfolger des *Whole Earth Catalog*.[10] Alle diese visionären Pläne zeugen vom selben Zusammenspiel von Werten und Phantasien, von derselben Hoffnung, daß der technophile Weg vorwärts zu einer atavistischen Zukunft führen würde. Als H. G. Wells seinen Roman *Things to Come* erdachte, sah er eine blitzende, sterile städtische Welt voraus, die von einer wohlwollenden technokratischen Elite geführt werden sollte. Doch für viele Anhänger der Gegenkultur sollte das Ergebnis der hochtechnologischen Industrie eher so etwas wie eine Stammesdemokratie sein, in der die Bürger sich noch immer in Wildleder kleideten, um in den Wäldern Beeren pflücken zu gehen.

Manchmal schien diese erträumte Synthese von ländlicher Bodenständigkeit und fortschrittlicher Technologie auf nichts anderem als einigen wenigen, sehr wackeligen Metaphern zu beruhen. So wird McLuhans Entwurf von den urbanisierten Massenmedien, bis an die äußerste Grenze vorangetrieben, ein »Dorf«. In O'Neills Augen bringen uns Weltraumraketen und Satelliten, die in einem gigantischen Maßstab entwickelt werden, in ein »Grenzland« zurück, von dem seine begeisterten Anhänger offenbar annahmen, daß es so etwas wie die Welt der Blockhütte und des Holzfeuerofens wiederbeleben könne. Die Jünger, die die L-5-Society zur Förderung der Ideen O'Neills gründeten, malten sich in ihren Visionen mit Vorliebe Heimstätten und biologische Gärten aus, die sich in ihren weltumkreisenden Stahlbehältern meilenweit erstrecken würden, dazu schwerelosen Spaß ohne Ende und Spiele wie Skydiving und Windsurfing frei von jeder Gravitation. Selbst Soleris in den Himmel ragenden menschlichen Bienenstöcke wurden als eine Möglichkeit betrachtet, der bedrohten Wildnis ihre Jungfräulichkeit zurückzugeben – obwohl einen nur schaudern kann angesichts der Vorstellung von Zehntausenden »arcologischer« Mieter, die vor den Aufzügen Schlange stehen und darauf warten, auf die Picknickwiese zu gelangen.

Am Ende aber waren es für die übriggebliebenen Anhänger der Gegenkultur in den späten siebziger Jahren digitale Daten, höher aufgetürmt als alle Kuppeln, »Arcologien« und Raumkolonien, die die Welt in das nachindustrielle gelobte Land führen sollten. Der Personalcomputer konnte Millionen von Menschen Zugang zu den Datenbanken der Welt verschaffen, was – so argumentierte man – eine vorrangige Notwendigkeit war, wenn sich die Menschen als autonome Bürger organisieren wollten. Computerisierte Netze und Anschlagbretter würden die elektronischen Dörfer verbinden und die lebensnotwendigen Daten übermitteln, die ihnen die Elite der Mächtigen versagten. Gleichzeitig würden clevere Hacker in die geheimen Datenbanken eindringen, die die Geheimnisse der Unternehmer und die

Rätsel des Staates hüteten. Wer hätte das je vorhergesehen? Mit Hilfe von IBM-Terminals, AT&T-Telephonleitungen, Raumfahrtprojekten des Pentagon und Westinghouse-Kommunikationssatelliten würde sich eine weltweite Bewegung von computerkompetenten Rebellen erheben, um einen organischen Wohlfahrtskosmos zu errichten. Sie könnten sogar den völligen Zusammenbruch des hochtechnologischen industriellen Systems überdauern, das ihre Technologie hervorgebracht hatte. Denn in dem Überlebensinstinkt der Gegenkultur schwelte die düstere Aussicht auf einen thermonuklearen Holocaust. Dies läßt sich deutlich an einem ansonsten eher bizarren Dokument der Weltanschauung der Guerilla-Hacker ablesen, verfaßt von Lee Felsenstein, einem Mitglied des Homebrew Computer Club und der Community Memory, der später den tragbaren Osborne-Computer entwickelte. Felsensteins technologische Vision – betonte Einfachheit in Verbindung mit leichtmöglichster Wiederverwendbarkeit – ging aus einem apokalyptischen Bild der industriellen Zukunft hervor. Er schrieb:

> Die industrielle Infrastruktur kann jeden Tag zusammenbrechen, und das Volk sollte dann in der Lage sein, einzelne Geräteteile zu organisieren, um seine Maschine im Schutt der zerstörten Gesellschaft funktionsfähig zu halten; im Idealfall müßte die Maschine so übersichtlich konstruiert sein, daß sich die Benutzer selbst klarmachen können, wohin diese Teile gehören.

Felsenstein sagte einmal: »Ich müßte meine Maschinen so konstruieren können, daß jedermann sie aus leeren Konservendosen zusammensetzen kann.«[11]

Daten und Drogen

Es ist wichtig, den politischen Idealismus im Auge zu behalten, der den Hoffnungen der Guerilla-Hacker zugrunde lag. Doch es ist nicht weniger wichtig zu erkennen, daß die atavistisch-technophile Synthese, auf die sich diese Hoffnungen stützten, ebenso naiv wie idealistisch waren. Angesichts dieses naiven Idealismus verspürt man das Bedürfnis, tiefer zu schürfen, um das Geheimnis seiner Überzeugungskraft für so viele helle Köpfe zu entdekken. Wie konnte überhaupt jemand an etwas so Unwahrscheinliches glauben?

Wenn wir ein wenig weiter in die Ursprünge der Gegenkultur eintauchen – zurückgehen bis in die späten fünfziger und die frühen sechziger Jahre –, stoßen wir auf die vielleicht aufschlußreichste Verbindung zwischen ihren atavistischen und ihren technophilen Werten. Am Anfang war die Musik – zu jeder Zeit der Hauptträger der Bewegung: erst Folk, dann Rock 'n' Roll, dann Rock in all seinen Variationen. Schon früh wurde die Musik bei Konzerten und in den neuen Klubs dieser Zeit in einer bestimmten Weise gespielt, die inzwischen in der Szene der Unterhaltungsmusik als selbstverständlich gilt: sie wurde elektronisch verstärkt. Ihre Macht wurde von der Maschine geborgt. Das jugendliche Publikum, das diese Klubs bevölkerte, sah vielleicht vergammelt aus und mochte auf dem Weg zu seinen Treffpunkten Symbole geschwenkt haben, die seine Ablehnung der Industriegesellschaft zum Ausdruck brachten. Aber dieses Publikum wollte seine Musik explosivartig verstärkt und professionell, mit den besten verfügbaren Mitteln, moduliert haben; es wollte den Rhythmus durch die Haut aufnehmen. Deshalb brauchte die Musik Maschinen. Und im Laufe der Zeit, während der folgenden Dekade, sollte die Musik immer mehr Maschinen brauchen, da der ästhetische Geschmack der Zeit eine gänzlich neue Aufnahmetechnik erforderte und hervorbrachte, die damit begann, die Spieler und ihre Instrumente durch die kompliziertesten Tontechniken und schließlich durch verschiedene Verfahren digitaler Verstärkung zu ersetzen. Der Bühnenstil der Musiker mochte wohl manchmal ungeschliffen, schmucklos und

»natürlich« wirken. Bob Dylan etwa strahlte eine Art ungewaschener und ungehobelter Authentizität aus. Aber die Techniker brachten die Musik zunehmend weiter unter ihre Kontrolle. Sie stellten sicher, daß die Musik *professionell* ungewaschen und *fachmännisch* ungehobelt klang.

Allein durch die Klangerfahrung, ohne weitere Hilfsmittel, gelang es dem Rock angeblich, bewußtseinserweiternde Erlebnisse zu vermitteln. Ein Rock-Kenner der damaligen Zeit schrieb:

> Ganz allein, ohne die Hilfe von Stroboskopen, Phosphorfarben und anderen sinnlichen Reizmitteln spricht [Rock] das ganze Sensorium an und wendet sich an die Intelligenz ohne Einmischung des Intellekts ... Rock ist ein Urphänomen ... ja man man könnte ihn als die Magie des 20. Jahrhunderts bezeichnen.[12]

Aber schon bald wollte das Publikum die Stroboskope und die phosphoreszierenden Farben obendrein: Ekstase für das Auge ebenso wie für das Ohr. Daher die Lightshows, die überall eine Begleiterscheinung der Rock-Konzerte wurden. Die Shows waren mehr als nur eine visuelle Begleitung der Musik. Sie wurden sofort als eine Möglichkeit begriffen, psychedelische Erfahrungen nachzuahmen oder hervorzurufen. Sie waren die visuellen Stellvertreter von Drogen. Und von allem Anfang an war die vorrangige Droge jener Zeit LSD, das selbst wieder Ergebnis der Technologie war, ein Laborprodukt, das aus der modernen Forschung des Schweizer Pharmakonzerns Sandoz & Co. hervorgegangen war.

In der frühen Nachkriegszeit waren LSD und andere im Labor erzeugte Halluzinogene einem kleinen, elitären Kreis vorbehalten geblieben, der hauptsächlich aus hochbezahlten Psychiatern und ihrer Kundschaft aus der High Society bestanden hatte. Zu dieser Zeit, ehe die Aura des Kriminellen LSD umgab, standen etablierte Zeitschriften wie *Time* und *Life* nicht an, seine vielen therapeutischen Vorzüge zu loben. Aber bis zu den frühen sechziger Jahren hatten die Halluzinogene einen weiteren, weniger respektablen Kundenkreis gefunden; sie wurden von den

Beat-Poeten und den ausgestiegenen Jugendlichen in den Straßen von Haigth-Ashbury und Greenwich Village als die Rettung unserer geplagten Kultur angepriesen. Schon bald predigte Timothy Leary von den Vorzügen des LSD in ganz Amerika; Ken Kesey und seine Merry Pranksters verabreichten 1966 in der Bay Area von San Francisco bei Anlässen wie den Acid Tests und dem Trips Festival unbekümmert dem ganzen Publikum dieses mysteriöse Elixier (oder versprachen, es zu tun).

Die Annahme, die diesem plötzlichen Massenphänomen zugrunde lag, lautete schlicht und einfach: Drogen retten deine Seele. Wie die Sakramente der katholischen Kirche sollten sie wirken, *ex opere operato* – allein auf Grund ihrer Spendung. Als dieses Versprechen erst einmal mit dem wachsenden Interesse an östlicher Mystik in Berührung kam, hatten sich die psychedelischen Drogen als kulturelle Kraft durchgesetzt. Es schien klar auf der Hand zu liegen, daß die Forschungslabors der westlichen Gesellschaft – einschließlich denen der Pharmagiganten – der Welt einen Ersatz für die jahrhundertealten spirituellen Disziplinen des Ostens geschenkt hatten. Statt lebenslanger, strenger Meditation genügten ein paar Tropfen einer hausgebrauten Säure auf einem Stück Zucker, um zum gleichen Ergebnis zu gelangen. LSD war die Abkürzung zur Erleuchtung.

»Bessere Dinge für ein besseres Leben durch Chemie« lautete der Slogan der Firma Dupont. Und Tausende jugendlicher Drogensüchtiger stimmten freudig zu. Sie hatten die Musik gehört, sie hatten die bunten Lichter gesehen, sie hatten die Drogen probiert. Nichts trug mehr dazu bei, die Gegenkultur in die Richtung einer naiven Technophilie zu drängen als diese verführerische Trias von Genüssen. Wenn die Hochtechnologie der westlichen Welt einen solchen spirituellen Schatz anzubieten hatte, warum dann nicht noch mehr?

Hier liegt der Grund dafür, daß Buckminster Fuller, Marshal McLuhan und all die andern eine so starke Resonanz bei den Jugendlichen der Gegenkultur fanden. Acid und Rock hatten ein großes Publikum für ihre Botschaft vorbereitet – und zwar auf besonders verführerische Weise, die die zerebralen Ebenen ausschaltete. Denn Psychodelika vermitteln eine mächtige, ja sogar zerschmetternde Erfahrung. Mit der Musik und den Lichtern zu einem totalen Angriff auf alle Sinne vereint, können sie tatsächlich alles möglich erscheinen lassen. Sie können ein Gefühl von Größe und Euphorie hervorrufen, angesichts dessen schlimmste politische Realitäten zu Seifenblasen werden. Zugleich verbindet sich die Erfahrung – zumindest werden ihre Jünger nicht müde, dies zu behaupten – mit ursprünglichen mystischen Kräften des Geistes, die noch immer blühen oder blühen *könnten* in exotischen Winkeln der Erde, bei traditionsgebundenen Völkern oder eingeborenen Medizinmännern wie Carlos Castanedas legendärem Don Juan. Diese Erfahrung, geboren aus den Labors unserer Industriekultur, verband ihre Anhänger irgendwie mit dem Ursprünglichen, dem Primitiven, der Stammeskultur. Hier finden wir also dieselbe überraschende Mischung von hochentwickelter Wissenschaft mit einem naturhaftem Urkommunismus, die Buckminster Fuller für die Geometrie der geodätischen Kuppel beanspruchte und die später die Hacker aus Silicon Valley für den Personalcomputer beanspruchen sollten.

In einem Interview im Jahr 1985 hat Stewart Brand gesagt: »Diese Generation hat die Computer geschluckt wie Drogen.« Es könnte eine größere buchstäbliche Wahrheit in der Metapher stecken, als mit ihr beabsichtigt war.[13]

Niedergang und Sturz

Der meteorhafte Aufstieg oder die »Revolution« der Mikrocomputer läßt sich mit zwei sensationellen Werbeaktionen markieren. Anfang 1984 – in bewußter Anspielung auf die Orwellschen Assoziationen zu diesem Jahr – ließ die Firma Apple Computers einen einminütigen Werbespot, der eine Million Dollar gekostet hatte, während der Übertragung des Football-Endspiels im Fernsehen ausstrahlen. Der Spot wurde nur ein einziges Mal eingeblendet, werbewirksam plaziert auf dem Höhepunkt im letzten Viertel des Matchs – eine beispiellose Extravaganz, die schon als solche viele Kommentare in den Medien auslöste. Als Echo auf das Thema des Jahres zeigte die Werbung das Gesicht von Big Brother, das finster von einem monumentalen Bildschirm herabblickte und einer mitleiderregenden Masse uniformierter Untertanen eine donnernde Rede hielt. Was immer diese Szene sonst noch bedeuten mochte, sie repräsentierte die monolithische Unternehmensstruktur von IBM, damals Apples Hauptkonkurrent, der auf dem Markt für Mikrocomputer rasch an Boden gewann. Plötzlich erhebt sich in den Reihen der geduckten Zuhörer Big Brothers ein rebellischer Geist. Es ist eine kräftige junge Frau. Sie stürmt nach vorn und schleudert einen riesigen Hammer gegen den Bildschirm. Er zerbricht. Die versklavten Millionen sind frei.

Das sind mächtige Bilder von Trotz und Befreiung. Mit einigen Zugeständnissen an die theatralische Übertreibung drückt der Werbespot den Geist der Guerilla-Hacker aus, die Apple mit so großen Hoffnungen auf die Computerisierung der Massen gegründet hatte. Aber bis Ende 1984 hatten sich die Dinge in der Mikrocomputerindustrie von Grund auf verändert. Die Verkaufszahlen stagnierten, der Markt schien weithin gesättigt zu sein.

Die Krise spiegelt sich wider in der großen Werbeaktion von Apple am Ende des Jahres. Wiederum inszenierte die Firma ein Spektakel von bisher beispielloser Extravaganz. Sie kaufte jeden Quadratzentimeter Werbefläche in der *Newsweek*-Sondernummer, die zu den Wahlen im November erschien, und füllte die Seiten mit ihrer eigenen Anzeige. Das Thema der Nummer war kühn als »das Prinzip der Demokratie, angewandt auf die Technologie: eine Person, ein Computer« angekündigt – in diesem Fall Apples neuer Macintosh. Aber was hatte Apple nun zugunsten des Personalcomputers zu sagen? Durch das ganze Heft hindurch zieht sich die Geschichte eines cleveren jungen Unternehmers (eines »Yuppies«, wie er genannt wird), vermutlich eines früheren IBM-Sklaven, jetzt aber in der Lage, die Freiheit zu nützen, die Apple für ihn erkämpft hat. Er hat eine tolle Idee und will ins Geschäftsleben einsteigen. Als aufgeweckter, gut informierter Tycoon entscheidet er sich für Apple-

Computer und Software, um sein Produkt zu entwerfen und seine Buchführung zu erledigen. Und was ist sein Produkt? »Splendora Feinschmecker Babynahrung«.

Ein ziemlicher Abstieg gegenüber dem idealistischen Angriff auf Big Brother zu Beginn des Jahres. Aber ohne Zweifel eine realistischere Einschätzung dessen, wohin der Markt für Mikrocomputer sich entwickelte.

Im Frühjahr 1985 war Steven Jobs, damals noch Präsident von Apple, bereit, eine Tatsache einzugestehen, die viele Kritiker längst vermutet hatten: daß der Markt für Kleincomputer maßlos überschätzt worden war. Da er nicht den spezifischen, klar anerkannten Anwendungsbereich hatte, den jedes Haushaltsgerät braucht, war er in eine verwirrende Allzweckmaschine verwandelt worden, und viele seiner vorgeschlagenen Anwendungsmöglichkeiten (Scheckbücher führen, Rezepte speichern, Adressen ordnen) waren einfach unsinnig. Zu viele Leute – und sie stellten vielleicht die Mehrzahl derjenigen, die sich die Maschine überhaupt leisten konnten – hatten ihren Computer mit nach Hause genommen ohne die leiseste Ahnung davon, was sie mit ihm anstellen sollten. Die Instruktionen, die der Hardware beilagen (seltsamerweise »Dokumentation« betitelt – ein erstes Zeichen der technischen Mystifizierung), waren oft unverständlich; viel zu häufig machte der Computer einfache Dinge überflüssig kompliziert. Und wie sorgfältig die Benutzer auch ihre Software aus der verwirrenden Überfülle in den Geschäften auswählen mochten, stets erschien innerhalb weniger Monate etwas Neueres und Besseres auf dem Markt. Der Preis war, einschließlich aller notwendigen Zusatzgeräte und Programme, niemals so niedrig, wie in der Werbung angekündigt. Tatsächlich wird man niemals einen Computer so komplett ausgestattet bekommen, daß es nicht immer noch irgend etwas gäbe, das man noch anfügen muß, um in den Genuß seines vollen Nutzens zu gelangen. Zumindest soweit es den gewöhnlichen Benutzer betraf, erwies sich die ertragreiche Dynamik der Computerindustrie – neue Firmen, neue Produkte, neue Konzepte – mit der Zeit als selbstzerstörerisch. Den *einzig* richtigen Zeitpunkt zum Kauf schien es nicht zu geben.

Angesichts der sinkenden Aussichten auf dem Markt der privaten Käufer stellte sich Jobs darauf ein, die Zukunft des Mikrocomputers in den Büros und Schulen zu suchen. Wenn er recht behalten sollte, dann steht der Informationstechnologie noch immer ein riesiger Markt offen, der auch weiterhin einen gewaltigen Einfluß auf unsere Wirtschaft, unsere Erziehungspolitik und unser Arbeitsleben ausüben wird. Aber dennoch bedeutete die neue Zielsetzung eine dramatische Kursänderung in der Karriere des Mikrocomputers. Etwas Wichtiges war verlorengegangen, vielleicht die idealistischste Vision der Information und ihrer sozialen Nutzung überhaupt, die je seit den Anfängen dieser Technologie entstanden war. In schwindelerregenden zehn Jahren, von der Mitte der siebziger bis zur Mitte der achtziger Jahre, war das Ideal einer Computerisierung der Massen durch eine nahezu universelle Verbreitung von Personalcomputern verblaßt. Apple Computers, der Vorkämpfer dieses Anliegens, mußte feststellen, daß sein hart erkämpftes und einträchtiges Terrain auf dem Markt der Mikro- und Bürocomputer nicht allein von dem unbezwingbaren Riesen IBM (nunmehr verschmolzen mit MCI Telecommunications, ROLM Telephone und dem Merrill Lynch Market Net System) bedroht wurde, sondern auch von einem neuen Vorstoß des Giganten AT&T (American Telephone and Telegraph). Die Technologie kehrte zu ihrer ursprünglichen, kolossalen Größe zurück. Ein Topmanager der Computerbranche erklärte: »Es geht jetzt eine wirkliche Veränderung vor sich in der Welt, die es den Burschen in ihren Garagen schwermachen wird, der nächste Apple zu werden.« Tatsächlich wurde die wiederhergestellte Vormacht von IBM von manchen als die einzige Chance Amerikas angesehen, den Japanern Konkurrenz zu machen. Das Unternehmen wurde als eine »Konzerndampfwalze« bezeichnet, als »lebendes Symbol dafür, daß das Lebenslicht des amerikanischen Industriesystems noch nicht erloschen ist«. Man konnte fast einen Seufzer der Erleichterung in der gesamten Geschäftswelt wahrnehmen, daß sich der Gigant wieder einmal als unverwüstlich erwiesen hatte.[14]

Inzwischen ist die Gesellschaft der Bürger-Hacker so spurlos verschwunden wie Fullers geodätisches Kuppeldorf, und mit ihrem Verschwinden wurde unter ein buntschillerndes und herausforderndes Kapitel in der Geschichte der Informationspolitik der Schlußstrich gezogen.

VIII

Die Informationspolitik

Nichts als die Fakten

> Fakten allein sind im Leben erwünscht. Nichts anderes
> sollst du pflanzen, und alles andere reiße mit den Wur-
> zeln aus. Man kann den Verstand logisch denkender
> Tiere nur mittels Fakten formen: nichts anderes wird
> ihnen zu irgend etwas nützen.
>
> Mr. Gradgrind in *Hard Times* von Charles Dickens

Ohne den Computer wäre der Informationskult undenkbar.
Und doch gab es lange, ehe selbst die primitivste datenverarbeitende Maschine existierte, eine gut organisierte politische Bewegung, die frühzeitig die Überzeugungskraft erkannte, die Fakten
und Zahlen für die moderne Welt haben. Das waren die englischen Utilitaristen des frühen neunzehnten Jahrhunderts, die
treugläubigen Anhänger des exzentrischen Philosophen Jeremy
Bentham. Ihr Aufstieg zu einer der einflußreichsten intellektuellen Strömungen der modernen Zeit bietet uns ein erhellendes
kritisches Modell. Alle wesentlichen Elemente, die den Informationskult auszeichnen, sind bei ihnen bereits vorhanden – die
Fassade ethischer Neutralität, der Anschein wissenschaftlicher
Strenge und die Leidenschaft für technokratische Kontrolle. Nur
eines besaßen sie nicht: den Computer. Den Anhängern Benthams fehlte genau diese eindrucksvolle Maschine, die die Öffentlichkeit mit gottgleicher Autorität blenden konnte, um ihre
staunende Ergebung zu gewinnen. Doch letztlich brachte eben
dieser Mangel einer furchteinflößenden Technologie die ideolo-
gische Voreingenommenheit der Utilitaristen an den Tag. Sie
können uns daher als Fallstudie dienen, als Mahnung daran, daß
Information niemals neutral ist, sondern durch und durch politisch.
Die Jünger Benthams bildeten eine der ersten wirklich modernen Bewegungen der politischen Philosophie, die unentwirrbar
in ein industrielles System eingeflochten war. Sogar der Name,

den sie sich gaben: Utilitaristen, spiegelt ihre nüchterne Sachlichkeit wider, die unsentimentale Behauptung materieller Werte, die die neue Wirtschaftsordnung ihrer Tage beherrschte. England war das erste Land, das sich in das Zeitalter der Maschinen und der Fabriken vorwagte. Es ging dabei tastend vor, blind und stolpernd. Während des ganzen frühen neunzehnten Jahrhunderts schossen Industriestädte wie unheimliche Gewächse über Nacht aus dem Boden und setzten eine massive demographische Verlagerung in Gang. Die Bevölkerung nahm rapide zu und begann in großer Zahl über Land zu wandern. Bisher unbekannte Formen von Arbeit, Eigentum, Absatzpolitik und neue Erfindungen tauchten plötzlich auf, und mit ihnen neue soziale Werte, neue politische Kräfte. Die Utilitaristen gehörten zu den ersten, die die historische Bedeutung dieser schnellen, verwirrenden Verwandlung erfaßten und einen Freudenruf ausstießen, wo andere eine soziale Katastrophe sahen. Intuitiv begriffen sie, daß in so hochdynamischen Gesellschaften wie der damals gerade entstehenden englischen die Kontrolle der Fakten – oder zumindest die *scheinbare* Kontrolle der Fakten – Macht erzeugte. Und Kontrolle vermittelt den Eindruck von Kompetenz; sie verleiht sogar die Fähigkeit zu regieren.

In einer Industriegesellschaft sind Veränderungen an der Tagesordnung. Aber Veränderungen zerstören alte Gewißheiten, sie verwirren und machen angst. Angesichts des augenscheinlichen Chaos, das im Gefolge der industriellen Revolution entstand, ergriffen die Utilitaristen mutig die philosophische Initiative und erklärten, daß Veränderung sich in Fortschritt verwandeln könne, wenn man sie als eine Möglichkeit zur Reform nutzt. Und das Geheimnis der Reform war die Kontrolle der Fakten, vieler Fakten. Zu ihrer Zeit waren die Utilitaristen auch als »philosophische Radikale« bekannt, gerade weil sie zu den eifrigsten Verfechtern der Reform auf allen Gebieten gehörten – in Recht, Wirtschaft, Erziehung, Wohlfahrt, im Gefängniswesen und in der Gesundheitspflege. Bei ihren unzähligen Feldzügen für allgemeine Verbesserungen war intensives Faktensammeln stets der erste und wichtigste Schritt. Ihr Antrieb war die Überzeugung, daß die Fakten, wenn man sie nur in ausreichender Menge sammelte, für sich selbst sprächen. Stelle sie auf einem Blatt zusammen, und sie werden Verschwendung, Korruption und Ineffizienz aufdecken, wo immer sie vorkommen.

Der Historiker G. M. Young beschreibt »Benthams Formel«, wie er sich ausdrückt, als ein Produkt aus »Befragung, Gesetzgebung, Exekutive, Inspektion und Bericht«.[1] Die verschiedenen Stadien der Befragung, Inspektion und des Berichtens führten zu den großen öffentlichen Untersuchungen der viktorianischen Zeit, die von Kommissionen des Parlaments und des Königshauses veranlaßt wurden. Heutzutage finden wir es selbstverständlich, daß Regierungen in das Geschäft des Datensammelns einbezogen sind. Aber zu Benthams Zeit war das eine befremdliche, neue Idee; damals machte sich noch keine Gesellschaft die Mühe, eine genaue Volkszählung vorzunehmen. Die Utilitaristen sollten dies gründlich ändern. »Innerhalb weniger Jahre«, so schreibt Young, »waren die Köpfe der Bevölkerung mit Fakten und Zahlen überschwemmt, die sich auf alle Gebiete des nationalen Lebens bezogen ... Keine Gesellschaft in der ganzen Geschichte war jemals einer so gründlichen Überprüfung unterzogen worden.« Für eine viktorianische Kommission war es nichts Ungewöhnliches, mehrere gedruckte Bände vorzulegen, die überquollen von Fakten und Statistiken. Und wenn die Untersuchung in die Schaffung einer neuen administrativen Behörde einmündete, was normalerweise der Fall war, dann wuchs die Aktenaufbewahrung im Schneeballsystem, da die Faktensammlungen der Regierung Jahr für Jahr weitergingen. Ehe die Hälfte des Jahrhunderts vergangen war, wurden diese riesigen Datenmengen in den berühmten Victorian Blue Books zusammengestellt, der größten Anhäufung von Sozialstatistiken in der Geschichte der Menschheit.

Die Blue Books waren die Quelle, der Karl Marx später all die verdammenden Beweise für seine Anklage gegen den Kapitalismus entnahm. Er hatte nicht das Gefühl, er müsse sich von seinem Schreibpult im Britischen Museum wegbegeben, um die Sache selbst zu untersuchen. Alle Daten, die er brauchte, waren zur Hand, standen schwarz auf weiß auf dem Papier. Bis zur Amtszeit des Premierministers Gladstone am Ende des Jahrhunderts hatte sich die politische Praxis dank des nun tief verwurzelten Utilitarismus drastisch verändert. »Faktenwissen«, bemerkt Young, »und ein geschickter Umgang mit Zahlen waren ... der beste Beweis von Sachkompetenz« im öffentlichen Leben. Gladstone, dessen sorgfältig ausgearbeitete Haushaltspläne den neuen Weltstandard für moderne Staatskunst abgaben, war vielleicht der erste Politiker, der seine Karriere auf die obrigkeitliche Kontrolle von Sozialstatistiken aufbaute. Mit all den Zahlen, die er in einem fort hervorsprudelte, würde er noch in einer heutigen amerikanischen Präsidentschaftsdebatte eine hervorragende Figur machen.

Man kann die Utilitaristen mit ihrer Begeisterung für das Datensammeln als die späten Erben Francis Bacons ansehen. Bacons Interesse galt natürlich der Wissenschaft, Benthams Interesse Rechtsfragen und der Wirtschaft. Aber es besteht ein Zusammenhang zwischen den beiden Männern. Ebenso wie Bacon glaubte, daß kleine Stückchen und Teile von Fakten sich wie von allein zu Naturgesetzen ordnen würden, glaubten die Utilitaristen, daß die sozialen Daten, die das Ergebnis vernünftiger Untersuchungen waren, auf der Stelle die Schwächen der herrschenden Gesetze und Institutionen bloßlegen würden, um zugleich die augenfällige Lösung zu präsentieren. Diese Überzeugung verlieh den Utilitaristen einen etwas vorwitzigen, aber erfrischenden Anstrich von Selbstvertrauen. Sie waren bereit, alles mit einem scharfen, kritischen Blick unter die Lupe zu nehmen, ganz gleich, wie ehrwürdig und durch die Tradition geheiligt es war. Sie genossen ihren intellektuellen Aufstand und zeigten voller Begeisterung die Torheit und Verblendung in den alten Sitten auf, von denen immer noch viele in der englischen Gesellschaft fortlebten. Den Mut dazu verlieh ihnen ihre besondere Waffe, die allmächtige »Tatsache«, der sich weder die Empfindung noch polemische Rhetorik entgegenstellen konnte. Doch trotz ihrer Haltung betonter Objektivität waren die Utilitaristen von einer bestimmten politischen Ideologie geprägt, nicht allzu tief verborgenen Leitideen und Idealen, die ihnen dazu dienten, die Informationen, die sie sammelten, mit Leben zu füllen. Es ist wichtig, diesen Aspekt ihrer Arbeit zu unterstreichen, denn er beleuchtet das unvermeidliche Zusammenspiel von Ideen und Information. Was die Anhänger Benthams betrifft, läßt sich dies besonders deutlich an ihrer ehrgeizigsten amtlichen Faktenkampagne ablesen: der landesweiten Übersicht über das britische Armengesetz im Jahre 1833. Dies war die größte Datenerhebung, die bislang je unternommen wurde. Die Nachforschungen erstreckten sich auf die ganze Nation und gingen bis ins Detail; so wurde sogar abgewogen, wieviel Brot und Haferschleim die verschiedenen Armenhäuser des Landes an die Bedürftigen ausgaben.

Wir wissen heute, daß die Utilitaristen, die diese großangelegte Untersuchung trugen, von Anfang an entschlossen waren, das System aus den Angeln zu heben. Daher dokumentierten sie emsig die Verschwendung, die Widersprüchlichkeit und die Unzulänglichkeit des alten Armengesetzes. Das war nicht eben schwierig. Das Armengesetz war nämlich nicht ein einziges Gesetz, sondern ein jahrhundertealtes Flickwerk von Statuten und Vorschriften, das für alle Arten von sozial Abhängigen zuständig war: Kranke, Alte, Behinderte, Arbeitslose, Waisen und Geisteskranke. Über viele Generationen hinweg hatte sich dieses Allzweckprogramm zu einem wirren Knäuel von Widersprüchen und Improvisationen verknotet. Die Utilitaristen dokumentierten dieses Durcheinander und konnten die Regierung rasch überzeugen, daß das Gesetz durch ein neues, einheitliches, zentralisiertes Programm ersetzt gehörte, das sie natürlich selbst entwarfen. Sie konnten ihr Ziel durchsetzen. Das Ergebnis war das drakonische System jener Arbeitshäuser, die wir in den Romanen von Dickens geschildert finden. Während die Untersuchungskommission versuchte, ihre Übersicht als eine völlig neutrale Erhebung darzustellen – eine rein professionelle Untersuchung, die auf den Prinzipien einer vernünftigen Wirtschaftsführung beruhte –, war sie von Anfang an von einer ganz bestimmten Sozialphilosophie geprägt gewesen, die beispielsweise von der Annahme ausging, daß Armut eine Art kriminellen Schmarotzertums sei, das bestraft gehöre, und daß ein allzu großzügiges Fürsorgesystem nur den Arbeitswillen des Volkes korrumpiere. Hinter dieser Untersuchung versteckten sich eine ausgesprochen finstere Auffassung von der Natur des Menschen und ein zwanghaft verbissenes Interesse an materiellen Werten. Die Utilitaristen glaubten fest daran, daß man die Armen mit der Peitsche zur Arbeit antreiben müsse. Das machte sie zu Verbündeten von eben den Fabrikbesitzern, die die Arbeitsbedingungen ohnehin schon bis zur Unmenschlichkeit verschlechtert hatten. Es ist nicht übertrieben zu behaupten, daß die Anhänger Benthams, mit der Peitsche der reinen Fakten in der Hand, tatkräftig mithalfen, die Arbeitskräfte der industriellen Revolution zu beschaffen.

Die Utilitaristen, die einen wichtigen frühen Beitrag zum Informationskult leisteten, waren so moralisch und politisch motiviert, wie es eine Gruppe, die politischen Druck ausüben will, nur sein kann. Man könnte sie als Vorläufer all der Planungsstäbe und Institute zur Untersuchung von Verfahrenstechniken in unseren Tagen betrachten, die weiterhin die politische Arena mit ideologisch gefärbten Beiträgen im Gewand streng akademischer Verlautbarungen füllen. Gerade weil die Utilitaristen ihre Leidenschaft für die Sozialforschung mit einer kaltblütigen, gefühllosen Sozialphilosophie verbanden, zogen sie sich schließlich mit ihrer Faktenreiterei den Abscheu menschlicher empfindender Zeitgenossen wie Dickens zu. In *Hard Times*, seiner klassischen Erzählung über eine frühe Industriestadt, geht Dickens mit ihnen hart ins Gericht und stellt sie als herzlose Arbeitstiere und Heuchler dar, die glauben, daß Fakten wirklicher seien als menschliche Leiber. Dickens' Parade-Utilitarist ist der Schulmeister Mr. Gradgrind, der meint, das Nonplusultra der Erziehung sei es, die Köpfe seiner Schüler mit so vielen Fakten wie nur möglich vollzustopfen. Fakten, nichts als Fakten. Es ist das Schulsystem, so beobachtete Dickens scharfsinnig, das den Zeitgeist prägt. Und in Mr. Gradgrinds Schule ist allein für atomistische Daten und Mengen Platz.

Was ist ein Pferd, so fragt er seine Schüler. Die Antwort zählt die sicheren Fakten des fraglichen Gegenstands auf.

Vierbeiner. Grasfresser. Vierzig Zähne, davon vierundzwanzig Mahlzähne, vier Eckzähne und zwölf Schneide-

zähne. Wirft im Frühjahr sein Fell ab, auf sumpfigem
Gelände auch seine Hufe. Hufe hart, müssen aber mit
Eisen beschlagen werden. Alter erkennbar durch Merk-
male im Maul.

Hätte es in den Tagen von Mr. Gradgrind bereits Computer
gegeben, er hätte sich gewiß beeilt, seine Schule mit ihnen zu
füllen. Sie hätten all die Daten, die er sich wünschte, auf
Knopfdruck geliefert, vielleicht mit beweglichen Graphiken in
einer dreidimensionalen Simulation. Aber sein rein statistischer
Vierbeiner wäre dadurch noch immer kein lebendiges Geschöpf
geworden.

Datenflut

> Die neue Macht ist nicht Geld in den Händen der
> Wenigen, sondern Information in den Händen der
> Vielen.
>
> John Naisbitt, *Megatrends*

Wenn es um Datenkrämerei geht, ist unsere Politik ein Wirklichkeit gewordener utilitaristischer Traum. Die gnadenlose Daten-
suche, die Bentham und seine Anhänger als lebensnotwendig für
die städtisch-industrielle Gesellschaft erklärten, ist in einer stets
noch wachsenden Zahl von Regierungsstellen und Behörden als
Dauereinrichtung installiert worden. Und mit der Geburt des
Computers ist sie zu einer großen Dienstleistungsindustrie geworden. Öffentliche und private Entscheidungsträger können
sich jetzt unbegrenzter Informationsströme erfreuen, die ihnen
mit Blitzesschnelle ins Haus geliefert werden.
Doch können wir dem Beipiel der Utilitaristen und ihrer Öffent-
lichkeitspolitik eine wertvolle und offenkundige Lektion entneh-
men: daß es nämlich nicht die Fakten sind, die die Politik
bestimmen, sondern daß umgekehrt meistens die Politik die

Fakten bestimmt – durch Auswahl, Anpassung und Verzerrung. Trotzdem gehört es zum Mythos des Informationszeitalters, daß uns der Computer, und besonders der Personalcomputer, eine Renaissance der Demokratie bescheren werde. Die Maschine, die jedem Mann und jeder Frau in der eigenen Wohnung Daten im Überfluß zugänglich macht, ist angeblich dazu bestimmt, als eine befreiende Macht in die Geschichte einzugehen. Diese Idee entwickelte erstmals Marshal McLuhan, der Mitte der sechziger Jahre voraussagte, daß mehrere elektronische Medien unseren Planeten in ein globales Dorf verwandeln würden, »in dem augenblickliche Information tiefgehende Anteilnahme schafft«. McLuhan hatte in erster Linie das Fernsehen im Sinn. Er glaubte, daß Leute, die passiv vor Kathodenstrahlröhren sitzen und einen ständigen Fluß von Bildern aus aller Welt betrachten, auf irgendeine Weise stärker anteilnehmende Bürger würden. Computerenthusiasten haben diese Vorstellung auf eine neue Verwendungsweise des Bildschirms ausgedehnt: auf seine Fähigkeit, mit seinem Betrachter in Interaktion zu treten, wobei er auf dessen Wunsch einen endlosen Strom von Materialien aus Datenbanken rings um den Globus hervorzaubert. »Der Computer wird die Pyramide zerschmettern«, versichert uns John Naisbitt. »Wir haben das hierarchische, pyramidale, managerorientierte System geschaffen, weil wir es brauchten, um uns über die Leute und ihr Treiben auf dem laufenden zu halten; jetzt hält uns der Computer auf dem laufenden. Daher können wir unsere Institutionen horizontal umstrukturieren.«

Diese Ansicht beruht allem Anschein nach auf einer merkwürdigen Diagnose unserer sozialen Übel. Naisbitt nimmt offenbar an, daß der Staat aus Mangel an Information verhungere und nur der Computer diesen Mangel beheben könne. Man muß sich wohl leere Zeitungskioske, leere Buchhandlungen und leere Bibliotheken vorstellen, ausgeräumt von einer Bevölkerung, die ihre kostbaren Vorräte an Daten verbraucht hat und jetzt nach mehr hungert, als diese Quellen liefern können.

Doch das ist offensichtlich nicht der Fall. Die Öffentlichkeit hat die zugänglichen Informationen bisher keineswegs erschöpfend genutzt. Um den Abonnementspreis einer der besseren Tageszeitungen des Landes und einiger sorgfältig ausgewählter Zeitschriften könnten die meisten Haushalte ihre Informationsversorgung billig und leicht vervielfachen. Außerdem wird einem ein Brief an den Abgeordneten des eigenen Wahlkreises einen Schwall kostenloser Regierungspublikationen voller Informationen ins Haus bringen, und zwar zu jedem Bereich, der einem nur in den Sinn kommen mag. All diese riesigen Mengen von Untersuchungen und Statistiken, die von offiziellen Behörden des Landes und des Bundes ausgespuckt werden, stehen jedem interessierten Bürger zur Verfügung. Manches von dem, was aus diesen Quellen stammt, mag verläßlich sein, anderes nicht.

Dennoch, es führt kein Weg an der Schwierigkeit einer eigenen Urteilsbildung vorbei. Schließlich sind auch viele von den Datenbankdiensten, die dem Computer zugänglich sind, aus den selben Quellen gespeist. Ein Regierungsbericht, der in der *New York Times* veröffentlicht und dann in die NEXIS-Datenbank eingespeichert wird (und dort für eine monatliche Grundgebühr von 50 Dollar plus einer Benutzungsgebühr von bis zu 28 Dollar pro Stunde erhältlich ist), gewinnt nicht automatisch dadurch an Glaubwürdigkeit, daß er computerisiert ist. Was die Geheimnisse der Behörden und die Geheimdokumente betrifft, die die Bürger wohl oft am nötigsten brauchen würden, so werden sie kaum irgend jemandem zugänglich sein, außer ein paar cleveren Hackern, denen es gelingt, in wohlbehütete Regierungscomputer einzudringen.

Man könnte sogar zu der Meinung kommen, daß die Öffentlichkeit, wenn sie nur von all der Information Gebrauch machen würde, die die Post der Vereinigten Staaten ihr von öffentlichen und privaten Verteilern an die Haustür bringen könnte, bald in Daten ertrinken würde.[2] In manchen der totalitären Gesellschaften der Welt mag das große politische Problem eine offizielle Zensur sein, die darauf hinarbeitet, den Informationsfluß zu ersticken. Bei uns ist hingegen gerade das Gegenteil das Problem. Wenn wir an etwas leiden, dann an einer Flut von unbearbeiteten, unverdauten Informationen, die von jedem unserer Medien auf uns herniederstürzt. Hier haben wir ein Problem, das nicht einmal die Utilitaristen vorhersahen: Es kann auch zu *viel* Information geben. So viel, daß man vor lauter Bäumen den Wald nicht mehr sieht. Das Ergebnis ist also eine neue Spielart der Politik, in der die Regierungen den Informationsfluß nicht beschränken, sondern die Öffentlichkeit damit überschwemmen. Man fühlt sich an Orwells Vision *1984* erinnert, wo Big Brother's allgegenwärtige Lautsprecher ständig verwirrende Statistiken von Produktion und Konsum verkünden. Gewiß war die Information in *1984* monolithisch strukturiert; es gab keinen kritischen Wettbewerb. Aber wo konkurrierende Quellen existieren, wie in unserer Gesellschaft, besteht die Strategie der Regierung nicht in der Zensur, sondern in der Gegenüberstellung anderer Fakten; Zahl gegen Zahl, Untersuchung gegen Untersuchung. Es wird sogar zu einem Vorteil, über möglichst viele Fakten und Zahlen zu streiten, denn dadurch entstehen statistische Sandstürme, die die Aufmerksamkeit betäuben.

Nach Ansicht einiger Computerenthusiasten ist die Datenflut nichts weiter als eine bedauerliche, vorübergehende Unausgeglichenheit des Systems. So sagt uns John Naisbitt: »Zum ersten Mal haben wir eine Wirtschaft, die auf einer Schlüssel-Ressource basiert, die nicht nur erneuerbar ist, sondern die sich selbst hervorbringt. Das Problem ist nicht, daß sie versiegen könnte, sondern daß wir darin ertrinken könnten. Der Datenumfang verdoppelt sich derzeit alle zwanzig Monate.« Das Problem werde jedoch bald gelöst sein, so prophezeit er. Wie? Durch Computer. »Die Informationstechnologie bringt Ordnung in das Chaos der Verschmutzung durch Information und verleiht daher Daten einen Wert, die sonst nutzlos wären.« Genauer gesagt, bewegen wir uns rasch auf einen »Online-Informationsauswahldienst« zu, der dazu dienen soll, die Flut zu filtern und sie entsprechend unserer persönlichen Bedürfnisse zu organisieren. Was Naisbitt dabei vor Augen steht, sind verschiedene spezialisierte Datenbanken und bibliographische Serviceunternehmen, für die sich die Benutzer von Computern einschreiben können, häufig zu gesalzenen Preisen. Nach einer der vielen Zählungen gab es im Frühjahr 1985 ca. 2200 Datenbanken. Aber diese Dienste arbeiten nur in dem Sinne »selektiv«, daß sie Material nach Themenkreisen ordnen, nach demselben Muster, wie dies ein Bibliothekskatalog oder das Register einer Zeitschrift tut. Der Service beinhaltet keinerlei Zuverlässigkeit hinsichtlich Qualität, Wahrheit oder Sachdienlichkeit. Letzten Endes sind Datenbanken, wie alle Nachschlagewerke, eine Einrichtung von Menschen, die darüber entschieden haben, was in das System aufgenommen werden soll und was nicht. Auch die Ersteller von Datenbanken können auf Grund von Langeweile oder Überarbeitung Fehler machen. Der mysteriöse, orakelhafte Charakter des Computers – seine unpersönliche, effiziente Arbeitsweise – mag diese Tatsache vor seinen Benutzern verbergen, aber deshalb bleibt sie doch bestehen. Die Firmen, die Datenbanken einrichten, nehmen in der Regel unterschiedslos alle Daten auf, die ihrem Unternehmen den Anstrich respektabler Informationskompetenz verleihen. Ganz gewiß also werden sie auch offizielle Quellen und Aussagen, Anhörungen im Kongreß, Regierungsberichte und -dokumente berücksichtigen. Angenommen, man wollte die Diskussion über die MX-Raketen untersuchen. Eine computerisierte Datenbank wird folgsam alles herausgeben, was sie über das Thema gespeichert hat, einschließlich aller Pentagon-Materialien, die für den Konsum der Öffentlichkeit produziert wurden. Jede weitergehende »Auswahl« – etwa im Hinblick darauf, wer etwas Sinnvolles von sich gibt und der Wahrheit am nächsten kommt – bleibt unvermeidlich den Benutzern überlassen. Wenn sie in solchen Fragen ihrer Regierung trauen, wird der Zugang zu einer Datenbank wie NEXIS oder dem Bibliographic Reference Service nur dazu beitragen, die Position der Regierung in ihren Augen zu bestärken. Wenn sie sich gern von einer farbenprächtigen Faktenshow von Fachexperten hypnotisieren lassen, werden sie dennoch Opfer der Datenschwemme sein. Weil es nie eine Datenbank geben wird, die den Befehl befolgen kann: »Zeige mir alles, was wahr und relevant ist.«

Die Computerenthusiasten übersehen außerdem die Tatsache, daß die Datenflut nicht irgendwie die Folge einer unvorhergesehenen, zufälligen Fluktuation auf der Angebotsseite ist, wie etwa eine Rekordweizenernte. Sie ist eine Strategie der sozialen Kontrolle, die absichtlich und oft sehr sachkundig eingefädelt wird. Sie gehört zu den wichtigsten Methoden moderner Regierungen und Interessengruppen, Angelegenheiten zu ihrem eigenen Vorteil zu verschleiern; sie blenden und lenken ab durch den Ausstoß von mehr Rohdaten, als die Bürger zu verdauen in der Lage sind. Seit den Diskussionen zwischen Kennedy und Nixon im Jahre 1960 ist es zum vorherrschenden rhetorischen Stilmittel unserer politischen Führung geworden, die Öffentlichkeit mit Informationen zu übersättigen – meistens mit Zahlen: Konjunkturanzeichen, Haushaltsplänen, Sozialstatistiken, Vernichtungspotentialen, Megatonnen, der Anzahl im Krieg getöteter Feinde, Verhältniszahlen, Prozenten, Trends ... Dieses Prinzip hat sich damals für Kennedy, der ein computerisiertes Gehirn zu haben schien, bestens bezahlt gemacht. Und in den heutigen späten achtziger Jahren hält Ronald Reagan noch immer daran fest, wenn er wieder und wieder, den Blick scheinbar in die Kamera gerichtet, sinnlose oder fiktive Zahlen von seinem Teleprompter abliest. Zukünftige Politiker werden so lange in derselben Weise fortfahren, wie die Öffentlichkeit bereit ist, sich von einem Sperrfeuer von Fakten und Zahlen beeindrucken und einschüchtern zu lassen.

Nicht der Computer hat diesen hinterhältigen Stil des politischen Diskurses hervorgebracht. Wie wir gesehen haben, waren schon die Utilitaristen zu einer Zeit darin Meister, als Datenverarbeitung nur hieß, daß man die Fakten mit einer Feder auf Papier festhielt. Hinter diesem Stil steht die mystische Größe wissenschaftlicher Sachkenntnis, die denen Autorität verleiht, die diese Fakten in einer kühlen, objektiven Weise handhaben. Der Computer ist einfach eine mechanische Verkörperung dieses Mythos. Er lebt von unserer Achtung vor dem Wissenschaftsjargon und von unserer Schwäche für Maschinen. Aber er ermöglicht auch, daß Information in viel verwirrenderer Weise gesammelt und manipuliert werden kann, stets gestützt von der Annahme, daß alles, was aus einem Computer kommt, zuverlässig sein muß.

Im Verlauf der Präsidentschaftswahlen von 1980 konfrontierte der Kandidat Ronald Reagan die Öffentlichkeit mit einer düsteren Einschätzung der nationalen Verteidigungslage. Seine Argumente quollen über von Zahlen. Da gab es angeblich ein »Fenster der Verwundbarkeit« in unserer Verteidigung, das die Nation einer unmittelbaren Vernichtungsgefahr aussetzte. Das »Fenster« war durch computersimulierte Kriegsspiele entdeckt worden. Die Reagan-Administration benutzte die öffentliche Verängstigung, die sie selbst hervorgerufen hatte, um die größte militärische Aufrüstung der Geschichte anzukurbeln. Zwar mußte sie später unter dem Druck der Kritik zugeben, daß viele der verwendeten Fakten, Zahlen, Annahmen und Schlüsse irrig gewesen waren.[4] Aber bis die Opposition diese Irrtümer und Täuschungen aufdecken konnte, hatte das Verteidigungsministerium eine neue Front eröffnet, an der es von noch mehr Studien und Plänen und Simulationen nur so wimmelte. Der Name des Projekts lautete: Strategische Verteidigungsinitiative (SDI) oder »Krieg der Sterne«.

Es ist nicht neu, daß Regierungen der Versuchung erliegen, die Öffentlichkeit zu belügen und irrezuführen. Aber sie dadurch zu täuschen, daß man sie mit größeren Mengen gezielter Information überschwemmt, als sie verdauen kann, ist eine ganz und gar neue und sehr wirksame Methode, zu der die Computer einen sehr wesentlichen Beitrag leisten.

Probleme und Informationen

Die Informationspolitik sucht sich seltsame Verbündete. Von rechts, von der Mitte und von links – von den Sunbelt-Konservativen, den Hochtechnologie-Liberalen und den Guerilla-Hackern – wird uns gleichermaßen verkündet, daß Information den Bürgern Macht verleihen und die Demokratie retten werde. Aber in allen Fällen werden wir mit wild wuchernden Auffassungen von Information konfrontiert, die von der Annahme ausgehen, daß Denken eine Art der Informationsverarbeitung sei und deshalb *mehr* Daten ein *besseres* Verständnis erzeugen müßten. Das Ergebnis ist, daß die Computerenthusiasten nur selber allzu schnell der Strategie der Datenflut zum Opfer fallen und sich dann dadurch aus der Affäre zu ziehen versuchen, daß sie sich erneut an den Computer begeben, um eine Lösung zu finden. Aber in den mechanisierten Methoden, die Flut zu regulieren, liegt keine Lösung. Wir müssen vielmehr auf einem neuen Standard des politischen Diskurses bestehen. In einer lebenstüchtigen Demokratie kann nicht die Quantität, sondern die *Qualität* der Information zählen. Welche Kriterien entscheiden über diese Qualität? Relevanz, Kohärenz und Einsicht. Wie bringen wir diese Kriterien ins Spiel? Indem wir die Information auf ein Problem beziehen. Ein Problem wiederum ist dann gut formuliert, wenn es hilft, die Aufmerksamkeit zu zentrieren, Fragen aufzuwerfen, Kritik zu ermöglichen und uns schließlich erlaubt, unsere Entscheidung mit dem Gefühl zu treffen, daß wir intelligent unter allen zur Verfügung stehenden Möglichkeiten ausgewählt haben.

Noch einmal gelangen wir zum entscheidend wichtigen Unterschied zwischen Informationen und Ideen. Informationen werden in politische Probleme verwandelt, wenn sie durch eine Idee Leuchtkraft gewinnen – Gerechtigkeit, Freiheit, Gleichheit, Sicherheit, Pflicht, Loyalität, allgemeine Rechtschaffenheit. Wir erben Ideen dieser Art aus dem reichen Traditionsschatz der politischen Philosophie: von Plato, Aristoteles, Machiavelli und Hobbes, Jefferson und Marx. Nur sehr wenig von dem, was diese Köpfe bieten, hat mit Informationen zu tun. Im anderen Fall wären diese Daten längst veraltet. Die Ideen aber leben weiter und bilden die feste ethische Grundlage, auf der Gesetze, politische Programme und Leitlinien auch weiterhin beruhen, selbst bei Politikern, die diese Denker selbst vielleicht nie gelesen haben. Zusätzlich zur diskursiven Philosophie stellen auch Mythen einige der langlebigsten Ideen in unserem politischen Repertoire. Der legendäre Ruf des biblischen Propheten Nathan, der König David im Namen eines höheren Gesetzes zur Rede stellte, die kollektive Erinnerung an Adam und Eva, die in einer ursprünglichen anarchischen Gleichheit lebten, haben mehr dazu beigetragen, revolutionäre Energien zu wecken, als jede Sammlung soziologischer Forschung. Ferner sind gänzlich von der Fabel lebende Charaktere unserer Volkskultur – Horatio Algers tugendhafte Straßenjungen oder die Revolverhelden des Wilden Westen – im höchsten Maße an der Schaffung populärer politischer Werte beteiligt. Die großen Utopien von Morus und Bellamy und die Antiutopien von Huxley und Orwell haben ganz ähnlich nichts mit »Fakten« zu tun, sondern sind lebendige Imaginationen der guten (oder schlechten) Gesellschaft, die die Phantasie der Leute bewegen. Solche Ideen leben fort, weil sie machtvolle Antworten auf universelle politische Fragen beinhalten, und die Tiefe der Erfahrung, die Qualität des Denkens, die Größe der Verheißungen, die in diese Antworten einflossen, statten sie mit einer besonderen Überzeugungskraft aus. Wenn Fakten von irgendeinem Nutzen sein sollen, dann müssen sie in den Dienst von Imaginationen und Ideen dieser Art gestellt werden. Wenn das geschieht, kann eine einzige Tatsache so viel wie tausend unbedeutende Details wert sein.

Mehrere Jahre lang, bis sie ihr Erscheinen einstellte, hatte ich die Wochenzeitung *I. F. Stone's Weekly* abonniert, die ein Meilenstein des amerikanischen Journalismus war. Die *Weekly* war für ihre treue Leserschaft von größerem Wert als ein Dutzend gewöhnlicher Zeitungen; keiner von uns hätte sie gegen ein kostenloses Abonnement einer der größeren Tageszeitungen eingetauscht. Und doch umfaßte sie nur vier Seiten. Offensichtlich enthielt sie nicht viele Informationen, aber sie zeugte von einer messerscharfen politischen Intelligenz. Hinter ihr stand ein Geist, der die aktuellen Probleme aufs Korn nahm, wußte, welche Fragen er zu stellen hatte und wie man das Relevante vom Belanglosen unterscheidet. Man mußte Stone nicht zustimmen, um seinen Journalismus zu schätzen; der Leser profitierte allein schon von seinem Beispiel, die Konturen der öffentlichen Diskussion bloßzulegen. Fragende Berichterstattung wie die vom Kaliber Stones erinnert den Leser daran, daß Nachrichten, die der tägliche Pulsschlag der Politik sind, nie einfach nur Informationen sind; sie sind kein sachliches Rohmaterial, das einfach aus der Welt herausdrängt, um geradewegs in Datenbanken hineinzupurzeln. Sie sind gezielte Befragung und Interpretation, die auf einem festen Bodensatz von Ideen über die Welt beruhen: was ist wichtig, wohin entwickelt sich die Geschichte unserer Zeit, was steht auf dem Spiel, welche sind die verborgenen Punkte auf der Tagesordnung, wie sieht das übergreifende Bild aus? Die Antworten auf diese Fragen sind die Ideen, die den Wert der Information bestimmen. Die Arbeit eines guten Journalisten besteht oft darin, Tonnen verschleiernder Datenmassen wegzuwerfen, um zur lebendigen Wahrheit vorzustoßen.

Es ist die Vitalität der Probleme, die die Demokratie rettet. Der Computer leistet höchstens einen begrenzten und nebensächlichen Beitrag zu diesem Ziel. Ganz gewiß sind die Bruchstücke und Zusammenfassungen, die seine sogenannten Nachrichtendienste bieten (wie etwa der Compuserve Information Service und The Source Newswire, die von der United Press International herausgegeben werden), vollkommen belanglos in all jenen Bereichen, die über den Wetter- und Börsenbericht hinausgehen. Als politische Nation wären wir weitaus besser dran, wenn die breite Öffentlichkeit einige wenige, gute Zeitschriften läse (linke, rechte oder solche der Mitte), als wenn in jeder Wohnung ein Personalcomputer stünde.

Online-Gemeinschaften: Die Verheißungen der Netze

Es gibt noch eine andere, noch verheißungsvollere Verwendungsweise für den Computer als den Einsatz im Kampf um die Bewältigung der Datenflut. Doch war diese Möglichkeit immer nur von sekundärem Interesse für viele politisch engagierte Hacker. Was sie am meisten interessierte, waren im Grunde nicht die Informationen in den Datenbanken, sondern die Ideen anderer Leute. Ihre Hoffnung war es, daß die Vernetzungsmöglichkeiten der Technologie – die Möglichkeit, Personalcomputer über Telephonleitungen miteinander zu verbinden – ein Weg sein könnte, Gemeinschaften mit staatsbürgerlichen Anliegen aufzubauen. Das Ergebnis hätte ein stets expandierendes Forum von Meinungen und Debatten sein sollen. Vor allem Seymour Papert hat das Ideal von »alternativen Computerkulturen« verfochten, nicht nur zwischen Minderheiten und besonderen Inter-

essengruppen innerhalb der fortschrittlichen Industriegesellschaften, sondern auch zwischen und innerhalb Nationen der
Dritten Welt. Seine Programmiersprache Logo ist weitgehend
dafür gedacht, Kindern und wenig gebildeten Erwachsenen
dabei zu helfen, genug Computerkompetenz zu erwerben, damit
sie ihre eigene Computerkultur errichten können. So hofft er,
daß Computernetze einst dazu dienen können, den unterentwik-
kelten Ländern den Sprung ins zwanzigste Jahrhundert zu ermöglichen, weil ihnen dann der Zugang zu vielen Arten von
Fachwissen offenstehe (Pädagogik, Medizin, Handel, Landwirtschaft) und außerdem der gegenseitige Erfahrungsaustausch.[5]
Bedauerlicher-, aber typischerweise werden auch Netze dieser
Art unter die schwammige Rubrik »Information« gekehrt; dabei
geht es hier um eine grundsätzlich andere Verwendung des
Computers, die Möglichkeiten eröffnet, die es sehr wohl wert
sind, erforscht zu werden. Manche von ihnen sind bereits in
Pionierform verwirklicht. Kommerzielle Netze wie Compuserve
(mit etwa 75 000 Abonnenten) und The Source (mit etwa 40 000)
ermöglichen es den Benutzern von Computern, sich zu bundesweiten Telekonferenzen über eine Vielfalt von Themen zusam-
menzuschließen. Die SIGs (Special Interest Groups) von Compuserve schließen aktuelle Diskussionen über zahlreiche politische und soziale Angelegenheiten ein. Die PARTI-Konferenz-
leitung der Source wurde von dem Abgeordneten Edward Mar-
key (einem Demokraten aus Massachusetts) dazu benutzt, Meinungen über einen Kernwaffenstop zu erfragen. PARTI wurde
von seinen Abonnenten außerdem nach Krisen wie der Invasion
von Grenada oder dem sowjetischen Abschuß der koreanischen
Boeing 707 in Anspruch genommen. Telekonferenzen sind
ebenfalls möglich über das Electronic Information Exchange
System (EIES), das vom New Jersey Institute of Technology
betrieben wird, und über Confer II von der Universität Michigan, die beide entweder für offene Diskussionen zwischen allen
Abonnenten oder auch von kleineren Gruppen, die ein bestimmtes Projekt verfolgen, benutzt werden können.[6]
Die billigeren lokalen Versionen dieser bundesweiten Netze sind
die vielen Hunderte von Bulletin Board Systems (BBSs; elektro-

nische Anschlagbretter), die jetzt in neuen Abonnentenzirkeln von Computerbenutzern zu finden sind und etwa den Umfang der lokalen Telephonnetze haben. Für die zusätzlichen Kosten eines Modems, eines Terminalprogramms und vielleicht noch einer speziellen zusätzlichen Telephonleitung kann jeder Computerbesitzer ein »sysop« (Systemoperator) werden und für jeden beliebigen Zweck ein BBS starten. Um einen neuen Zirkel aufzubauen, braucht man nur seine Telephonnummer bekannt zu machen, vielleicht indem man sie in einem anderen, bereits existierenden BBS in der Region angibt. Manche dieser elektronischen Foren sind politisch orientiert. Sie alle können dazu benutzt werden, kommunalen Alarm zu schlagen, lokale Anliegen aufzuwerfen und Diskussionen über aktuelle Probleme anzukurbeln.[7] Ein BBS, das häufig als Vorbild einer computerisierten Demokratie gepriesen wurde, ist The Chariot, das der politische Aktivist Dave Hughes in der Gegend von Colorado Springs organisiert hat. Er hat sein regionales Netz dazu benutzt, in mehreren Fragen erfolgreich gegen den staatlichen und regionalen Gesetzgeber zu Felde zu ziehen. Eines von Hughes' Zielen ist es, jeden gewählten Abgeordneten des Landes für sofortige Kommunikation bei Tag und Nacht »online«, sprich abrufbereit, zu haben – obwohl es nur schwer einzusehen ist, warum ein Politiker auf elektronische Post eher antworten sollte als auf einen gewöhnlichen Brief.

Zwar ähneln Computernetze in mancher Hinsicht dem CB-Funk und Radiosendungen mit Höreranrufen, andererseits sind sie aber doch eine einzigartige Kommunikationsform. Es gibt keinen anderen Weg, auf dem so viele Menschen, noch dazu auf einer Fläche von solch geographischer Größe, letztendlich entspricht sie dem Telephonnetz der ganzen Welt, Ideen in so formloser Weise zu jeder Tages- und Nachtzeit austauschen und sogar per Ausdruck festhalten können. Die Art des Diskurses – Wörter, die auf einen Bildschirm getippt werden – ist vielleicht nur ein plumper Behelf gegenüber einem Gespräch von Angesicht zu Angesicht, aber seltsamerweie gibt es Leute, die gerade diese Anonymität des Mediums besonders attraktiv finden. Angeblich hat die Unpersönlichkeit, die Personalcomputer ihren

Netzbenutzern ermöglichen, eine befreiende und ausgleichende Wirkung; sie klammert Rasse, Alter, Geschlecht, Aussehen, Schüchternheit und Behinderungen aus und unterstützt die Offenheit. Ohne Zweifel fördert sie auch ein gewisses Maß an Schauspielerei; Netzteilnehmer neigen wie CB-Funker dazu, bunt schillernde Phantasienamen zu benutzen anstatt ihrer eigenen. Das wiederum kann sinnlose Albernheiten oder unverantwortlichen Entgleisungen die Tür öffnen. Manche BBS-Ausdrücke, die ich gelesen habe, waren mit einem ganzen Wust von Widerlichkeiten befrachtet: rassistischen und sexistischen Beschimpfungen, schmutzigen Witzen und Flüchen. Das Medium Computer droht zu einem Medium elektronischer Graffiti abzusinken. Auch die Kosten könnten als ein Nachteil angesehen werden; obwohl die meisten Netzteilnehmer, denen ich begegnet bin, in diesem Punkt recht großzügig zu sein scheinen. Die Grundgebühr für die Einrichtung einer Compuserve SIG kann zwischen 500 und 1000 Dollar liegen. Das EIES-Netz verlangt eine Monatsgebühr von 75 Dollar plus Stundengebühren; es wird vor allem von Firmen und akademischen Institutionen benutzt. Selbst ein lokales BBS kann leicht ebensoviel kosten wie ein zweiter Telephonanschluß, und sogar erheblich mehr, wenn es intensiv für Dinge genutzt wird, die etwas kosten. Ohne Zweifel wirken diese Gebühren, ganz zu schweigen von dem Preis der notwendigen Grundausstattung, auf einen nicht unbedeutenden Teil der Öffentlichkeit abschreckend. Solche Netzwerke werden deshalb wohl noch für längere Zeit ein Medium fast ausschließlich des Mittelstandes bleiben. Aber selbst in dieser Schicht sind nicht alle Verwendungsweisen der Netze gerade ermutigend. Nicht genug damit, daß rassistische White Power- und amerikanische Nazi-Netze existieren, die sich auf das in der Verfassung verankerte freie Rederecht berufen dürfen, 1985 kam auch noch ein Netz für Kinderpornographie ans Licht, das Namen und Adressen von Kindern vermittelte, die der sexuellen Ausbeutung preisgegeben waren.[8] Ein Medium kann niemals für die Qualität seiner Botschaften garantieren. Und doch können Netzwerke, selbst wenn sie relativ kostspielige Kommunikationsmittel sind, wertvolle Dienste leisten, und sie verdienen es gewiß, daß man ihren vollen Nutzen erforscht. Nur zwei warnende Bemerkungen, die Netzteilnehmer sich einmal vor Augen halten sollten, möchte ich vorbringen; beide beziehen sich auf historische Tatsachen.

Erstens lohnt es sich, daran zu erinnern, daß das erste Computernetz – es geht zurück bis auf die frühen siebziger Jahre – das ARPA-Netz war. Es ging in der ersten Stunde in Betrieb, als »datenpaketübermittelnde« Telekommunikation in der Lage war, Computerterminals im ganzen Land miteinander zu verbinden. Das ARPA-Netz war entwickelt worden, um militäreigenen Computern den Datenaustausch zu ermöglichen. Aber fast auf der Stelle wurde es von bestimmten Interessengruppen vereinnahmt – nämlich von den Vertragsfirmen des Militärs und den Beratern der großen Institute und Universitäten. Diese ungeplante Netzanwendung entstand spontan, um Informationen über Waffen und Strategien zwischen Experten auszutauschen.[9] Das war genau die Art von Computermißbrauch, die die Guerilla-Hacker befürchtet hatten; zugleich aber war es eine Anwendung, die von genau denjenigen sozialen Kräften entwickelt und genutzt wurde, die das meiste von dem, was Computer heute können, einmal als Forschungsauftrag vergeben und bezahlt haben, einschließlich der Netzwerke. Militär und Industrie werden auch weiterhin neue Anwendungsmöglichkeiten ausforschen lassen, Anwendungen, die sich gewöhnliche Bürger weder je leisten noch ausnutzen können. Bei all seinen noch so fortschrittlichen Einsatzmöglichkeiten bleibt der Computer eben doch *ihre* Maschine. Ihn für eher bürgerorientierte Zwecke zu nutzen war stets ein Wunsch, für dessen Erfüllung zunächst einmal diejenigen überlistet oder überflügelt werden mußten, die die Technologie beherrschten.

Zweitens sind die Verheißungen, die die Netzteilnehmer im Computer manifestiert sehen, ganz ähnlich denjenigen, die in den sechziger und siebziger Jahren dem CB-Funk großes öffentliches Interesse zuteil werden ließen. Zwar war seine Reichweite auf die unmittelbare Umgebung begrenzt, aber der CB-Funk hätte dazu benutzt werden können, örtliche Gemeinschaften aufzubauen. Immerhin bot er den Vorzug des tatsächlichen

Gesprächs zwischen zwei Menschen: die menschliche Nähe durch den Klang der Stimme, die Nuancen, die Betonung – die alle unverzichtbar sind für einen wahrhaft effektiven Gedankenaustausch. Der CB-Funk war außerdem billiger und ungebundener als Computernetze, weil er im Gegensatz zu Computern, die auf Telephonanschlüsse und -leitungen angewiesen sind, ein frei verfügbares, allgemeines Gebrauchsgut zum Transport der Wellen verwendete: die Luft.

Aber der CB-Funk wurde selten für Bedeutenderes genutzt, als zu schnell fahrenden Lastwagen einen Hinweis zu geben, damit sie der Autobahn-Polizei entwischen können – kaum mehr als Ausdruck eines Minimal-Anarchismus. Im großen und ganzen war er nichts weiter als eine weitere neue Ware in der Konsumwelt. Es gibt bereits viele Anzeichen dafür, daß dem Mikrocomputer ein ähnliches Schicksal widerfahren wird und seine Anwendungsmöglichkeiten auf Unsinniges und Unbedeutendes verschwendet werden, auf die Dinge, die ohne große politische Relevanz sind. Die Regale der Computerhändler sind vollgestopft mit Videospielen, Übungsprogrammen, Haushaltsplanhilfen, Rezeptsammlungen und Horoskop-Software. Es ist dieses Überborden solcher Spaß-, Spiel- und jeder Menge Schundprogramme, das derzeit als »Informationsrevolution« figuriert. Außerdem dürften diejenigen, die Netzwerkdienste zusammenstellen und verkaufen, kaum besonders daran interessiert sein, kontroverse politische Verwendungsweisen zu fördern. Compuserve gehört und wird betrieben von H&R Block, von Steuerberatern also; The Source gehört Reader's Digest. Es ist keine Überraschung, daß Netze, die von solchen Interessengruppen betrieben werden, überwiegend mit Fachsimpeleien zwischen Hobby-Freunden, Reisetips, Partnervermittlungs- und Einkaufsdiensten, zweideutigem Geplänkel und langfristigen »interaktiven Telespielen« ausgelastet sind.

Auf der lokalen Ebene scheint das Hauptanliegen von BBS-Teilnehmern die Bildung von »User Groups« zu sein. Das sind Netze von Leuten, die dieselbe Computermarke benutzen und sich gegenseitig über ihre Ausrüstung, die das Netz überhaupt erst in Gang gebracht hat, beraten wollen: ein merkwürdig inzestuöser Aspekt der Computernutzung. Darüber hinaus gibt es zahlreiche Vergnügungsangebote: Film- und Restaurantkritiken, Witze, okkulte Geschichten, Zusammenfassungen von Fernsehserien, Spiele ... In den meisten Ausdrucken von BBS, die ich gesehen habe, liegen die Edelsteine des Denkens unter einem fast undurchdringlichen Dickicht von Trivialitäten, ganz pfiffigen Limericks, Bruchstücken von Meinungen, unvermittelten Gefühlsausbrüchen und unleserlichen Fragmenten vergraben. Und meiner Ansicht nach ist hierin schlicht eine weitere Quelle der Datenflut zu sehen, die mehr Zeit zum Sortieren und Verlesen benötigt, als sie im Grunde wert ist. Ist die Netzkommunikation wirklich besser, als sich des Abends im Café oder in der Kneipe um die Ecke zu einem Gespräch zu treffen?

Die Art von Zerstreuungen, die derzeit die Netzwerke füllen, braucht uns nicht zu irritieren; aber sie reißt uns auch nicht zu Begeisterungsstürmen hin. Man fragt sich nachdenklich: Welche Art von Information soll sich die amerikanische Öffentlichkeit, zumindest in den Köpfen der Computerenthusiasten, von diesem Medium eigentlich erhofft haben, bevor sie sich in eine erleuchtete Demokratie verwandelte? Und welcher Teil dieser Informationen bedurfte wirklich einer solch teuren elektronischen Verbreitung? Ganz gewiß *brauchen* nur wenige der Informationen, die über die Computernetze fließen, tatsächlich ein solches System. Für den Preis der Netzteilnehmer- und der Zeitgebühren sowie der Kosten eines Modems könnte man ein Dutzend Zeitungen und Zeitschriften beziehen. Der Computer kann vielleicht als protziger Ersatz für das gedruckte Wort fungieren. Er kann zahllose Bits und Bytes von Daten durch das weltweite Telefonnetz zischen lassen. Aber was hat das alles mit einer Erneuerung der Demokratie zu tun?

Die öffentliche Bibliothek:
Das fehlende Glied des Informationszeitalters

Es ist eine merkwürdige Tatsache, daß in der heutigen Diskussion um die Information so selten von Bibliotheken die Rede ist. Und doch sind die Stadt-, Kreis- und Landesbibliotheken Amerikas der bestentwickelte Nachschlage- und Lesedienst, der der breiten Öffentlichkeit zur Verfügung steht. Als eine wahrhaft idealistische Einrichtung hat die Bibliothek unserer Gesellschaft seit den Tagen Benjamin Franklins intellektuelle Unterstützung angeboten; die Idee zu ihr entstammt dem Zeitalter der Vernunft, das die demokratische Politik ins Leben rief, der das Zeitalter der Information jetzt angeblich dient.

Vielleicht ist die Bibliothek deshalb das fehlende Glied zwischen dem Computer und der Öffentlichkeit geworden, weil sie in der Vorstellung der Computerenthusiasten zu eng mit gedruckten Buchstaben und Papier verknüpft ist, um Teil der Technologie zu sein, die sie fasziniert. Aber daß die Bibliotheken für Bücher gedacht sind, schließt wohl kaum den Gebrauch elektronischer Geräte aus; der Hauptbestandteil dessen, was in die großen Datenbanken eingespeist wird, war früher in Nachschlagewerken zu finden, die lange Zeit die Hauptwerkzeuge der Bibliothekare waren. Also sind die Bibliotheken dem Weg gefolgt, den ihnen Nachschlagewerke vorgezeichnet haben; sie können Computer benutzen und tun dies auch, sofern sie die finanziellen Mittel bekommen, um die notwendige Technologie zu kaufen.

Es mag noch andere Gründe dafür geben, daß Computerenthusiasten die Bibliotheken so oft ignorieren. Der größte kommerzielle Antrieb hinter dem Informationskult ist der Verkauf von Computern. Verkäufe an Bibliotheken zählen nur sehr wenig, verglichen mit der Aussicht, einen Personalcomputer als privaten Besitz in jede Wohnung zu stellen. Wenn Computer gebührenfrei in der Bibliothek zugänglich wären, könnte dies sogar manche potentiellen Käufer von einer Anschaffung abhalten. Es ist zudem eine Frage der Marktstrategie. Der Personalcomputer wurde zu einem Signum der begüterten Mittelschicht hochstilisiert, ähnlich wie etwa die Nouvelle Cuisine und die teure Hifi-

Anlage. Eine öffentliche Bibliothek als Standort eines PCs gemahnt dagegen an staatliche Mittel und Sparsamkeit; sie verwandelt ihn in eine vernünftige Investition, die dazu gedacht ist, einer Bevölkerungsschicht mit deutlich niedrigerem Status zu dienen. In ihrer demokratischen Reichweite bezieht die Bibliothek einen Benutzerkreis ein, der sogar die wirklich Armen umfaßt, die für die Datenhändler in keinster Weise als potentielle Käufer in Betracht kommen. Bezeichnenderweise hat die Computerindustrie ihre Produkte gratis an Schulen vergeben, um einen neuen Markt zu öffnen, aber noch nie an Bibliotheken. Es mag noch einen weiteren, sehr aufschlußreichen Grund dafür geben, warum die Bibliothek im Informationszeitalter so wenig ins Blickfeld rückt. Sie ist eindeutig ein Arbeitsplatz für Frauen, einer der traditionell weiblichen Berufsbereiche. In der gängigen Vorstellung wird die Bibliothek mit einem bestimmten steifen und sittsamen dienstbaren Geist weiblichen Geschlechts assoziiert, der mit der uralten Kultur der Bücher verknüpft ist. Im Gegensatz dazu geht es in der Hochtechnologie um mächtige Maschinen, die Investitionen von Milliarden Dollar repräsentieren. Die Hochtechnologie ist eine aggressiv männliche Branche, eine Welt von risikofreudigen Unternehmern, rührigen Führungskräften und unschlagbaren Machern. Gleich hinter ihnen stehen die einfallsreichen Erfinder und die genialen Hacker, die einen noch männlicheren Typ verkörpern. Das sexuelle Stereotyp überschneidet sich mit dem Klassenstereotyp der Bibliothek und verleiht ihr ein Image, in dem ehrgeiziges, futuristisches Brainstorming kaum seinen Platz hat. Die Futurologen etwa, die so viel dazu beigetragen haben, den Begriff des Informationszeitalters populär zu machen, schenken ihr keinerlei Aufmerksamkeit.

All das ist sehr bedauerlich, denn wenn computerisierte Informationsdienste überhaupt einen natürlichen Platz in der Gesellschaft haben, dann in der öffentlichen Bibliothek. Dort kann die Macht und die Reichweite der Technologie bei gleichzeitiger demokratischer Offenheit maximiert werden. Bei der Vorbereitung dieses Buches war ich an vielen wichtigen Stellen auf die Nachschlagedienste der Bibliothekare angewiesen, eine Hilfe, die ich als Hochschullehrer und Schriftsteller lange Zeit als selbstverständlich betrachtet habe. Sie ist so leicht erreichbar und so bequem zu benützen, daß man ihren Wert vielleicht nicht einmal zur Kenntnis nimmt. Aber dieses Mal, da ich mich mit einer Kritik von Ethos und Ökonomie des Informationszeitalters beschäftigte, habe ich den Bibliothekaren und Bibliothekarinnen, mit denen ich zusammenarbeitete, mehr Aufmerksamkeit gewidmet.*

Mehrfach haben sie für mich Suchaktionen in Datenbanken durchgeführt, die einen so großen Reichtum an Material ergeben haben, daß ich ihn nur mit größter Mühe selbst hätte zusammenbringen können, auch nicht mit einem vielseitig vernetzten Personalcomputer. Zum einen hatten die Bibliothekare zu weitaus mehr Datenbanken Zutritt, als ich mir je hätte leisten können. Zum anderen benutzten sie die Datenbanken mit viel größerem Sachverstand, als ich dies je vermocht hätte. Sie kannten die Protokolle und die Besonderheiten der verschiedenen Datenbanken; sie wußten, welche anzusprechen sich lohnte, und sie kannten die besten Strategien, sie rasch anzuzapfen. Manche Datenbanken sind recht verzwickt in der Benutzung; ein Amateur kann viele teure Minuten oder Stunden in ihnen herumwandern und dabei kaum etwas finden, das ihm nutzt. Es braucht tägliche praktische Erfahrung, in genau der richtigen Weise an genau den richtigen Stellen Informationen aufzuspü-

---

* Die Dienste, die ich in Anspruch nahm und die mir hier als Modell dienen, sind SCAN (Southern California Answering Network, das von der Los Angeles Public Library betrieben wird) und BARC (Bay Area Reference Center, das von der San Francisco Public Library betrieben wird). Diese beiden hervorragenden Dienste sind aus Bundesgeldern bezahlte Projekte, die noch aus den frühen siebziger Jahren stammen; es ist fast zu schön, um wahr zu sein, daß die Regierung überhaupt etwas von unserem Geld für einen so vernünftigen Zweck ausgegeben hat. Zu den Datenbankanbietern, auf die diese beiden Einrichtungen abonniert sind, gehören NEXIS, Dialog, der Bibliographical Retrieval Service, Orbit, der Magazine Index, Vu-Text und Hispanex. Solche Anbieter offerieren den Zugang zu Hunderten von Datenbanken; allein Dialog umfaßt etwa 300 Datenbanken, Orbit etwa weitere 200. Dieses Spektrum an Information und seine Kosten sind viel größer, als ein gewöhnlicher Mikrocomputerbenutzer verkraften könnte. Wenn Dienstleistungsstellen wie SCAN und BARC allein als Modell existieren könnten, um einen hohen professionellen Standard für einen demokratischen Nachschlagedienst im Computerzeitalter zu setzen, wären sie die öffentliche Investition schon wert.

ren. Es ist eine spezielle Fertigkeit, und nur wenige private Benutzer von Mikrocomputern werden sie jemals zu solcher Schnelligkeit und Präzision entwickeln können, über die ein professioneller Bibliothekar verfügt.

Die Bibliothekare haben noch einen weiteren Vorteil auf ihrer Seite. Dank ihrer Ausbildung und Erfahrung wußten sie auch, wann sie besser *keinen* Computer benutzten. Als gut ausgerüsteter Informationsdienst besitzt die Bibliothek eine Vielzahl von Standardnachschlagewerken, die oft den besten, schnellsten und billigsten Zugang zu einer gesuchten Information bieten. Außerdem wissen Bibliothekare, wo sie jenseits ihrer eigenen Möglichkeiten noch nachsehen können: in speziellen Archiven, privaten Sammlungen, bei Experten und Autoritäten eines bestimmten Gebietes. Die meisten Bibliothekare haben im Laufe der Jahre ein Register mit solchen eher verborgenen Quellen angelegt. Eine Anfrage, die ich für dieses Buch machte, gipfelte in einem Anruf beim Büro der Stabschefs in Washington, zu dem der Bibliothekar Kontakt hatte. Ich habe Nachforschungen anstellen lassen, die Anfragen (per Telephon oder Brief) bei entlegenen Regierungsbehörden, Journalisten, Amateuren und Enthusiasten erforderlich machten. Bibliothekare wissen sehr genau, was viele Technikenthusiasten übersehen: Als Instrument zur Informationsverarbeitung ergänzt der Computer andere Quellen zwar sehr gut, aber er kann sie nicht ersetzen.

Hier also, in den Bibliotheken der Nation, haben wir ein bereits existierendes Netzwerk, das sich über die ganze Gesellschaft erstreckt, fast in jedem größeren Bezirk eine Station besitzt und von erfahrenen Leuten betreut wird. Wenn die notwendigen Geräte für computerisierte Nachschlageeinrichtungen in den örtlichen Bibliotheken konzentriert wären oder, was aus wirtschaftlichen Gründen noch besser wäre, wenn jede örtliche Bibliothek an ein großzügig finanziertes regionales Referenzzentrum angeschlossen würde, wäre das der billigste und schnellste Weg für die breite Öffentlichkeit, freien Zugang zu all den Vorteilen zu gewinnen, die das Informationszeitalter zu bieten haben mag. Private, profitorientierte Informationsdienste auf Computerbasis (von denen es eine ständig wachsende Zahl gibt) sind kein geeigneter Ersatz für die Dienste, die eine Bibliothek als öffentliche Nachschlageeinrichtung zu bieten vermag, wenn sie nur die Chance bekommt zu zeigen, was sie leisten kann. Privatunternehmen eliminieren dagegen diese Serviceleistung aus dem Bereich der Öffentlichkeit. Wie schmerzt es einen da zu sehen, wie viel von dem Geld, das aus Steuermitteln hätte an Bibliotheken fließen können, nun in den Erwerb von Mikrocomputern abgezweigt worden ist, eine Entscheidung, die schließlich nur zur Folge hat, daß der Öffentlichkeit weniger Information für ihre Dollars zur Verfügung steht. Interessanterweise wird hier erneut das wirtschaftliche Muster sichtbar, das dazu geführt hat, auch Benjamin Franklins zweiten großen Beitrag zur Demokratisierung der Information im Wert herabzusetzen: das Postamt. Auch hier wurde die öffentliche Nutzung finanziell zu wenig gefördert, das Geld in die teurere Telekommunikation geleitet und in privatwirtschaftliche Versandsysteme mit 24-Stunden-Service, die alle in erster Linie zugunsten von intensiven Nutzern der freien Wirtschaft arbeiten. Diese Beispiele sollten uns daran erinnern, daß es sich stets, wenn es darum geht, das Beste für die Demokratie aus dem Informationszeitalter herauszuholen, nicht nur um eine Frage der Technologie handelt, sondern auch um die soziale Organisation dieser Technologie. Wenn viele Bibliotheken sich nicht den erstklassigen Informationsdienst leisten können, den sie gern anbieten würden, dann nur aus Mangel an finanziellen Mitteln. Sie können weder die Geräte kaufen, noch die Dienste mieten, noch das benötigte Personal einstellen.

Man sollte übrigens nicht auf den Gedanken kommen, daß die Arbeit, die diese modernen Bibliothekare für die Öffentlichkeit leisten, notwendigerweise auf akademische und intellektuelle Belange beschränkt sei. Im Laufe der letzten zwanzig Jahre haben viele öffentliche Bibliotheken ihre Informationsdienste dahingehend erweitert, daß sie auch ein breites Spektrum sozialer Bedürfnisse der Kommunen abdecken: Aufklärung über Rechtsbeistand, Mietrecht, Arbeitslosengeld, Ausbildungsmöglichkeiten, Gesundheits-, Wohlfahrts- und Verbraucherprobleme. Das Ziel ist, Ratsuchende mit Gruppen und Behörden in

Kontakt zu bringen, die in alltäglichen Fragen der Sicherung des Lebensunterhalts helfen können. Das ist nicht die Art von Information, die man gewöhnlich in kommerziellen Datenbanken findet; und selbst wenn dieser Service sich mit der Funktion mancher elektronischer Schwarzer Bretter überschneiden mag, kann die Bibliothek sie doch all den Menschen bieten, die sich nie einen eigenen Computer leisten könnten.

Ein letzter Punkt. Die Bibliothek ist nicht allein eine Institution im Besitz und unter der Schirmherrschaft der Öffentlichkeit und darum ein wirklicher Informationsdienst für das Volk; dort arbeitet auch ein Stab von Männern und Frauen, die einen hohen Respekt vor intellektuellen Werten bewahrt haben. Da sie die traditionellen Hüter der Bücher sind, haben die Bibliothekare einen gesunden Sinn für die hierarchische Beziehung zwischen Daten und Ideen, Fakten und Wissen. Sie wissen, was man in einer Datenbank suchen muß und was in einem Buch. In ihren Händen könnten die Computer nicht nur einer größeren Öffentlichkeit Informationen vermitteln, sondern die Informationen selbst müßten sich wahrscheinlich auch mit ihrem genuin sekundären Rang in unserer Kultur begnügen.[10]

IX

In den falschen Händen

Ich habe ernsthaft die Möglichkeit erwogen, meine
wissenschaftlichen Bemühungen aufzugeben, weil ich
keinen Weg sehe, etwas zu veröffentlichen, ohne daß
meine Erfindungen in die falschen Hände gelangten.

Norbert Wiener, Oktober 1945.[1]

Grundlagen der Informationstechnologie

Für die absehbare Zukunft werden die demokratischen Nutzungsmöglichkeiten der Mikrocomputer wahrscheinlich in einem rudimentären und mühseligen Stadium bleiben, belastet vom Anschaffungspreis für die Anlage und den kommerziellen Trivialangeboten, die diese Technologie auf dem Markt umgeben. Ohne Zweifel werden prinzipienbewußte Hacker, die es noch immer gibt, weiterhin wertvolle politische Nutzungsmöglichkeiten für Computer finden; ihre Bemühungen verdienen volle Unterstützung. Aber inzwischen rastet die Informationswirtschaft außerhalb der kleinen, noch immer entwicklungsbedürftigen Welt politisch relevanter Netzwerke und elektronischer Schwarzer Bretter durchaus nicht. Größere Kräfte, die wenig Interesse an den bürgernahen Verwendungen des Computers haben, sind stetig am Werk, um die Technologie so zu gestalten, wie es ihren Zwecken entspricht. Der Fortschritt, den sie in dieser Richtung erzielen, ist keineswegs ein unglücklicher, vermeidbarer Zufall. Ganz im Gegenteil waren die »falschen Hände«, von denen Norbert Wiener befürchtete, sie könnten sich seines geistigen Vermächtnisses bemächtigen, genau die Hände, die die Kybernetik und die Informationstheorie überhaupt erst ins Leben riefen. Aus diesem Grunde waren Wieners Skrupel, auch wenn sie moralisch unsere Bewunderung verdienen, ganz und gar unrealistisch.

Wiener hatte zwei potentielle Möglichkeiten im Sinn, wie die Informationstechnologie mißbraucht werden könne: ihre militärische Ausbeutung für Kriegszwecke und ihre industrielle Ausbeutung als ein Mittel, Arbeiter ihrer Fachkenntnisse zu berauben oder sie arbeitslos zu machen. Wiener, das personifizierte Gewissen seines so oft kompromittierten Berufsstandes, tat, was er konnte, um diese Übel abzuwenden; mehr durfte man kaum von einem einzelnen Menschen erwarten. Was den ersten Punkt angeht, so weigerte er sich strikt, irgendwelche Forschungsmittel anzunehmen, die aus militärischen Quellen kamen, und versuchte bei seinen Kollegen dasselbe zu erwirken, leider ohne Erfolg.

Bezüglich des zweiten Punktes stellte er sich der Gewerkschaftsbewegung bereits 1950 als Berater zur Verfügung. In jenem Jahr schrieb er an Walter Reuther im Vorstand der United Auto Workers Union (Gewerkschaft der KFZ-Industrie) und warnte ihn vor der »sehr ernsten Gefahr, daß in großem Umfang Arbeitskräfte durch Maschinen ersetzt werden«, wozu die Automatisierung gewiß beitragen würde. Kybernetik am Arbeitsplatz, so bemerkte er, »werde zu Fabriken ohne Arbeiter führen« und dementsprechend zu einer Schwächung der Gewerkschaftsmacht. »Ich möchte in keiner Weise dazu beitragen, einen Ausverkauf der Arbeitskraft einzuleiten, und es ist mir vollkommen klar, daß jede Arbeit, die in Konkurrenz zu Sklavenarbeit steht, seien die Sklaven menschlicher oder mechanischer Natur, die Arbeitsbedingungen von Sklavenarbeit annehmen muß.« In dieser Perspektive zeichneten sich für Wiener die Umrisse von nichts Geringerem als dem »Faschismus« ab.[2]

Wie sich herausstellte, waren diese Übel – die militärische und die industrielle Anwendung der Kybernetik – nicht zwei getrennte Varianten des Mißbrauchs, die man an verschiedenen Fronten bekämpfen mußte. Sie waren seit jeher eng miteinander verbunden. David Noble behauptet in seiner Untersuchung *Forces of Production*, daß die fortlaufenden massiven Investitionen, die die Regierung nach dem Zweiten Weltkrieg im militärischen Bereich in Computer, Elektronik und Informationstheorie gesteckt hat, ganz bewußt die Absicht verfolgten, das amerikanische Industriesystem radikal zu verändern. Sie sollten die Automatisierung vorantreiben, um die Unruhen in Arbeiterkreisen und das Selbstbewußtsein der Gewerkschaften zu dämpfen. Die Automatisierung sollte die Wirtschaft dadurch »rationalisieren«, daß sie die Kontrolle des Managements stärkte, besonders des Managements großer Firmen. Techniken, die während des Krieges vor allem in den Rüstungsindustrien entwickelt worden waren, um den kriegsbedingten Mangel an Facharbeitern auszugleichen, sollten dazu ausgeweitet werden, die »Fabrik der Zukunft« zu schaffen, in der immer weniger Arbeitskräfte benötigt würden. Die Industrie könnte so die menschliche Arbeitskraft durch maschinelle ersetzen und auf diesem Wege eine zunehmend widerspenstige Arbeiterschaft disziplinieren. Charles Wilson von General Motors, Vizepräsident des War Production Board (Kriegsproduktionsrats) und später Verteidigungsminister, sagte 1949, Amerika habe zwei Probleme: »außenpolitisch die Russen und innenpolitisch die Arbeiter«.[3]

Dieses Bündnis der Militärs und der Industrie zur weiteren Durchsetzung der Informationstechnologie besteht auch in der Ära der Hochtechnologie fort. Das Verteidigungsministerium bleibt eine Hauptquelle für die Finanzierung von Forschung und Entwicklung, nicht allein für spezifische Waffensysteme, sondern auch zur Förderung der allgemeinen Anwendung automatisierter Methoden. Das Programm namens ICAM (integrated computer assisted manufacturing; integrierte, computerunterstützte Produktion), das 1979 von der Luftwaffe begonnen wurde, gehört zu den ehrgeizigsten Versuchen, kapitalintensive, dafür aber Arbeitsplätze einsparende Hochtechnologie, einschließlich Robotertechnik, in den Produktionsprozeß einzugliedern. Es ist die Hauptstütze aller CAD/CAM-Projekte (computer assisted design/manufacturing) in der amerikanischen Industrie. Andere Modernisierungsprogramme (Techmod und Mantech) hängen in ähnlicher Weise vom Geld des Pentagon ab. Noble kommentiert diesen Drang zur hochtechnologischen Automatisierung so: »Die Rolle des Militärs mit seiner Betonung von Leistung und Zuverlässigkeit statt von Kosten bleibt vorrangig.«

> Noch immer auf eine armselige Auffassung menschlicher Wesen und eine systematische Leugnung ihrer Möglichkeiten gegründet, besteht die Suche nach der totalen Kontrolle in stets noch ausgeklügelteren und kostspieligeren Bemühungen, einen gewinnträchtigen, militärisch effektiven und technisch reibungslosen Apparat aufzubauen, der nicht von der Mitarbeit und den Möglichkeiten der Bevölkerung als Masse abhängt.[4]

Der fortbestehende militärisch-industrielle Druck in Richtung Rationalisierung, Disziplinierung und letztlich Entmenschlichung der Arbeit gehört zu den Grundpfeilern der Informationstechnologie. Das ist die Wirklichkeit der Fabrikhallen, der Vorstandsetagen und des Marktes, die die Futurologen mit ihrem frivolen Gerede von einer »Informationswirtschaft« heimtückisch vernebeln. Ihre fröhliche Welt quillt über von Schnickschnack und Spielereien aller Art, die auf Knopfdruck für die Verbraucher zur Verfügung stehen, und allem Anschein nach haben sich die körperlichen Bedingungen für Leben und Arbeit in eine Art elektronisches Paradies aufgelöst. Ihre oberflächlichen Lobgesänge auf diese große Veränderung, und ebenso die der Hochtechnologie-Konservativen und -Liberalen, die sie so großzügig in Anspruch nehmen, wenn es um Werbeslogans und hohle Phrasen geht, lassen die wahren Kräfte und Motive hinter dem wirtschaftlichen Prozeß unbeachtet.

Wenn die Informationstechnologie für ihre menschlichsten Verwendungsweisen gerettet werden soll, müssen wir uns irgendwann der harten, unerfreulichen Tatsache stellen, daß sich der Computer nur allzusehr für die Untergrabung demokratischer Werte eignet. Dieser bedrohliche Nachteil ergibt sich genau aus der Eigenschaft, die man stets als den Grund für die Leistungsfähigkeit dieser Technologie propagiert hat: der Fähigkeit, Information zu konzentrieren und zu kontrollieren. Eben darin liegen die Effektivität und die versprochenen Vorzüge der computerisierten Systeme. Und eben sie bekräftigen wir, wann immer wir den Computer für seine schnelle und gründliche Arbeitsweise preisen. Diese Unterstützung wird noch größer, wenn wir sagen, der Computer erweise sich, indem er diese Arbeit leistet, als eine »Denkmaschine«, die, damit nicht genug, auch noch besser denke als das menschliche Gehirn.

Wie wir durch diese ganze Untersuchung hindurch betont haben, beruht der Informationskult, der um den Computer herum entstanden ist, auf einer stark rationalistischen philosophischen Annahme, die bereits ein hohes Maß öffentlicher Zustimmung gewonnen hat und zunehmend mehr gewinnt, während sie in unsere Schulen und Universitäten vordringt: daß nämlich der menschliche Geist in allen seinen Aspekten vollständig und richtig durch das Modell der Informationsverarbeitung beschrieben werden kann. Historisch gesehen traten die ersten bedeutsamen Umsetzungen dieses Modells während des Zweiten Weltkrieges und kurz danach auf den Gebieten der Rüstung und der rüstungszuliefernden Fließbandproduktion in Erscheinung. Seitdem haben sich die Anwendungsbereiche stetig ausgeweitet, vor allem unter militärischer Schirmherrschaft, und sind in weitere Produktionsbereiche und Ebenen höher angesiedelter Fertigkeiten eingedrungen, so daß immer mehr Arbeitskräfte aus der Produktion ausgeschlossen oder – was ebenso schlimm ist – von solcherart Ausschluß bedroht werden. Das Denken, das zuerst und auf eindrucksvollste Weise in maschinenlesbare und reproduzierbare Information umgesetzt wurde, war die Kompetenz von Arbeitern, die Begabung ihrer Hände, die Schärfe ihrer Wahrnehmung und die Urteilsfähigkeit ihres Geistes. Wo immer das eintrat, und so oft es eingetreten ist, war das Ergebnis die Verschiebung der Macht zugunsten von Technikern, Managern, Besitzern.

Als die Informationstechnologie bewiesen hatte, daß sie zu dieser Verschiebung imstande war, erfuhr sie eine so tiefe Verankerung in unserer Wirtschaft, daß ihr all das Prestige und das Geld zufloß, das sie brauchte. Hätte die Computerwissenschaft den militärischen und unternehmerischen Abnehmern, die sich ihre kostspielige Forschung und Entwicklung leisten konnten, nicht ein stattliches Resultat versprechen können, dann hätte es keine Schachspiel-Programme, keine Pac-Man-Spiele, keine NEXIS-Datenbank, keine Schildkrötengraphik gegeben. Und es hätte auch nicht die vielen neuen Berufe und Forschungsgebiete gegeben – künstliche Intelligenz, Kognitionswissenschaft, Informationstheorie –, die aus der Technologie und um sie herum entstanden und sich zu den einflußreichsten Disziplinen mausern konnten, die heute an den Universitäten vertreten sind. So fanden sich immer mehr Anwendungsbereiche für die neue Technologie. Einige wenige von ihnen, wie die Möglichkeit der Netzbildung oder ihre pädagogische Nutzung, wurden von hoffnungsvollen demokratischen Köpfen wie den Guerilla-Hackern aufgegriffen, aber solche minimalen und marginalen Verwendungsweisen des Computers schrumpfen zur Bedeutungslosigkeit angesichts seiner vorherrschenden Nutzungsweisen, von denen viele unsere Freiheit und unser Überleben ernsthaft gefährden.

Ich möchte mit einer kurzen Übersicht dieser Gefahren fortfahren.

Die Überwachungsmaschine

Ihr Eindringen in die Privatsphäre war das einzige soziale Phänomen, das im Zusammenhang mit Computern allgemeine öffentliche Beachtung fand und heftig diskutiert wurde. In Europa und Amerika gibt es ein ansehnliches Quantum an Forschungsliteratur zu diesem Thema, von der ein Teil von besorgten Gesetzgebern und offiziellen Stellen stammt und als Grundlage für Gesetzesentwürfe dienen soll. Trotz dieser Sorge liegt es auf der Hand, daß keine der legalen Sicherungen einen zuverlässigen Schutz bieten wird. Die meisten Gesetze sind »Gummiparagraphen«, die von Ausnahmen und Lücken durchsetzt sind und denen jedes wirksame Mittel zur Durchsetzung fehlt. Es ist beinahe ein Naturgesetz, daß überall, wo die Legislative mit der Technologie Schritt zu halten versucht, die Technologie gewinnt. Es ist wie ein Wettlauf zwischen einem Ochsenkarren und einem Überschallflugzeug.[5]

Wir können diese Diskrepanz nirgendwo deutlicher sehen als auf dem Gebiet der Computertechnik und der Telekommunikation. Nach kaum mehr als einer Generation ist die Technologie der Informationsübermittlung zu unübersichtlich und zu dynamisch geworden, um noch streng kontrolliert werden zu können. Und dies ist nicht nur einfach deshalb der Fall, weil die Techniker sich so rasch auf so viele unbekannte Felder vorgewagt haben. Das allein ist in der Tat schon problematisch genug. Aber es ist dazu noch die alles überragende Tatsache im Auge zu behalten, daß ihre Bemühungen von den profit- und machtsüchtigen Motiven derjenigen angeheizt werden, die über ihre Talente und Produkte bestimmen können. Auch auf diesem Gebiet werden, wie in so vielen anderen Sektoren unserer Wirtschaft, die Nutzungen der Technologie von den Werten derjenigen geformt, die den Technikern ihr Gehalt zahlen und ihre Produkte besitzen.

Wir leben vielleicht gar nicht in einer Gesellschaft, die man im eigentlichen Sinn als »Informationswirtschaft« bezeichnen kann. Dieser Terminus hatte immer mehr journalistischen Glanz als soziale Substanz; es ist allerdings richtig, daß in den letzten zwanzig Jahren innerhalb unserer Wirtschaft eine Informationsindustrie von beachtlicher Größe entstanden ist. Sie besteht nicht nur aus den Computer- und Elektronikfirmen, die all die Maschinen herstellen, sondern auch aus ehrgeizigen neuen Dienstleistungsgesellschaften – Kreditbüros, Datenmanagern, Direktversendern, Experten für Marketing und Public Relations. Diese Unternehmen haben wiederum dazu beigetragen, einen vorwärtsdrängenden neuen Berufszweig von Spezialisten für Computersysteme zu schaffen, dessen Aufgabe es ist, immer weitere Anwendungsbereiche der Informationstechnologie zu erfinden und die neuen Möglichkeiten dann an jedes Geschäft in dieser Szene zu verkaufen. Der Informationskult ist nirgendwo fester verankert als an dieser geschäftigen, sehr konkurrenzorientierten Unternehmerfront, an der viele der hellsten Köpfe unserer Zeit hart dafür arbeiten, die Verheißungen des Computers in Dollar, Mark und Yen umzusetzen, und seine Dienste geschickt für jedes noch so leise Bedürfnis anbieten, das eine bereitwillige, oft leichtgläubige Geschäftswelt anklingen läßt.

Vieles davon war unvermeidlich, denn viele Einrichtungen – allen voran die Banken, das Maklerwesen, die öffentliche Verwaltung – sind von Natur aus datenintensiv. Aber warum muß die Telephongesellschaft jede Nummer aufzeichnen, die ein Teilnehmer wählt? Doch nur, weil man ihr ein Gerät verkauft hat, das diese Arbeit leisten kann; also hält sie die Nummern fest, wodurch sie wieder mehr Daten aufbewahren muß. Neuerdings konfrontiert jeder Drugstore an der Ecke und jede Reinigung die Kundschaft mit einem elektronischen Wunderwerk von Maschine, das zugleich Kasse, Inventarkontrolle, Scheckkartenüberprüfung, Adressenliste, Bank- und Buchhaltungsapparat ist. Sie fiept und blinkt und druckt schließlich eine Quittung aus, die wie eine statistische Tabelle aussieht. Und jede unergründliche kleine Ziffer darauf repräsentiert einen Datensatz, der irgendwo aufgehoben wird.

Der bei weitem reichste und dankbarste Kunde der Informationsindustrie ist die Regierung, die noch immer die größte Datenhüterin überhaupt ist. Zusammengenommen speichern fünf große Bundesbehörden (für Gesundheit, Erziehung und Wohlfahrt, Wirtschaft, die in Amerika auch die Volkszählung durchführt, Verteidigung, Finanzen und Sozialversicherung) zur Zeit zwischen zwei und vier Milliarden sich teilweise überschneidender Akten über die amerikanische Bevölkerung.[6] Akten anzulegen ist für Regierungen der modernen Welt nichts Neues; aber der Umfang, in dem der Staat jetzt das Leben seiner Bürger dokumentiert, ist beispiellos. Außerdem sind die Akten, die diese Behörden besitzen, nicht länger getrennte Register für jeweils einen Zweck, die voneinander abgeschlossen bleiben. Sie werden durch die über dreihundert Computer-Netzwerke verbunden, durch die die Regierung jetzt ihre Daten routinemäßig schickt. Diese Integration von Daten macht den Unterschied aus; sie erhöht die Nutzbarkeit der Information um ein Vielfaches. Eingegeben in ein Netzwerk, bietet jedes winzige Datum die Möglichkeit zahlreicher Verbindungen und erhält so eine erweiterte, unvorhersehbare Anzahl von Verwendungsmöglichkeiten. Die Netzwerke erlauben, ja ermuntern zum Gebrauch von »Kombinationsprogrammen«, die etwa Steuerinformationen mit unbezahlten Studentendarlehen oder Wohlfahrtsauszahlungen in Verbindung bringen: ein vielversprechendes Mittel, gegen Betrüger und Missetäter durchgreifen zu können. Von minimalen und dürftig gesicherten Einschränkungen abgesehen, steht überdies die gesamte Information in den über 20 000 Computern der Regierung routinemäßig den landeseigenen Sicherheitsbehörden sowie den örtlichen Gesetzeshütern zur Verfügung, die dann vielfältige »matches« (Kombinationen) mit ihren eigenen Daten durchführen können. So kann es einem Autofahrer, der wegen eines defekten Bremslichtes angehalten wird, passieren, daß kurz darauf sein ganzer Lebenslauf durch eine Batterie integrierter Datenbanken gejagt wird, in denen alles enthalten ist, was irgend jemand je der Aufzeichnung für nötig gehalten hat: Zahlungen von Alimenten und Kindergeld, nicht zurückbezahlte Darlehen, Mißbrauch der Sozialgesetzgebung etc.

Darüber hinaus wird immer mehr behördliche Information mit Informationsdiensten in Privatbesitz koordiniert. Das Wirtschaftsministerium verkauft routinemäßig Daten von Volkszählungen an Marketing- und Public-Relations-Agenturen. Unter der Reagan-Administration begann das Finanzministerium damit, private Datenbanken, wie etwa Bankregister, dafür zu benutzen, Steuerhinterzieher dingfest zu machen. Ähnlich fing 1982 die staatliche General Services Administration damit an, Verträge über gegenseitige Akteneinsicht mit privaten Kreditbüros auszuhandeln, um säumigen Schuldnern von Bundesdarlehen auf die Schliche zu kommen. Es gibt etwa 100 Bundesbehörden, die inzwischen einen freien Datenaustausch mit den sieben größten Kreditauskunftsgesellschaften pflegen, der sich auf Fragen wie Hypothekenbelastung, Kreditwürdigkeit, Ehestandsverhältnisse und Scheckkartenbonität erstreckt.[7] Ironischerweise behauptete die Reagan-Administration zur Rechtfertigung dieser Integration von Datenquellen, daß der Präsident durch die Zusammenziehung der Regierungsprogramme eines seiner vorrangigen ideologischen Ziele erreichen könne: die Regierungslast vom Rücken des Volkes zu nehmen. Auf den ersten Blick mag das widersprüchlich erscheinen. Aber das ist nicht der Fall. Robert Badell, stellvertretender Vorsitzender des Haushaltsausschusses, des Office of Management and Budget, soll gesagt haben, daß der Regierung nichts mehr am Herzen läge, als das Recht der Bürger auf Schutz ihrer Privatsphäre. Nach Vorstellung der Behörden solle das dadurch geschehen, daß die Aufzeichnung von Informationen über den einzelnen von vornherein dadurch vermieden wird, daß man den Umfang von Regierungsprogrammen reduziert. »Es gibt keinen besseren Schutz gegen das Eindringen der Regierung in die Privatsphäre, als erst gar keine Informationen zu speichern.«[8]

Das sind unheilkündende Worte. Sie legen nahe, daß der einzige

Weg, der an dieser Art von Überwachung, die die Kombinationsprogramme der Regierung hervorbringen, vorbeiführt, darin besteht, erst gar nicht in einer Bundesakte aufzutauchen. Mit anderen Worten: Bemühe dich am besten gar nicht erst um irgendeine Hilfe von der Regierung. Die implizite Drohung kann ein höchst effektives Mittel sein, die Wohlfahrtslisten zu säubern.

Wie zu erwarten, ist es der Sicherheits- und Exekutivbereich der Regierung, der den größten Appetit auf Daten hat. Auf Landesebene betreibt die staatliche Sicherheitsbehörde NSA (National Security Agency), deren Budget noch das des CIA übersteigt, nicht nur eines der größten Computernetzwerke der Regierung, sie ist auch die wichtigste Finanzierungsquelle für einige der fortschrittlichsten Forschungsprojekte auf dem Gebiet der Elektronik und der Telekommunikation. Es ist beispielsweise die NSA, die die Pionierarbeit für die Stimmerkennung durch Computer finanziert; sie soll angeblich Geräte besitzen, die Schlüsselwörter wie »Bombe« oder »Mord« identifizieren können, während sie routinemäßig Telephongespräche abhören – eine der Hauptbeschäftigungen dieser Behörde. In ähnlicher Weise haben die Aufgaben der NSA auf dem Gebiet der Kryptographie zu umfangreichen Investitionen in die superschnellen Josephson-Schaltungen geführt, die eines Tages die Halbleiter ersetzen könnten. Die NSA hat auch mitgeholfen, das FBI SEARCH Programm zu entwickeln: das System for Elektronic Analysis and Retrieval of Criminal History (System für elektronische Analyse und Datenbereitstellung von Kriminalfällen). Es ist das größte datensammelnde Netzwerk der Nation im Bereich krimineller Aktivitäten. SEARCH wiederum hat Daten in den Interstate Organized Crime Index (Index grenzüberschreitender organisierter Kriminalität) eingespeist, eine rasch wachsende Datenbank, die ungeachtet ihres Namens auch politische Dissidenten führt. IOCI wird vor allem von Beamten der Geheimpolizei benützt und war in einige Fälle gesetzeswidriger Belästigungen verwickelt.[9]

Im privaten Bereich sind die Kreditbüros, mit denen die Regierung jetzt in mehrfacher Weise zusammenarbeitet, größere selbständige Datensammelstellen geworden. Es gibt beinahe 2000 davon. Die fünf größten (zu ihnen gehören die Transunion in Chicago und TRW in Kalifornien) besitzen etwa 450 Millionen Akten. Man schätzt, daß 80 Prozent der Amerikaner, die älter als 18 Jahre sind, irgendwo in ihren Computern erfaßt sind. Einige dieser Akten umfassen Einträge unter der Überschrift »Lebensstil« – gemeint sind persönliche Umstände, wie etwa Neigung zu Alkohol, Eheverhältnisse und Scheidungsprobleme oder solche mit der Polizei, Klagen aus der Nachbarschaft über zu viel Lärm oder ungewöhnliche Verhaltensweisen, eben alles, was die Neugier potentieller Arbeitgeber, Kreditinstitute oder Vermieter zufriedenstellen könnte. Hausbesitzer haben spezielle Datenbanken für »widerrechtliche Vorenthaltung« entwickkelt, die Gerichtsdokumente verfolgen und jedermann mit Namen benennen, der jemals rechtliche Probleme als Mieter hatte. Auch diese Register beinhalten Daten über den Lebensstil der Erfaßten. Solche Informationen sind besonders wertvoll für die »Blockmodellbildung«, eine weitere Praxis, die durch die Integration von Datenbanken ermöglicht wurde. Wie Kombinationsprogramme bringen Blockmodelle einzelne Informationen aus vielen Quellen zusammen, die man, bevor es elektronische Netzwerke gab, nicht hätte anzapfen und koordinieren können. Aber Blockmodelle fügen dem Ganzen noch eine neue Note hinzu. Sie lassen die Information durch Programme laufen (die es als billige, frei erhältliche Software gibt) und vergleichen sie mit verallgemeinernden Persönlichkeitsprofilen. Diese Programme werden heute von Arbeitgebern oder Hausbesitzern verwendet, die sich Außenseiter vom Hals halten wollen. Das Blockmodell erlaubt seinen Benutzern, Mieter und Angestellte zu »durchleuchten«, so daß Störenfriede und Risikopersonen angeblich ausgeschieden werden können. Es gibt keine Grenze für die Anzahl der Daten, die solche Kombinations- und Blockmodell-Systeme aufnehmen können. Es ist denkbar, daß kein Informationspool zu klein ist, um von der Technologie aufgesogen zu werden. Im Sommer 1984 schickte die Einberufungsbehörde einen barschen Brief an einen jungen Mann von 18 Jahren in Kalifornien, der die Frist für die Meldepflicht um mehrere

Monate überschritten hatte. Wie sich dann herausstellte, gab es unter dieser Adresse keinen jungen Mann dieses Namens. Der Name war fiktiv. Er war von zwei Teenagern erfunden worden, die etwa sieben Jahre früher in einer Eisdiele in ihrer Gegend eine Karte ausgefüllt hatten, weil das Geschäft seinen jugendlichen Kunden zum Geburtstag ein kostenloses Eis versprach. Der Name ging in die computerisierte Adressenliste des Geschäftes. Die Gesellschaft, der das Geschäft damals gehörte, verkaufte dann diese Liste (eine weitverbreitete Praxis) an einen der vielen Adressenpools, der sie wiederum der Einberufungsbehörde zugänglich machte. Bei der Einberufungsbehörde ist es üblich, routinemäßig solche Listen zu sammeln und zu vergleichen, vor allem, um Namen, Adressen und Geburtstage zu überprüfen. Als der achtzehnte Geburtstag des fiktiven jungen Mannes herankam, rückte sie ihm prompt auf den Pelz. Oder besser, der Computer tat das, indem er den Mahnbrief schrieb und ausdruckte, wie sein Programm es ihm befahl.[10]

Während die Anzahl der Computer und Computernetzwerke, die von der Regierung benützt werden, stetig steigt, haben einige Beamte Besorgnisse hinsichtlich der Sicherheit ihrer Datenbanken geäußert, weil sie befürchten, daß Unbefugte in sie eindringen könnten. Dieser Möglichkeit gilt eher die Sorge eines Sicherheitsbeamten als die des Bürgers. Wie man sich denken kann, fällt daher die Lösung der Regierung für dieses Problem kaum ermutigend aus. Durch eine nationale Sicherheitsdirektive (Nr. 145), die 1982 die Reagan-Administration ohne Einschaltung des Kongresses verabschiedete, wurde die Kontrolle und Benutzung aller Computer und Datenbanken im Bundesbesitz der alleinigen Verantwortung der NSA unterstellt. Die Befugnisse, die in der Direktive enthalten sind, erlauben der NSA den freien Zugang zu allen computerisierten Akten der Regierung, ohne daß irgendwelche Vorkehrungen für den Schutz der Privatsphäre getroffen wären. Die Direktive beinhaltet auch, daß die NSA das Recht hat, ihre Vollmacht auf alle privaten Datenbanken auszudehnen, die mit Regierungsoperationen verknüpft sind. Ende 1985 sah sich das Computersicherheitskomitee der NSA dazu berechtigt, eine breite Untersuchung des Stimmzählungsprogramm durchzuführen, das in elektronischen Wahlmaschinen mehrerer Staaten benutzt wird, ein beispielloser Übergriff für einen militärischen Sicherheitsdienst.[11]

Alvin Toffler hat den allesverschlingenden Appetit des Computers auf Daten als die Erschaffung eines »sozialen Gedächtnisses« gepriesen, das uns eines Tages eine »Zivilisation mit totaler Abrufmöglichkeit« bescheren werde. »Eine Informationsbombe explodiert mitten unter uns«, teilt er uns mit. Sie produziert eine »Infosphäre«, die unserer Gesellschaft »mehr Information und klarer organisierte Information über sich selbst vermitteln wird, als selbst vor einem Vierteljahrhundert überhaupt denkbar war«.[12]

Er hat zweifellos recht. Aber ich bin außerstande, seine Begeisterung angesichts dieser Aussicht zu begreifen. Die meisten Fakten, die dieses soziale Gedächtnis füllen werden, werden Abfälle des täglichen Lebens sein: jedes Telephongespräch, jeder ausgestellte Scheck, jeder Einkauf mit einer Scheckkarte, jeder Strafzettel, jedes Flugticket wird erfaßt sein. Welchen Nutzen bringt all das einer gesunden Kultur und einem lebendigen politischen Leben? Natürlich keinen. Aber es gibt Leute, für die gerade diese Art von Abfalldaten in höchstem Maße wertvoll ist: die professionellen Spitzel, deren Vernarrtheit in die »totale Abrufmöglichkeit« aus einem zwanghaften Bedürfnis resultiert, jede Spur zu verfolgen, wo sich nur irgend etwas rührt.

Eine Übersicht dieser Art computerisierter Überwachung durch private und öffentliche Stellen muß sich unvermeidlich wie eine verschwimmende Liste von Behörden, Gesetzen und Programmen lesen, garniert mit Statistiken über Akten und Dokumente. Aber man sollte die zentrale Bedeutung dieser Entwicklungen nicht wegen der Fülle der Details aus den Augen verlieren. Ein sehr großes und bedrohliches Phänomen durchdringt unser politisches Leben. Es benutzt den Computer als sein Vehikel, aber noch wichtiger als das Mittel ist die Mentalität, die die Maschine benutzt. Wie ehrgeizig Enthusiasten und Spezialisten das Wort »Information« auch definieren mögen, alles, worauf Datenbanken und ihre Benutzer aus sind, sind Daten auf dem primitivsten Niveau: einfache, atomistische Fakten. Für die Schnüffler und

Spitzel, für all jene, die sich in alles einmischen, ist die Datenflut ein wahrer Festschmaus. Sie gibt ihnen genau das, was ihre Dienste verlangen. Sie sind dazu da, Menschen auf statistische Skelette zu reduzieren, damit man sie schnell einschätzen kann: Name, Sozialversicherungsnummer, Kontostand, Schulden, Kreditwürdigkeit, Einkommen, Sozialabgaben, Steuern, Anzahl der Festnahmen, Gerichtsvorladungen, denen nicht Folge geleistet wurde. Keine Mehrdeutigkeiten, keine Feinheiten, keine Vielschichtigkeit. Die Informationen, die Datenbanken aufbewahren, reduzieren das Leben auf die bloßen Notwendigkeiten, die für eine rasche geschäftliche oder juristische Entscheidung notwendig sind. *Gewähre oder verweigere das Darlehen. Vermiete das Haus oder vermiete es nicht. Stelle den Mann ein oder stelle ihn nicht ein. Nimm ihn fest oder nimm ihn nicht fest.* Das ist menschliche Existenz, sorgfältig dem System der Binärzahlen angepaßt: ein/aus, ja/nein. Was uns in Gestalt der anrückenden Überwachungsmaschinerie unserer Gesellschaft gegenübertritt, ist kein wertneutraler technischer Prozeß; es ist eher die soziale Vision der utilitaristischen Philosophen, endlich zur Vollendung gelangt durch den Computer. Sie erzeugt eine Welt ohne Schatten, Geheimnisse oder Rätsel, die nur noch aus einem besteht: aus nackten Zahlen.

Die Wahlmaschine

Bei den Präsidentschaftswahlen von 1980 vertrat der Kandidat Ronald Reagan in Fragen der Verteidigungspolitik einen harten Kurs. Mit scharfen und eindringlichen Worten zóg er gegen die sowjetische Bedrohung zu Felde und rief zu einer enormen militärischen Aufrüstung auf. Sein Gegenspieler versuchte diesen Standpunkt dazu zu nutzen, Reagan als einen Kriegstreiber hinzustellen, ja als einen verrückt gewordenen Bombenwerfer. Das war einer der Schwachpunkte in Reagans öffentlichem Image.

Dann, von einem bestimmten Zeitpunkt des Wahlkampfes an,

änderten sich Reagans Äußerungen zur Außen- und Verteidigungspolitik ganz erheblich. Seine Tonart wurde sachlicher und ruhiger, das Wort *Frieden* tauchte häufiger in seinen Reden auf, die Erwähnung von »Krieg« und »Rüstungswettlauf« schwand. Eine neue Phrase tauchte auf, die nun seine Einstellung zur Rüstung abdeckte; ein milder und unverbindlicher, aber allem Anschein nach weiser Begriff: »Sicherheitsspielraum«.

Was verursachte diese Veränderung in Reagans Tonart und Rhetorik? Sie erfolgte auf Anraten eines entscheidenden Wahlberaters, Richard Wirthlins. Der Rat hätte, wie solche Ratschläge meist, auf reinem politischen Instinkt beruhen können, der den Kandidaten und seine vielen weiteren Berater entweder überzeugt hätte oder auch nicht. Politiker stochern stets in einem Nebel von Gerüchten, Mutmaßungen, Vorahnungen, erprobtem Scharfsinn und »Gefühlen im Bauch« herum. Aber in diesem Fall beruhte Richard Wirthlins Rat auf etwas anderem: auf Zahlen, vielen Zahlen. Sie stammten aus einem Sperrfeuer von Meinungsumfragen, mit denen die gesamte Nation überzogen worden war. Wirthlin verfügte über Statistiken. Das ließ seinen Rat gewichtiger erscheinen als bloßes Rätselraten. Es verlieh ihm den Anstrich von Wissenschaft.[13]

Ende der sechziger Jahre hatte Wirthlin, vormals Wirtschaftswissenschaftler an der Brigham-Young-Universität in Utah, ein Marktforschungsunternehmen in Südkalifornien gegründet, mit Namen Decision Marketing Information. Wie viele solcher Firmen, die Verbraucherneigungen messen, fiel es dem DMI nicht schwer, in den Bereich politischer Meinungsumfragen einzusteigen, wo Wirthlin zunächst von Ronald Reagan den Auftrag bekam, seinen Wahlkampf für die Gouverneurswahl in Kalifornien im Jahre 1970 zu leiten. Das DMI stellte die üblichen Dienstleistungen zur Verfügung: Wählerumfragen, Stichproben, Simulationen. Der Wert dieses Jonglierens mit Statistiken besteht angeblich darin, herauszufinden, wo die Kandidaten am schwächsten und wo am stärksten ankommen – in welchen Regionen, bei welchen ethnischen, Alters- und Einkommensgruppen –, um so den Wahlkampf entsprechend ausrichten zu können. Meinungsumfragen können außerdem feststellen, welche Themen den Wählern am wichtigsten sind, welche Vorlieben und Abneigungen sie hegen, welche Kandidaten und Strategien in der Vergangenheit am besten oder am schlechtesten bei ihnen abgeschnitten haben.

John F. Kennedy war der erste Kandidat auf nationaler Ebene, der ausgiebigen Gebrauch von Meinungsumfragen machte. Das war 1960. Der Meinungsforscher seiner Wahl war Louis Harris, der in der Folge ein unabhängiger Experte wurde. Bis zum Ende der siebziger Jahre ahmte jeder ernsthafte Kandidat für die Präsidentschaft der Vereinigten Staaten, der es sich leisten konnte, Kennedys Beispiel nach. Teure Meinungsumfragen und unzählige Medienauftritte prägten nunmehr den Wahlkampfstil. Doch inzwischen hatten die Top-Leute der Branche wie Wirthlin neue Höhen statistischer Präzision erklommen, die auf Knopfdruck funktionierte. Das DMI hatte einflußreiche Beziehungen aufgebaut. Zu seinen Klienten gehörten Behörden wie die Gesundheitsämter, das Arbeitsministerium und das Erziehungsministerium. Die Firma war außerdem an etwa vierzig Datenbanken des Bundes angeschlossen, die ihre Informationen öffentlich zugänglich machen. Wirthlin gelang es mit Hilfe eines großen Mitarbeiterstabes – er beschäftigte bis zu 300 Angestellte –, diesen Reichtum an Daten durch eine kunstvolle und komplizierte Computermethode namens PINS (Political Information Service: Politischer Datenservice) zu mobilisieren. Er hatte den ehrgeizigsten elektronischen Stichproben- und Simulationsdienst aufgebaut, den es je gegeben hatte, und damit für einen neuen Standard innerhalb seines Berufszweigs gesorgt. Seine Telephonumfragen, zu denen automatisierte, auf Tonband mitgeschnittene Interviews gehörten, waren umfassender, detaillierter und zuverlässiger als alles bis dato Bekannte. Er erfand »Aufspürtechniken«, die gegen Ende des Wahlkampfes nächtliche Telephoninterviews mit 500 bis 1000 nach dem Zufallsprinzip ausgesuchte Wähler einschlossen. Es gab sogar Vorrichtungen, die es den Telephondemoskopen ermöglichten, Antworten direkt in den Computer einzugeben, so daß die Ergebnisse in Tausendstelsekunden sichergestellt waren. Wirthlins sorgfältig vorbereitete Interviews und Computerprogramme, die die Bevölkerung der USA in 108 demographische Kategorien aufgliederten, konnten präzise jeden Aspekt im öffentlichen Auftreten und persönlichen Image des Kandidaten herausfiltern – den Faktor »netter Kerl«, den Faktor »Geiz«, den Faktor »gefährlich und rücksichtslos« – und sehr schnell die »Trendfluktuationen« bei spezifischen Wählergruppen feststellen, so daß man über Nacht Reaktionen auf eine Rede, eine Diskussion, eine Pressekonferenz, ja sogar auf eine spontane Bemerkung berücksichtigen konnte. Dieselbe feinkörnige und prompte Meinungserforschung konnte man durchführen, um den Fortschritt der Opposition zu beurteilen, um den Wahlkampf jeweils dem Diktat der Zahlen anzupassen: mehr von diesem, weniger von jenem, mehr Druck hier, mehr Nachgiebigkeit dort, mehr lächeln, immer die linke Seite zur Kamera hinwenden.[14]

Mit dem wachsenden Einfluß bei jeder Wahl traten die Meinungsforscher zugleich mehr und mehr ins Rampenlicht. Einige von ihnen, wie Wirthlin oder Patrick Caddell, haben in den Augen der Öffentlichkeit ein beachtliches persönliches Prestige als Vertreter einer neuen Generation politischer Strategen gewonnen. Nachdem sie das Instrument der Meinungsforschung und der Simulation auf dem Markt zu hoher methodischer Vollkommenheit geführt haben, können sie nun ihr Geschick darauf verwenden, Kandidaten zu verkaufen wie Gebrauchtwagen. Das Geheimnis ihres Erfolges ist die Mystifizierung der computerisierten Information, ihre Fähigkeit, ungeheuerliche Mengen von Daten zu erzeugen und vertraulichen Umgang mit ihnen zu pflegen, so daß sie mit »harten Fakten« zu jeder Frage, jeder Verfahrensweise, jedem Vorfall, jeder Geste, jeder Änderung einer Formulierung aufwarten können. Wirthlin war beispielsweise in der Lage, seinem Präsidentschaftskandidaten eine verwirrende Fülle computerisierter Daten vorzulegen. Zu diesem Zeitpunkt, bei den Wahlen 1980, hatte sein PINS-Programm vierhundert Simulationen durchlaufen lassen, die auf jeder nur erdenklichen Kombination von Annahmen darüber basierten, was der Kandidat Reagan tun oder lassen sollte. Doch brauchten die Meinungsforscher mit dem Ausgang der Wahlen durchaus noch nicht ihren Dienst zu quittieren. Wirthlin blieb auch nach dem Sieg seines Kandidaten auf der Honorarliste der Reagan-Administration und betrieb weiterhin öffentliche Meinungsforschung und Beratung zu einem Preis von bis zu einer Million Dollar jährlich.

Die Meinungsforscher stehen jedem zur Verfügung, der sie sich leisten kann; sie wurden schon von Gruppen jeder politischen Überzeugung eingesetzt. Aber sie beeinflussen Wahlen offensichtlich zugunsten derjenigen, die am meisten für den besten Service bezahlen können. Kongreßabgeordnete, die Zugang zu regierungsfinanzierten Computern und das Privileg kostenlosen Postversandes genießen, haben ebenfalls einen Vorteil. Ihr Privileg, kein Porto zahlen zu müssen, kann geschickt mit einem weiteren, üppig sprießenden neuen Informationsgeschäft kombiniert werden: den Direktversandunternehmen. Das sind die Firmen, die hinter der steigenden Flut von Werbepost stehen, die zur Zeit die amerikanischen Briefkästen mit 10 Millionen Prospekten pro Tag überschwemmen. Diese Postversandfirmen handeln mit Listen. Sie stellen computerisierte Listen von Namen und Adressen aus hunderterlei Quellen zusammen, analysieren und sieben sie durch, so daß sie gezielt bestimmte Bevölkerungsgruppen für Reklame, Spendenaufrufe und politische Kampagnen angehen können. Die größten dieser Firmen (Metromail in Lincoln, Nebraska; die R.L. Polk Company in Detroit, der Donnelley Marketing Service in Stamford, Connecticut) geben routinemäßig die Adreßbücher ganzer Städte, Telephonbücher, Bezirksregister und Fahrzeughalterdaten in ihre Computer ein, wobei sie die gesammelten Informationen mit Volkszählungsdaten und Postleitzahlencodes kombinieren. Als Ergebnis sind etwa 70 Millionen der 85 Millionen Haushalte des Landes in Registern erfaßt, die speziellen Adressenlisten zugeordnet werden können, je nachdem, welcher Kundenkreis angesprochen werden soll.

Hängt das Schicksal der Kandidaten wirklich in so hohem Maße von den Meinungsforschern ab? Sie sind natürlich sehr erfahren darin, ihre eigenen Dienste zu verkaufen, und werden darum, wie man sich gut vorstellen kann, nicht müde zu behaupten, daß kein Kandidat mehr ohne sie auskomme, obwohl (unvermeidlicherweise) zumindest die Hälfte aller Kandidaten, die sich um das höchste Amt bewerben, selbst mit ihrer Hilfe immer verlieren wird. Aber die Frage ist von vornherein falsch gestellt. Es kommt nämlich allein darauf an, daß die Kandidaten *denken*, ihr Schicksal hinge von den Meinungsforschern ab, so daß sie ihren Wahlkampf auf die computerisierte Information ausrichten. Das Ergebnis ist ein übler politischer Stil, der immer stärker zwanghaft auf das Image konzentriert ist, auf Slogans, rhetorische Augenwischereien – kurz, auf all die Propagandatricks des Marktes.

Selbstverständlich war die Politik in Amerika schon immer mit diesen Lastern behaftet, aber die Meinungsforscher haben die Korruption dadurch noch gründlicher im System verankert, daß sie behaupten, sie könnten ihre Kandidaten mit absoluter Treffsicherheit manövrieren. Ohne Zweifel ist ein Großteil der Ratschläge, die die Meinungsforscher den Kandidaten geben, schierer Unsinn: vage Mutmaßung über die Stimmung in der Öffentlichkeit, illusionäre Projektion, statistisches Trugbild. Denn natürlich ist keine der Informationen besser als die Annahmen, die in das Computerprogramm eingegangen sind. Aber es ist ein Unsinn, der in Quantitäten verkleidet ist, Quantitäten in verwikkelten Kombinationen, die aus den Computern herausgeschwemmt werden. Diese Art von »Demographie« – oder noch besser »Psychographie«, ein neuer Gag der Public Relations, der vorgibt, quantifizierte Werte und Bedürfnisse von Verbrauchern/Wählern zu integrieren – hat es so weit gebracht, bei Politikern die gleiche Autorität zu genießen wie die Kalkulationsprogramme in der Geschäftswelt. Die Zahlen bewirken den Zauber. Sie erwecken den *Anschein*, daß die Meinungsforscher wüßten, wovon sie reden, und sie verleihen ihnen eine Aura einschüchternder Wissenschaftlichkeit. »Ich bin in erster Linie Wissenschaftler«, sagt der Meinungsforscher Jonathan Robbin. »Das ist mein Beruf. Wenn ich sage Wissenschaftler, dann meine ich damit, daß ich an den Problemen des Messens und der Interpretation interessiert bin sowie daran, zu verstehen, wie die Dinge funktionieren.« Robbin ist der Erfinder einer computergestützten Marketingmethode, die Geodemographie heißt und

auf Postleitzahlen und Sozialstatistiken beruht. Er hat während der Wahlen Meinungsumfragen für Sears, für General Motors, für die Armee und für die Gewerkschaften durchgeführt.[15]
Tatsächlich kann mitunter der Rat solcher Experten auf gerissene Weise wirken. Sie sind erfahren im Umgang mit den wankelmütigen, medienvermittelten Neigungen, Launen und Unsicherheiten des Publikums. Schließlich haben ihre Werbestrategien durchaus Erfolg beim Verkauf wertloser Waren, von denen die Allgemeinheit nicht einmal wußte, daß sie sie wollte. Genauer gesagt: Es gibt einen Meinungsforscher, nämlich Richard Wirthlin, dem es gelang, Ronald Reagan zum Präsidenten zu machen. Eine Technik, die einen noch so ungeeigneten Gegenstand in einen Verkaufsschlager verwandeln kann, muß zwangsläufig auch in anderen Bereichen Eindruck machen.

Wie so oft, wenn die begrenzten mechanischen Fähigkeiten des Computers auf ein komplexes Problem angewendet werden, ist der daraus resultierende Erfolg hauptsächlich darauf zurückzuführen, daß man die Aufgabe auf ein Niveau heruntergezogen hat, das der Computer bewältigen kann – und dann laut genug jubelt, um vernünftige Vorbehalte zu übertönen. Was die Meinungsforscher für ihre Methoden in Anspruch nehmen, entsteht in Wirklichkeit aus einer drastischen Entwertung des demokratischen Prozesses. Tatsächlich lenken sie nämlich die Aufmerksamkeit dadurch von substantiellen Fragen ab, daß sie die Diskussion und die Urteile der Wähler zu einem leeren statistischen Spiel entwerten. Das ist natürlich eine der besten denkbaren Verwendungsweisen für ihre Computer: sie führen Meinungsumfragen durch, um festzustellen, wer »vorn liegt«. Nicht einfach vorn in einem allgemeinen Sinn, sondern in zunehmend haarspalterischer Weise: bei dieser Gruppe, in jenem Gebiet, in jenem Problembereich. Und sie erstellen immer wieder und mit großem Aufwand ein neues Meinungsbild – manchmal sogar jeden Tag. Das Ergebnis ist ein stetiger Strom von irrelevanten Zahlen, die der Öffentlichkeit als nachrichtenwürdige Informationen vorgesetzt werden. In diesem Bemühen folgen die Medien den Meinungsforschern auf dem Fuße, denn auch sie wurden in hohem Maße computerisiert. Daher werden die Meinungsumfragen und Übersichten zusammengestellt, verglichen und diskutiert. Meinungsforscher werden gegen Meinungsforscher ausgespielt, Computer gegen Computer – als sei das Hauptanliegen der Wahl die Zuverlässigkeit von Meinungsumfragen. Das ist, bildlich gesprochen, nicht einmal mehr Politik auf dem Niveau von Pferderennen: Es ist gleichsam ein Wettkampf zwischen den Buchmachern, die ihre Notierungen miteinander vergleichen.

Im Laufe der letzten zehn Jahre, in denen die Computer immer leistungsstärker und einflußreicher geworden sind, haben wir eine Volkskultur entwickelt, die von Plazierungen und Bewertungen wie besessen ist. Selbst Schönheitswettbewerbe werden inzwischen aufwendig mit Punktetabellen esoterischer Programme ausgestaltet, die die Wertungszahlen von Sekunde zu Sekunde auf dem Fernsehschirm aufleuchten lassen. Sport und Leichtathletik sind ein Sumpf von Augenblicksstatistiken geworden. Die Zeitungen veröffentlichen die jeweils neuesten Einschaltquoten bei Fernsehshows; Filme und Schallplatten werden nach ihren wöchentlichen Umsatzzahlen beurteilt. In der Geschäftswelt haben wir tägliche Ausdrucke der Unternehmensleistung. Es war unvermeidlich, daß dieses Ethos des quantitativen Wettbewerbs schließlich auch auf die Politik übergreifen mußte.

Bei den jüngsten Wahlen in den USA war die Hauptfrage, die in den Medien und in den Lagern der Kandidaten fieberhaft diskutiert wurde, nur noch: »Wer gewinnt?« Wer gewinnt in Kalifornien ... in Florida ... bei den älteren Bürgern ... bei den Aufsteigern ... bei den ungelernten Arbeitern der ethnischen Minderheiten. Der Wahlkampf selbst, der an diesen Bewertungen gemessen wird, entwickelt sich zur einzigen Sorge der Kommentatoren und der Experten – nicht etwa die Fragen, denen der Wahlkampf doch vermeintlich als Vehikel dient. Konkrete Probleme unterliegen schließlich dem Ermessen der subjektiven Beurteilung. Aber Wahlkämpfe, wie sie sich in den Meinungsumfragen widerspiegeln, unterliegen allein nackten Zahlen, und nackte Zahlen ermöglichen leichte Wertungen. Ein Kandidat ist eine »gute« Wahl, wenn er »vorn« liegt, er ist eine »schlechte« Wahl, wenn er »hinten« liegt. Kandidaten, die »an der Spitze liegen«, werden mit dem Respekt und der Bewunderung behandelt, die einem Sieger zukommen; ihr Wahlkampf ist »in guter Form«. Kandidaten, die »zurückfallen«, sind »in Schwierigkeiten«. Sie sehen wie Verlierer aus und werden mit Skepsis behandelt, als hätte man jetzt endlich begriffen. Ihr Wahlkampf ist »in Unordnung«, er »bröckelt ab«, »ist eine Pleite«. Eine in einer Rede vorgebrachte Äußerung ist »gut«, wenn sie bei der Umfrage am folgenden Tag hohe Punktzahlen erzielt, selbst wenn sie nur ein Scherz war oder sich lediglich durch Schlagfertigkeit auszeichnete. Ein Versprecher, ein Anzeichen von Verstimmung oder Müdigkeit kann ein »Fehler« sein; er wird sofort als ein wichtiger Punkt für die Meinungsumfrage festgehalten. Hat es »weh getan«? Kann der Kandidat »sich erholen« und »wieder aufholen«? Die Wähler werden dazu ermutigt, genau aufzupassen, wie Kandidaten aussehen und wie sie sich anhören. Wirken sie entspannt, beherrscht, unruhig?

Das sind die flüchtigen Trivialitäten, die in computerisierten Meinungsumfragen zählen. Sie haben nichts mit Gedanken oder Überzeugungen zu tun; nach ihnen zu fragen regt weder das Denken noch die Überzeugungen an. Es geht dabei um nichts anderes als niederrangige verbale Reflexe, vorübergehende emotionale Regungen. Wenn jedoch die Fragen erst einmal gesammelt, zusammengerechnet, in den Computer eingegeben und ausgedruckt sind, dann gewinnen sie die Autorität exakter Zahlen. Die Medien verkünden sie feierlich. Die Öffentlichkeit und die Kandidaten lesen die Zahlen und grübeln über sie nach. Experten ziehen nüchterne Schlüsse aus ihnen. Aber das, worauf jedermann reagiert, ist in zunehmendem Maße die Meinungsumfrage selbst. Die Meinungsumfragen messen die Meinungsumfragen.

Nichts von alledem nimmt ein Ende, wenn die Wahlen vorbei sind. Jetzt geht es erst richtig los, und zwar in Vollzeitbeschäftigung. Zu jedem Problem, das ins Blickfeld rückt, zu jedem Vorfall, den die Nachrichten melden, wird die Öffentlichkeit befragt. Sie lernt, daß andere Mitglieder der Öffentlichkeit etwas »mögen« oder »nicht mögen«, »billigen« oder »nicht billigen«. Wir werden zu dem Glauben ermutigt, daß Politik mit

»Meinungen« zu tun habe – nicht etwa der *Bildung* von Meinungen, sondern lediglich mit ihrer tabellarischen Zusammenstellung. Das kann einen bewundernswert demokratischen Anschein erwecken. Schließlich hat *jedermann* eine Meinung, und ist eine Meinung nicht ebensogut wie die andere? Wenn man die richtige Frage stellt, kann man diese Meinung auf ein einziges Wort zusammenkürzen: ja oder nein. Jedermann kann ja oder nein sagen. Was verleiht einer Meinung Gültigkeit? Der Akt der Umfrage selbst, der alle Meinungen miteinander verschmilzt, sie zählt und dann das Ergebnis als eine bedeutsame Entdeckung der Allgemeinheit zur Betrachtung vorlegt. Die Wählerschaft wird in die groteske Lage versetzt, Zuschauer ihres eigenen vorhergesagten politischen Verhaltens zu werden.

Vielleicht wird eines Tages ein Schriftsteller mit Sinn für einen skurrilen Surrealismus, wie ihn der argentinische Nobelpreisträger Jorge Luis Borges besessen hat, eine Geschichte über diesen bizarren Zustand der Dinge schreiben. Sie könnte mit einer Meinungsumfrage beginnen, in der die Leute danach befragt werden, ob sie die Art und Weise billigen, in der die Meinungsumfragen das Ausmaß der Billigung für den Präsidenten festlegen. Dann würde es eine Meinungsumfrage geben, die die Meinung der Öffentlichkeit über das Ergebnis dieser Meinungsumfrage mißt. Dann würde es eine Meinungsumfrage über die Meinungsumfrage über die Meinungsumfrage geben. Am Schluß würde eine Wahl stattfinden, in der die Öffentlichkeit für die Meinungsumfrage stimmt, von der sie meint, daß sie die Meinung der Öffentlichkeit am zutreffendsten widerspiegele. Politik im Informationszeitalter.

Die Kriegsmaschine

Wenn das Maß der politischen Macht gleich der Summe der getroffenen Entscheidungen ist, dann sind wir vielleicht nur noch einen Schritt davon entfernt, den Computer mit der höchsten Regierungsgewalt unseres Volkes zu betrauen. Sowohl in den Vereinigten Staaten als auch in der Sowjetunion wird immer mehr Kontrolle über das thermonukleare Arsenal in computerisierte Systeme verlagert, zusammen mit den Planungsprogrammen, die darüber entscheiden, wie, wann und wo dieses Arsenal eingesetzt werden soll. Dabei geht es um nichts Geringeres als unser aller Leben oder Tod.

Bei ihrer Jahreskonferenz, die im Herbst 1984 in San Francisco stattfand, wurden die Mitglieder der Association for Computing Machinery – der ältesten Computergesellschaft in Amerika – dazu aufgefordert, kritisch über die Rolle nachzudenken, die ihr Beruf im Abschreckungssystem des Landes einnimmt. Ihnen wurde gesagt: »Wir können nicht die Tatsache verbergen, daß die Informationstechnologie im Bereich der Kernwaffen eine ebenso große Rolle spielt wie die Technologie der Kernphysik und die Technologie der Raketen. Auch wir entwerfen die Maschinen des nuklearen Krieges. Das heißt, daß wir eine moralische Verantwortung tragen, die kaum überschätzt werden kann.«[16]

Zur selben Zeit, im Herbst 1984, gab eine Organisation politisch aktiver Computerspezialisten, die Computer Professionals for Social Responsibility (CPSR) mit Sitz auf der Halbinsel von San Francisco, diesem Problem eine etwas schärfere Fassung. Die Organisation beschäftigte sich mit einem strategischen Konzept namens »launch on warning« (LOW): Abschuß nach Warnung. Diese Strategie beinhaltet den vorprogrammierten Abschuß von thermonuklearen Raketen wie der vom Typ Minuteman und der MX, wenn die Computer Informationen erhalten, die auf einen *möglichen* Angriff der Sowjetunion hindeuten. Wenn ein solcher Angiff stattfände, wäre die verbleibende Reaktionszeit auf seiten der USA so knapp, daß die Raketen zum frühestmöglichen Zeitpunkt abgeschossen werden müßten. Andernfalls würden sie in ihren Basen zerstört. Raketen, die von sowjetischen Unterseebooten vor der Küste Amerikas aus gezündet werden, können Ziele wie Washington und New York in etwa sechs Minuten erreichen; sie können ungeschützte, weiter im Innern des Festlands stationierte Raketen in weniger als einer halben Stunde erreichen. Es bliebe nicht genug Zeit, auf eine Entscheidung des Präsidenten zu warten. Das Militär sieht bei Raketen wie der MX nur eine Alternative: »Use them or lose them« – abschießen oder verlieren.

Das Verteidigungsministerium hat niemals zugegeben, daß es ein LOW-System gibt. Sollte es aber wirklich existieren – so argumentieren die Vertreter der CPSR –, stünde es eindeutig im Widerspruch zur Verfassung, die das Recht zur Kriegserklärung dem Präsidenten und dem Kongreß vorbehält. LOW würde dann bedeuten, daß die Macht der Nation, Krieg zu führen, an Maschinen delegiert worden ist, oder vielmehr an namenlose Programmierer ohne jeden Wählerauftrag, die in die Software des Abschreckungssystems die Entscheidung einprogrammiert haben, die zerstörerischsten Waffen der Menschheitsgeschichte abzufeuern. Im Juni 1984 wollten Mitglieder der CPSR in dieser Angelegenheit einen Prozeß beim Bundesgerichtshof anstrengen und verlangten, daß automatische, computergesteuerte nukleare Angriffe für verfassungswidrig erklärt würden. (Die Klage wurde abgewiesen.)[17]

Das Pentagon behauptet, daß die USA nicht über die Voraussetzungen für ein LOW-System verfügen. Aber das ist vielleicht nur eine temporäre Lücke im Militärapparat des Landes. In der Zeit von 1985 bis 1990 wird das Verteidigungsministerium 600 Millionen Dollar für eine heftig propagierte strategische Computerinitiative aufwenden, die die militärischen Nutzungsmöglichkeiten der fortschrittlichsten Computersysteme untersuchen will, und zwar im Hinblick auf die Entwicklung von vollautomatischen Waffen, die dann wohl auch Neuerungen im Abschreckungssystem einschließen. Die Waffen, die eine solche Aufgabe bewältigen können, werden nicht mehr als »intelligent«, sondern als »brillant« bezeichnet.[18] Die strategische Computerforschung ist die Reaktion der Amerikaner auf Japans Forschungen zur Technologie der sogenannten »fünften« Computergeneration. Berichten zufolge haben sich die Japaner einem radikalen Überdenken der Computerkonzeption verschrieben, um mehrere Formen künstlicher Intelligenz in die Technik integrieren zu können, vor allem Expertensysteme. Eine militärische Technologie, die auf künstlicher Intelligenz basiert, wird millionenmal mehr Daten mit sehr viel komplizierteren Programmen verarbeiten können, als dies bereits existierende vermögen. Der Plan des Pentagon umfaßt auch Projekte wie robotergesteuerte Panzer und komplette »Kampfführungssysteme«, die an Bord eines Flugzeugträgers stationiert sind. Beide sollen auf eigenständige Aktionen ohne menschliches Eingreifen programmiert werden. Sie werden sehen, hören, sprechen und Urteile auf der Grundlage »wahrscheinlich eintretender Ereignisse« fällen. Das Militär hat Forschungen für diese Waffensysteme unbegrenzte wirtschaftliche Zuwendungen zugesagt. Die mit der Entwicklung von Verteidigungsstrategien beauftragte Behörde Defense Advanced Research Project Agency hat den Kongreß davon überzeugt, daß »die nationalen kommerziellen Anwendungen dieser neuen Technologie gewiß die Transformation der amerikanischen Gesellschaft im Sinne des Informationszeitalters vervollständigen werden«.[19]

Forschungen dieser Art werden zweifellos intensiviert, wenn die Vereinigten Staaten weiter in der Entwicklung ihrer Strategischen Verteidigungsinitiative SDI, dem »Krieg der Sterne«, voranschreiten. Eine solche Raketenabwehr würde auf vielschichtigen Computersystemen von verwirrender Komplexität beruhen, die im Einsatz alle ohne menschliche Oberaufsicht operieren müßten (ohne vorher in signifikanter Weise getestet worden zu sein, abgesehen von Computersimulationen). Verteidigungsminister Caspar Weinberger beschrieb die Aufgabe von SDI (optimistisch) damit, »mehrere tausend Ziele in sehr, sehr kurzer Zeit zuverlässig zu identifizieren, anzuvisieren und zu zerstören«. In wie kurzer Zeit? In etwa zwei bis drei Minuten. Die Programme, die die Verschmelzung so fortgeschrittener Technologien (von denen viele noch gar nicht erfunden sind) dirigieren, werden Hunderte von Zufälligkeiten beim Einsatz voraussehen müssen, die sich im Verlauf des Gefechts ergeben können: Ausweichmanöver, technisches Versagen, Pech, klimatische Veränderungen. Kein menschliches Gehirn könnte so viele Informationen schnell genug verarbeiten. Es wird geschätzt, daß die SDI-Programme Zigmillionen von Codierlinien umfassen werden – tausendmal mehr als die komplexesten Programme, die es derzeit gibt. Ganze Teams von Programmierern werden sich jahrelang mit ihnen beschäftigen müssen.[20]

Aber einmal abgesehen von SDI, auch so ist die Abhängigkeit des Militärs vom Computer bereits weit fortgeschritten. Die nukleare Abschreckungsstrategie des Strategic Air Command wird koordiniert vom größten einzelnen Informationsverarbeitungs- und Telekommunikationskomplex der Welt: dem Worldwide Military Command and Control System. WIMEX ist ein weltweites Netzwerk von Sensoren, Satelliten und Computerstationen, das sechsundzwanzig große amerikanische Kommandozentralen rund um die Welt miteinander verbindet. Seit Mitte der siebziger Jahre war WIMEX aufgrund seiner vielen Schwachstellen, einschließlich einiger fragwürdiger Computerkäufe gleich zu Anfang, die Zielscheibe häufiger und scharfer Kritik.[21] Die Zweifel sind wohlbegründet; das System hat mehrmals mangelhaft funktioniert. 1977 wurde ein weltweiter Test durchgeführt, bei dem mehr als 60 Prozent der Meldungen nicht übertragen wurden. Während einer achtzehnmonatigen Periode gegen Ende der siebziger Jahre registrierte die nordamerikanische Luftverteidigung 150 mal einen »ernsthaften« Fehlalarm, von denen vier dazu führten, daß die Besatzungen von B-52-Bombern ihre Maschinen starteten und die Raketenmannschaften und Unterseebootkommandeure in höchste Alarmbereitschaft versetzt wurden.

Die meisten dieser Fehlalarme ließen sich auf fehlerhafte Identifikationen auf Radarschirmen oder auf Materialfehler zurückverfolgen, die manchmal an kleinen billigen elektronischen Teilen auftraten. In einem Fall im November 1979 wurde versehentlich das Trainingsband eines simulierten sowjetischen Angriffs eingegeben und vom System als echter aufgefaßt. Alle diese Krisen wurden schließlich durch die Intervention militärischer Befehlshaber korrigiert, die einfach wußten, daß das ein Fehler sein mußte. Glücklicherweise hatten sie die Zeit – wenigstens ein paar Minuten –, um mit ihrem langsam arbeitenden menschlichen Verstand den Alarm zu stoppen. Aber in dem Maße, in dem die Reaktionszeit, die ihnen die Waffen läßt, sich verkürzt, wird das System zwangsläufig schießfreudiger werden.

Gegenwärtig konzentriert sich die fortgeschrittene militärische Automatisierung noch nicht auf das Interkontinentalraketensystem der USA, sondern auf die eher begrenzte europäische Bühne. Dort stehen sich die neue Generation der sowjetischen Mittelstreckenraketen und die amerikanischen Pershing II und die Cruise Missiles im Abstand weniger Flugminuten gegenüber. Auf beiden Seiten sind die Waffen für den Erstschlag gerüstet, das heißt, sie treffen so zielsicher und sind vom Gegner so schwer auszumachen, daß sie bei einem Präventivschlag die Waffen der anderen Seite zerstören können. Die Situation ist so heikel, daß das Pentagon derzeit versucht, ein Expertensystem mit künstlicher Intelligenz zu entwickeln, das die volle Kontrolle über die Waffen übernehmen könnte. Das Projekt wurde bei dem Konzern TRW Defense Systems in Kalifornien in Auftrag gegeben.[22]

Die TRW geht bei der Untersuchung, ob ein solches System durchführbar ist, von dem Ansatz aus, der für den Entwurf von Expertensystemen zum Standard geworden ist: Sie untersucht die Art und Weise, in der Experten die Sache angehen, in diesem Fall, wie Generäle Krieg führen. Man sucht überragende Generäle aus und übersetzt ihre »Urteilsfähigkeit« in ein Computerprogramm, in derselben Weise, in der die Erfahrung mehrerer überragender Ärzte zu einem medizinischen Diagnose-Expertenprogramm zusammengestellt wird. Natürlich besteht ein Unterschied. Kein General hat jemals einen thermonuklearen Krieg geführt, geschweige denn, sich darin als Sieger ausgezeichnet. Wo soll man also solche »Experten« finden? Sie werden nach ihrer Leistung bei Kriegsspielen ausgewählt, bei Simulationen von Schlachten, die wahrscheinlich auf der Vorstellung eines Nichtfachmanns basieren, wie ein thermonuklearer Krieg aussehen könnte. Daher werden die Computerprogramme in diesem Expertensystem nicht auf mühsam gewonnener und überprüfter Erfahrung beruhen, sondern auf Einschätzungen, die von anderen Computerprogrammen stammen.

Das Ziel von Forschungen dieser Art ist (nach den Worten des Verteidigungsministeriums), »völlig autonome Land-, Wasser- und Luftfahrzeuge zu entwickeln, die in der Lage sind, komplexe und weitreichende Erkennungs- und Angriffsmissionen durchzuführen ... Im Gegensatz zu den früheren Computern wird die neue Generation ein dem Menschen ähnliches intelligentes Vermögen besitzen, zu planen und zu schließen«.[23]

Die Informationstechnologie ist das Kind militärischer Erfordernisse; sie war von allem Anfang an Teil der Kriegsmaschinerie. Die ersten primitiven Computer wurden während des Zweiten Weltkrieges zu dem Zweck eingesetzt, die Ballistik der Geschütze zu unterstützen und die Berechnungen für den exakten Abwurf der Atombombe zu übernehmen. Dieses enge Verhältnis besteht auch heute noch. In den Vereinigten Staaten betreibt das ehrgeizigste Forschungs- und Entwicklungsprojekt überhaupt die neu eingerichtete Microelectronic and Computer Technology Corporation in Austin, Texas.[24] Hinter dem Namen verbirgt sich ein Konsortium von zwölf Firmen, das eindeutig gegen die Kartellgesetze verstößt. Wenn das Justizministerium seine Weiterexistenz durchgehen läßt, dann nur dank der Protektion des Pentagon, das die Organisation ins Leben rief und weitgehend finanzierte, mit dem gezielten Auftrag, die militärischen Anwendungsmöglichkeiten der Computer zu optimieren. Jonathan Jacky sagt dazu: »Das Verteidigungsministerium ordnet jetzt die Computerwissenschaft ebenso vollständig militärischen Zwecken unter, wie ihnen in den vierziger Jahren die Kernphysik, die Aeronautik und die Raketenforschung untergeordnet wurden.« Er schätzt, daß das Pentagon bis 1990 allein 30 Milliarden Dollar jährlich für Softwareprogramme ausgeben wird; das sind 10 Prozent des gesamten Verteidigungshaushalts.

Ohne Zweifel würde jeder Computerenthusiast Videospiele wie Space Invaders als eine der trivialsten Anwendungsweisen dieser bemerkenswerten Technologie, die die menschliche Intelligenz so geschickt nachahmt, abtun. Aber es gibt eine unmittelbare Verbindung zwischen diesen kindischen Vergnügungen und den promethischen Ausweitungen der Informationstechnologie, die wir im Programm von SDI vorfinden. Das Verbindungsglied ist die Psychologie des Kriegsheldentums, die chauvinistische Grundlage des Nationalstaatensystems. Diese Faszination von männlicher Gewalttätigkeit äußert sich zuerst in den selbstzerstörerischen Raufereien halbwüchsiger Burschen, und man wünschte, sie würde sich dort nach einer Weile erschöpfen. Aber allzuviele dieser Burschen werden niemals erwachsen; ihre Leidenschaft für den Kampf nimmt lediglich diszipliniertere, reglementiertere Formen an. Und schließlich haben die Fachidioten dieser Welt den Soldatenbuben die größte Spielhalle überhaupt geschenkt – den Planeten Erde.

Dank der Schnelligkeit der modernen Waffensysteme, die in Sekundenbruchteilen reagieren, entfallen heute auch die letzten halbherzigen politischen Zurückhaltungen, denen die thermonukleare Kriegsmaschine noch unterliegt. Bald werden wohl selbst die Überreste von Angst, Mitleid und Selbstzweifel, die in den Seelen der Soldaten noch vorhanden sein müssen, ebenfalls ausgeschaltet sein. Die Waffen werden gänzlich in den Zuständigkeitsbereich von Maschinen gelangen, deren künstliche Intelligenz eine gefühllose, eindimensionale Karikatur des soldatischen Willens sein wird. Begriffe wie Ehre, Wagemut, persönliches Heldentum, die einzigen versöhnenden Qualitäten der militärischen Berufung, werden verschwinden. Die letzte, alles entscheidende Kriegshandlung, die wir uns vorstellen können, wird durch die Logik von Zahlen ausgelöst, kalt und schnell berechnet von den unergründlichen Siliziumzellen einer Maschine.

Machine à gouverner

Schon im Jahre 1950, als die »ultraschnelle Rechenmaschine« noch ein schwerfälliges Ungetüm war, hat Norbert Wiener über die langfristigen sozialen und politischen Anwendungsmöglichkeiten der Kybernetik spekuliert. Er stellte sich die folgende Frage:

Kann man sich nicht eine Maschine vorstellen, die diese oder jene Art von Information, etwa Information über Produktion und Verkauf, sammelt und daraus als Funktion der menschlichen Durchschnittspsychologie und der in einem gegebenen Augenblick meßbaren Mengen bestimmt, welches die wahrscheinlichste Entwicklung der Lage sein könnte? Könnte man sich nicht sogar einen Staatsapparat denken, der alle Systeme politischer Entscheidungen ... umfaßt? ... Wir können von der Zeit träumen, in der die »machine à gouverner« die gegenwärtige offensichtliche Unzulänglichkeit des mit der herkömmlichen politischen Maschinerie befaßten Gehirns aus dem Wege räumen wird – zum Guten oder zum Bösen.[26]

Zu der Zeit, als diese Worte geschrieben wurden, hat man sie vielleicht als Science Fiction aufgefaßt. Selbst unter den Experten für Kybernetik gab es wohl nur wenige, die glaubten, daß Fragen von der moralischen Komplexität eines internationalen Konfliktes oder Probleme der Wirtschaftsplanung jemals maschineller Intelligenz anvertraut werden könnten. Wiener selbst betrachtete diese Möglichkeit eingehend von mehreren Blickwinkeln aus, um mit der Warnung zu schließen:

Wehe uns, wenn wir sie unser Verhalten bestimmen lassen, ohne vorher die Gesetze ihres Handelns geprüft und uns überzeugt zu haben, daß es sich nach für uns annehmbaren Grundsätzen vollzieht.

Aber Wieners Vorbehalte wurden nicht von allen seinen Kollegen geteilt, besonders von denjenigen nicht, die eifrig dabei waren, den Weg für die neue Disziplin der künstlichen Intelligenz und später der Kognitionswissenschaft zu ebnen. Schon 1960 freute sich Herbert Simon zuversichtlich auf den Tag »innerhalb einer sehr nahen Zukunft – viel weniger als 25 Jahre –«, an dem wir »technisch in der Lage sein werden, jede menschliche Funktion in Organisationen von Maschinen übernehmen zu lassen«, einschließlich derjenigen, die »Emotionen, Einstellungen und Werte« verlangen.[27]
Diese Vorhersage hat sich, wie so manche opportunistische Eigenwerbung aus der Gemeinschaft der KI-Forschung nicht bewahrheitet. Ihre Erfüllung ist auch weit und breit nicht in

Sicht. Trotzdem hat sich der Wirkungsbereich Informationstechnologie, die durch übertriebene professionelle Versprechungen wie dieser Auftrieb bekam, aggressiv bis in mehrere Gebiete unseres politischen Lebens hinein ausgedehnt, selbst die höchsten Ebenen der Politik und der Entscheidungsfindung sind davon nicht verschont geblieben.

Unscheinbare und vereinzelte Ansätze stehen am Anfang dieser Entwicklung. Sie reichen bis zum System- (oder Operations-) Analyse-Teamwork im Zweiten Weltkrieg zurück. Nach dem Krieg fand die angewandte Systemtheorie eine neue Heimat bei militärischen Planungsstäben, wie RAND und Mitre, in denen Sozialwissenschaftler oft mit Physikern und Strategen zusammengebracht wurden, um an aktuellen Forschungsprojekten zu arbeiten, etwa an einer Studie über die Folgen eines thermonuklearen Krieges oder über die Planung der Zivilverteidigung. Während der Ära Kennedy war die Kriegsführung gegen Rebellierende im eigenen Land ein brennendes Thema der sozialwissenschaftlichen Forschung, das ganze Teams von Politikwissenschaftlern, Anthropologen und Psychologen beschäftigte. Zu dieser Zeit waren die Sozialwissenschaften an den Universitäten bereits vorwiegend behavioristisch orientiert und auf Statistiken fixiert, eine plumpe Karikatur der Naturwissenschaften. Ihre Methode schrie geradezu nach Computerisierung, aber an den Universitäten neigte man dazu, die Sozialwissenschaftler wie Bürger zweiter Klasse zu behandeln, wenn es darum ging, die wenigen zugänglichen Maschinen zu teilen.

Erst gegen Ende der sechziger Jahre gelang der Durchbruch – und dann gleich an zwei Fronten. 1967 wurde das Internationale Institut für angewandte Systemanalyse in Wien gegründet. Das IIASA war ein großzügig finanziertes, mit Computern ausgerüstetes Zentrum, das sowohl vom Westen als auch vom Osten unterstützt wurde. Es diente dazu, mehrere Pionierprojekte auf dem Gebiet der »Welt-« oder »Globalmodellbildung« für langfristige soziale Planung in Angriff zu nehmen.[28] Einige Jahre später, im Jahre 1969, schlossen sich Sozialwissenschaftler von Harvard und vom MIT zu einem Team zusammen, um ein Projekt zu organisieren, das sie gleichsam als das Manhattan

Projekt für ihre Disziplinen ansahen. Es gelang ihnen, einen Förderungsbetrag von 7,6 Millionen Dollars, verteilt auf fünf Jahre, vom Verteidigungsministerium zu erwirken, um neue Programmiertechniken zu explorieren. Der Plan rief das Cambridge Projekt ins Leben, das seine Forschung auf allgemeinster Grundlagenbasis anlegen sollte, um möglichst vielen Studienzweigen der Sozialwissenschaften zu nützen. Diese Anstrengung wurde als Suche nach »neutralen Computerwerkzeugen« propagiert.[29] Aber die Finanzierung durch das Verteidigungsministerium band das Projekt unvermeidlich an die Bedürfnisse des Pentagon, das für sein Geld auch eine Gegenleistung erwartete. Das Ergebnis war, daß das Projekt bald in Aufgaben verwickelt wurde, die dem Kalten Krieg galten, etwa der Entwicklung von »Indikations- und Warnprogrammen« für den militärischen Geheimdienst. Eine weitere Untersuchung befaßte sich mit der Konstruktion von Computermodellen freundlich und feindlich gesonnener Dörfer in Thailand und sollte dann ein entsprechendes taktisches Vorgehen empfehlen. Eine ähnliche Modellform benutzten Computer, um während der Kriegsjahre Bombenziele in Vietnam auszusuchen. Dörfer, die dem Parameter »freundlich gesonnen« entsprachen, ließ man stehen, diejenigen, die für die feindlichen Modelle standen, wurden für die Vernichtung markiert. Die computerisierte Sozialwissenschaft hatte endlich ihren Weg in die Zuteilung von Leben und Tod gefunden.[30]
Ein Bericht über das Cambridge-Projekt von 1971 macht seine weitreichenden politischen Implikationen deutlich:

> Mit diesen Techniken wäre es möglich, in wenigen Tagen alle möglichen Strategien für eine Invasion Kubas oder Nordvietnams durchzugehen. Wahrscheinlich um einiges später, aber doch in absehbarer Zeit, könnten diese Techniken für Entscheidungen darüber genutzt werden, ob man bei einer Revolution oder Wahl im Ausland eingreifen soll oder nicht.[31]

Der vielleicht ehrgeizigste Versuch, Informationstechnologie bei der Kunst des Regierens anzuwenden, erfolgte in Chile in den frühen siebziger Jahren. Damals schaltete Präsident Allende den britischen Kybernetikexperten Stafford Beer ein, der eine optimale Wirtschaftsordnung für das Land entwickeln und zu verwirklichen helfen sollte. Ausgehend von der Formel: »Information ist das, was uns verändert, Information bedeutet Kontrolle«, hatte Beer ein kompliziertes Computersystem entworfen, das er seltsamerweise »Liberty Machine« nannte – Freiheitsmaschine. Ihr Zweck war, jedes winzige Detail an Information über die nationale Wirtschaft, ja sogar über die Wirtschaft der ganzen Welt, zusammenzutragen und daraus ein »kybernetisches Modell« abzuleiten. Die Computer, die das Modell steuerten, sollten »Echtzeitdaten von den Systemen erhalten, die sie überwachten, und den Informationsgehalt herausdestillieren«. Dann sollte es möglich sein, »Hypothesen zu formulieren, Simulationen durchzuführen und Vorhersagen über weltweite Entwicklungen zu treffen«. Zwischen 1971 und 1973 versuchte Beer, der heimlich für das Finanzministerium arbeitete, in Chile seine sogenannte Freiheitsmaschine zu etablieren. Seine Bemühungen waren durchaus ernstzunehmen; die Maschine wurde unter großem Kostenaufwand in einem zentralen Kontrollraum (dem »Opsroom«) in Santiago installiert, wo es ihr auf dem Gipfel ihrer Macht gelang, 60 Prozent der chilenischen Wirtschaft in ihrem datensammelnden und regierenden Netzwerk zu erfassen.[32] Das System beinhaltete auch die Fähigkeit, Streiks vorherzusehen und zu brechen. Beer berichtete: »Wir verwendeten jede Krume relevanter wissenschaftlicher Information beim Entwurf des Kontrollraums – neurokybernetische Kenntnisse über Prozesse im Gehirn, Kenntnisse aus der angewandten und der Gruppenpsychologie, Kenntnisse aus der Ergonomie.«[33] Das Unternehmen beinhaltete einen interessanten neuen Begriff von »Freiheit«. »Freiheit«, so erklärte Beer, »könnte in der Tat auf nützliche Weise neu definiert werden für unsere technologische Ära. Freiheit würde dann heißen, daß kompetente Information frei ist zu handeln – und dies ist das Prinzip, auf dessen Grundlage die neue Freiheitsmaschine entworfen werden soll.« Diese Definition zeichnet sich dadurch aus, daß sie den Computer zum integrierten Bestandteil des Begriffs macht.[34]

Beers großes Projekt brach mit dem Sturz der Regierung Allendes bei einem vom CIA geförderten Staatsstreich zusammen, aber selbst in seiner fehlgeschlagenen Form ist es ein Maß dafür, wieviel ein gutgläubiger Kybernetik-Utopist auf sich zu nehmen gewillt ist. Pläne eines so enormen Umfangs müssen als die ehrgeizigsten Projektionen einer Forschung betrachtet werden, die nach Wegen sucht, eine Unmenge menschlicher Dienstleistungen und Institutionen zu computerisieren: Medizin, Recht, Psychiatrie, die öffentliche Verwaltung. Alle diese Bemühungen beruhen auf der einen Grundannahme: daß menschliches Denken, selbst auf seinen subtilsten und verwickeltsten Ebenen, eine Art von Informationsverarbeitung sei. Daher gilt die Devise: je mehr Daten und je schneller die Verarbeitung, desto besser.

Derzeit haben viele der computerisierten Modellbildungstechniken, die seit den Tagen des Cambridge-Projekts von Sozialwissenschaftlern entwickelt wurden, den Weg in die Regierung gefunden, und zwar unter dem Schlagwort *Krisenmanagement*. 1983 verlieh die Reagan-Administration dieser neuen Disziplin dadurch besondere Ehre, daß sie eine hochcomputerisierte Krisenmanagement- und Planungsgruppe innerhalb des nationalen Sicherheitsrates einrichtete. Das Unternehmen wurde Richard Beal anvertraut, einem Politikwissenschaftler von der Brigham Young Universität in Utah, der einst im Dienste von Richard Wirthlin arbeitete, dem besagten Meinungsforscher des Präsidenten. Beales Auftrag bestand darin, Computerdatenbanken für etwa zwanzig Problemgebiete der Welt einzurichten. Eine der stolz publizierten Errungenschaften dieser Institution ist ihr Vermögen, Information in einer »komplexen Videoform« zu erzeugen, die »zur Perfektionierung ausgefeilte Graphiken« benutzt. Etwa Karten, Balkendiagramme und Symbole, die Faktoren wie Verhandlungen und einzelne Kriegsereignisse abbilden. Das Ziel dieser cleveren Computer- und Videoerfindung ist es, dem Präsidenten kurzfristig eine einfache graphische Darstellung einer internationalen Krise zu bieten, mit allen Daten, von denen man annimmt, daß er sie in visueller Darstellung braucht, um sich für eine bestimmte Vorgehensweise zu entscheiden. Vielleicht sieht es sogar wie ein Videospiel aus, nur daß es sich eben über die ganze Weltkarte erstreckt.[35]

Diese Institution ist alles andere als ein rein akademisches Unternehmen. Sie diente sogar schon als Hauptquartier, von dem aus der Präsident und seine wichtigsten Ratgeber während der Invasion von Grenada im Oktober 1983 ihre Entscheidungen trafen.[36] Das Ergebnis dieses Unternehmens, das eine sorgfältige Pressezensur als Teil des Krisenmanagements einschloß, wurde als Erfolg eingeschätzt. (Wirthlins Meinungsumfragen nach dem Ereignis konnten das belegen.) Vielleicht trug dies ein wenig dazu bei, daß die nationale Sicherheitsbehörde ein Jahr später einen der größten Computerkäufe der Regierung in der Geschichte tätigte: Mehrere hundert Maschinen wurden für fast eine Milliarde Dollar auf einen Schlag von AT&T erworben. Die Computer sollen auf Außenposten der NSA in der ganzen Welt verteilt und mit dem Hauptquartier des Krisenmanagements in Washington verbunden werden.

Die Stabschefs haben ebenfalls beschlossen, in computerisierte Modellbildung und Simulation zu investieren. Ihr Projekt namens FORECASTS wurde 1984 ins Leben gerufen und ist dazu bestimmt, »landesspezifische Information« zu verwenden, um die mögliche Zukunft von über 130 Nationen über einen Zeitraum von zwanzig bis dreißig Jahren hinweg zu projizieren. Die Datenbank für FORECASTS zieht über tausend Indikatoren für jedes Land heran, »von denen die meisten aus einer Zeitserie von Werten für jeden Indikator für jedes Jahr von 1960 bis 1980 bestehen«. FORECASTS kann dann die Trendlinien dieser Daten in die Zukunft fortschreiben, um das »Zusammenspiel von Variablen über Zeiträume hinweg zu simulieren«. Das Projekt wird als ein »wichtiges Instrument für Entscheidungen« angesehen, vor allem in einem »heuristischen« Sinne, »indem es dazu beiträgt, das Spektrum möglicher Formen zu skizzieren, die die Zukunft annehmen kann«:

> Forecasts wird bei Überlegungen darüber hilfreich sein, wie sich die Vereinigten Staaten zur übrigen Welt in Beziehung setzen, wie die Interessen der USA aussehen

könnten, wo vermutlich Konflikte entstehen werden und in welchem Ausmaß die Möglichkeiten der USA von externen Quellen an Energie, Rohstoffen und Produkten abhängig sein werden ... Es gibt auch ein Datenbank-Managementsystem, das es erlaubt, die Daten zu überprüfen und auf den neuesten Stand zu bringen.[37]

An den Grenzen der Zurechnungsfähigkeit: Die psychotische Maschine

Versuche, Tag und Nacht abrufbare Computeräquivalente einer Regierung in der Größenordnung von Stafford Beers Freiheitsmaschine zu installieren, dürften wohl Experimente mit Seltenheitswert bleiben. Aber in Einrichtungen wie dem Krisenmanagementzentrum der NSA und FORECASTS wird die Macht der Computer vermutlich häufiger – und gefährlicher – auf den höchsten Ebenen der Entscheidungsfindung zur Entfaltung gelangen. Die Gefahr liegt in der Diskrepanz zwischen den scheinbar rationalen Erwartungen, mit denen solche Projekte begonnen werden, und der Situation, in der man dann schließlich von ihnen erhofft, daß sie ihre Aufgabe erfüllen. Denn wenn sie dann endlich von einem politischen Führer in Anspruch genommen werden, in einer wirklichen Krise, während die Zeit in rasender Schnelligkeit dahinschwindet und der Weltfriede auf dem Spiel steht, können die Maschinen den Kontakt mit dem Realitätsprinzip ihrer Benutzer längst verloren haben. Sie können wortwörtlich verrückt geworden sein: Intelligenzen – mögen es auch künstliche sein –, die zu einem Chaos widersprüchlicher Imperative geworden sind. Wie kann das geschehen?

Zu Anfang, wenn ein Projekt wie die Crisis Management Group gestartet wird, erklären die zuständigen Initiatoren gern, mit ihren Anstrengungen ein vertretbares Ziel hoher Priorität in der gegenwärtigen Welt anzustreben: Sie sammeln nur Daten, viele Daten. Der Informationskult drängt mit aller Macht in diese Richtung; die Gelegenheit, zu höchster Perfektion ausgefeilte

Computer für diesen Zweck zu verwenden, läßt das Unternehmen sogar noch attraktiver erscheinen, weil es ihm eine Aura von Präzision und futuristischer Raffinesse verleiht.

Während immer mehr Maschinen und Netzwerke in Betrieb gehen, beginnt die Art und Anzahl der Daten, die sie sammeln, exponentiell zu wachsen. Es ist wie ein Hunger, der nicht gestillt werden kann. Die Computervirtuosen, die das System koordinieren, haben geradezu eine Vorliebe dafür entwickelt, eben solche unwahrscheinlichen und exotischen Arten von Daten auszusuchen, die die menschliche Intelligenz ohne fremde Hilfe niemals verrechnen könnte. Beispielsweise teilt uns Paul Bracken mit, daß das COMINT-Programm der nationalen Sicherheitsbehörde jetzt »Millionen von Meldungen sammelt, die durch die militärische und politische Bürokratie der Sowjetunion fließen«, indem es die Telephonleitungen der Sowjetunion anzapft. Und das ist nur eines von mehreren Überwachungsprogrammen, die massenhaft Daten in die NSA-Computer schleusen. »In den achtziger Jahren«, so Paul Bracken, »werden wir allein dem Einsatz von Computern eine Datensammlung zu verdanken haben, die uns den Vergleich von Informationen aus Hunderten von Programmen über das gesamte Befehlsgebiet eines Feindes hinweg ermöglicht.« Er meint sogar, daß sich die Möglichkeiten noch weiter ausdehnen ließen, bis zu solchen detaillierten Beobachtungen wie der Überwachung von Wäschereien in sowjetischen Hafenstädten, einer Information, die »eine exzellente strategische Warnung dafür abgeben könnte, wann Seestreitkräfte und Unterseeboote in See gehen«.[38] In nächster Zukunft wird also vielleicht irgendwo in den Tiefen der Kriegsmaschine des Pentagon ein Computer die schmutzige Unterwäsche der sowjetischen Marine erfassen, die Bedeutung dieses Schlüsselindikators analysieren und sie graphisch zu einem Modell zur Entscheidungsfindung ausarbeiten, von dem dann der Weltfrieden abhängt.

Nach Art und Menge gehen die Daten, die in den Computern der Regierung gespeichert sind, weit über das hinaus, was ein einziges menschliches Gehirn jemals verarbeiten kann. Die politischen Führer, die diese Maschinen in Krisenzeiten benutzen, haben vielleicht keine Ahnung, warum bestimmte Sorten von Informationen überhaupt gesammelt wurden oder warum man ihnen das Gewicht beimaß, das sie nun beanspruchen. Dennoch müssen sich diejenigen, die vor den flimmernden Bildschirmen sitzen, Tasten drücken und autoritätheischende Diagramme, Graphiken und Simulationen abrufen, voll auf der Höhe der Zeit fühlen. Sie sind die Herren der Daten dieser Welt und arbeiten an der führenden Front des Informationszeitalters. Was dabei leicht aus dem Blick gerät, ist die Tatsache, daß alle die Maschinen, denen sie gegenübersitzen, gehorsam nach Programmen operieren, die auf Annahmen und Werten beruhen. Was sie vor sich haben, sind nicht, in einem rein neutralen Sinn des Wortes, »Rohdaten«, die ihnen zur abwägenden Begutachtung vorgelegt werden – obwohl gerade nach diesem Muster Krisenmanager die Angelegenheit zu beschreiben pflegen: mit vollständiger professioneller Distanz. Sie geben vor, einach nur auf Anfrage hin objektive Informationen bereitzustellen. Aber diese Informationen wurden ausgesucht, geformt, gewichtet und geordnet; sie spiegeln Prioritäten wider, die vielleicht höchst ideologischer Natur sind. Je mehr die Computerdarstellungen vereinfacht und graphisch gestaltet werden, desto stärker bedürfen sie auch der Interpretation. Eine Zusammenfassung preßt schließlich die Information stärker zusammen, gestaltet sie willkürlicher. So müssen die Graphiken, die Präsident Reagan von seinen Krisenmanagern während der Invasion von Grenada vorgelegt wurden, durchsetzt gewesen sein von Annahmen über die karibische Politik, weltweite kommunistische Absichten, die Rolle Amerikas in der westlichen Welt. Werte müssen im Spiel gewesen sein, die diplomatische gegen militärische Möglichkeiten abgewogen haben. War es dem Präsidenten wohl jederzeit klar, wo die Daten aufhörten und wo die Werte und Annahmen anfingen? War es ihm klar, wessen Annahmen und wessen Werte es waren? Konnten die Programme, die die Information gestalteten, bis in die Köpfe derjenigen zurückverfolgt werden, die für ihre Schaffung verantwortlich waren? Werden künftige Präsidenten mit denselben Krisenprogrammen konfrontiert, die geschaffen wurden, als sie unter der Schirmherrschaft von Ronald Reagan ihren Anfang nahmen?

Während die Geschichte all der Computersysteme weitergeht und länger wird, sind Fragen wie diese immer schwieriger zu beantworten. Zunächst sind große Computerprogramme selten das Werk einer einzelnen, identifizierbaren Person; ganze Teams von Programmierern und Forschern sind an ihrer Entwicklung beteiligt. Zu jedem beliebigen Zeitpunkt wird das Team eine Mischung von Stilen und Vorlieben repräsentieren, die sich durch unterschiedliche Ansätze und verschiedenes Kompetenzniveau auszeichnen. Nicht viele dieser persönlichen Eigenheiten werden offen zutage treten. Vielmehr werden die Programmierer wohl eine Fassade professioneller Objektivität und Einheitlichkeit zur Schau stellen. Dennoch gestalten sie ein intellektuelles Artefakt, das die Neigungen, Entscheidungen und Urteile seiner Hersteller widerspiegelt.

Mit der Zeit ist es erforderlich, das System auf den neuesten Stand zu bringen und sonstige Veränderungen einzuarbeiten; andere Programmierer, die die Standards einer späteren Generation repräsentieren, werden wiederum ihre Urteilsfähigkeit einbringen, wenn sie sich dieser Aufgabe zuwenden. In genau dieser Weise sind die Programme, die jetzt die Waffensysteme des Pentagon regieren, im Laufe mehrerer Präsidentschaftsperioden zusammengeflickt und -gestückelt worden. Man mußte größere Überarbeitungen vornehmen, die notdürftige Kompromisse mit schon vorhandener, antiquierter Hardware darstellten. Das System ist nicht einfach ein technisches, sondern auch ein historisches Artefakt, geprägt von einer riesigen Zahl von Programmierern, deren Beiträge überwiegend nicht mehr identifiziert werden können und von denen viele wahrscheinlich nicht in der Lage wären, die Arbeit des Teams, dem sie angehörten, zu rekonstruieren. Welche Annahmen über Strategie und Weltpolitik herrschten in den Köpfen der Programmierer vor, die 1962 ... 1968 ... 1974 an der Arbeit waren? Welche Theorien und Methoden waren in jenen Jahren bei Computerwissenschaftlern Mode?

Joseph Weizenbaum hat die Beobachtung wiedergegeben, daß viele Makro-Computersysteme inzwischen von »unverständlichen Programmen« gesteuert werden, elektronischen Palimpsesten, für die im Detail niemand mehr verantwortlich gemacht werden könne.

> Diese oft gigantischen Systeme werden von Teams von Programmierern zusammengestellt, die oft über eine Zeitspanne von vielen Jahren daran arbeiten. Aber bis zu dem Zeitpunkt, an dem die Systeme in Gebrauch genommen werden, sind die meisten der ursprünglichen Programmierer weggegangen oder haben ihre Aufmerksamkeit auf andere Ziele gelenkt. Genau dann, wenn die gigantischen Systeme in die Benutzung übergehen, ist die Voraussetzung entfallen, daß ihr innerer Funktionsablauf noch von einer einzelnen Person oder von einem kleinen Team von Personen verstanden werden kann.[39]

Die beinahe eingetretene Katastrophe im Kernkraftwerk von Three Mile Island ist ein Beispiel für eben solche unverständlichen Programme, die eine einzelne Anlage mittlerer Größe beherrschen. Die Betreiber des Unternehmens brauchten mehrere verhängnisvolle Stunden, bis sie die Bedeutung computergesteuerter Alarmsignale endlich verstanden, deren Leitprogramm ihr unmittelbares Begriffsvermögen überstieg. Situationen dieser Art können bald noch schwerer durchschaubar werden. Es werden derzeit Techniken entwickelt, die den Computern erlauben, *sich selbst* zu programmieren, ohne irgendein menschliches Eingreifen. Diese Techniken – selbstprogrammierende Programme, die im Idealfall durch ihre eigenen Operationen »lernen« – gehören zu den neuesten Anwendungsbereichen der KI-Forschung. Eines von ihnen, die Programmiersprache Query-By-Example von IBM, drängt bereits auf den Markt der Geschäftswelt als eine Möglichkeit, die Kosten bestimmter Programmierungsarbeiten einzusparen. Ein Experte auf diesem Gebiet, Donald Michie von der Universität Edinburgh, hat davor gewarnt, daß solche automatischen Programmierverfahren zu einem »technologischen Schwarzen Loch« führen könnten, in dem »Menschen nicht in der Lage sein werden, die Gedankenkette der Computerergebnisse nachzuvollziehen, die

die Schlüsselentscheidungen fällen«.[40] Wenn auch selbstprogrammierende Programme noch immer von einem menschlichen Geist »vorprogrammiert« werden müssen, so entrücken sie doch die Maschine, die die fertige Software am Ende benutzt, noch weiter der menschlichen Zuständigkeit.

Maschinen, die mit solchen unverständlichen Programmen gefahren werden, nähern sich einer Art technologischem Wahnsinn. Sie sind auf dem besten Weg, abgespaltene Intelligenzen zu werden, ein psychotisches Flickwerk von Annahmen und Standards, denen keine rationale Ordnung mehr eigen ist. Und doch wird die Maschine Krisenmanagement weiter Daten verarbeiten, sie säuberlich in Diagramme, Graphiken und Simulationen verpacken und dabei oberflächlich den Eindruck von Rationalität erwecken. Computer sind mit einer schier undurchdringlichen Fassade unpersönlicher Präzision ausgestattet, und es ist ihnen unmöglich, verrückt auszusehen oder zu klingen oder zu handeln. Der wirkliche Wahnsinn läge natürlich auf seiten der Entscheidungsträger und der Gesellschaft insgesamt, die sich dafür entschieden haben, sich von mechanischen Systemen abhängig zu machen, die solche Gefährdungen in sich bergen. Und doch kann diese Möglichkeit, die eigene Verantwortung einem angeblich unfehlbaren Mechanismus zu übertragen, eine ernsthafte Versuchung darstellen – eine Versuchung, die tief in unserer Kultur verwurzelt ist.

Das Bestreben, eine *machine à gouverner* zu konstruieren, entstammt einem Glaubensartikel, der seit langem Bestandteil der wissenschaftlichen Tradition der westlichen Welt ist: dem Glauben, daß alle Geheimnisse der Natur durch reduktive Analyse und mechanistische Modellbildung hinreichend verstanden werden können. In ein Forschungs- und Entwicklungsprogramm übersetzt, hat diese Überzeugung in unseren Tagen auf vielen Gebieten erstaunliche Ergebnisse hervorgebracht. Die Organe des Körpers werden durch mechanische Nachbildungen ersetzt, wenn auch mit unterschiedlichem Erfolg. Genetische Manipulationen stoßen auf Möglichkeiten, lebende Strukturen umzugestalten und, so glaubt man jedenfalls, zu verbessern, indem man die Mechanismen ihrer Vererbung neu ordnet. Die mechanistische Weltanschauung nahm den menschlichen Geist aufs Korn, seit im achtzehnten Jahrhundert die ersten plumpen Vergleiche mit dem Modell des Uhrwerks auftauchten. Inzwischen ist dieses Paradigma der Intelligenz zusammen mit unserer Technologie herangereift zum Datenverarbeitungsmodell des Denkens. Der Geist in allen seinen Aspekten wird heute als »nichts weiter« als eine recht komplizierte Maschine angesehen, die Informationen hin und her schiebt und ihre höchsten Fähigkeiten aus einfachen, formalen Prozeduren aufbaut, die einzelne Daten organisieren. Und wie der letztgültige Beweis für das mechanistische Modell in der Medizin die Erfindung eines mechanischen Herzens oder einer künstlichen Niere ist, die den Menschen am Leben erhalten, so gilt das Bestreben der Kognitionswissenschaft dem Ziel, eine Maschine zu erfinden, die die höchsten Funktionen des Geistes überzeugend nachahmen kann – sein Vermögen, zu folgern, zu urteilen und zu entscheiden.

Die KI-Forschung und die Kognitionswissenschaft täten gut daran, etwas bescheidener zu postulieren, Computermodelle könnten uns vielleicht dabei helfen, gewisse begrenzte Bereiche der Hirnleistungen zu verstehen. Selbst das wäre noch eine zweifelhafte Behauptung, die auf der Annahme basiert, daß zwei Dinge, die ungefähr die gleiche Funktion erfüllen, das organische Gehirn und der mechanische Computer, ihrem Wesen nach gleich sein müssen. Aber diese Behauptung würde zumindest von einer gewissen Zurückhaltung zeugen. Es gibt tatsächlich einige Experten auf diesem Gebiet, die auch nicht mehr als dies sagen; es mag sogar manche geben, die zu einem Schluß bereit sind, der sie selbst noch weiter in den Hintergrund rückt: daß nämlich die wahre Bedeutung des Computermodells darin liegt, uns zu zeigen, wie *wenig* wir den Geist verstehen und auch gar nicht verstehen *können* unter den Annahmen dieses Modells.[41]

Aber Bescheidenheit dieser Art findet keinen Beifall in der Branche; sie zieht weder Förderungsgelder noch Auszeichnungen nach sich. Sie macht sich armselig aus angesichts der dramatischen Fortschritte, die in anderen Wissenschaften zu verzeichnen sind. Wo Unternehmerfonds und die militärisch-industrielle

Machtallianz unglaubliche Belohnungen in Aussicht stellen, fällt es schwer, sich der Behauptungen zu enthalten, zu denen diese Quellen geradezu einladen. Der Informationskult hat viele Anhänger; nicht die unbedeutendsten unter ihnen sind die akademischen Fachgelehrten, die sich der Durchdringung des Geistes verschrieben haben. Das Datenverarbeitungsmodell ist alles, was sie als Grundlage haben; sie werden es so weit vorantreiben, wie es irgend reicht.

Das wird nicht sehr weit sein. Es besteht keinerlei Aussicht dafür, daß Computer jemals dem Geist gleichkommen oder ihn ersetzen könnten, außer in jenen begrenzten funktionellen Anwendungsweisen, die tatsächlich das datenverarbeitende und prozedurale Denken beanspruchen. Die Möglichkeit seiner Ersetzung ist prinzipiell ausgeschlossen, weil die metaphysischen Annahmen, die einer solchen Absicht zugrunde liegen, falsch sind. Aber es *ist* möglich, den Geist und seine Nutzungsmöglichkeiten in einer Weise neu zu definieren, die von Maschinen nachgeahmt werden *kann*. Dann haben wir eine mechanische Karikatur, die ihre Tätigkeit unter ihr eigenes Niveau herunterschraubt. Dergestalt sähe eine *machine à gouverner* aus, würde sie jemals gebaut. Wir können die Umrisse dieser Karikatur bereits in den sozialpolitischen Anwendungsweisen der Computer erkennen, die in diesem Kapitel besprochen wurden. In allen Fällen wurde ein komplexes soziales Phänomen auf eine grobe Vereinfachung reduziert, die dem Fassungsvermögen der Maschine entspricht. Die Politik wird dahingehend revidiert, daß sie zur Meinungskrämerei verkommt; der Krieg wird dahingehend revidiert, daß er sich in die Berechnung von Geschwindigkeiten und Flugbahnen, Vernichtungspotentialen und Megatoten verwandelt.

Doch dürfen wir nicht verkennen, daß diese törichten Vereinfachungen, wie sie bereits bestehen, selbst ohne Hoffnung auf weitere Verbesserungen für gewisse Kräfte in unserer Gesellschaft nützlich sind. Die technokratischen Manager, die Elite der Unternehmer, das Militär, die Sicherheits- und Überwachungsbehörden können guten Gebrauch von den computerisierten Daten machen, um zu verschleiern, zu mystifizieren, einzuschüchtern und zu kontrollieren. Da sie einen überwältigend großen Teil der Datenquellen und der Datenmaschinerie besitzen, umgibt der Informationskult ihre Herrschaft mit einem Geheimnis.

Der Grund dafür, daß sie die Information, die sie kontrollieren, so effektiv ausbeuten können, liegt auf der Hand. Diese Gesellschaftsgruppen haben tief verwurzelte, langfristige Interessen, die Informationen assimilieren und aus sich selbst Programme ableiten können. In militärischer Hinsicht funktionieren sie zur Beibehaltung des nationalstaatlichen Systems; in der Wirtschaft funktionieren sie als Reflex der Unternehmerethik; in der Politik funktionieren sie zur Stabilisierung des utilitaristischen Managertums. All das sind wohlüberlegte Zielsetzungen, die nie von denen, die ihnen anhängen, in Frage gestellt werden, nie öffentliche Erklärungen oder Diskussionen erfordern. Von ihnen aus betrachtet, ergibt sich daraus ein klarer und einfacher politischer Fahrplan: mehr Profit und Macht in den Händen all derer zu konzentrieren, die bereits Profit und Macht besitzen. Solange dieser Plan geschickt außer Sichtweite gehalten werden kann, lassen sich die massenhafte Ansammlung von Daten in immer größeren Datenbanken und ihre ständig effektiveren Verarbeitungsmethoden durch weltweite Netze als Notwendigkeiten darstellen, ja sogar als soziale Wohltaten. Es handelt sich hier um die Entfaltung eines technologischen Imperativs. Wir sind Zeugen der Ankunft des Informationszeitalters, das über uns aufgeht wie eine andere Jahreszeit.

Aber ganz gleich, in welche Höhen die Verheißungen dieses Zeitalters auch immer getrieben werden, der Preis, den wir für seine Vorzüge zahlen müssen, wird niemals die Kosten aufwiegen. Die Verletzung der Privatsphäre bedeutet den Verlust der Freiheit. Die Degradierung der Wahlen bedeutet den Verlust der Demokratie. Die Schaffung der computerisierten Kriegsmaschinerie bedeutet eine unmittelbare Bedrohung für das Überleben der Menschheit. Es wäre immerhin ein kleiner Trost, wenn wir annehmen dürften, daß all diese Gefährdungen aus einem Mißbrauch der Computermacht resultierten. Aber dies sind vielmehr die Ziele, die vor langer Zeit schon von eben denen bestimmt wurden, die die Informationstechnologie erfunden, sie geführt und auf jedem Schritt ihrer Entwicklung finanziert haben. Der Computer ist *ihre* Maschine, sein Mythos ist *ihr* Persilschein.

X

Descartes' Engel

Reflexionen über die wahre Kunst des Denkens

In der Nacht des 10. November 1619 hatte René Descartes, ein ehrgeiziger Philosoph von dreiundzwanzig Jahren, drei aufeinanderfolgende Träume, die den Verlauf seines Lebens und des modernen Denkens verändern sollten. Er berichtete später, daß ihm im Traum der Engel der Wahrheit erschienen sei und ihm in einer blendenden Offenbarung, hell wie ein Blitzstrahl, ein Geheimnis enthüllt habe, das »den Grundstein einer neuen Methode des Verstehens und einer neuen, wunderbaren Wissenschaft legen sollte«. Erleuchtet von der Offenbarung des Engels, machte sich Descartes fieberhaft an die Niederschrift einer ehrgeizigen Abhandlung mit dem Titel »Regeln zur Leitung des Geistes«. Das Ziel dieser »neuen und wunderbaren Wissenschaft« war kein geringeres als eine Beschreibung der Arbeitsweise des menschlichen Geistes. Für Descartes, der später die analytische Geometrie entwickeln sollte, stand es außer Frage, daß das Modell für diese Aufgabe in der Mathematik zu erblicken sei. Es mußte Axiome geben (»klare und deutliche Ideen«, an denen niemand zweifeln konnte) und, als logisch aufeinanderfolgende Bindeglieder zwischen diesen Axiomen, eine begrenzte Anzahl von einfachen, höchst vernünftigen Regeln, die ebenso selbstverständlich einleuchteten. Das Ergebnis sollte ein stetig wachsender Bestand an Wissen sein.

Descartes brachte diese Abhandlung niemals zu Ende; er gab das Vorhaben nach der achtzehnten Regel auf – vielleicht, weil es sich als schwieriger erwies, als er vorausgesehen hatte. Er zollte jedoch später der Eingebung des Engels den fälligen Tribut mit seiner berühmten *Abhandlung über die Methode*, die oft als jenes Werk betrachtet wird, das die moderne Philosophie begründet hat.[1] Descartes' Vorhaben stellte den ersten von vielen ähnlichen Versuchen in der Neuzeit dar, die Gesetze des Denkens zu kodifizieren; fast alle folgten seinem Beispiel und nahmen sich die Mathematik zum Modell. In unserer Zeit können die Fachgebiete künstliche Intelligenz und Kognitionswissenschaft als Teil dieser

Tradition betrachtet werden, heute jedoch mit der Technik vereint und auf einen physikalischen Mechanismus zentriert – den Computer –, der vermeintlich diese Gesetze verkörpert.

Die erkenntnistheoretischen Systeme, die seit den Tagen von Descartes entwickelt wurden, waren oft genial. Sie erhellen gewiß viele Aspekte des Geistes. Aber sie alle kennzeichnet dieselbe erstaunliche Tatsache: Sie verschweigen den Engel der Wahrheit – wie es sogar Descartes selbst tat. Denn er kehrte niemals zur Quelle seiner Inspiration zurück. In seinen Schriften ist kein Platz für die Rolle von Träumen, Offenbarungen und Einsichten als Springquell des Denkens. Statt dessen widmete er all seine Aufmerksamkeit formalen, logischen Verfahren, von denen er annahm, daß sie bei Null anfingen, bei einer Position des radikalen Zweifels. Das ist ein schicksalsschweres Versäumnis des Vaters der modernen Philosophie; es läßt denjenigen Aspekt des Denkens außer acht, der es mehr zu einer Kunst als zu einer Wissenschaft, geschweige denn einer Technologie macht: das Moment der Inspiration, den geheimnisvollen Ursprung der Ideen. Ohne Zweifel hätte Descartes nur schwer erklären können, durch welche Pforte des Geistes dem Engel der Eintritt in seine Gedanken gelungen war. Wer von uns kann schon sagen, woher solche intuitiven Geistesblitze kommen? Sie scheinen unaufgefordert aus unbewußten Quellen aufzusteigen. Wir flicken sie nicht Stück für Stück zusammen, sie tauchen vielmehr als Ganzes und auf einmal auf. Wenn es überhaupt eine Regel gibt, die wir befolgen können, um Ideen hervorzubringen, dann lautet sie vielleicht einfach, den Geist offen und in alle Richtungen empfänglich zu halten, aufgeschlossen gegenüber dem Merkwürdigen zu sein, dem Peripheren, dem Unscharfen und Flüchtigen, das andernfalls unbemerkt an uns vorüberziehen könnte. Wir wissen vielleicht nicht, wie der Geist Ideen erschafft oder empfängt, aber ohne sie – und besonders ohne die sogenannten großen Ideen, die ganze Reservoires kollektiver Erfahrung verkörpern – wäre unsere Kultur unvorstellbar dürftig. Man vermag sich nur schwer vorzustellen, wie der Geist überhaupt arbeiten könnte, würden nicht so großartige Ideen wie Wahrheit, Güte und Schönheit seinen Weg erhellen.

Zur selben Zeit, in der Descartes seine Regeln des Geistes entwarf, war auch der englische Philosoph Francis Bacon auf der Suche nach einer radikal neuen Methode des Verstehens. Bacon, der ein mathematischer Analphabet war, rückte seinerseits die Bedeutung der Beobachtung und die Sammlung von Fakten in den Vordergrund. Auch er war ein Mann mit einer revolutionären Vision – seine Absicht, alle Erfahrung auf eine neue Grundlage solider Fakten zu stellen, leitete sich aus der experimentellen »Irritation« der Natur ab. Noch ehe das siebzehnte Jahrhundert zu Ende ging, waren diese beiden philosophischen Strömungen – der Rationalismus Descartes' und der Empirismus Bacons – ein Arbeitsbündnis eingegangen, das jenes intellektuelle Unternehmen hervorbrachte, das wir Wissenschaft nennen: Beobachtung, die der Disziplin einer unpersönlichen Methode unterworfen und so angelegt ist, daß ihr die ganze logische Strenge der Mathematik eignet. Bacon drückte dies einmal so aus, daß »der Geist«, in Anwendung der rechten Methode, »bei jedem Schritt angeleitet wird und die Arbeit wie von einer Maschine getan wird«. Seit den Tagen von Descartes und Bacon ist die Wissenschaft kräftig gewachsen. Während sie in immer neue Forschungsgebiete eindrang, wurden ihre Methoden diskutiert, revidiert und geschliffen; die Fakten, die sie entdeckt, nehmen täglich zu. Aber der Engel, der dem Geist großer Wissenschaftler Visionen der Wahrheit von solcher Kühnheit wie einstmals Descartes eingegeben hat, fand selten die ihm gebührende Anerkennung, und am allerwenigsten bei den Computerwissenschaftlern, die davon überzeugt zu sein scheinen, daß sie endlich Bacons mentale »Maschine« erfunden haben, die auch ohne das Geschenk unerklärlicher Offenbarungen in ihrem Leistungsvermögen dem menschlichen Original in nichts nachsteht.

Die Kluft, die von den Philosophen so häufig offengelassen wurde, der Abstand zwischen dem Ursprung der Ideen und der dann einsetzenden Mechanik des Denkens – zwischen dem Wort des Engels und dem darauffolgenden analytischen Prozeß – spiegelt die Differenz dessen wider, was der Geist von sich selbst begreifen kann und was nicht. Wir können selbstbewußt Idee mit

Idee verbinden und dabei vergleichen und gegenüberstellen oder den Verlauf einer deduktiven Sequenz festlegen. Aber wenn wir versuchen, hinter die Ideen zu gelangen, um das sich entziehende Zusammenspiel von Erfahrung, Gedächtnis und Einsicht zu erfassen, das als ganzer Gedanke ins Bewußtsein emporsteigt, dann läßt uns dieses Bemühen wahrscheinlich benommen und verwirrt zurück – als hätten wir versucht, eine Botschaft zu lesen, die mit rasender Geschwindigkeit an uns vorbeifliegt. Ideen hervorzubringen ist eine so spontane – man könnte fast sagen *instinktive* – Tätigkeit, daß sie allen Versuchen, sie zu fixieren und zu analysieren, beharrlich trotzt. Wir können den Geist nicht genügend verlangsamen, um den Prozeß Schritt für Schritt an uns vorbeiziehen zu lassen. Unsere Gedanken auf dieser primitiven, vorbewußten Ebene zerpflücken zu wollen, ähnelt stark den auf Verwirrung abzielenden Übungen, die buddhistische Zenmeister dazu benützen, den Geist zu narren, damit er die wortlose Leere erfahren kann. Wenn es darum geht zu verstehen, woher der Geist seine Ideen empfängt, antworten wir vielleicht am besten mit Descartes: »Ein Engel hat es mir gesagt.« Besteht eine Notwendigkeit, darüber hinauszugehen? Das Geistesvermögen ist die Mitgift unserer menschlichen Natur. Wir können dieses Vermögen gebrauchen, erweitern und vervollkommnen, auch ohne es erklären zu können.

Auf jeden Fall bedeutet die Tatsache, daß sich uns der Ursprung der Ideen radikal entzieht, keineswegs, daß es uns freistünde, die fundamentale Bedeutung der Ideen zu ignorieren, um einfach mit dem zu beginnen, das wir erklären *können*, als wäre das die Antwort auf die uralte Frage der Erkenntnistheorie, mit der die Philosophen jahrhundertelang gerungen haben. Doch eben das tun, so glaube ich, die Computerwissenschaftler, wenn sie versuchen, mittels des Computers Kognition und Intelligenz zu erklären.

Das Datenverarbeitungsmodell des Denkens, der eigentliche Streitpunkt dieses Buches, bringt ein gewisses, bemerkenswertes Paradox ins Spiel. Auf der Grundlage dieses Modells belehrt man uns, daß Denken darauf zu reduzieren sei, Daten durch ein paar einfache, formale Verfahren zu schleusen. Wenn wir aber versuchen, in dieser »einfachen« Art und Weise zu denken, stellt sich dies als sehr mühsam heraus – als würden wir den Geist zwingen, gegen seine eigene Strömung zu arbeiten. Man nehme irgendeine beliebige, routinemäßige Tätigkeit des täglichen Lebens – einen minimalen Akt der Intelligenz – und versuche, alle ihre Komponenten in einer logisch lückenlosen Sequenz zu beschreiben. Zum Beispiel das Frühstück machen, sich anziehen, einkaufen gehen. Wie wir in einem früheren Kapitel sehen konnten, haben diese Tätigkeiten, die mit dem gesunden Menschenverstand geregelt werden, selbst den intensivsten Bemühungen der Kognitionswissenschaftler widerstanden, die sie programmieren wollten. Oder nehmen wir eine weniger alltägliche (also weniger routinemäßige) Tätigkeit: einen Beruf für das ganze Leben wählen, ein Theaterstück, einen Roman, ein Gedicht schreiben, oder – wie Descartes – die Grundlagen des Denkens revolutionieren. Bei all diesen Unternehmungen haben wir zuerst und vordergründig das ganze, globale Projekt vor Augen. Wir *wollen* es durchführen, und dann – irgendwie, scheinbar, ohne darüber nachzudenken – arbeiten wir die Sache Schritt für Schritt durch, improvisieren eine Serie von unzähligen Unterprogrammen, die zu dem Projekt beitragen. Wo etwas nicht funktioniert oder mißlingt, nehmen wir die notwendigen Veränderungen im Rahmen des Projektes vor. Wir verstehen unter Projekten: ganze Tätigkeiten. Sie mögen auf falschen Annahmen beruhen, aber sie sind trotzdem die Zwecke, die vor den Mitteln kommen müssen. Was die Mittel betrifft, müssen wir uns stets bewußt bleiben, daß sie nur von untergeordneter Bedeutung sind. Der sicherste Weg, ein Projekt im Leben scheitern zu lassen, besteht darin, uns auf diese zweitrangigen Dinge zu versteifen und das Ganze aus dem Blick zu verlieren. Dann ergeht es uns wie dem vielzitierten Tausendfüßler, der, gefragt, wie er es schaffe, seine vielen Beine miteinander zu koordinieren, sich nicht mehr rühren konnte.

Ich meine mit anderen Worten, daß der Geist in großen wie in kleinen Dingen mehr in Form von »Gestalten« als in algorithmischen Prozeduren arbeitet. Der Grund dafür ist, daß unser Leben als Ganzes aus einer Hierarchie von Projekten besteht, von denen einige trivial sind und sich ständig wiederholen, andere selten und spektakulär. Der Geist entwirft von Natur aus gern Projekte, das heißt, er setzt Ziele, die er aus all den Möglichkeiten auswählt, die wir in unserem Leben verwirklichen können. Über Alternativen nachdenken, Pläne schmieden – das sind die vorrangigen Tätigkeiten des Geistes. Das ist so offensichtlich, so grundlegend, daß wir vielleicht nur dazu angeregt werden, darüber nachzudenken, wenn eine davon abweichende Auffassung vom Denken vorgetragen wird, wie zum Beispiel die, daß Denken nichts anderes bedeute, als Einzeldaten zu formalen Sequenzen zu verbinden.

Natürlich nimmt der Geist auf seinem Weg Dinge in sich auf. Wir nehmen durchaus Daten auf. Aber wir nehmen Informationen in einer höchst selektiven Weise, im Rahmen eines Projektes auf, das uns unter anderem sagt, welchen Fakten wir Aufmerksamkeit schenken und welche wir ignorieren sollen, welche von ihnen den höchsten und welche den niedrigsten Rang verdienen. Viele Projekte ergeben sich einfach aus den physischen Bedingungen des Lebens: der Beschaffung von Nahrung, Kleidung, der Schutzsuche vor den Elementen, der Sicherstellung von Hilfe in Zeiten der Gefahr. Aber wir alle hoffen zumindest, daß uns im Leben die Gelegenheit zuteil wird, uns auf einer höheren Ebene als der rein physischen zu verwirklichen, daß wir so viel Zeit wie möglich jenseits der reinen Notwendigkeit verbringen, um uns, wie John Maynard Keynes es einmal ausdrückte, »der eigentlichen Kunst des Lebens« widmen zu können. Vorhaben dieser Art zu entwerfen ist die höhere Berufung, die in unserer menschlichen Natur gründet. Die Kinder zu lehren, wie man dieses Geschenk ehrt und sich daran erfreut, ist der ganze Zweck der Erziehung. Und das tun wir ganz gewiß nicht, wenn wir sie mit Informationen überhäufen oder ihnen das Gefühl vermitteln, daß Datensammeln die Hauptaufgabe des Geistes sei. Und wir lehren sie auch nicht die Kunst des Lebens, wenn wir sie auffordern, »wie eine Maschine zu denken«. Maschinen erfinden keine Projekte, sie werden von Menschen dazu erfunden, Projekte durchzuführen. Was Seymour Papert »prozedurales Denken« nennt, hat gewiß seinen Platz im Leben, aber dieser

Platz ist auf der Ebene angesiedelt, auf der wir eine Reiseroute ausarbeiten, indem wir die Straßenkarte genau studieren. Das ist eine Tätigkeit, die erst dann ins Spiel tritt, wenn wir uns bereits entschlossen haben, eine Reise zu machen, und der Zielort feststeht.

Das Wesen der Erziehung in den frühen Jahren liegt in der Vermittlung der großen Ideen, wie ich sie genannt habe, der moralischen und metaphysischen Paradigmen, die den innersten Kern jeder Kultur ausmachen. Nehmen wir ein klassisches Beispiel in der Geschichte der westlichen Pädagogik: Im alten Griechenland waren die Epen Homers (gelesen oder rezitiert) die Texte, aus denen die Kinder die Werte ihrer Zivilisation lernten. Sie lernten sie von Abenteuergeschichten und Heldengestalten, die sie in unzähligen Spielen in Wald und Feld nachahmen konnten. Jede gesunde Kultur schickt ihre Kinder durch eine solche homerische Phase, auf der epische Bilder, Märchen, Heldenepen, biblische Geschichten, Fabeln und Legenden den jungen Geist zu hohen Zielen aufrufen. Diese Phase legt den Grundstock für das Denken. Die »Texte« müssen nicht ausschließlich literarisch sein. Es können auch Rituale sein – wie in vielen Stammesgesellschaften, bei denen die Mythen in festlichen Zeremonien dargestellt werden. Oder es können Kunstwerke sein, wie die bunten Glasfenster und die Statuen in mittelalterlichen Kirchen. Große Ideen können auf vielfältige Weise gelehrt werden. In unserer Gesellschaft gehören Film und Fernsehen zu den wirkungsvollsten Instruktionsmitteln; sie sind oft so wirkungsvoll, daß sie die glanzlosen Materialien, die in der Schule angeboten werden, in den Schatten stellen. Unglücklicherweise befinden sich diese einflußreichen Medien zum größten Teil in den Händen kommerzieller Opportunisten, für die so etwas wie ein edler Zweck nirgendwo in Sicht ist. Bestenfalls kommen noch ein paar kitschige Klischees von Helden und Schurken als Nahrung für den jungen Geist zum Vorschein. Ansätze epischer Gestaltung sind in einem Film wie *Der Krieg der Sterne* zwar zu finden, aber die Bildwelt wurde auf einer mittelmäßigen ästhetischen und intellektuellen Ebene angesiedelt und sorgt sich mehr um »Effekte« als um Charaktere. In solchen Händen werden Archetypen zu Stereotypen, und die großen Taten, die vollbracht werden, sind stets mit einem Auge darauf inszeniert, den größtmöglichen kommerziellen Erfolg zu erzielen.

Die Kulturen, die sich bei der Erziehung der Kinder auf Homer oder biblische Geschichten oder das Mahabharata berufen können, dürfen sich glücklich schätzen. Auch wenn die Kinder solche Literatur auf verspielte und einfache Weise verstehen, sind sie doch in Berührung mit einem sehr ernsten Gegenstand. Von den heldenhaften Beispielen lernen die Kinder, daß der Prozeß des Erwachsenwerdens bedeutet, Projekte mit der vollen Verantwortung für seine Entscheidung zu wählen. Kurz gesagt, sein Leben von einer noblen Warte aus zu begreifen und in die Hand zu nehmen. Junge Geister verlangen nach dieser Führung; sie üben ihre Einbildungskraft, wenn sie Phantasien von großen Suchfahrten, großen Schlachten, großen Taten der List, der Kühnheit, der Leidenschaft und des Opfers spinnen. Sie gestalten ihre Identität nach dem Vorbild von Göttern und Göttinnen, Königen und Königinnen, Kriegern, Jägern, Heiligen, idealtypischen Vätern und Müttern, Freunden und Nachbarn. Und vielleicht streben einige danach, die Barden und Künstler der neuen Generation zu werden, die die Ideale ihrer Kultur weitertragen. Erziehung beginnt damit, daß man dem Geist Bilder gibt – nicht Einzeldaten oder Maschinen –, in denen er denken kann.

Es ist jedoch auch ein Problem damit verbunden, die Kinder die heroischen Werte ihrer Kultur zu lehren. Wenn man solche Ideale den Eltern und Lehrern überläßt, besonders aber der Kirche und dem Staat, den beherrschenden Institutionen, werden sie leicht zu Mitteln der Indoktrinierung, zu Stammesidolen, die den jungen Geist tyrannisieren können. Heroismus verwandelt sich in Chauvinismus, hohe, helle Bilder werden einzwängende Konventionen. Große Ideen werden entwürdigt, wenn man sie der Obhut kleiner, ängstlicher Geister anvertraut, die ihrem eigenen kindlichen Überfluß entwachsen sind.

In den Werken großer Künstler wie Homer verlieren die Bilder jedoch niemals die rettende Komplexität des wirklichen Lebens. Die Helden haben genügend menschliche Schwächen, um als

Geschöpfe aus Fleisch und Blut bestehen zu können. Achilles, der größte aller Kriegshelden, ist zugleich so eitel und verwöhnt wie ein Kind, eine Figur mit tragischen Mängeln. Odysseus kann auch ein regelrechter Schurke sein, sein »Listenreichtum« entpuppt sich gelegentlich als gewöhnliche Piraterie. Gerade die Fülle der Persönlichkeit solcher Helden hält ihre Bewunderer zwischen Bewunderung und Unsicherheit in der Schwebe. Das Ideal hat mehr als eine Seite; der Geist wird von nagenden Zweifeln befallen: »Ja, aber … « Wo solche Wahrhaftigkeit gegenüber dem Leben verlorengeht, werden die Bilder flach und schal; man kann sie dann eher dazu verwenden, den Geist zu manipulieren, als ihn zu inspirieren.

Die Griechen, die ihren Kindern homerische Themen als Seelennahrung für ihr Wachstum anboten, brachten auch Sokrates hervor, den philosophischen Störenfried, dessen Aufgabe es war, seine Stadt zur Nachdenklichkeit anzustacheln. »Erkenne dich selbst«, mahnte Sokrates beharrlich seine Schüler. Aber wo kann Selbsterkenntnis beginnen, wenn nicht mit der Infragestellung ererbter Werte, vorgeschriebener Identitäten?

Hier haben wir einen weiteren bedeutenden Nutzen von Ideen: kritische Gegensätze hervorzurufen, um den zündenden Funken im Geist auszulösen. Homer führt uns gewaltige Beispiele für Mut vor Augen. Ja, aber was ist *wahrer* Mut? So fragt Sokrates und bietet andere, dazu im Widerspruch stehende Bilder an, die Homer in Frage stellen. Sofort wird Idee gegen Idee ausgespielt, und die Schüler müssen selbst zu einer Entscheidung gelangen, müssen urteilen und wählen. Gesellschaften erweisen ihren sokratischen Geistern selten Ehre. Athen, bis über die Grenzen des Erträglichen hinaus von seiner hartnäckigen Kritik irritiert, verurteilte seinen größten Philosophen zum Tode. Und doch kann keine pädagogische Theorie, der ein solcher sokratischer Kontrapunkt fehlt, darauf hoffen, die Jugend in die Freiheit einzusetzen, neue Gedanken zu denken, zu neuen Menschen zu werden und die Kultur zu erneuern.

In einer Zeit, in der sich unsere Schulen zunehmend mit fortschrittlicher pädagogischer Maschinerie füllen, mag es nahezu absurd erscheinen, erzieherische Ideale ausgerechnet bei alten und primitiven Gesellschaften suchen zu wollen, die kaum über ein anderes Lehrmittel verfügten als das mündlich überlieferte Wort. Aber es bedarf vielleicht eines starken Kontrastes, um zu einer angemessen kritischen Betrachtungsweise der Rolle des Computers in der Erziehung unserer Kinder anzuregen. Zumindest erinnert ein solcher Kontrast uns daran, daß alle Gesellschaften, moderne ebenso wie traditionelle, zuerst entscheiden mußten, *was* sie ihre Kinder lehren wollten, ehe sie danach fragen konnten, *wie* sie sie lehren sollten. Inhalte vor Methoden, die Botschaft vor dem Medium.

Die Schulbildung der Kinder bestand immer aus einer Mischung grundlegender Fertigkeiten (lesen oder rechnen, jagen oder ernten) und hoher Ideale. Selbst wenn unsere Gesellschaft sich dafür entscheiden sollte, Computerkompetenz (und hoffentlich in einem wohlerwogenen Sinne dieses so verworrenen Begriffs) zu den Fertigkeiten zu zählen, die wir in den Schulen lehren, müssen wir noch immer die Ideale des Lebens vermitteln. Die meisten Erzieher erkennen diese Tatsache wahrscheinlich an und behandeln den Computer hauptsächlich als Instruktionsmittel. Was sie aber vielleicht übersehen, ist die Art und Weise, in der der Computer einen heimlichen Lehrplan in sich trägt, der mit den Idealen zusammenstößt, die sie gerne lehren möchten. Denn der Computer ist tatsächlich ein machtvolles Lehrinstrument, eine »intelligente« Maschine, die bestimmte, tief verwurzelte Annahmen über die Funktionsweise des Geistes in sich birgt. Die Maschine verkörpert zugleich eine Idee davon, was der Geist ist und wie er arbeitet. Die Idee ist darin enthalten, weil die Wissenschaftler, die behaupten, Kognition und Intelligenz zu verstehen, sie dort hineingebracht haben. Kein anderes Lehrinstrument hat jemals eine so folgenschwere intellektuelle Fracht geborgen. Eine Auffassung vom Geist – selbst wenn sie nur eine Karikatur ist – mündet leicht in eine Vorschrift über Charakter und Wert ein. Wenn wir irgend jemand die Macht zugestehen, uns zu lehren, *wie* wir denken sollen, dann räumen wir ihm vielleicht auch die Chance ein, uns zu lehren, *was* wir denken sollen, wo wir anfangen sollen zu denken und wo wir damit aufhören sollen. Auf einer bestimmten Ebene, die unterhalb der Texte und Tests und Stundenpläne liegt, ist Erziehung eine Anatomie des Geistes, seiner Struktur, seiner Grenzen, seiner Möglichkeiten und seiner angemessenen Anwendung.

Die unterschwellige Lektion, die erteilt wird, wo immer man den Computer benutzt (falls nicht ein sorgfältiger und gezielter Versuch unternommen wird, diesen Effekt zu unterbinden), ist das Datenverarbeitungsmodell des Geistes. Dieses Modell verbindet sich, wie wir gesehen haben, mit einem wichtigen Übergang in unserem Wirtschaftsleben, der uns auf eine neue Stufe der Hochtechnologie-Industrie führt, in das sogenannte Informationszeitalter mit seiner dienstleistungsorientierten Wirtschaft. Hinter diesem Übergang sind mächtige unternehmerische Interessen am Werk, um eine neue Sozialordnung herbeizuführen. Die Regierung (und besonders das Militär) als Hauptabnehmer und -benutzer der Informationstechnologie hat sich beim Aufbau dieser Ordnung mit den Konzernen verbündet. Mit beiden verflochten, hat ein bedeutender, großzügig finanzierter Zweig von Technik und Wissenschaft – die hochspezialisierten Disziplinen der KI-Forschung und der Kognitionswissenschaft – dem Computermodell des Geistes die Weihe einer tiefen, metaphysischen Einsicht verliehen. Alle diese Kräfte, unterstützt von den Überzeugungskünsten der Werbebranche, haben sich auf den Computer als Erziehungsinstrument eingeschworen; und die Maschine trägt diese furchteinflößende Konstellation sozialer Interessen in die Klassenzimmer und auf den Campus. Je mehr Raum und Status ihr die Pädagogen dort einräumen, um so größer wird der Einfluß sein, den diese Interessen haben werden.

Und doch sind das die Interessen, die den fragwürdigsten Gebrauch vom Computer machen. In ihren Händen wird diese vielversprechende Technologie – an sich eine großartige Manifestation menschlicher Imagination und Erfindungskraft – zu einem Mittel der Überwachung und Kontrolle, der finanziellen und verwaltungstechnischen Zentralisierung, der Manipulation der öffentlichen Meinung und der Kriegführung degradiert. Daß Personalcomputer in Millionen von Privathaushalten stehen, wo sie vielleicht zu kaum mehr als trivialer Unterhaltung genutzt werden, kann nicht in bedeutsamer Weise die Macht ausgleichen, die die Maschine denjenigen bringt, die sie zu solchen Zwecken mißbrauchen.

Wenn man Schüler schon in jungen Jahren mit dem Computer vertraut macht und dabei den Eindruck erweckt, daß ihre kleinen Übungen im Programmieren und Spielen ihnen irgendwie Kontrolle über eine mächtige Technologie verleihen, kann dies eine verhängnisvolle Täuschung sein. Es lehrt sie nicht, in einer wissenschaftlich soliden Weise zu denken, es lehrt sie nur, sich zu fügen. Es gewöhnt sie an die Präsenz von Computern in allen Lebensbereichen und macht sie dadurch von der vermeintlichen Notwendigkeit und Überlegenheit der Maschine abhängig. Unter diesen Umständen ist es vielleicht der beste Ansatz zur Computerkompetenz, die Begrenzungen und Mißbräuche der Maschine zu betonen und den Schülern und Studenten zu zeigen, wie wenig sie ihn brauchen, um ihre Begabung zum selbständigen Denken zu fördern.

Es mag sogar eine vernünftige ökologische Rechtfertigung für einen solchen Lehrplan geben. Er kann Kinder an die Verbindung mit der lebendigen Welt der Natur erinnern, die jenseits der industriellen Umgebung von Maschinen und Städten liegt. Sherry Turkle stellt fest, daß Kinder früher ihre menschliche Natur in beträchtlichem Maße aus dem Vergleich mit Tieren zu begreifen lernten. »Nun bewerben sich die Computer mit ihrer Interaktivität, ihrem Verhalten, mit ihren wie immer gearteten Fragmenten von Intelligenz um diese Position.«[2] Und doch kann es an dieser Nahtstelle unserer Geschichte für Kinder viel mehr bedeuten, ihre Verwandtschaft mit den Tieren wiederzuentdecken, von denen jedes einzelne, in seiner eigenen, unartikulierten Weise, größere geistige Fähigkeiten an den Tag legt, als jeder Computer auch nur überzeugend nachzuahmen vermag. Es wäre ein großer Verlust, wenn Kindern nicht die Gelegenheit zuteil würde, im Nestbau der Vögel und der Jagd der Katze eine Intelligenz und Größe zu erblicken, die zur Kette des evolutionären Fortschritts gehört, aus der ihr eigener Geist hervorging. Es ist nicht die geringste Tugend der überkommenen Geschichten und Legenden, daß so viele von ihnen der vorindustriellen Ära entstammen, in der die Realitäten der nichtmenschlichen Welt stärker präsent waren. Welchen ökologischen Sinn ergibt es, auch die Überreste dieser Erfahrung für die Kinder dadurch abzuschneiden, daß man ihnen noch ein weiteres mechanisches Gerät aufzwingt?

Es gibt eine kritische, frühe Phase im geistigen Wachstum von Kindern, in der sie als Nahrung wertvermittelnde Bilder und Ideen brauchen, die Art von homerischen Themen, die ihnen das Abenteuer des Lebens eröffnen. Sie können unbegrenzt lange warten, um das Wenige zu lernen, das ihnen die meisten Schulen jemals über Computer beibringen werden. Die Fertigkeiten, die diese Technologie ermöglicht und deren Wert nicht bestritten werden soll – Textverarbeitung, schnelle Berechnung, der Gebrauch von Datenbanken –, können gewiß für die späteren Jahre an der High-School oder auch an der Universität aufgespart werden. Aber wenn der jugendliche Geist die Lehren der Märchen, Epen, Mythen und Legenden erst einmal verpaßt hat, ist es schwer, zurückzugehen und sie mit der fruchtbaren Gabe naiven Staunens nachzuholen, die der Kindheit eigen ist. Ähnliches gilt für das sokratische Fragen. Wird der Geschmack daran nicht irgendwann in der Jugend geweckt, kann der heranwachsende Geist die Gewohnheit annehmen, sich stets zu fügen, eine Gewohnheit, die es dem Kind erschwert, sich vom hemmenden Einfluß elterlicher Dominanz und sozialer Autorität freizukämpfen.

Wie die Dinge derzeit stehen, herrscht weithin ein ausgeprägter Konsens darüber, daß unsere Schulen bei der Errichtung dieser intellektuellen Fundamente einen dürftigen bis mittelmäßigen Beitrag leisten. Die Gründe für die Misere an den Schulen sind mannigfaltig. Lehrer haben oft zu viel Arbeit und finden zu wenig Anerkennung; viele Schüler kommen gelangweilt, rebellisch, zerstreut oder demoralisiert zu ihnen. Einige der Kinder aus unseren Stadtzentren sind zu sehr benachteiligt und von der Not geplagt, um ein erzieherisch fruchtbares Staunen aufbringen zu können. Andere sind vielleicht durch die korrupten Werte des Kommerzialismus und des billigen Ruhmes vorzeitig zu Zynikern geworden. Viele, selbst die glücklichen und wohlhabenden, werden vielleicht von der alles durchdringenden Angst vor der atomaren Vernichtung verfolgt, die unser aller Leben überschattet. Die Schulen haben an all diesen Problemen teil und reflektieren sie; manchmal ersticken diese Schwierigkeiten auch die Bemühungen der besten Lehrer und werfen sie zurück zu einer engstirnigen Konzentration auf grundlegende Fertigkeiten, Berufsvorbereitung und konkurrenzorientierter Notengebung. Aber es hat zumindest einen gewissen Wert zu erkennen, wo die großen Probleme liegen, und zu wissen, daß es keine schnelle technologische Patentlösung für sie gibt. Selbst wenn wir eines Tages tatsächlich auf jedem Pult eines jeden Schülers einen Computer stehen haben, werden sie kein Heilmittel für jene Übel sein, die sozialer und politischer Natur sind.

Es mag so aussehen, als liefe die Position, die ich hier in Erörterung der pädagogischen Grenzen des Computers einnehme, letztlich auf einen konservativen Appell eines Humanisten im Namen der Geisteswissenschaften hinaus. Und so ist es auch. Naturwissenschaftler und Techniker, die schon aus beruflichen Interessen leicht dem Computerenthusiasmus anheimfallen, mögen ihre Werte in der Art von Pädagogik, die ich empfehle, unzureichend berücksichtigt finden. Aber die Geschichte von Descartes' Engel sollte uns daran erinnern, daß Naturwissenschaft und Technologie auf ihrer höchsten und kreativen Ebene nicht minder auf Ideen, Einbildungskraft und Visionen angewiesen sind. Sie speisen sich aus genau denselben Quellen des Geistes, den homerischen wie den sokratischen, wie die Künste und die Literatur. Wir tun keiner Disziplin Abbruch, wenn wir den Geist im allgemeinen kultivieren. Die großen Ideen gehören jedem Gebiet menschlichen Denkens gleichermaßen. Es wäre sicher ein bedauerlicher Fehler, eine kleine Anzahl von prosaischen Computerfertigkeiten mit Methoden in die Köpfe der Heranwachsenden hineinzuzwängen, die die erfinderischen Kräfte blockieren, die diese Technologie überhaupt erst hervorgebracht haben. Und was gewinnen wir, wenn wir Kinder davon überzeugen, daß ihr Geist einer Maschine unterlegen ist, die stumm einen bloßen Bruchteil ihrer naturgegebenen Talente nachahmt?

Bei der Erziehung der Heranwachsenden haben die Geistes- und die Naturwissenschaftler ein gemeinsames Anliegen, nämlich jeder Theorie zu widerstehen, die das Denken herabsetzt. Und eben dieses tut das Datenverarbeitungsmodell, weil es sich der Eigenschaft des Geistes verschließt, die so viele Philosophen, Propheten und Künstler als gottähnlich zu betrachten gewagt haben: sein unerschöpfliches Potential. Bei ihrer Suche nach »effektiven Prozeduren«, die universell auf alle Bereiche der Kultur angewendet werden können, müssen die Experten der künstlichen Intelligenz und der Kognitionswissenschaft zwangsläufig darauf bestehen, daß es mit dem Denken nicht mehr auf sich habe, als eine konventionelle mechanistische Analyse nachvollziehen kann: Einzeldaten durch ein kleines Repertoire von Algorithmen zu schleusen. Im Gegensatz dazu sollten diese Seiten zeigen, daß der Geist nicht in Daten, sondern in Ideen denkt, deren Entstehung und Entfaltung nicht auf einen Satz vorhersagbarer Regeln zu reduzieren sind. Wenn wir Kinder in das Reich der Ideen einführen, eröffnen wir ihnen die Aussicht auf intellektuelle Abenteuer. Sie beginnen die Dimensionen des Denkens und die Möglichkeit eigenständiger Einsicht zu spüren. Ob in Form von Worten, Bildern, Zahlen oder Gesten, es entfalten sich Ideen. Sie eröffnen Räume in Räumen in Räumen, ein fortlaufendes Sich-Öffnen in größere, unerwartete Welten der Spekulation.

Die Kunst des Denkens beruht auf der erstaunlichen Fähigkeit des Geistes, etwas zu schaffen, das jenseits seiner Intention liegt, jenseits dessen, was er vorhersehen kann. Wir können nicht damit beginnen, diese Fähigkeit für menschliche Zwecke zu formen und sie vor dämonischem Mißbrauch zu schützen, ehe wir nicht zuerst die wahre Größe des Geistes erfahren haben.

Anmerkungen

I. »Information, please«

1. Eine Übersicht über die frühe Geschichte der Computerindustrie findet sich bei Joel Shurkin, *Engines of the Mind*, New York, Norton, 1984. Shurkin bespricht den ersten Einsatz von UNIVAC bei der CBS im Jahr 1952 im einzelnen (S.250-253).

2. Norbert Wiener, *The Human Use of Human Beings: Cybernetics and Society*, Boston, Houghton Mifflin, 1950; dt. *Mensch und Menschmaschine: Kybernetik und Gesellschaft*, Frankfurt, 1952. Eine gründlich überarbeitete Neuauflage des englischen Textes erschien 1954 als Taschenbuch bei Doubleday Anchor Books.

3. Newell und Simon, zitiert in Joseph Weizenbaum, *Computer Power and Human Reason*, San Francisco, W. H. Freeman, 1976, S.169; dt. *Die Macht der Computer und die Ohnmacht der Vernunft*, Frankfurt, 1978, S.226.

4. Ebda., dt., S.187.

5. Simon, zitiert in John Pfeiffer, *The Thinking Machine*, New York, Lippincott, 1962, S.174; dt. *Maschinen denken schneller*, München, 1963, S.183.

6. Warren Weaver, »The Mathematics of Communication«, *Scientific American*, Juli 1949, S.12.

7. Fritz Machlup, »Semantic Quirks in Studies of Information«, in *Study of Information*, Ed. Fritz Machlup and Una Mansfield, New York, Wiley, 1983, S. 653 und 658. Machlups Vorwort und Nachwort zu dieser Anthologie geben einen prägnanten Überblick über die vielen merkwürdigen Bedeutungen, die das Wort *Information* seit der Veröffentlichung von Shannons Werk angenommen hat.

8. Weaver, »The Mathematics of Communication«, S.12.

9. Pfeiffer, *Maschinen denken schneller*, S.197. Dem Buch liegt Pfeiffers Fernsehdokumentation zugrunde.

10. Steven Rose, *The Chemistry of Life*, Baltimore, Penguin Books, 1970, S.17 und 162.

11. Die Arbeit von Barbara McClintock ist dargestellt bei Evelyn Fox Keller, *A Feeling for the Organism*, New York, W. H. Freeman, 1983.

II. Die Datenhändler

1. Alle in diesem Kapitel angeführten Zitate von Naisbitt stammen aus seinem Buch *Megatrends*, New York, Warner Books, 1982; dt. Megatrends, Bayreuth, 1984; die von Toffler aus *The Third Wave*, New York, Morrow, 1980.

2. U.S., Congress, Office of Technology Assessment, *Information Technology and Its Impact on American Education*, Washington, D.C., Government Printing Office, 1982; National Committee on Excellenc in Education, *A Nation at Risk*, Washington, D.C., Government Printing Office, 1983.

3. Newt Gingrich, *Window of Opportunity*, New York, TOR Books, 1984, S.68.

4. Wenn Sie Literatur über die Conservative Opportunity Society möchten, schreiben Sie bitte an ihre Zentrale: 106 North Carolina Street, S.E., Washington, D.C. 20003. Gingrich bespricht die Ursprünge und die Mitgliedschaft dieser Gruppe in seinem Nachwort zu *Windows of Opportunity*. Siehe auch *Conservative Digest*, August 1984.

5. Paul Craig Roberts, *The Supply-Side Revolution*, Cambridge, Harvard University Press, 1984, S.310.

6. Kevin P. Phillips, *The Emerging Republican Majority*, New Rochelle, N.Y., Arlington House, 1969.

7. Herman Kahn, *The Coming Boom*, New York, Simon & Schuster, 1982; dt. *Der kommende Boom*, München, 1983.

8. Siehe »Defense Men Take Control of America's Computers«, *New Scientist*, London, 26. Mai 1983, S.526.

9. Die Statistiken der Verteidigungsausgaben von 1985 stammen aus einem Rundfunkbericht des National Public Radio von David Malthus am 8. Juli 1985.

10. Siehe Henry Levin and Russell Rumberger, »The Low-Skill Future of High Tech«, *Technology Review*, August/September 1983. Eine optimistische Einschätzung des Aufstiegs des Sunbelt und der Hochtechnologie findet sich bei James Fallows, »America's Changing Economic Landscape«, *Atlantic*, März 1985. Dort wird allerdings die Tatsache nicht hinterfragt, daß die meisten ortsverpflanzten Industriearbeiter sich jetzt nach Stellen in schlecht bezahlten Dienstleistungsbereichen umsehen müssen. Zur AFL-CIO Beurteilung der Lage siehe *Deindustrialization and the Two Tier Society*, Industrial Union Department, AFL-CIO, 1984.

11. Everett Rogers and Judith Larsen, *Silicon Valley Fever: Growth of High Technology Culture*, New York, Basic Books, 1984, S.189; dt. *Silicon Valley Fieber: An der Schwelle zur High-Tech-Zivilisation*, Berlin, 1985, S.199. (Ein Teil des Zitates fehlt in der deutschen Ausgabe.)

12. Annette Fuentes and Barbara Ehrenreich, *Women in the Global Factory*, Boston, South End Press, 1983, S.48-56.

13. Der Roman war *Bugs*, New York, Doubleday, 1981; New York, Pocket Books, 1983; dt. *Wanzen im Hirn. Das Märchen vom Ende der Computer*, Gießen, 1983.

14. Tim Eiloart and Nigel Searle, »Business Games off the Shelf«, *New Scientist*, London, 28. September 1972, S. 579. Außerdem Jon Stewart, »The Electronic Office of the Future«, *San Francisco Chronicle*, Sonderbericht, 18. September 1979 und M. David Stone, »The Intelligent Desk«, *Science Digest*, März 1985, S. 78-79.

15. Siehe Toffler, *The Third Wave*, Kapitel 14.

16. Myron Krueger, *Artificial Reality*, Menlo Park, Calif., Addison-Wesley, 1983, S.230.

17. *The Futurist*, zitiert in *Epiphany*, Herbst 1983, S.17.

18. Steven Jobs in einem Interview in *Playboy*, Februar 1985, S.17.

19. Edward Feigenbaum and Pamela McCorduck, *The Fifth Generation*, Reading, Mass., Addison-Wesley, 1983, S.92-93; dt. *Die Fünfte Computer-Generation*, Basel 1984, S.112-113.

20. Der Wissenschaftler ist Roger Schank, zitiert in Frank Rose, *Into the Heart of the Mind: An American Quest for Artificial Intelligence*, New York, Harper & Row, 1984, S.208; dt. *Ins Herz des Verstandes; auf der Suche nach der Künstlichen Intelligenz*, München o. J.

21. Robert Jastrow, »Toward an Intelligence Beyond Man's«, *Time*, 20. Februar 1978, S.59.

22. Jesse H. Shera, zitiert in Machlup, *The Study of Information*, S. 649.

23. Avron Barr, »AI: Cognition as Computation« in Machlup, *The Study of Information*, S. 261.

24. Toffler, *The Third Wave*, S. 172, 183, 190.

25. Christopher Evans, *The Mighty Micro*, London, Gollancz, 1984; dt. *Die winzigen Riesen*, Darmstadt, 1983; I.G. Good, »Machine Intelligence«, *Impact*, UNESCO-Publication, Winter 1971.

26. Minsky, zitiert in Patrick Huyge, »Of Two Minds«, *Psychology Today*, Dezember 1983, S. 34.

27. Sherry Turkle, *The Second Self: Computers and the Human Spirit*, New York, Simon & Schuster, 1984, S.313; dt. *Die Wunsch-*

maschine; Vom Entstehen der Computerkultur, Reinbek, 1984, S. 388.

28. Pfeiffer, Maschinen denken schneller, S. 24-26.

29. John Kemeny, *Man and the Computer*, New York, Scribners, 1972.

30. Minsky, zitiert in William Stockton, »Creating Computers To Think Like Humans«, *New York Times Magazine*, 7. Dezember 1980, S. 41.

31. Gordon Pask and Susan Curran, *Micro Man: Computers and the Evolution of Consciousness*, New York, Macmillan, 1982, S. 2-3.

32. Robert Jastrow, *Time*, 20. Februar 1978, S.59. Außerdem Geoff Simons, *The Biology of Computer Life*, London, Harvester, 1985.

III. Der heimliche Lehrplan

1. Die Zahlen über Computer an amerikanischen Schulen stammen aus folgenden Quellen: Eine dreiteilige Serie von Edward Fiske und Richard Vevero in der *New York Times*, 9., 10., 11. Dezember 1984; Alfred Bork, »The Computer in Education«, *Education Network News*, März/April 1984; Cathy Castillo, »Computers in California Schools«, *This World (San Francicso Chronicle* Education Special), 29. April 1984; Ian Anderson, »California Schools Reap Bumper Harvest of Apples«, *New Scientist*, London, 3. März 1983.

2. Über Computer in japanischen Schulen s. *Electronic Learning*, März/April 1982, S.12. Über Großbritannien und Frankreich s. »Classroom Computing: A European Perspective«, *Personal Computing*, September 1984, S.70; John Lamb, »Programming the First Generation«, *New scientist*, London, 28. März 1985, S. 34.

3. Die Zahl 700 Millionen Dollar pro Jahr entsprach den geschätzten Kosten des Computer Literacy Act des Abgeordneten Timothy Wirth im Jahre 1984. Eine Übersicht über die Ansichten und Vorschläge, die dem Kongreß unterbreitet wurden, findet sich in »Will Legislation Help?« *Personal Computing*, September 1984, S.72-73.

4. Beth Ann Krier, »Planning the Schools of the Future«, *Los Angeles Times*, 18. Dezember 1984, Teil 5, S.1.

5. Rogers and Larsen, Silicon Valley Fieber, S. 261.

6. Barbara Dean, »User-Friendly Learning«, *California Living Magazine*, 18. August 1985, S.11. Der britische Pädagoge wird zitiert in Liza Loop, *Computer Town*, Reston Va., Reston/Prentice-

Hall 1983, S.10. Computer Town ist der Name einer Kampagne für Computerkompetenz, die von der National Science Foundation 1979 finanziert wurde.

7. Die MECC-Übersicht ist abgedruckt in *Personal Computing*, September 1984, S.69.

8. Siehe Scarolas Einleitung zum Abschnitt »Lernen« in *The Whole Earth Software Catalog*, New York, Doubleday, 1984, S.175-177. Dieser Abschnitt des Katalogs bietet eine gute Übersicht über Teile der besten pädagogischen Software auf dem Markt.

9. Diese Ansicht über den Stellenmarkt, die auf Daten des Bureau of Labor Statistics beruht, stammt von Henry M. Levin und Russell W. Rumberger, »The Educational Implications of High Technology«, Report of the Institute for Research on Educational Finance and Governance, Stanford University, Februar 1983, S. 5.

10. Linda Watkins, »On Many Campuses, Computers Now Are Vital and Ubiquitous«, *Wall Street Journal*, 30. November 1984, S.1.

11. M.M. Waldrop, »Personal Computers on Campus«, *Science*, 26. April 1985, S. 441.

12. Eine Übersicht über Computer in den Universitäten findet sich bei Donna Osgood, »A Computer on Every Desk«, *Byte*, Juni 1984. Siehe auch Judith A. Turner, »A Personal Computer for Every Freshman«, *Chronicle of Higher Education*, 20. Februar 1985, S. 1.

13. Zur Vernetzung der Universitätsgelände siehe Peter Gwynne, »Computers Are Sprouting in the Groves of Academy«, *Technology Review*, Oktober 1984; Ian Anderson, » Computer Firms Battle for Hearts and Minds«, *New Scientist*, London, 9. Februar 1984, S. 23. Außerdem Osgood, »A Computer on Every Desk«; Waldrop, »Personal Computers on Campus«.

14. Zum Princeton-Project siehe *New York Times*, 24. Juni 1984, S. 30.

15. Eine Übersicht über mehrere gemeinsame Entwicklungsprojekte, einschließlich des Apple Consortiums, enthält der Artikel von Osgood »A Computer on Every Desk«.

16. Cyert, zitiert in *Wall Street Journal*, 30. November 1984, S.18.

17. Ernest L. Boyer, »Education's New Challenge«, *Personal Computing*, September 1984, S. 81-85.

18. Die Zitate von Melmed und Cyert stammen aus Stephen L. Chorover, »Cautions on Computers in Education«, *Byte*, Juni 1984, S. 22-24.

19. Das Zitat stammt aus Steven Levy, *Hackers: Heroes of the*

Computer Revolution, New York, Anchor Press/Doubleday, 1984, S. 284. In diesem Abschnitt folge ich Levys ausgezeichneter und unterhaltsamer Geschichte der frühen Hacker.

20. Turkle, *The Second Self*, S. 398.

21. Melvin Berger, *Computers*, New York, Coward, McCann & Geohegan, 1972.

22. Kalaghan, zitiert in der *New York Times*, 13. Januar 1985, S.A.1.

23. Levy, *Hackers*, S. 289-290.

24. Software, die die Mendelsche Vererbung simuliert, ist in der PLATO-Serie von Control Data erhältlich sowie im CATLAB-Programm der CONDUIT-Serie der Universität von Iowa.

25. Zu diesem Aspekt von Mendels Arbeit siehe Robin Dunbar, »Mendel's Peas and Fuzzy Logic«, *New Scientist*, London, 30. August 1984, S. 38.

IV. Das Programm im Programm:
Der Fall Logo

1. Einen Bericht über Paperts Arbeit beim Centre Mondial Informatique enthält der *New Scientist*, London, 10. Februar 1983, S. 358-361.

2. Die Zitate von Papert in diesem Kapitel stammen aus seinem Buch *Mindstorms: Children, Computers and Powerful Ideas*, New York, Basic Books, 1980; dt. *Mindstorms; Kinder, Computer und neues Leben*, Basel 1982. Siehe außerdem Papert, »Misconceptions about Logo«, *Creative Computing*, November 1984, S. 229-230.

3. Margaret Boden hat ein gutes Kapitel über solche Problemlöse-Programme in *Artificial Intelligence and Natural Man*, New York, Basic Books, 1981, S. 370-389 geschrieben. Sie bringt die Beispiele von der Planung einer Mahlzeit und dem Backen eines Käsekuchens.

V. Von Ideen und Daten

1. Machlup and Mansfield, *The Study of Information* S. 644.

2. Vladimir Nabokov, »The Art of Literature and Common Sense«, *Lectures on Literature*, New York, Harcourt Brace Jovanovich, 1980; dt. »Die Literatur als Kunstform und der Alltagsverstand«, *Die Kunst des Lesens*, Frankfurt 1982, S. 462.

1. Bertrand Russell, *A History of Western Philosophy*, New York, Clarion Books, 1945, S.37; dt. *Die Philosophie des Abendlandes*, Frankfurt, 1950, S. 48-49.

2. Boden, *Artificial Intelligence and Natural Man*, S. 15, 16-17.

3. Machlup and Mansfield, *The Study of Information*, S. 671.

4. Robert Jastrow, *The Enchanted Loom: Mind in the Universe*, New York, Simon & Schuster, 1984, S.166-167.

5. Boden, *Artificial Intelligence and Natural Man*, S.6-7.

6. *Science Digest*, Juni 1984, S. 94.

7. Jane Bryant Quinn im Finanzteil des *San Francisco Chronicle*, 14. Mai 1985.

8. Steven Levy, »A Spreadsheet Way of Knowledge«, *Harper's*, November 1984.

9. Siehe die Spalte »The Apple Connection« in *Bay Area Computer Currents*, 20. November-3. Dezember 1984, S.29.

10. Ariel Dorfman, »Evil Otto and Other Nuclear Disasters«, *Village Voice*, 15. Juni 1982.

11. Weizenbaum, *Die Macht der Computer und die Ohnmacht der Vernunft*, S. 282.

12. Zitiert ebda., S. 187.

13. *Life*, 20. November 1970, S. 586

14. Eine Übersicht und Kritik der künstlichen Intelligenz in Amerika, Europa und Japan findet sich in einer dreiteiligen Serie im *New Scientist*, London, 15. November 1984, S. 18-21; 22. November 1984, S. 17-20; 29. November 1984, S. 12-15.

15. Siehe Fred Hopgood, »Computer Chess Bad, Human Chess Worse«, *New Scientist*, London, 23./30. Dezember 1982, S. 827-830.

16. Das Zeitungs-Regenmantel-Programm wird ausführlich dargestellt in Rose, *Into the Heart of the Mind*, Kap. 4.

17. Minsky, zitiert von Muyghe, *Psychology Today*, Dezember 1983, S. 34.

18. David Noble, *Forces of Production: A Social History of Industrial Automation*, New York, Knopf, 1984. Noble bringt eine kritische Übersicht über das ICAM-Programm und mehrere ähnliche Bestrebungen, den menschlichen Faktor aus der industriellen Technologie auszuschließen. Siehe besonders das Schlußkapitel »Another Look at Progress«, auf das ich mich in diesem Abschnitt beziehe.

19. Über Probleme mit neuen, hochcomputerisierten Waffensyste-

men s. Ernest Canine, »Weapons: Quality vs. Quantity«, *Los Angeles Times*, 8. August 1982, Teil 2, S. 5. Siehe auch den Bericht in der *New York Times*, 12. Mai 1985, S. 1-3.

20. Feigenbaum und McCorduck, *Die Fünfte Computer-Generation, S. 54.*

21. Alexander Besher, Finanzteil, Spalte »Pacific Rim«, San Francisco Chronicle, 15. Juli 1985, S. 31.

VII. Der Computer und die Gegenkultur

1. Zur Geschichte der Computerindustrie seit ca. 1960 bis in die achtziger Jahre s. Shurkin, *Engines of the Mind*; Rogers and Larsen, *Silicon Valley Fever*, Levy, *Hackers* sowie Paul Freiberger and Michael Swaine, *Fire in the Valley*, Berkley, Calif., Osborne/McGraw-Hill, 1984.

2. Zitiert in Levy, *Hackers*, S.165.

3. *Resource One Newsletter*, Nr. 2, April 1974, S. 8.

4. Michael Rossman, »What Is Community Memory?« Mimeographie, 1979.

5. Jim Warren, zitiert in Freiberger and Swaine, *Fire in the Valley*, S. 99

6. Freiberger and Swaine, *Fire in the Valley*, S. 37.

7. Jerry Brown, zitiert in *Esquire*, Februar 1978, S. 65.

8. Das Gedicht erschien in *The Pill Versus the Springhill Mine Disaster*, New York, Dell/Laurel, 1973.

9. Hugh Gardner, *The children of Prosperity*, New York, St. Martin's Press, 1978, S. 35-48. 10. Zu O'Neill s. sein Buch *High Frontier*, New York, Doubleday, 1982 sowie die Herbstausgabe des *Co-Evolution Quarterly* von 1975, die sein Projekt vorstellt. Zu Soleri s. sein Buch *Arcology*, Cambridge, MIT Press, 1970. 11. Levy, *Hackers*, S.251. 12. Chester Anderson, *San Francisco Oracle*, 6. November 1967. 13. Brand, zitiert im *San Francisco Focus Magazine*, Februar 1985, S.107.

14. Joel Kotkin, »IBM Takes on the Mantle of America's Champion«, *Washington Post*, Sonderausgabe, Wiederabdruck im *San Francisco Chronicle*, 14. Oktober 1985, S. 26.

VIII. Die Informationspolitik

1. G.M. Young, *Victorian England: Portrait of an Age*, 2d ed. Oxford, Oxford University Press, 1964, S.11, 32-33.

2. Eine Übersicht der Materialien, die von Regierungsquellen ausgegeben werden, findet sich bei Matthew Lesko, *Information USA*, ein Führer und Handbuch, das unter der Anschrift 12400 Beall Mt. Road, Potomac, MD 20854 erhältlich ist. Siehe auch Susan Osborn and Jeffrey Weiss, *The Information Age Sourcebook*, New York, Pantheon, 1982, das aus etwa 500 Büchern und Broschüren von Regierungsbehörden zusammengestellt wurde.

3. John Lamb, »Confusion Among the Databases«, *New Scientist*, London, 21. Februar 1985, S. 23. Lamb behandelt auch das Problem der mangelnden Kohärenz unterschiedlicher Datenbanken (verschiedene Codes, Protokolle und Befehlssprachen) sowie die steigenden Kosten der Abonnements und der Anschlußzeiten. Es soll hier darauf hingewiesen werden, daß die Regierung der USA zu den Inhabern der größten Datenbanken gehört, von denen viele billig oder kostenlos angezapft werden können. Ein Führer durch diesen wahren Dschungel an Information ist *The Federal Database Finder*, der auch in Lesko, *Information USA* enthalten ist.

4. Schon im Januar 1982 zweifelten Experten für militärische Fragen die Simulationen an, die Ronald Reagan für seinen Wahlkampf benützt hatte. Siehe den Bericht von Ian Mather in *The Observer*, 24. Januar 1982. Sowohl der CIA als auch die Arms Control Association fochten schließlich die Zahlen an, die Reagan über die Aufrüstung der Sowjetunion angegeben hatte. Siehe *New York Times*, 3. März 1983, S.1; 9. März, S.23 sowie den Knight News Service Bericht im *San Francisco Examiner*, 18. Juni 1984, S.1.

5. Eine Diskussion von Paperts Idee einer Computerkultur findet sich bei James Dray and Joseph Menosky, »Computers and a New World Order«, *Technology Review*, Mai/Juni 1983. Siehe auch das erste Kapitel in Paperts Buch *Mindstorms*.

6. Eine Besprechung von Service-Einrichtungen wie EIES und Compuserve sowie Datenbankressourcen steht im Abschnitt »Telecommunicating« in Brand (Hg.) *Whole Earth Software Catalog*. Dieser Abschnitt bietet auch einige bibliograpische Angaben zu diesem Thema.

7. Mike Cane, *The Computer Phone Book*, New York, New American Library, 1983 gibt eine Übersicht über einige hundert Com-

puter Bulletin Boards. Über Netze ganz allgemein, ob mit oder ohne Computer, siehe *The Networking Newsletter*, Box 66, West Newton, MA 92165.

8. Bericht der Associated Press, *San Francisco Chronicle*, 12. Juni 1985, S.11.

9. Zum ARPA-Netz siehe *The Networking Newsletter* 1, Nr.3, 1984, S.15. 10. Ein Bericht über die Dienstleistungen, die bei SCAN zu erhalten sind, findet sich bei Evelyn Greenwald, »Reference Power«, *American Libraries, November 1984, S.698*.

IX. In den falschen Händen

1. Wiener, zitiert in Noble, *Forces of Production*, S.73.

2. Siehe Noble, *Forces of Production*, S.71-76. Dort berichtet er ausführlich über Wieners heroische Bemühungen, den Mißbrauch der Kybernetik zu unterbinden.

3. Wilson, zitiert in Noble, *Forces of Production*, S.21. Zur Automatisierung in der Zeit unmittelbar nach dem Krieg siehe vor allem die Kapitel 2, 3 und 4.

4. Noble, *Forces of Production*, S. 328. Eine ausführlichere Beschreibung dieser Programme steht im Nachwort zu *Forces of Production*.

5. Eine Übersicht über die legalen und politischen Probleme, die sich aus computerisierten Formen der Überwachung ergeben, findet sich bei James Rule et al., *The Politics of Privacy: Planning for Personal Data Systems as Powerful Technologies*, New York, Elsevier, 1980; und David Burnham, *The Rise of the Computer State*, New York, Random House, 1983.

6. Eine Besprechung der behördlichen und privaten Benutzung von Datenbanken findet sich in der Serie von Scott Winokur, »Nowhere to Hide«, *San Francisco Examiner*, 7.-12. Oktober 1984.

7. Bericht der Associated Press, »Credit Records Open to U. S. Security Soon«, *San Francisco Chronicle*, 11. April 1984.

8. Zitiert von Winokur in »Nowhere to Hide«, 7. Oktober 1984, S. 14.

9. Zu den Aktivitäten der NSA siehe Loring Wirbel, »Somebody Isn't Listening«, *The Progressive*, November 1980, S. 16-19.

10. Der Vorfall wird von Winokur in »Nowhere to Hide« erzählt, 11. Oktober 1984, S. B-4.

11. Über die umfassende Kontrolle der Datenbanken durch die

NSA wurde in der »Morning Edition« im National Public Radio am 1. Juli 1985 berichtet.

12. Toffler, *The Third Wave*, S. 192-194.

13. Eine etwas übertrieben dramatische Darstellung von den Diensten Richard Wirthlins in Ronald Reagans Wahlkampf von 1980 gibt Roland Perry in *Hidden Power*, New York, Beauford Books, 1984. Im großen und ganzen werden seine Ausführungen jedoch von einem Bericht »The Marketing of a Candidate« in *Advertising Age* am 15. Dezember 1980 bestätigt und ebenso in weiter unten aufgeführten Darstellungen.

14. Eine Diskussion der Methoden Wirthlins findet sich bei Mark Levy, »Polling and the Presidential Election«, *Annals of the American Academy of Political and Social Sciences*, März 1984 sowie in Wirthlins eigener Darstellung des Wahlkampfes von 1980: »The Republican Strategy and its Electoral Consequences« in *Party Coalitions in the 1980s*, ed. Seymour Lipset, San Francisco, Institute for Contemporary Studies, 1981. Über Meinungsforschung im allgemeinen siehe Dom Bonafede, »Campaign Pollsters–Candidates Won't Leave Home Without Them«, *National Journal*, 26. Mai 1984; Bruce E. Altshuler, *Keeping a Finger on the Public Pulse*, Westport, Conn., Greenwood Press, 1982 und Steven J. Rosenstone, *Forecasting Presidential Elections*, New Haven, Yale University Press, 1983.

15. Robbin, zitiert in Burnham, *The Rise of the Computer State*, S. 90, das eine erhellende Darstellung davon gibt, wie eine Gewerkschaft Robbins Technik dazu benutzte, um eine Recht-auf-Arbeit Gesetzgebung zu verhindern.

16. Siehe den Bericht »Nuclear War and the Computer«, *Datamation*, Februar 1984, S. 50-51 und im *New Scientist*, London, 25. Oktober 1984.

17. Siehe den Bericht im *New Scientist*, 25. Oktober 1984, S.7. Siehe auch den Bericht im *San Francisco Chronicle*, 11. Juli 1985, S.17. Eine Nachrichtenmeldung über Computer Professionals for Social Responsibility erschien in *Datamation*, Februar 1984, S. 58-60 und eine Diskussion ihres Prozesses findet sich bei Laura Fraser »Can a Computer Declare War?« in der Zeitschrift *This World*, San Francisco Chronicle, 24. November 1985, S.19.

18. Zur Strategic Computing Initiative siehe Berichte in der *New York Times*, 18. Juni 1984, S.17; 23. Oktober 1984, S. C-1 und *Washington Post*, 4. November 1983, S.1 und 5. September 1984, S. F-1. Siehe ebenfalls »Military Computing: DARPA's Big Push in AI«, *Datamation*, Februar 1984, S. 48-50.

19. U.S. Congress, House Appropriations Committee, Department of Defense Appropriations for 1984, pt.5, 98th Cong., 2d sess., S. 495.

20. Zur Strategischen Verteidigungsinitiative SDI siehe Jonathan Jacky, »The Star Wars Defense Won't Compute«, *Atlantic*, Juni 1985, S. 18-29; Jeff Hecht, »Star Wars: An Astronomical Bribe for Scientists«, *New Scientist*, London, 20. Juni 1985, S. 14-18; »Reagan's Star Wars«, Bericht der Union of Concerned Scientists, *New York Review of Books*, 26. April 1984, S.47-52.

21. Zu WIMEX und den Computerproblemen der Frühwarnsysteme der USA im allgemeinen, siehe Daniel Ford, *The Button: The Pentagon's Strategic Command and Control System*, New York, Simon & Schuster, 1985.

22. Siehe »General Computer Takes Charge«, *New Scientist*, London, 21. April 1983, S.153.

23. DARPA-Bericht, *Strategic Computing*, zitiert in Jacky, »The Star Wars Defense Won't Compute«, S. 20.

24. Siehe John Lamb, »Defense Men Take Control of America's Computers«, *New Scientist*, London, 26. Mai 1983, S. 526.

25. Jacky, »The Star Wars Defense Won't Compute«, S. 26.

26. Wiener, Pater Dubarle zitierend, in *Mensch und Menschmaschine*, S.188-189. Nächstes Zitat S. 193-194.

27. Zitiert in Weizenbaum, *Die Macht der Computer und die Ohnmacht der Vernunft*, S. 320-321.

28. Zum IIASA siehe den Bericht im *New Scientist*, London, 19. Juli 1973, S. 27.

29. Judith Coburn, »Project Cambridge: Another Showdown for Social Sciences?« *Science*, 5. Dezember 1969, S. 1250-1253.

30. Über computergesteuerten Bombeneinsatz in Vietnam siehe Weizenbaum, *Die Macht der Computer und die Ohnmacht der Vernunft*, S. 313-315.

31. Joseph Hanlon, »The Implications of Project Cambridge«, *New Scientist*, London, 25. Februar 1971, S. 421-423.

32. Siehe den Bericht über Beers Projekt im *New Scientist*, London, 25. Oktober 1973, S. 260. Siehe auch »Economy by Computers«, *This World* Beilage, *San Francisco Chronicle*, 21. Januar 1973, S. 15.

32. Siehe den Bericht über Beers Projekt im *New Scientist*, London, 25. Oktober 1973, S. 260. Siehe auch »Economy by Computer«, *This World* Beilage, *San Francisco Chronicle*, 21. Januar 1973, S. 15.

33. Beer, zitiert in John Adams, »Everything Under Control«,

Science for the People, April/Mai 1973, S. 4. Dieser Artikel bietet insgesamt eine gute kritische Würdigung von Beers Theorien.

34. Stafford Beer, »The Liberty Machine«, *Futures*, Dezember 1971, S. 338-348.

35. Siehe »Crisis Management Under Strain«, *Science*, 31. August 1984, S. 907-909. Dort werden Richard Beals grundlegende Pläne für das Projekt und seine Neuerungen im Bereich der Videographik beschrieben.

36. Ralph K. Bennett »Grenada: Anatomy of a »Go-Division« *Reader's Digest* (Februar 1984).

37. Diese Beschreibung von FORECASTS enstammt einem persönlichen Brief des Büros für Öffentlichkeitsarbeit der Stabchefs vom 29. Juli 1985.

38. Paul Bracken, *The Command and Control of Nuclear Weapons*, New Haven, Yale University Press, 1983, S.39-41.

39. Joseph Weizenbaum, »On the Impact of the Computer on Society«, *Science*, 12. Mai 1972, S. 612-613. Siehe auch sein Kapitel »Unverständliche Programme« in seinem Buch *Die Macht der Computer und die Ohnmacht der Vernunft*.

40. »Computers That Learn Could Lead to Disaster«, *New Scientist*, London, 17. Januar 1980, S. 160.

41. Joseph Weizenbaum wäre das prominenteste Beispiel eines Computerwissenschaftlers, der diesen Standpunkt vertritt. Es ist auch die Position, die Hubert Dreyfus in *What Computers Can't Do*, New York, Harper & Row, 1973 (dt. *Die Grenzen Künstlicher Intelligenz; Was Computer nicht können*, Königstein 1985) einnimmt und ebenso John Searle in *Minds, Brains and Science*, Cambridge, Harvard University Press, 1985.

X. Descartes' Engel: Reflexionen über die wahre Kunst des Denkens

1. Jacques Maritain bietet eine eingehende Analyse von Descartes' schicksalsschwerem Traum in *The Dream of Descartes*, New York, Philosophical Library, 1944.

2. Turkle, *Die Wunschmaschine*, S. 388.